普通高等教育电子商务专业规划教材

电子商务系统分析与设计

主　编　李志刚
副主编　周作涛　赖基纯
参　编　苟华勇　聂运洁　罗榜圣
黄　艳　罗　伟

机　械　工　业　出　版　社

本书系统地介绍了电子商务系统分析、设计及实现的方法和技术，主要内容包括电子商务系统规划、分析、设计的思路和方法，电子商务支付系统与安全系统的设计，电子商务系统开发技术与模式，电子商务系统的运行和维护，典型电子商务应用解决方案等，并运用Struts、JavaEE1.5等新技术结合具体实例较系统地阐述了电子商务系统开发、实现的过程，既可以训练动手能力，又能使学生理论联系实际。

本书结构合理，注重电子商务系统设计技术的实现和操作，在阐述知识的过程中插入了许多鲜活的案例，并在教材中引入实习、实验的内容。本书内容丰富，深入浅出，易教易学，既可作为电子商务、信息管理、计算机应用等专业的教材，也可作为电子商务系统规划、设计和开发人员的参考资料。

图书在版编目（CIP）数据

电子商务系统分析与设计/李志刚主编．—北京：机械工业出版社，2008.9（2014.1重印）

普通高等教育电子商务专业规划教材

ISBN 978-7-111-25208-5

Ⅰ．电…　Ⅱ．李…　Ⅲ．①电子商务－系统分析－高等学校－教材②电子商务－系统设计－高等学校－教材　Ⅳ．F713.36

中国版本图书馆CIP数据核字（2008）第152487号

机械工业出版社（北京市百万庄大街22号　邮政编码100037）
责任编辑：易　敏　版式设计：霍永明　责任校对：李秋荣
封面设计：刘　科　责任印制：乔　宇
北京机工印刷厂印刷（三河市南杨庄国丰装订厂装订）
2014年1月第1版第3次印刷
169mm×239mm · 23.5印张 · 483千字
标准书号：ISBN 978-7-111-25208-5
定价：32.00元

前　　言

近年来，随着电子商务在全球范围内的快速发展，企业面临着前所未有的商机，越来越多的企业正在或即将加入到电子商务活动中，这就要求有相应的电子商务系统来满足企业电子商务的发展需要。因此，规划和设计一个适用的电子商务系统是企业开展电子商务活动前首先要解决的问题。但是不同规模的企业对电子商务系统的要求也不同，采用的技术、方法也有差异，而且系统选用的解决方案、技术构架的费用差别也大。所以，如何设计满足企业要求的电子商务系统已成为电子商务专业学生必须面对的问题。“电子商务系统分析与设计”作为电子商务专业高年级学生必修的一门重要专业课程，涉及技术和管理的知识，内容非常丰富，涵盖了从电子商务系统设计和运营的思想、方法，以及具体实现电子商务应用相关的技术、开发平台等多方面的内容，是一门技术性、实践性、综合性极强的课程。

目前，有关电子商务系统分析与设计的教材已出版许多，有的沿用了一般信息系统开发的体系，但缺乏对新的电子商务技术与工具方面的介绍，学习后难以将理论知识应用于实际的电子商务系统开发；有的侧重于方法、技术与工具，但又缺乏对电子商务系统分析设计思想必要的阐述，这样学生容易局限在具体的开发方法和工具之中，不易从较高的视角来分析、设计一个完整而实用的电子商务应用系统。本书围绕电子商务系统开发过程的各个阶段，系统地阐述了电子商务系统开发的思想、方法和技术，包括系统的规划、分析、设计、实现与维护等内容，重点介绍了采用 UML 进行系统的分析与设计的方法；并从企业管理者和电子商务应用实践的角度，对国内外一些典型的企业电子商务解决方案进行了介绍；最后结合实例阐述了运用 Struts、JavaEE1.5 等新技术进行电子商务系统的设计与开发的过程，使学习者能很好地把理论学习与实践训练更好地结合起来。

本书结合电子商务系统领域的最新技术、方法和实践，以及电子商务系统应用成果，从理论基础、方法运用、技术基础和实践 4 个维度对电子商务系统作了较深入、全面的阐述。全书共 10 章，第一章介绍电子商务系统的基础概念和知识；第二章介绍电子商务系统建设的过程与方法；第三章介绍电子商务系统规划的内容、方法和步骤；第四章介绍电子商务系统的分析方法和工具，重点利用 UML 进行了系统分析；第五章阐述电子商务系统设计基础与思想方法；第六章介绍电子商务支付系统、电子商务系统安全体系设计的思想方法；第七章介绍了电子商务系统的开发技术与模式，并结合实例完整地介绍 Struts2 框架 Web 应用开发的基本过程；第八章介绍电子商务系统运行、维护与评价的知识和方法；第九章结合我国实际，介绍了国内外的电子商务系统解决方案；第十章结合实例和具体技术，系统地阐述了一个电子商务系统从分析、设计到实现的过程，让学生通过一个电子商务系统的设计实践和操作，消化和理解所学的理论知识。

本书由多年从事信息系统开发和应用，并在电子商务系统分析与设计教学岗位第一线工作的教师根据教学的特点精心组织和编写。本书知识编排由浅入深，从概念分析和解构开始，逐渐拓展到原理、应用和实践，符合学习习惯和学生的心理；内容安排上深入浅出，易教易学，着力介绍电子商务系统开发和应用的新技术、新方法，力争贴近实际、贴近企业电子商务应用、贴近教学。本书的显著特点是：不仅有一定的理论高度，而且能够将电子商务系统技术方法与当前应用实践相结合，并率先在教材中引入实验实习的内容。本书适用于信息管理、电子商务、计算机应用等专业的教学和培训，对电子商务系统开发、设计和应用的实际工作和研究也有较高的参考价值。

本书由李志刚负责全书的整体策划和最后的统稿及修改。编写分工如下：第一章、第三章、第四章、第八章、第九章由李志刚编写，黄艳、聂运洁参加了该部分的一些文字、图形处理工作；第二章、第五章、第六章由周作涛编写，罗榜圣参加了该部分一些内容编写和资料收集工作；第七章、第十章由赖基纯、荀华勇编写。

在本书的编写过程中，作者参考了国内外大量的出版物和网上的资料，由于编写体例的限制未在文中一一注明，已尽可能在书后的参考文献中列出，但其中仍难免有遗漏，在此谨向各位作者表示由衷的敬意和感谢。由于电子商务技术、网络技术迅猛发展，时刻影响着电子商务系统的应用模式和开发方法，尽管编者们付出了艰苦的努力，但由于水平所限，疏漏甚至错误之处在所难免，恳请专家与读者批评指正。

为了方便教学，作者制作了与本书配套的电子教案和综合试题，并提供了本书第十章中涉及的应用程序和代码，使用本书作教材授课的教师可联系本书编辑索取（yimin9721@163.com）。

李志刚

目　　录

第一章

电子商务系统概述

学习目标

本章从企业商务活动和技术的角度分析了电子商务系统的基本概念，说明了电子商务系统的发展过程，分析和阐述了电子商务系统开发的特点和相关技术，并介绍了电子商务系统的体系结构。通过本章的学习，读者应能够掌握电子商务系统的基本概念、特征及其结构，了解电子商务系统开发技术和发展方向。

第一节 电子商务系统的概念

一、系统的概念

系统是由若干相互作用、相互依存的组成部分（或称部件）为实现某一目标而有机结合的一个整体。组成系统的部件可以是一个系统，又被称为所属系统的子系统。

一般的系统模型包括输入、处理及输出 3 部分。系统具有边界，边界之外称为环境。系统一般具有以下一些性质：

（1）目的性：每个系统都是为完成某一特定目标而组成的。

（2）集合性：系统是由称为子系统的若干部分组成的。任何系统至少要有两个或两个以上的、可以相互区别的部分组合而成。

（3）整体相关性：组成系统的各部分之间是相互联系和相互制约的，并按照一定的方式构成一个有机的整体。而这种相关性是基于有共同的系统目标。

（4）适应性：任一系统都是处于特定的环境之中，在多数情况下，系统与环境之间是相互影响和相互作用的（称为系统的输入和输出）。当环境发生变化时，系统也要作相应的调整以适应环境的变化。

二、电子商务系统

从软件开发公司来看，电子商务系统是指在 Internet 和其他网络的基础上，为了商业目的，由一个企业或多个企业组建的计算机系统。

而从企业的经营角度来看，电子商务系统是指在 Internet 和其他网络以及计算机系统等的支持下，为了商业目的，由一个企业或多个企业组建的商务系统。

从系统规划与设计的角度来看，电子商务系统可分为广义电子商务系统和狭义电子商务系统。

广义上讲，电子商务系统是支持商务活动的电子技术手段的集合。广义电子商务系统受到网络银行、认证机构和社会环境等的支持，以开展 Internet 上的商务活动为目的，能进行信息收集、传送、储存、加工和使用。

狭义上讲，电子商务系统是指在 Internet 和其他网络的基础上，以实现企业电子商务活动为目标，满足企业生产、销售、服务等生产和管理的需要，支持企业的对外业务协作，从运作、管理和决策等层次全面提高企业信息化水平，为企业提供商业智能的计算机系统。狭义电子商务系统不包括网络银行、认证机构和社会环境等元素。这也是本书要为企业直接规划设计的系统。如果没有明确指出，本书后面所提到的电子商务系统就是指狭义的电子商务系统。

从技术角度看，电子商务系统由下面 3 部分组成：企业内部网（Intranet）；企业内部网与国际互联网（Internet）的连接；电子商务应用系统。

企业内部网是由 Web 服务器、电子邮件服务器、数据库服务器、电子商务服务器和客户端的 PC 等组成的面向企业内部的专用计算机网络系统。

企业内部网与 Internet 连接是为了实现企业与企业之间、企业与用户之间的连接。企业内部网必须与互联网进行连接。

电子商务应用系统主要以应用软件形式实现，它运行在已经建立的企业内部网之上。电子商务应用系统分为两部分：一部分是完成企业内部的业务处理和向企业外部用户提供服务，比如用户可以通过互联网查看产品目录、产品资料等；另一部分是极其安全的电子支付系统。电子支付系统使用户可以通过互联网在网上购物、支付等，真正实现电子商务。

从商务角度看，电子商务系统由企业内部系统、企业间系统以及企业与消费者之间的系统组成。其功能和作用如表 1-1 所示。

表 1-1　电子商务系统的功能和作用

电子商务系统	系统功能	系统作用
企业内部系统	企业基础数据处理 支持决策 协同工作 信息资源共享	改善企业内部信息服务质量 提高工作效率 增强企业内部信息沟通 提高快速反应能力

（续）

电子商务系统	系统功能	系统作用
企业间系统	共享数据 协同工作 支持企业间商贸活动 新闻、休闲娱乐	直接获取信息 直接提供信息服务 提高数据准确性 降低成本、提高效率、改进质量
企业与消费者之间的系统	提供本企业产品信息 共享外部信息资源 用户信息反馈 支持商贸活动 支持售后服务	塑造企业形象 对外信息服务 外部信息获取 直接与消费者交流 降低成本、提高效率、改进质量

电子商务系统与电子商务一样，发展的时间并不很长，所以在对这一系统的体系结构及设计开发方面也有不同的看法。例如，某些文献将电子商务系统称为网络商务系统或网络商务处理系统，也有人将其称为电子商务应用系统，甚至将其作为网站建设的一部分。本书中，将帮助企业完成电子商务活动的信息系统（包括门户站点、与电子商务相关的企业内部系统等）统称为电子商务系统。

三、电子商务系统的特点

从前面的分析可以看出，电子商务系统是支撑企业商务活动的技术平台，这一平台与传统的管理信息系统、决策支持系统等信息系统既有联系又有所不同，具有较为鲜明的特征。

1. 电子商务系统是支持企业商务活动整个过程的技术平台

从企业内部管理的角度看，企业的活动包括日常的操作、管理和决策 3 个层面，电子商务系统依托企业内部网络（Intranet），支持企业内部的事务，不仅服务于企业日常操作层面的库存、订单、结算等事务，而且也对决策环节提供支持。例如 IBM 公司提出的商务智能（Business Intelligent，BI）实际上作为电子商务系统的一部分，更多地侧重于企业的决策分析层次。

从企业之间的商务活动看，电子商务系统通过 Internet、企业间专用网（或称企业外部网 Extranet），使得企业之间构成紧密、动态的商务协作关系，支持企业的电子化协作（e-Collaboration），使企业之间能够快速地适应市场需求的动态变化，进而在一定意义上导致企业及其合作伙伴形成一种虚拟的联盟关系或者共同市场。

所以，无论是企业内部的生产、销售，还是企业外部的市场活动，都可以依托电子商务系统这一平台。这是电子商务系统与 MIS、DSS 等不同的地方。

2. 电子商务系统是企业业务流程重构、价值链增值的技术平台

众所周知，电子商务追求的是通过“商务整合”完成企业业务流程的再造，

充分发挥企业信息资源，提升企业的竞争优势。电子商务系统作为实现这一目标的技术支撑平台，就不能简单地立足于实现企业业务流程的电子化。尽管在管理信息系统的分析设计中，也强调需要从企业流程再造入手，但是相对而言，电子商务系统更为强调如何通过信息技术手段实现 BPR，甚至从某种意义上讲，能否实现企业价值链的增值，是电子商务系统是否成功的一个标志。

3. 电子商务系统依托网络，提供基于 Web 的分布式服务

电子商务的形式多种多样，但是支撑企业电子商务运作的电子商务系统却基本上都是依托 Internet、企业内部网（Intranet）或者企业外部网（Extranet）构造的。以 TCP/IP 协议为基础的网络环境是所有电子商务系统的共同基础，因此，电子商务系统是一个在分布式网络环境中提供服务的系统。

此外，从应用的处理方式上看，大多数电子商务系统中都含有 Web 服务功能，或者是通过 B/S 这种方式向客户提供在线服务。这种方式下，电子商务系统的核心软、硬件都集中在 B/S 结构下的应用服务器或者 Web 服务器，客户端得以大大简化，并通常表现为浏览器的形式。这是电子商务系统的一个突出的技术特点。

4. 电子商务系统在系统、应用的安全方面有较高的要求

虽然几乎所有的信息系统在安全方面都有需求，例如强调操作系统的安全等级、数据的安全、主机设备的备份等。但是相对而言，电子商务系统在安全方面的要求更高一些。其原因在于：首先，电子商务系统一般处理的是与企业交易活动相关的数据，是企业的敏感信息，自然对安全等级的要求很高；其次，电子商务系统依托于网络，尤其是 Internet，一般是在一种开放的、公共的网络环境中运行，而且 TCP/IP 协议本身就存在漏洞，因此这种开放环境相对于封闭系统而言，存在着一些不安全因素，所以，需要强调安全措施来降低风险；第三，企业的交易行为通过契约、合同的形式得到法律保障，开展电子商务活动时，有形的纸质合同转变为电子契约，而电子契约存在的公共密钥体系本身就有很高的安全规范。

5. 电子商务系统的技术特点

电子商务系统涉及现代计算机技术和网络技术的很多方面，从技术角度看，它有如下特征：

- 分布式事务处理系统；
- 基于 TCP/IP 协议；
- 采用客户机/服务器的计算模式，通过浏览器与客户进行交互；
- 以 Web 为基础，利用标准的协议（例如 HTML、WML、XML）组织和表达数据；
- 应用系统需要独立的 CA 中心支持，并需要与 CA 中心建立接口；

- 可以利用多种工具开发，但面向对象的 Java 技术以及可重用的组件技术是电子商务系统开发的主流技术方向。

6. 电子商务系统大多是依托企业既有信息资源运行的系统

正如前面提到的电子商务系统的目标那样，电子商务系统不是要废弃企业既有的信息资源，而是试图使信息资源整合，提升其共享程度，发挥其效益。所以，除非新创业的电子商务企业，企业的电子商务系统基本都是依托既有信息资源建立的，并且与企业既有信息系统之间存在密切的接口。这样做，一方面是为了保证企业既有信息化建设的投资不被浪费；另一方面也是企业信息化得以可持续发展的必然要求。

通常，电子商务系统与企业既有的信息系统之间在硬件与网络资源、数据、应用之间存在密切的联系，两者之间通过数据共享、应用的互操作形成紧密联系的整体。

四、电子商务系统的分类

通常，电子商务系统从层次上可分为：发布和查询商务信息的系统、电子购物系统、电子数据交换系统、信息管理与事务交换系统、含有数据仓库或 DSS 等的智能决策系统。由于电子商务系统的功能不同，其复杂程度也不相同，因此，开发所采用的技术也不尽相同。

五、电子商务系统与传统信息系统的联系与区别

从以上概念来看，电子商务系统仍然是计算机系统，它与传统的电子数据处理系统（Electronic Data Process，EDP）、管理信息系统（Management Information System，MIS）以及决策支持系统（Decision Support System，DSS）等传统信息系统在某些功能和开发技术上有一定的共同之处，但是还是存在很多显著的差别。

从系统功能上看，电子商务系统不仅融合了 EDP、MIS 和 DSS 的全部功能并在其内容上有了新的发展，而且增加了许多新的应用功能，例如供应链管理（Supply Chain Management，SCM）客户关系管理（CRM）与企业资源计划（Enterprise Resource Planning，ERP）；不仅支持企业内部的生产与管理，而且支持企业通过 Internet 进行商务活动。例如，MIS 主要用以满足企业管理人员管理的需要。但是，电子商务系统服务的对象不仅包括企业内部管理人员，而且包括企业的客户和合作伙伴。而企业网上信息系统的宣传、网上交易、网上支付等，不仅解决信息流的问题，而且实现了信息流、资金流和物流三者的集成。

从技术角度看，电子商务系统基本上是基于浏览器/服务器结构的系统，它的构造技术还包括一些原有信息系统未曾使用过的技术，例如多层结构技术、

站点动态负荷均衡技术、安全与认证技术等。

从信息系统服务的范围及对象看，传统信息系统主要服务于企业内部特定的客户，例如 MIS 主要用以满足企业管理人员管理的需要。但是电子商务系统服务的对象不仅包括企业内部管理人员，而且包括企业的客户和合作伙伴。

从电子商务系统建设的目的来看，电子商务系统通过促进企业业务流程重组，以缩短产品的供应链、加速客户服务响应、提高客户个性化服务水平、提高企业信息资源的共享和增值能力为目标，最终实现降低企业生产、经营和管理成本，提高企业的经济效益和竞争能力。

综上所述，电子商务系统作为信息系统的一种应用特例，与信息系统既有联系又有区别。在对电子商务系统进行评价时，可以参考已有的信息系统评价方法和标准，但要注意其特殊性。

第二节　电子商务系统的发展历史和趋势

全球经济一体化的飞速发展，给全世界的企业带来了巨大的挑战和商机，使电子商务信息系统成为全球型信息系统。行业、企业生存和发展的环境发生了根本的变化，市场变化加快，产品的研制、开发、生产、上市、服务的节奏加快，使信息技术成为企业生死存亡的关键。电子商务信息系统也面临着严峻的挑战。这种挑战表现在：首先要求系统是开放的，可以在不同的环境和实现方法上运行，也就是系统能独立于平台，具有异构互操作性；其次，系统是分布式计算模型，能灵活适应需求的快速变化，可以使系统不断升级，提升企业的市场竞争能力；最后，新一代电子商务信息系统已从产品为中心转向以客户为中心，因此，系统的智能化、个性化服务成为新系统的重要内容，这里不仅有服务透明性、安全性、正确性的保证，而且必须新增知识的管理和客户特性分析等功能。

一、电子商务系统的发展历史

根据刘军、季常煦等专家的归纳和总结，电子商务系统的发展过程可分为酝酿阶段、雏形阶段、发展阶段。

1. 电子商务系统的酝酿阶段（20 世纪 60 ~ 90 年代）

企业全面利用现代信息技术，建立企业内部的生产及管理系统是这一阶段的重要特征。这一阶段所解决的主要问题是如何利用 IT 技术为企业内部价值链增值服务。经过 EDP、MIS、DSS 和商务智能（BI）这样的发展过程，形成了一整套完整的理论体系和应用技术。计算机网络、信息处理、数据自动识别及人工智能等是这一阶段最主要的技术手段。其中比较有代表性的技术成果表现为：

MRPⅡ、ERP、OLTP/OLAP 系统、CIMS 等，与之相关的计算机网络及数据通信技术、分布式数据库管理系统、分布式计算环境、供应链理论等都得到了充分的发展。

2. 电子商务系统的雏形阶段（1991—1996）

1993 年后，WWW 技术趋于成熟，在 Internet 上宣传产品和进行售后服务成为一个热潮，大量的企业网站出现，这些网站实际就是电子商务系统的雏形。这一阶段电子商务系统具备以下的特点：应用程序转变为浏览器/服务器（Browser/Server）结构，企业主要将 Internet 和 Web 定位于一个新的商务活动空间，电子商务系统的功能和结构比较简单。

3. 电子商务系统的发展阶段（1997 年至今）

在这个阶段，电子商务系统的结构、技术手段及实现的业务功能等方面的研究开发得到了迅速的发展。其特点主要为：首先，系统与企业内部的信息系统形成一个整体，即电子商务系统不仅应包括以企业开展商务活动的外部电子化环境，而且包括企业内部商务活动的电子化环境，这两部分必须结合起来才能满足企业在 Internet 上开展商务活动的需要。其次，电子商务系统的逻辑结构呈现出清晰的层次结构，即电子商务系统的体系被分解为表达层、应用（逻辑）层和数据层。表达层以 Web 服务器为基础，负责信息的发布；应用层负责处理核心业务逻辑；数据层的基础是数据库管理系统（DBMS），主要负责数据的组织并向应用层提供接口。

二、电子商务系统技术架构的发展

目前，主要存在两种相互竞争的技术：SUN 的 J2EE 技术和 Microsoft 的 .NET技术。

下面从通信协议、编程语言、客户端、数据访问、安全访问、运行平台、开发工具、易用性、扩展能力、与已选分布式体系的匹配程度等方面来比较两种构架。

.NET 技术的优点是对企业级应用有较好的支持；与现有的基于 Windows 的应用（如 P3 系统和 Office 系统）容易结合；企业内部的技术人员比较容易学习和掌握，比较容易维护。.NET 技术的缺点是只支持 Windows 操作系统和有限的硬件平台，不能支持功能强大的 Unix 服务器、Linux 操作系统以及其他硬件平台；对分布式事务的支持能力差；在效率、安全性等方面存在不足；只有产品，没有标准，需要使用多种开发工具进行开发，开发效率低。

J2EE 的优点是支持所有的硬件和操作系统平台，使用户在平台的选择上具有更大的自由度；先有标准，后有实现，技术规范更全面，对企业级应用的支持更强大；具有“编写一次，到处运行”的优点，系统的可扩展性更强，后期维护费用较低；只需要用 Java 一种语言，开发效率高。J2EE 的缺点是企业用户的前期投入较大（包括购买系统软件的费用和开发费用）；企业内部技术人员需要花比较多的时间去学习和掌握。

三、电子商务系统的发展趋势

1. 平台无关性

电子商务信息系统要做到与平台无关，主要通过两个途径实现，一是将系统运行环境抽象到中间软件层来完成，如图 1-1 所示。

分布式应用和服务
中　间　件
计算平台（OS、设备驱动等）

图 1-1　分布式应用和服务系统

中间件是系统应用与各种计算平台之间的桥梁。它实际上为异构计算环境提供了一整套跨平台服务。电子商务系统生存于整个社会环境中，商务活动与财政策略、商务环境密切相关，因此大多数电子商务的应用和服务系统都需要具有长期跨平台运作的能力。在这样的系统中，对于分布式应用和服务软件的开发，中间件是基础设施。对于 J2EE 来说，它们为开发应用和服务软件提供了强有力的中间支持。这些中间件包括的内容如下：

JNDI：Java 命名和目录服务，为定位资源提供标准机制；

JDBC：Java 数据库连接，为各种供货商提供访问企业关系数据库管理系统的统一接口；

JMS：Java 消息服务，对 J2EE 构件提供可靠的端对端的消息发布、签署；

JTA：Java 事务 API，为事务处理的申报、访问和整理提供服务机制；

Java Mail：Java 邮件，为应用提供 E-mail 传送；

JAF：Java 激活框架，用 Java Mail API 处理检查任意数据和对象实例；

JAXP：是对 XML 词法分析的 Java API，为 XMI 词法分析和转换提供基本支持；

J2EE 连接器结构体系：在 J2EE 环境下，是即插即用资源驱动的结构体系框架；

JAAS：Java 认证和授权服务，为客户认证和访问资源授权提供基本 API 机制。

另一个途径是利用标准和协议实现跨平台功能，对于网络上各通信通道的数据都用这个方法来处理。互联网技术通过应用层和传输层利用协议使数据格式按标准统一，这是很成功的途径。现已将它扩充应用到 XML 技术上，使系统达到全方位的开放性和跨平台的能力。

2. 灵活性、可扩性、有效性、安全性和开放性更高市场经济的快节奏，使电子商务系统不仅要能安全、正确地运行，更需要有极大的灵活性、可扩性去适应需求的千变万化。由于分布式系统的功能庞大、跨平台，可能出错的地方增多，必须在系统设计时，预先加以细致考虑，为出错作修补指导；对于灵活性、可扩性也提出许多技术难题，对此要解决的技术有系统分层、构件化技术、负载平衡、代理和高速换成等。

构件化技术也是增加系统灵活性、可扩性的重要基础。构件化技术是J2EE的基本出发点，整个J2EE平台的开发在已有的中间件环境上，提供各种构件。构件本身有标准接口，可不断升级，可即插即用。因为构件是可替换的，当功能升级时，可以用升级后的构件去替代升级前的构件，不但维护和修改的代价小，而且便于系统扩展。

电子商务系统的有效性的实现取决于操作系统与开发平台的选择，也依赖于合理的业务流程设计，此外，冗余设计也是实现这一目标的常用方法。

电子商务系统的有效性通常可以从功能的完整有效性以及执行效率两个方面来加以衡量。前者依赖于应用系统研发与布署时的设计与规划；后者除此之外，还取决于软硬件执行效率，其中主要是数据库。中间件的性能。一般可以根据Web服务器厂商发布的针对其产品的评估标准进行合理的产品选型。

安全问题对于电子商务应用系统的重要性格外突出。在系统构建时应该从硬件及环境（如设备性能、防断电、防地震等）、网络安全设计（如加装防火墙）、身份认证与支付方式等几个方面加以保障。

开放性是指电子商务应用系统在架构时还需要兼顾其功能的扩展性，以及与其他外设系统进行电子数据交换的功能。一般来说，在开发平台与技术的选型上，应该采用具有开放性、通用性的产品。

3. 面向智能化和个性化服务

为了吸引人们访问企业网站，并留住他们，从而提高企业销售额和广告收入，就必须为网上顾客提供智能化和个性化的服务。如由用户自定义主页，将自己所关心的信息（天气预报、足球比赛、外汇兑换比价等）按固定位置组成网页，一旦上网就可出现自己所关心的主页；大多数网络门户都提供免费电子邮件，搜索引擎链接，信息目录链接，新闻、体育、商业新闻、聊天室的链接。这些不仅是个性化的服务，也引出了许多智能化技术。如搜索引擎链接需要对大量引擎信息进行编辑、跟踪、流行性排名，能对信息进行分类、挖掘；还涉及许多智能算法等。

另外，为扩大企业潜在客户，主动向客户提供感兴趣的专题信息也是很重要的网络技术。为提高效率，可利用智能代理；可以按客户个性化需求，对信息在后台自动地进行寻找、收集、过滤和调整工作，最终提供所需信息，从而减少客户在网上寻找、比较、谈判等工作。例如，某客户要采购500台个人计算机，只要提出技术指标，交给智能代理，就可按计算机的技术指标，自动寻找销售个人计算机的网站，收集这些网站的价格和功能信息，确定最佳供应商，与该供应商签订交易条款，由供应商确定运输细节，负责交货给客户。这样就为客户省去了寻找、比较、谈判、购买的时间。另外，利用智能代理可以监控库存，使资金周转得到最好的运作；也可对股票买卖按条件发警报等。随着智能代理的发展，这种智能化服务会越来越多地出现在电子商务上。

4. 基于组件的软件工程方法已成电子商务系统开发的主流

软件构件化是 21 世纪软件产业发展的大势所趋。工业化的软件复用已经从通用类库进化到了面向领域的应用框架。新的电子商务系统应用将主要建立在软件构件和应用框架的“构造块”之上。电子商务系统应用开发的未来在于提供一个开放的体系结构，以方便构件的选择、组装和集成。特别是目前的商务系统相应软件需求不断增加、规模不断扩大，软件可扩展性、可重用性和支持分布式应用等方面的问题日益突出，而组件技术的出现能使其得到很好的解决。如由 Sun Microsystems 公司协同行业中其他供应商制定的基于组件的 EJB 技术便广泛应用于当今的电子商务平台构建中。

第三节　电子商务系统开发中的关键技术

随着电子商务系统的发展，围绕系统开发、建设，不仅原有的信息系统开发技术得到了充分的运用，而且还产生了许多新技术。

一、系统优化技术

要充分发挥电子商务系统作用，除了需要满足设计要求的应用软件外，还需要有稳定的、可靠的运行环境。只有应用软件和网络、主机设备相互配合，才能使系统的性能达到最优。另一方面，Internet 用户呈现爆炸式增长的趋势，使得电子商务系统必须面临非线性增长的访问压力，经常遇到资源负荷过载的情况。总体而言，保证系统的性能需要解决好两方面的问题，首先是系统性能可以被控制，即所谓的可控性问题；其次是在可控的前提下，尽量提高性能指标，也就是所谓的优化问题。为了使有限的资源发挥更大的效益，目前出现了很多优化电子商务系统性能的技术手段。下面简要介绍几种有代表性的技术。

1. 动态负荷优化技术

由于电子商务系统服务的用户数、系统负荷达到极限的速度难以预测，所以如何实现系统的性能动态调整也是一个非常重要的问题。与此同时，在保证系统性能可控制的前提下，还需要尽可能地提高系统效率，使系统的响应时间等指标能得到优化。动态负荷优化技术通过定义一定的规则，实时、动态地调整服务器应当承受的压力，将负荷均衡地分配在不同的设备上，避免设备过载而造成的系统服务“瓶颈”。

2. 优化搜索及检索技术

商务活动过程中，用户都希望在大量的信息中尽快找到自己最关心的数据。为满足这样的要求，内容管理、目录管理和搜索技术有了长足进展。前两项技术主要侧重于强化对信息内容的组织，使之合理并可管理；后者则侧重于提高检索的效率。

3. 第四层交换技术

为了提高系统的响应时间，人们对 IP 网络及其交换方式进行了改进，提出了第四层交换技术。第四层交换技术利用第三层和第四层包头中的信息来识别应用数据流会话，利用这些信息，第四层交换机可以作出向何处转发会话传输流的智能决定。所以从某种意义上讲，它是一种智能 IP 交换技术。这对于建立响应时间很快的电子商务系统非常有意义。

4. 集群技术

计算机技术日新月异，单台计算机的性能和可靠性越来越好，但还是有许多现实的要求是单台计算机难以达到的。如某银行需要一台服务器来储存财务数据，要求这台计算机即使是在机房坍塌的情况下也能够被各个业务网点访问。又如某网络公司刚刚起步，他们想要一台在 5 万人民币以下，但以后可以逐步升级到具有巨型计算机能力的服务器来运行数据库。在这些情况下，往往需要将多台计算机组织起来进行协同工作来模拟一台功能更强大的计算机以解决问题。这种技术称为集群技术。目前应用最为广泛的集群计算技术可以分为三大类：高可用性集群技术、高性能计算集群技术和高可扩展性集群技术。采用集群技术可以提高系统的稳定性和数据处理能力。集群中的各个节点机使用 TCP/IP 协议或其他网络协议通过标准的网络设备连接在一起，可以非常方便地添加或更换集群中的单个节点机，因此松散耦合的集群系统有较好的可扩展性。

Web 应用服务器集群系统，是由一群同时运行同一个 Web 应用的服务器组成的集群系统，在外界看来，就像是一个服务器一样。为了均衡集群服务器的负载，达到优化系统性能的目的，集群服务器将众多的访问请求分散到系统中的不同节点进行处理，从而实现了更高的有效性和稳定性，而这也正是基于 Web 的企业应用所必须具备的特性。

二、开发技术和工具

1. 新的开发技术

近年来，电子商务系统开发技术发展较快，出现了许多新的实现技术，具有代表性的有 Agent、Web Service、CORBA 技术。Agent 和 Web Service 技术因能满足电子商务系统对智能化和动态性的要求而得到了发展。世界范围内，投入大量的人力、物力和财力开发这些技术。这些技术已成为下一代智能动态电子商务的核心技术。

Agent 的概念源于分布式人工智能中的分布式问题求解。Agent 的基本思想是软件能够模拟人类的社会行为和认知，即人类社会的组织形式、协作关系、进化机制，以及认知、思维和解决问题的方式。和传统的对象概念比较，Agent 概念具备更多的知识、主动性和协作性，具有更强的问题求解和自制能力。此外，Agent 之间可以相互感知与协作，从而可以协作求解一个共同的任务。因此，基于 Agent 建立计算机支持的多层次协同工作的智能电子商务系统是自然可行的。多个 Agent 组成多 Agent 系统，一般采用分布式层次结构，其基本结构包括集中式和分布式。在集中式结构中，有一个 Agent 作为协调者，完成任务的分配，化解其他 Agent 之间的冲突，并且为其他 Agent 提供资源、信息、结果的共享；而其他 Agent 在地位上平等，各自完成特定的任务。而在分布式结构中，所有 Agent 是相互平等的，每个 Agent 可以同与之连接的 Agent 交互各自的资源、信息与结果。在相互协作的基础上完成各自的任务及整体目标。由这两种基本结构组合与叠加，就构成了能够完成更为复杂任务的多 Agent 系统。

Web Service 基于 XML、SOAP、WSDL 和 UDDI 等 Internet 标准，通过程序自动启动和处理 Intranet、Extranet 或 Internet 上的商务事务，动态地描述、发布、发现和调用跨平台、跨系统的分布式计算环境中的各种应用。在用 Web Service 实现面向服务的架构（SOA）时，3 种角色（服务提供者、服务请求者、服务中介者）分别承担了不同的任务。3 种角色又分别对应 3 种不同的操作：发布、查找、绑定。其中，服务提供者通过服务中介者配置和发布服务，服务请求者通过服务中介者查找所申请的服务，并绑定到这些服务上，以建立服务提供者和请求者之间的联系。Web Service 架构的应用系统具有许多优点，主要表现在以下 3 个方面：提高了共享对象间的互操作性；提供了自动、即时的集成操作；通过封装降低了系统的复杂性。

目前，架构电子商务应用框架的分布式对象技术主要有 3 种：Microsoft 的 COM、DCOM 技术，SUN 公司的 RMI/EJB 技术，OMG 的 CORBA 技术。其中，CORBA 技术是三者中最早的，它是为了实现分布式计算而引入的，已经成为一种标准，其分布计算能力、互操作性和开放性都非常好。现在，JAVA 技术与 CORBA 技术的融合是一种趋势。

2. 新的开发工具

按支持的平台，开发工具可以分成 3 大类：一类是支持各种平台的开发工具，其中有代表性的是 Java 及相关的衍生产品，例如 Java Applet、JSP 和 Servelet；第二类是支持 Microsoft Windows NT 平台的开发工具，例如 ASP、

ASP. net、ActiveX、PHP 等；第三类是支持 UNIX 平台（包括 Linux 平台）的各种工具，如 PHP 等。近年来，在较大的电子商务应用上，Java 类开发工具和 Asp. net 开发工具得到了较广泛的应用。

ASP 只能运行于微软的服务器产品上，虽然在 UNIX 下也有一些插件可以用来支持 ASP，但是 ASP 本身的功能有限，必须通过 ASP + COM 的组合来扩充，而在 UNIX 下的实现 COM 非常困难。ASP 使用 VBSCript、Javascript 等简单易懂的脚本语言，结合 HTML 代码，即可快速地完成网站的应用程序。它无须编译，容易编写，可在服务器端直接执行；使用普通的文本编辑器，如 Windows 的记事本，即可进行编辑设计；ASP 所使用的脚本语言均在 Web 服务器端执行，与浏览器无关，用户端只要使用可执行 HTML 码的测览器，即可浏览 ASP 所设计的网页内容。

PHP 可在 Windows NT/2008、Linux 等平台上正常运行，支持 IIS、Apache 等通用 Web 服务器，用户更换平台时，无需变换 PHP 代码，可即拿即用。PHP 可以编译能够与许多数据库相连接的函数，还可以编写外围的函数去间接存取数据库。通过这样的途径，当更换使用的数据库时，可以轻松地更改编码以适应这样的变化。另外，PHP 还提供了类和对象，对基于 Web 的编程工作提供了非常强大的面向对象的编程能力。

JSP 同 PHP 类似，可以运行于几乎所有平台。著名的 Web 服务器 Apache 已经能够支持 JSP。由于 Apache 有广泛的运行平台，从一个平台移植到另外一个平台，JSP 和 Java Beans 甚至不用重新编译，因为 Java 字节码都是标准的与平台无关的。使用 JSP 技术，Web 页面开发人员可以使用 HTML 或者 XML 标识来设计和格式化最终页面，使用 JSP 标识或者小脚本来生成页面上的动态内容。生成内容的逻辑被封装在标识和 JavaBeans 组件里，并且捆绑在小脚本中，所有的脚本在服务器端运行。在服务器端，JSP 引擎解释 JSP 标识和小脚本，生成所请求的内容，并且将结果以 HTML（或者 XML）页面的形式发送回浏览器。这有助于作者保护自己的代码，而又保证任何基于 HTML 的 Web 浏览器的完全可用性。作为 Jisva 平台的一部分，JSP 拥有 Java 编程语言“一次编写，各处运行”的特点。

三、XML 语言

XML（EXtensible Markup Language，XML）是用于网络上数据交换的语言，具有与描述 Web 页面的 HTML 语言相似的格式。该语言有“可以利用 Web 浏览器进行数据确认”以及“易于生成数据”等优点，因此主要用于在企业之间，或者在企业内部更加方便地进行数据交换和利用。它将革命性地改变以 Web 为基础的电子商业应用形态。利用 XML 所具有的可延伸性以及自我描述特性，

Web文件可以在企业间的应用程序中自动传输、处理和储存。不同厂商的电子商品可以在同一个使用界面中同时展现，信息的搜寻变得更为精确快速，不同系统间可以流畅地互通，而中小企业也可以轻易享受EDI的好处。

值得一提的是XML不是HTML的替代品。XML和HTML是两种不同用途的语言：XML是被设计用来描述数据的，重点是什么是数据，如何存放数据；HTML是被设计用来显示数据的，重点是如何显示数据。简单地说，HTML是与显示信息相关的，XML则是与描述信息相关的。

四、安全技术、认证与支付技术

在Internet上发展电子商务的一个首要问题是解决电子商务的安全性和可靠性。任何成功的电子商务系统都必须提供足够高的安全性、可靠性和可用性，才能赢得客户的信赖和欢迎。安全技术覆盖了交易过程中计算机实体及系统安全、数据安全、交易处理安全等部分，相应的系统灾难恢复、防火墙设备及密码技术等都得到了很大的发展，相关的安全规范基本形成。目前，安全技术体系主要包括：系统可靠性及灾难恢复技术、防火墙技术、加解密技术、数字签名、身份认证技术等方面。其中电子商务的安全体系结构、电子商务安全交易标准和协议是核心安全技术问题。

认证和支付安全技术是支持安全电子交易中不可分割的技术整体。认证系统是电子商务中关键技术之一，它的任务是提供一个不能伪造的数字证书。认证系统包括CA中心、RA业务受理中心以及大量的业务受理点。

支付技术是电子商务中一个非常重要的组成部分。电子支付技术可以分为三大类：第一类是电子货币类如电子现金、电子钱包等；第二类是电子信用卡类，包括智能卡、借记卡、电话卡等；第三类是电子支票类，如电子支票、电子汇款、电子划款等。这些技术各有自己的特点和运作方式，适用于不同的交易过程。

五、电子商务系统中的信息技术与支持技术

1. 商务智能技术

商务智能（Business Intelligence，BI）自20世纪90年代末期形成至今已构成一个成熟的体系与学科。它是以智能DSS的结构为基础所形成的系统。它集成了现代计算机技术多个领域的最新成果，为企业决策提供有力的支持。同时还要说明的是，BI对企业决策的作用仅是协助与支撑，而最终的、主要的决策者还是企业的决策人员。

商务智能目前还没有统一的定义，但商务智能解决方案的领导者IBM提出的定义已被许多人接受。在IBM官方网站上对商务智能的定义是："商务智能是

指利用已有的数据资源作出更好的商业决策。它包括数据访问、数据和业务分析，以及发现新的商业机会”。商务智能的实质是指将企业的各种数据及时地转换为企业管理者感兴趣的信息（或者知识），并以各种方式展现出来，帮助企业管理者进行科学决策，加强企业的竞争优势。这里的数据不仅包括企业内部的各种数据，而且包括企业外部的数据，例如行业、市场状况和客户资源的数据等。

2. 客户关系管理

客户关系管理（Customer Relationship Management，CRM）的理论基础来源于西方的市场营销理论，在美国最早产生并得以迅速发展。客户关系管理的产生，是市场需求和管理理念更新的需要。它是企业管理模式更新、企业核心竞争力提升以及电子化浪潮和信息技术的支持等四方面背景所推动和促成的。CRM系统通常包括市场管理、销售管理、客户服务和技术支持四部分。其主要目的是提高企业已有客户的忠诚度，发掘潜在的客户资源，提高客户服务质量等。

3. 企业资源规划

企业资源计划（Enterprise Resource Planning，ERP）一词是由 Gartner Group. Inc 咨询顾问与研究机构于 20 世纪 90 年代初提出来的。ERP 的内容超越了 MRPⅡ，信息集成范围更广阔，并且支持动态监控，支持多行业、多地区、多模式或混合式。ERP 具有强大的系统功能、灵活的应用环境和实时控制能力。ERP 是目前企业管理信息系统中十分流行的一种形式，大多数的 ERP 系统在全面解决企业在供销存、财务、计划、质量、制造等核心业务问题方面均能起到良好的作用并产出效益。ERP 的意义在于以经营资源最佳化为出发点，整合企业整体的业务管理，并最大限度提高企业经营的效率。ERP 的概念也是有一个发展的过程，企业最早关注物料、库存（MRP）；后来延伸到生产计划和制造（MRPⅡ）；随着管理外延和产品功能的不断发展，一个比较完整的制造业 ERP 系统应该包含了 MRP 和 MRPⅡ。

4. 供应链管理

供应链管理（Supply Chain Management，SCM）的最根本的目的是提高客户的满意度，即做到将合格的产品（或服务），按照合适的状态，以准确的数量，在恰当的时间交给客户。SCM 也涉及企业生产的全部过程，传统上的原材料采购、仓储以及运输、配送等直接影响到企业的生产及管理成本。供应链管理主要包括计划、协作、控制从供应商到最终用户的物料、零部件、成品和信息。其主要功能有以下几点：

（1）客户资源管理：管理需求信息，从而可进行事先预测、事先控制。

（2）综合后勤管理：管理自供货商开始到最终用户的整个过程的物流。

（3）生产经营过程管理：实现拉式管理，可降低成本。

（4）财务管理：利用财务系统，与供应商、客户一起管理资金流，可以减少企业资金短缺。

第四节　电子商务系统的体系结构

随着电子商务系统规模和复杂度的增长及电子商务技术，特别是网络能力的增强，电子商务系统的技术架构变得异常复杂，无论是纵向的功能层次，或是横向的应用分配，都在不断丰富之中，并在整体系统中动态协调。这不仅使系统中的信息资源得到均衡有效的应用，而且为电子商务系统的各类技术提供了表现的舞台。

一、信息系统体系结构的发展

信息系统的基本开发方法，是将其按照功能的不同划分成不同的层次，分别加以处理。分层的目的，是将一个复杂的系统按其功能的不同而分割成不同的部分，然后对不同的部分使用相应的技术，从而简化整个系统的复杂度，提高系统的可维护性和可扩展性。20 世纪 80 年代以来，信息系统体系结构的发展大致经历了从 C/S（Client/Server）结构、B/W/S 三层结构到多层结构的三个阶段。

二、客户机/服务器（C/S）结构

在 C/S 结构中，客户机负责信息系统的图形显示、数据录入、业务处理等，服务器主要负责对数据的存储和管理。C/S 结构实现了分布式计算，降低了服务器端的负载，并有助于在企业范围内实现对业务数据的集中式管理。其主要缺点是开发的中心主要在客户端（即所谓的“胖客户端”），造成软件维护和管理的困难。

1. C/S 结构的组成

分布式系统的一个发展是在传统计算模式（又称为资源共享式）的基础上产生了 C/S 模式，网络系统上的计算机系统分成客户机与服务器两类（见图 1-2）。其中，服务器可能包括文件服务器、数据库服务器、打印服务器、专用服务器等。网络系统节点上的其他计算机系统称为客户机。用户通过客户机在网络系统上向服务器提出服务请求，服务器根据请求向有关方面提供经过加工的信息。客户机本身也承担本地信息管理工作，和一般分布式系统相比，C/S 结构将信息处理工作分解为两部分，一部分由服务器来实现，另一部分由客户机本身来完成。而一般分布式中服务器只按要求提供数据文件和程序文件。合理分配服务器和客户机的信息处理工作，可以大大减轻网上数据传送的负担，服务器上的资源也可得到更充分的利用，但增加了系统的复杂性。

常见的C/S结构有两层结构、三层结构两种。两层C/S结构中，数据库服务器对客户机的请求直接作出应答。对于某些比较复杂的服务请求，往往另设具有专门应用软件的应用服务器来处理。三层结构中，应用服务器根据客户机的服务请求，访问数据库服务器以获取必要的数据，进行相应的信息处理并给客户机作出应答。

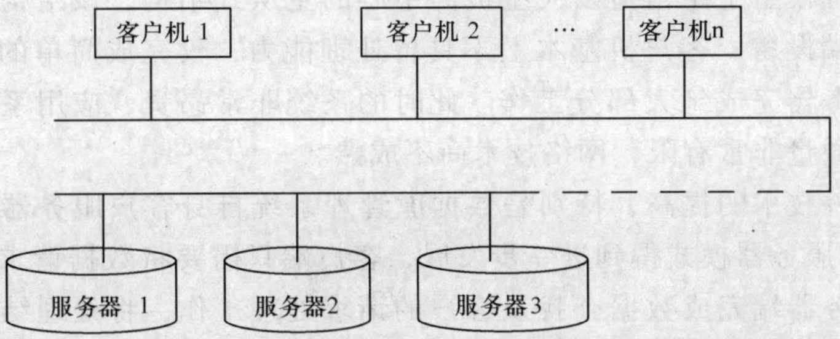

图 1-2　C/S 结构

2. C/S 结构的应用分配模型

客户/服务器结构的提出，对于系统体系结构的发展作出了巨大的贡献，而其自身也随着应用和软硬件技术的发展不断演进。图 1-3 是 Gartner Group 在 20 世纪 90 年代初提出的应用分配模型图，它是根据客户机与服务器在系统中所承担的数据处理任务的分工情况进行分类的，既说明了客户/服务器演进的历史，又说明了其思想内涵。

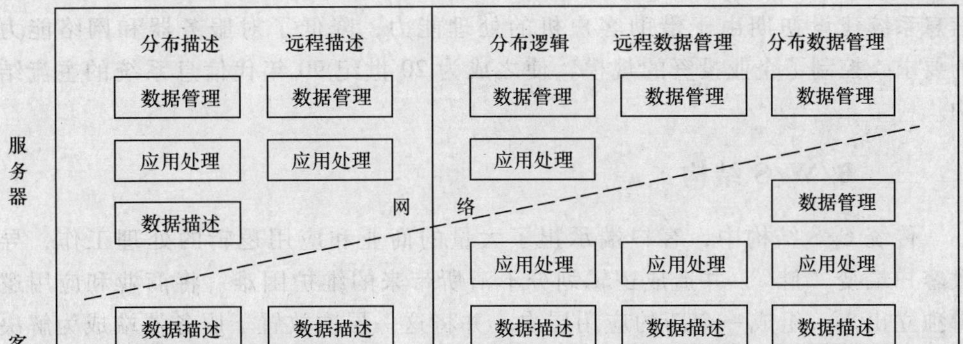

图 1-3　C/S 结构的应用分配模型

该模型物理上将系统划分为客户和服务器两大部分，客户为最终用户提供服务，服务器向客户提供资源和服务，两部分通过网络连接。逻辑上，该模型将应用系统功能划分为数据描述、应用处理和数据管理三大部分，并描述了随着网络和软硬件技术的发展，各逻辑功能在物理上的分布位置。

数据描述主要是完成与用户的交互，接受用户输入，并提供系统输出；应用处理是应用系统的核心部分，负责应用系统的业务逻辑处理；数据管理完成业务数据的存储、管理及提取等功能。

传统处理模型主要是指以大型机为中心的主从式结构，该结构中客户使用简单的哑终端设备，客户机基本上不具备处理能力，仅完成简单的输入、输出功能，由服务器完成绝大部分工作。此时的系统非常昂贵，应用系统功能相对简单，用户数量非常有限，网络技术尚不成熟。

随着软件技术的提高，特别是数据库管理系统自身客户服务器计算能力的提高，客户/服务器模式得到进一步发展，客户端只需要将数据请求发送给服务器端，由服务器端完成数据查找及客户的请求处理工作，将处理结果发送回客户端，再由客户机完成与用户的交互工作。此时，网络上传输的只有 SQL 语句和结果数据，数据的传输量大大减少。此外，该模式中，数据处理任务分开在客户端和数据库服务器上进行，客户端负责用友好的界面与用户交互，从客户发往数据库服务器的只是查询请求；服务器专门负责数据库的操作、维护，从数据库服务器返回给客户的只有查询结果，减少了网络上的传输量，提高了整个系统的吞吐量缩短响应时间，并充分利用了网络中的计算资源。现在，人们所讨论的 C/S 结构主要是指这种模式，本书将之称为传统 C/S 结构，以便于与后文的新结构相区别。

C/S 结构从计算能力分担和网络流量控制等方面为企业应用带来了生机，在信息系统建设初期由于借助客户机的处理能力，降低了对服务器和网络能力的要求，控制了企业投资的规模，使之成为 20 世纪 90 年代信息系统的主流结构。

三、B/W/S 结构

传统 C/S 结构中，客户端承担了大量的商业和应用逻辑的处理工作，导致客户端变“胖”，并造成逻辑划分不清所带来的维护困难。将商业和应用逻辑独立出来，组成一个新的应用层次，并将这一层次放置于服务器端成为解决这一问题的必然之路，也由此演变出三层 C/S 结构及更细致的多层结构。进入 20 世纪 90 年代以后，随着互联网的快速发展，一种基于 Web 的软件体系结构逐渐发展起来，即 B/W/S（Browser/Web Server/Database Server）三层结构。

1998 年，SUN 公司首先提出所谓“三层结构”电子商务系统的概念。在其解决方案中，电子商务系统的体系结构被分解成表达层、应用（逻辑）处理层和数据层，三层之间的界面比较清晰，表达层（Presentation Layer）以Web服务器为基础，负责信息的发布；应用层（Application Layer）负责处理核心业务逻辑；数据层（Data Layer）的基础是数据库管理系统DBMS，负责数据的组织，并向应用层提供接口。

有人将三层客户/服务器结构称为B/W/D（Browser/web/Database）或B/S（Browser/Server）结构，这是因为在三层客户/服务器结构上广泛使用了Web技术，特别是在客户端使用了浏览器，并在应用服务器端配置Web服务器以响应浏览器请求的缘故。实际在有些三层结构的应用系统中，并不一定使用Web技术。因此，如果脱离具体的应用系统，三层客户/服务器结构原理如图1-4所示。此图也成为电子商务应用系统的基本体系结构图。

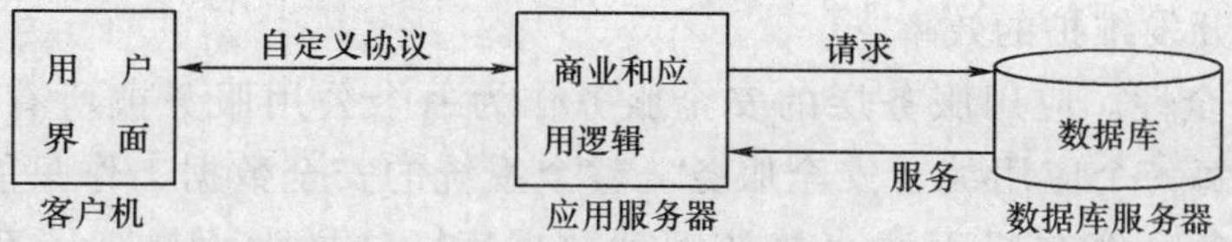

图1-4 三层客户/服务器结构的原理图

在这种结构中，商业和应用逻辑从客户机移到了中间层，即应用服务器上，客户机上只需要安装具有用户界面和简单的数据处理功能的应用程序，负责处理与用户的交互和与应用服务器的交互。应用服务器负责处理商业和应用逻辑，具体说，就是接受客户端应用程序的请求。因此，三层客户/服务器的最大特征在于所有用户可以共事商业和应用逻辑，应用服务器是整个系统的核心，为处理系统的具体应用提供事务处理、安全控制，由此形成以应用服务器为中心的辐射状的系统结构。

B/W/S结构的主要特点是“瘦客户端”，即客户端（典型情况下是一个浏览器）只负担很少一部分处理功能，主要负责与用户的交互，而信息系统的绝大部分处理功能都放在中间层（即Web层）上。B/W/S结构实现了信息系统的分散应用与集中管理，经授权且装有标准浏览器的网上用户即可作为信息系统的客户端，而不必像C/S那样需要在客户端安装大量的应用软件，因而适应了互联网时代的潮流，得到了飞速的发展。

三层结构在网络的流量和系统的反应速度方面优于两层结构，这是由于三层结构中数据在发送到网络之前首先由功能性服务器加以过滤，网络通信量会因此下降；其次，由于三层结构中客户端并不直接同数据库打交道，而是通过中间层的统一调用来实现，因此具有较好的灵活性和独立性，而且适合于不同数据库之间的互联。与二层结构相比，三层结构在以下几方面具有优势：

(1) 可伸缩性。由于系统的业务逻辑处理完全在应用服务层完成，因此所有客户端不直接与数据库连接，应用服务层通过一个数据库连接池与数据库连接，系统可以根据客户端请求的多少来动态调整池中的连接，使系统消耗较少的资源来完成客户端的请求。

此外，应用服务层的独立，为硬件系统的构成提供了灵活性，使各部分可选择与其处理负荷和处理特性相适应的硬件。例如，应用初始阶段，可采用一台 UNIX 工作站作为服务器，将应用服务器和数据库服务器配置于此台工作站上。随着应用的发展，可以逐步追加一台或多台工作站作为应用服务器。

(2) 可管理性。系统的客户层基本实现了“零管理”，局域网内的主要管理工作集中在顶端 Web 服务层，整个系统的主要管理工作集中在应用服务层，业务逻辑的修改对客户层没有影响。此外，由于各层相对独立，可以进行并行开发，提高了开发维护的效率。

(3) 安全性。应用服务层的安全服务作为一个公用服务被所有应用调用，因此不必为每一个应用编写安全服务，整个系统的安全数据工作只能由安全服务来访问，各个客户机无法直接访问到数据库，这样大大提高了系统的安全性。

(4) 并发性。C/S 模式的应用保证了系统的并发性，并使网络上传输的数据量减到最少，从而改善了系统的性能。C/S 模型的优点主要在于系统的客户端应用程序和服务器部件分别运行在不同的计算机上，系统中每台服务器都可以适合各部件的要求，这对于硬件和软件的变化显示出极大的适应性和灵活性，而且易于对系统进行扩充和缩小。在 C/S 结构中，系统中的功能部件充分隔离，客户端程序集中于数据的显示和分析，而数据库服务器则集中于数据的管理，不必在每一个新的应用开发中都要对一个数据库进行编码。将大的应用处理任务分布到许多通用网络连接的低成本计算机上导致了费用的极大节约。

四、多层客户/服务器结构

随着越来越多的信息系统向 Web 架构转变，B/W/S 结构的中间层所承担的功能也不断增加，软件复杂度不断提高，很有必要再对它进行分层处理。通常情况下，将传统的中间层细分成 Web 服务层和应用服务层，前者负责信息系统的表示逻辑（Presentation Logic），后者负责信息系统的业务逻辑（Business Logic）。此外，在客户层与 Web 服务层之间、应用服务层与数据库层之间都可以插入一个中间件层，以优化整个系统的性能，提高系统的并发处理能力。这样形成了一个以 Web 为基础的多层体系结构。电子商务领域一些大的电子商务解决方案供应商也先后提出了自己的电子商务系统的体系结构，推出了多层次标准的电子商务体系结构。在许多著名的电子商务应用系统开发中，大多采用了多层结构设计。有关多层结构的知识，后面章节将作介绍。

1. 电子商务系统多层结构的概念

为了应对企业电子商务系统建设所面临的挑战，电子商务系统在开发方法上应当充分利用计算机和网络领域的先进技术，区别于传统信息系统的开发方法，充分考虑电子商务系统的自身特点。在典型的情况下，企业电子商务系统可以划分成客户层、Web 服务层、应用服务层和企业信息系统层 4 个层次。BEA 系统有限公司结合其在全球大型电子商务应用的经验，推出了多层次标准的电子商务体系结构（如图 1-5 所示）。

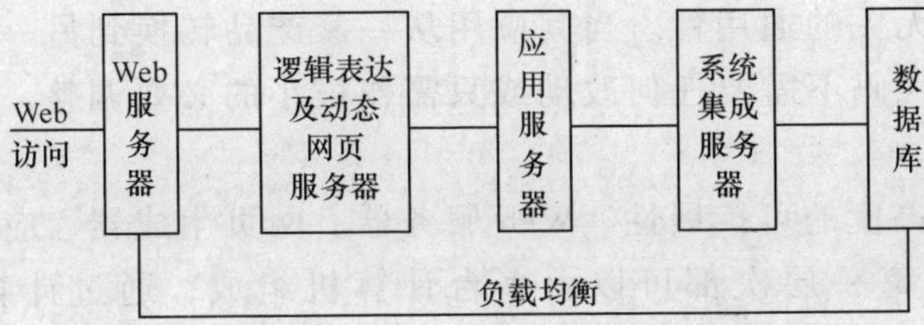

图 1-5　多层结构的系统结构图

多层结构的概念，使电子商务系统在各个实现层次之间具备明确的界限和分工：

（1）Web 服务器：处理 Internet 客户提出的 HTTP 请求，调用后台网页生成服务，并将网页生成服务产生的页面经 HTTP 协议返回 Internet 客户。Web 服务器接收来自客户层的用户输入，并将其发送到应用服务层的业务组件，由它们来对其进行处理；然后根据应用服务层的处理结果生成适当的 Web 页面，返回给客户端。

（2）网页生成器：通过符合业界标准的程序接收 Web 服务提交的请求，访问后台提供的业务逻辑服务，提取业务数据，生成 HTML 页面，返回给 Web 服务器。

（3）应用服务器：通过运行由组件或高效的中间件上的应用程序，执行电子商务的业务逻辑并访问数据库，更新或提取业务数据，并将结果返回给表达逻辑层。它一方面实现了对企业的相关业务逻辑的封装，另一方面将用户端的交互行为与系统对企业后端资源的访问分离开来，提高了系统的可伸缩性。

（4）系统集成服务器：接收来自表达逻辑层或业务逻辑层的请求，访问同构或异构资源，并将业务数据返回给服务调用者。

这种逻辑结构的出现，不仅意味着电子商务系统框架基本形成，更重要的是，它使系统在结构和性能方面趋于合理。多层电子商务体系结构，为电子商务用户从平台的选型到业务的设计、实现、扩展、安全和维护都带来了很大的好处。

2. 电子商务系统多层结构的优点

多层的应用体系结构具有更简单、成本更低、提供信息更多等诸多优势。由于 Internet 应用体系结构采用集中化的管理方式，能够把应用开发和维护过程中所有的复杂性全部集中在专业管理服务器上，在专业管理服务器上提供面向全公司甚至是全球的企业级应用，在客户端只需基于标准的浏览器，无需像传统客户/浏览器结构那样，在客户机端需要进行反复的应用安装与维护，从而简化了应用开发和管理成本。归纳起来，多层结构有以下优点：

（1）各个实现层次上完全遵循业界相关的标准，使得电子商务用户的业务系统具备与平台无关的通用性。当其应用从一家产品转换到另一家产品时，其业务系统的程序代码不需要任何改动或只需作极小的必要调整，以最大限度地保护用户的投资。

（2）可实现高度的可扩展性。Web 服务器、网页生成器、应用服务器、应用集成服务器的每一层次都可以由多台计算机组成，通过计算机系统集群（Cluster）技术，实现自动的负载均衡，以提高系统的处理能力和对客户端的响应速度。当业务量增加时，企业可以分析电子商务系统的“瓶颈”处于哪一个层次，然后在该层次上增加新的机器设备，而整个应用系统基本上不需作大的改动，较好地解决了电子商务系统客户群不确定的问题。

（3）通过对系统按照从表示层到业务逻辑层的方向划分成不同的层次，可增强整个系统的模块化程度，提高系统的灵活性。电子商务系统的表示层（主要指 Web 页面）通常变化很快，力求界面新颖、别致、亲切，以尽可能地在互联网上扩展用户。而在业务逻辑方面，系统则能保持着基本的一贯性；在数据库系统等后端信息系统方面，则更具有较强的稳定性。通过对电子商务系统进行分层，既可以使企业根据市场需要对系统的表示层进行即时更新，又能维持后端系统的稳定性，提高了系统的灵活性。

（4）便于分配适合的开发人员以完成相应的开发任务。通过对电子商务系统进行分层，可以使开发工作在具有不同专长的人员之间进行合理分工，不会出现相互干扰的现象。Web 服务层、网页生成器可以主要由精通 Web 页面设计的美工设计人员来完成，并由编程人员进行适当的补充；而应用服务层则由业务领域专家与编程人员互相配合来共同完成。他们可以从繁琐的界面设计工作中解脱出来，专注于系统的业务逻辑的实现等工作。

（5）通过采用基于组件的开发方法，将电子商务系统的业务逻辑封装在应用服务层的一个个业务组件之中，可以实现高度的代码重用。基于组件的开发方法可以将来自各方的应用组件装配在一起，甚至可以直接使用其他公司提供的商品化的业务组件，简化了系统开发，提高了电子商务系统建设的工作效率。

(6) 多层的体系结构允许企业灵活地部署其电子商务应用，在系统的各个层次之间安装安全产品，提高整个电子商务应用系统的安全性。

(7) 随着技术的不断进步，各个从事电子商务的厂商之间的竞争不断加剧，在多层结构的各个方面可能出现不同厂商各领风骚的局面，这对从事电子商务的用户来讲当然是件好事。多层的体系结构允许企业在电子商务的各个层次选择不同厂商的产品，使自己的电子商务平台达到尽可能完美的组合，而不是只能捆绑在一家厂商的产品之上。

思考题

1. 什么叫电子商务系统？
2. 电子商务系统有何特点？
3. 试述电子商务系统与传统信息系统的联系与区别。
4. 电子商务系统设计技术架构目前有哪两种？它们各有何优点？
5. 电子商务系统有哪几种优化技术？
6. 电子商务应用框架的分布式对象技术主要有哪几种？
7. ASP 与 JSP 有哪些区别？
8. 信息系统体系结构的发展经过了哪几个阶段？
9. 简述电子商务系统的多层结构的组成。

案例分析

沃尔玛的“e 化”

沃尔玛百货公司在 2001 财政年度的收入达 2220 多亿美元，取代石油巨头埃克森成为《财富》大公司排行榜上名列第一的公司。业内权威人士认为，沃尔玛的强大同这家传统公司不失时机的“e 化”密切相关。

随着全球经济的迅速发展，世界发生着翻天覆地的变化，科技不断进步，新兴事物不断涌现，一些传统的事物和观念已经不能满足人们的需要。在速度制胜的年代，对于任何企业来说，谁能快速推出产品，谁就能抢先占领市场，赢得顾客。在传统企业中，整个生产周期和流通周期都拖得很长，这不仅意味着无法迅速响应市场，而且意味着整个周期内资源的大量占用。企业决策者为使企业发展，必定要从提高企业自身的生产力着手，而将操作流程“e 化”，就是一个值得采用的方案。专家们总是不断鼓励企业把操作流程电子化，而其中最重要的因素就在于企业“e化”后，很多需要人工处理的操作可由电脑代劳，这样员工就可把节省出来的时间转换成对企业有高附加值的工作上。因此，“e化”的价值就在于它能提高员工的附加值，即通过导入“e化”系统来节省员工在操作上所花费的时间，使员工在相同的时间内能处理更多的事，令员工的生产效率提高。利用现代信息技术提高企业经营管理的效率和水平，促进电子商务的发展，不但可以解决快速满足市场需求和降低经营成本的问题，而且可以大大提高客户的满意度和忠诚度，从而有效地提高企业的盈利能力和竞争实力。

近20年来，作为世界零售业“霸主”的沃尔玛在信息技术应用于商业活动方面进行了不懈的探索，堪称传统企业“e化”的成功典范。沃尔玛的成功，不在于其所从事的行业类别，而在于它将传统与现代经营模式成功地结合在一起，“e化”了传统企业，从而得以在新兴数码时代纵横驰骋，所向披靡。

沃尔玛的全球采购战略、配送系统、商品管理、电子数据系统、天天平价战略在业界都是可圈可点的经典案例。可以说，所有的成功都是建立在沃尔玛利用信息技术整合优势资源、信息技术战略与零售业整合的基础之上。

早在20世纪70年代末，沃尔玛就建立起了计算机配售体系，从计算机开出订单到商品上柜，比竞争对手平均快3天，节省成本2.5%以上，在减少库存并保持货架充实率方面也显著领先于其他零售商。沃尔玛位于美国班顿威尔的相当于24个足球场大小的配送中心主要用于生鲜食品以外的日用商品进货、分装、储存和配送，为500km半径内的沃尔玛购物广场和折扣店提供服务。配送中心的基本流程是：供应商将商品送到配送中心后，经过核对采购计划、进行商品检验等程序，分别送到货架的不同位置存放。商店提出要货计划后，计算机系统立即将所需商品的存放位置查出，并打出印有商店代号的标签。整包装的商品直接由货架上送往传送带，经传感器对标签进行识别后自动分送到不同商店的汽车装卸口。一般情况下，商店要货的当天就可以将商品送出。这种类似网络零售商“零库存”的做法使沃尔玛每年都可节省数百万美元的仓储费用。因此，沃尔玛购物广场销售的商品，比其他商店的同类商品一般要便宜10%左右。

1983年它与休斯公司合作花费2400万美元购买商业卫星，1987年完成了公司的全球卫星通讯网络。截至20世纪90年代初，沃尔玛在电脑和卫星通信系统上就已经投资了7亿美元用于全球店铺的信息传送与运输车辆的定位及联络，实现了全球联网，以先进的信息技术为其高效的配送系统提供保证。通过全球网络，沃尔玛总部可在1小时之内对全球几千多家分店内每种商品的库存、上架、销售量全部盘点一遍。公司的运输卡车全部装备了卫星定位系统，每辆车在什么位置、装载什么货物、目的地是什么地方，沃尔玛总部一目了然，可以合理安排运量和路程，以避免浪费、提高效率，最大限度地发挥运输潜力，避免车辆空驶。在美国国内，沃尔玛共有近3万个大型集装箱挂车、5500辆大型货运卡车，24小时昼夜不间断作业，每年的运输总量达到77.5亿箱，总行程高达6.5亿km。可以想象，要合理调度如此规模的商品采购、库存、物流和销售管理，没有现代信息技术的支撑是根本不可能的。

在汹涌而来的网络经济大潮中，当亚马逊等网络零售商迅速崛起时，沃尔玛很快认识到互联网带给传统零售企业的机遇与挑战。沃尔玛开始仔细研究网络竞争者的特性，然后制定了一系列有针对性的，名为“煎牛肉”的计划，建立一个从牙刷到电器无所不包的销售网站，来与它实力雄厚的配送系统相匹配。这表明，这个零售商业的巨人期望能在在线销售上有一个快速的增长。它还与美国一家货物专递公司和一家图书专储公司频繁接触，后者熟知如何将货物更快更好地送到订货顾客的家中，这正是沃尔玛所缺乏的。目前沃尔玛的新型交互式网站已经正式开通，执行上仍旧保持了公司一贯的谨慎细致。据美国著名的经济杂志《商业周刊》的网络专家分析，开通这一网站相当于新建了25个大型的商场，同时也使消费者网上购物的选择范围扩大了将近两倍。新网站大大丰富了一些贵重商品，比如DVD播放器和数字摄影机等，在线的图书也将从500万册增加到700万册，而亚马逊现在能提供的图书也只有4百万册。

沃尔玛在网站经营过程中，坚持“天天平价”、“不满意退货”等经营理念，网站还凭借互联网的信息存储优势，为客户提供了几乎无所不包的各种商品和服务，以弥补实体商店在经营场地、业务人员等方面的不足。尽管网站提供的商品和服务的数量十分惊人，但网站提供了极其细化的分类，客户可以按分类进行逐项检索，也可直接通过关键词检索，只要花费极少的时间便可从数十万种条目中找到自己所需要的东西。

沃尔玛正是通过对信息流有效控制，使公司从采购原材料开始到制成最终产品，最后由销售网络把产品送到消费者手中的过程变得高效有序，实现了商业活动的标准化、专业化、统一化、单纯化，从而实现规模效益的目的，使其在零售业界所向披靡。沃尔玛也继承了其原有传统销售模式中的优点，使其迅速成为在线零售业的新霸主。

案例思考题

1. 为什么沃尔玛要发展在线零售？
2. 在沃尔玛的“e化”过程中有哪几点值得借鉴？

第二章

电子商务系统建设的过程与方法

学习目标

通过本章的学习使读者了解电子商务系统建设的基本内容，熟悉电子商务系统的开发过程；掌握电子商务系统开发的常用模型与方法，能够对模型与方法的适应性进行评价；理解电子商务生命周期的概念、特点及其作用；掌握电子商务系统的开发过程及其主要内容。

第一节 电子商务系统建设概述

电子商务系统建设是企业应用电子商务的第一步，是一个包括商务、技术、支付、物流等许多角色与要素的系统工程。在开始建设电子商务系统之前，必须充分研究涉及电子商务系统的所有因素，全面分析、统筹规划，形成尽可能完善的电子商务系统设计方案，在此基础上有条不紊地进行电子商务系统建设。

电子商务系统各不相同，但有共同的规律。

对于大型企业电子商务系统，尤其要重视强调系统规划设计。如果不重视电子商务系统的统筹规划，或者不按照事先的统筹规划进行电子商务系统建设，建成后的电子商务系统很可能出现协同困难，难以实现系统的预期功能，难以实现系统建设的目标，从长远看还会造成资源浪费，使得将来必须为之付出更大的系统改进与整合成本。

由于电子商务系统的复杂性，因此必须采取有效的系统开发模型与方法。常用的模型和方法有 CASE 方法、结构化方法、原型法、面向对象方法等。实践中通常采取以上各方法和组合来进行系统开发。

在电子商务系统开发过程中，产生了基于特定模式的电子商务解决方案。对于成熟的电子商务系统开发，可以直接采用解决方案，有时会产生良好的效果。

总之，电子商务系统开发过程，是企业信息化的过程，也是企业资源整合、业务流程重组的过程，涉及多方面的因素，现有的模型、方法或技术不可能完全实现系统的开发，有效的创新、构建适合企业自身的电子商务系统是关键。

一、电子商务系统建设的内容

电子商务系统建设，涉及的方面很多，其内容主要有以下几个方面：

1. 企业内部信息系统的建设

企业内部信息系统的建设，是电子商务系统建设的基础。作为电子商务系统的重要组成部分，企业内部信息系统建设是必不可少的。不同类型的企业，其内部信息系统的功能差异较大，结构也可能不一致，但无论是电子商务企业还是传统企业，在开发电子商务过程中都必须加强内部信息系统建设。尤其是传统企业，更应加强此方面工作。

2. 企业网站建设

网站作为企业门户，具有宣传、展示、沟通、服务、交易等功能，是电子商务系统不可缺少的部分。虽然网站并非电子商务的全部，但作为企业的门户，在设计与开发过程中一定要重视，在沟通、服务、交易等方面加大力度。

3. 内外信息系统的集成

这包括企业内部信息系统与企业网站的集成，以及企业内部信息系统与企业客户（如供应商、销售商）信息系统的集成。集成层次包括网络集成、业务集成与应用集成。只能通过有效的信息系统集成，才可能使业务连续，才可能构建有效的价值链，提高企业竞争力。

4. 电子商务系统的开发与运营

由于企业内部信息系统与电子商务系统均是信息系统，因此，传统的信息系统建设方法、技术均适合电子商务系统的开发。当然，电子商务系统开发的重点是电子商务应用系统的开发，如交易系统、支付系统、物流系统、配送系统、客户服务系统等。

同时，电子商务系统的运营是一个长期的过程，通过运营，可以检验所开发的电子商务系统的效果，为进一步补充、完善提供方案。

二、电子商务系统建设与电子商务解决方案

所谓电子商务解决方案，是指用于特定类型的电子商务系统或针对电子商务的某些环节的全套解决方案，通常包括开展电子商务所需的全部软件、硬件、系统集成方案及相关服务。合理使用或借鉴解决方案，可以提高系统开发效率，保证开发效果。

1. 电子商务解决方案的类别

按复杂程度分，电子商务解决方案可分为初级电子商务解决方案、中级电

子商务解决方案、高级电子商务解决方案。

按模式分，电子商务解决方案可分为企业对企业电子商务解决方案、企业对消者电子商务解决方案、消费者对消费者电子商务解决方案等。按行业分，电子商务解决方案可分为制造业电子商务解决方案、流通业电子商务解决方案、媒体与互联网行业电子商务解决方案、政府机关电子商务解决方案、电力行业电子商务解决方案、跨行业电子商务解决方案等。按应用领域分，电子商务解决方案可分为办公自动化、财务管理、人力资源管理、网站建设、企业资源规划（ERP）、客户关系管理（CRM）、供应链管理（SCM）、电子交易的电子商务解决方案等。

2. 如何选择电子商务解决方案

选择电子商务方案的首要依据是企业电子商务系统总体规划方案；其次要将电子商务解决方案的提供商作为自己企业开展电子商务活动的全程战略合作伙伴。

在选择电子商务解决方案时企业要考虑以下几方面因素：

- 电子商务解决方案的提供商的合法地位；
- 提供商是否有成功案例；
- 售后服务如何；
- 提供商在行业中的形象和声誉；
- 对提供商业务的纵向比较；
- 了解提供商的服务收费是否有竞争性。

在电子商务系统建设过程中，通过学习与参考电子商务解决方案，可以提高电子商务系统解决效率或质量，但不要被各种各样的电子商务模式、应用软件、解决方案和网络平台牵着鼻子走，而应以企业自身需求为基础，以提升企业竞争力为目标，设计与开发适合企业本身的电子商务系统解决方法。

目前，电子商务解决方案的来源有两个方面：一是IT企业开发的解决方案，二是国外大型公司提供的解决方案。其共同特点是以技术与软件作为解决方案的核心，对于用户业务需求的特点，以及企业应用需要在功能上考虑不足，或者不完整。因此，如果企业自身具有经济实力和技术力量，最好自己设计与开发电子商务系统，对于解决方案可以参考或使用其中的核心技术。

三、构建电子商务系统的基本原则

电子商务系统的构建是一项复杂的系统工程，需要科学的系统规划和项目管理。同时，它也是一种计算机信息系统，虽然涉及的技术内容较多，但只要遵循合理的系统工程方法、采用适当的技术与工具，仍然可以较顺利地完成系统开发。但电子商务系统毕竟不是一个单纯的信息系统，影响因素很多，涉及企业经营的各方面，开发的重点应以企业应用为目标。

第二节 电子商务系统的开发方法

电子商务系统从技术角度看，是一种信息系统；从应用角度，它又是一种商务系统。电子商务系统的开发，目前还没有专门的、成熟的方法，但可以借鉴传统的信息系统的开发方法来进行电子商务系统的开发。常用的信息系统开发方法有结构化方法（生命周期法）、原型法、面向对象方法、计算机辅助开发方法等。在实际开发过程中，一般将上面各方法综合使用，以获得好的效果。

无论采用什么方法，开发的重点是效率和质量。因此，电子商务系统的开发必须与具体商务活动的需求紧密相关，实现传统商务活动向电子商务系统逻辑的转化，对新的商业逻辑进行优化与整合是关键的问题。

一、计算机辅助开发技术（CASE）

20 世纪 80 年代，计算机图形处理技术和程序生成技术的出现，缓和了系统开发过程中的系统分析、系统设计和开发“瓶颈”。集图形处理技术、程序生成技术、关系数据库技术和各类开发工具为一身的 CASE（Computer Aided Software Engineering，计算机辅助软件工程法）可以代替人在信息处理领域中的重复性劳动。

1. CASE 方法的基本思路

用 CASE 方法解决问题的基本思路是：在任何一种系统开发方法中，如果从对象系统调查后，系统开发过程中的每一步都可以在一定程度上形成对应关系的话，那么就完全可以借助于专门研制的软件工具来实现上述的系统开发过程。这些系统开发过程中的对应关系包括：结构化方法中的业务流程分析，数据流程分析，功能模块设计，程序实现；业务功能一览表，数据分析、指标体系，数据/过程分析，数据分布和数据库设计，数据库系统等；面向对象方法中的问题抽象，属性、结构和方法定义，对象分类，确定范式，程序实现等。

2. CASE 环境的特点

CASE 是一种自动化或半自动化的方法，能够全面支持除系统调查外的每一个开发步骤。严格地讲，CASE 只是一种开发环境而不是一种开发方法。目前，CASE 仍是一个发展中的概念，各种 CASE 软件也较多，没有统一的模式和标准。采用 CASE 工具进行系统开发，必须结合一种具体的开发方法，如结构化系统开发方法、面向对象方法或原型化开发方法等。CASE 方法只是为具体的开发方法提供了支持每一过程的专门工具。在实际开发一个系统时，CASE 环境的应用必须依赖于一种具体的开发方法，如结构化方法、原型法、OO 方法等。

CASE 只是一种辅助的开发方法。它主要在于帮助开发者产生出开发过程中的各类图表、程序和说明性文档。

CASE 从根本上改变了系统开发的物质基础，主要体现在考虑问题的角度、开发过程的做法、实现系统的措施等方面。

其基本特点如下：

- 提供标准的开发方法和设计规则；
- 能够加强用户和专家的沟通；
- 能够完成组织和关联设计，并通过设计知识库实现快速访问；
- 在容易出错和冗长的部分，倾向于采用自动化；
- 提供系统分析、设计、代码生成全过程的自动化；
- 提供代码到设计、分析的逆向过程的自动化。

3. CASE 环境介绍

ORACLE 公司推出的 CASE 产品中是一个以 CASE 库为中心外加若干工具软件所构成的一个大型综合的计算机辅助开发环境。其结构见图 2-1。

CASE 库是一个分布式、多用户的资料库，它可辅助开发人员收集、管理、存储系统开发中的信息，如定义数据、功能设计、决策处理和实现细节。

CASE 支持系统开发战略规划和需求分析各个阶段，如需求分析、战略规划、功能分析、数据定义与数据流程分析等等。

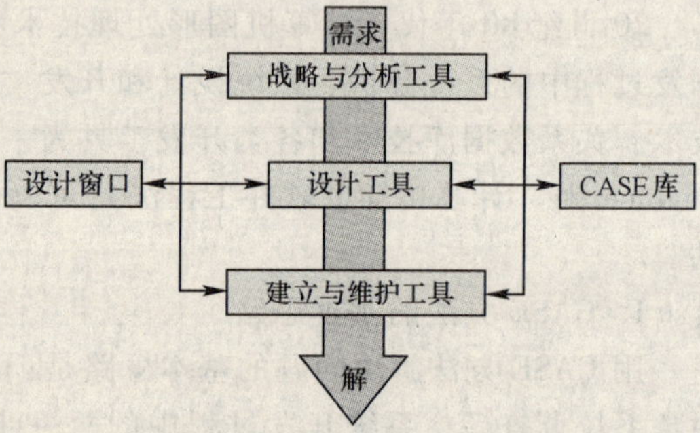

图 2-1　CASE 工具及其应用

CASE 支持以 Windows（也支持 UNIX 系统）标准建立的图形方式多窗口的开发平台——CASE 设计器，允许用户在这个平台上开展多种开发方法的各项工作，如功能层次图、实体关系图、矩阵图等生成工具。

CASE 支持由分析设计各部分向建立和维护应用系统自动转换过程，直至实际问题的最后求解。

二、结构化方法

结构化系统开发方法（Structured System Development Methodology），也称生命周期法，是较早的一种软件开发方法，后被用于系统开发。结构化方法是目前应用得最普遍的一种开发方法。

1. 结构化系统开发方法的基本思想

结构化系统开发方法的基本思想是：用系统工程的思想和工程化的方法，按用户至上的原则，结构化、模块化、自顶向下地对系统进行分析与设计。

具体来说，就是先将整个信息系统开发过程划分出若干个相对独立的阶段，如系统规划、系统分析、系统设计、系统实施、系统运行与维护等。在前三个阶段坚持自顶向下地对系统进行结构化划分。在系统调查或理顺管理业务时，应从最顶层的管理业务入手，逐步深入至最低层。在系统分析，提出新系统方案和系统设计时，应从宏观整体考虑入手，先考虑系统整体的优化，然后再考虑局部的优化问题。在系统实施阶段，则应坚持自底向上地逐步实施，也就是说，组织人力从低层的模块做起（编程），然后按照系统设计的结构，将模块一个个拼接到一起进行调试，自底向上、逐渐地构成整体系统。

结构化系统开发方法来自于结构化程序设计。结构化程序设计方法是为了解决软件开发效率而提出的，从经济学角度看，体现了分工思想。为了保证软件开发质量，后又借助于工程经验，提出软件工程概念，将结构化与工程化融为一体。

2. 结构化系统开发方法的特点

结构化系统开发方法主要强调以下特点：

(1) 自顶向下整体性的分析与设计和自底向上逐步实施：即在系统分析与设计时要从整体全局考虑，要自顶向下地工作（从全局到局部，从领导到普通管理者）；而在系统实现时，则要根据设计的要求先编制一个个具体的功能模块，然后自底向上逐步实现整个系统。

(2) 用户至上：用户对系统开发的成败是至关重要的，故在系统开发过程中要面向用户，充分了解用户的需求和愿望。

(3) 深入调查研究：即强调在设计系统之前，深入实际单位，详细地调查，努力弄清实际业务处理过程的每一个细节，然后分析研究，制定出科学合理的新系统设计方案。

(4) 严格区分工作阶段：把整个系统开发过程划分为若干个工作阶段，每个阶段都有其明确的任务和目标。在实际开发过程中要求严格按照划分的工作阶段，逐步展开工作，如遇到较小、较简单的问题，可跳过某些步骤，但不可打乱或颠倒之。

(5) 充分预料可能发生的变化

系统开发是一项耗费人力、财力、物力且周期很长的工作，一旦周围环境（组织的内、外部环境，信息处理模式，用户需求等等）发生变化，都会直接影响到系统的开发工作，所以结构化开发方法强调在系统调查和分析时对将来可能发生的变化给予充分的重视，强调所设计的系统对环境的变化具有一定的适应能力。

(6) 开发过程工程化：要求开发过程的每一步都按工程标准规范化。

3. 系统开发的生命周期

用结构化系统开发方法开发一个系统，将整个开发过程划分为5个首尾相连接的阶段，一般称之为系统开发的生命周期（如图2-2所示）。

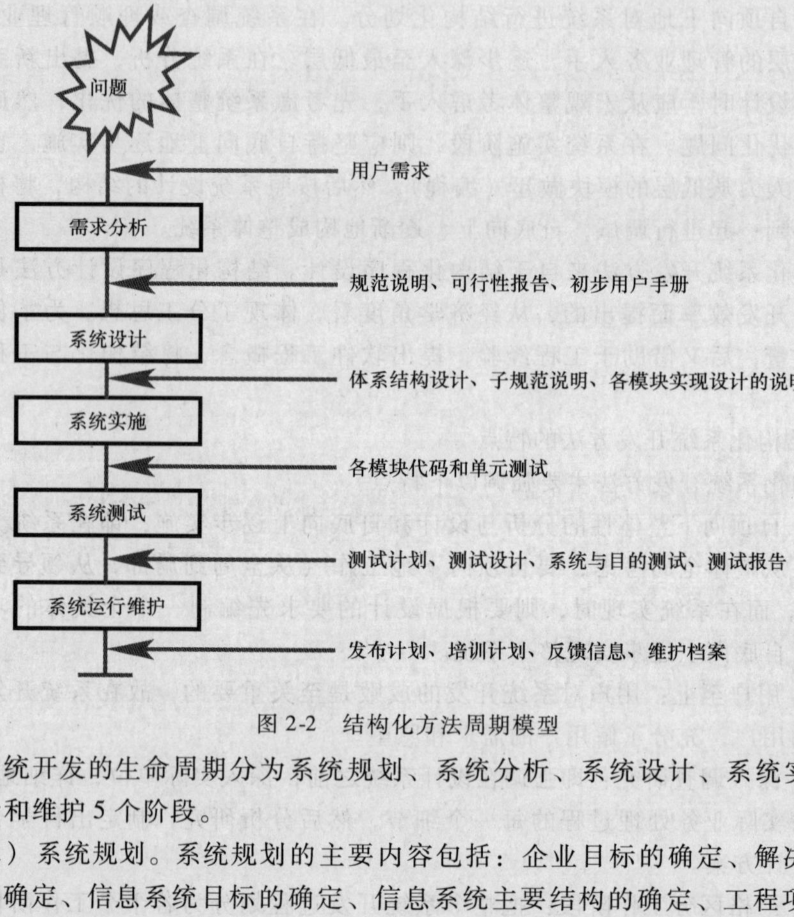

图 2-2　结构化方法周期模型

系统开发的生命周期分为系统规划、系统分析、系统设计、系统实施、系统运行和维护5个阶段。

(1) 系统规划。系统规划的主要内容包括：企业目标的确定、解决目标的方式的确定、信息系统目标的确定、信息系统主要结构的确定、工程项目的确定、可行性分析等。

(2) 系统分析。系统分析的主要内容包括：数据收集、数据分析、系统数据流程图的确定、系统方案的确定等。系统分析阶段是整个系统建设的关键阶段。

(3) 系统设计。系统设计的主要内容包括：系统流程图的确定、程序流程图的确定、编码、输入及输出设计、文件设计、程序设计等。

(4) 系统实施。系统实施的主要内容包括：硬件设备的购买、硬件设备的安装、数据准备、程序的调试、系统测试与转换、人员培训等。

(5) 系统运行与维护。系统运行与维护的主要内容包括：系统投入运行后的管理及维护、系统建成前后的评价、发现问题并提出系统更新的请求等。

4. 结构化系统开发方法的优缺点

结构化系统开发方法是在对传统的自发的系统开发方法进行批判的基础上，通过很多学者的不断探索和努力而建立起来的一种系统化方法。这种方法的突出优点就是强调系统开发过程的整体性和全局性，强调在整体优化的前提下来考虑具体的分析设计问题，即自顶向下的观点。它强调的另一个观点是严格地划分开发阶段，严格按步骤地进行系统分析和设计，对每一步工作都及时地总结，发现问题及时地反馈和纠正。因此，它避免了开发过程的混乱状态，是一种目前广泛被采用的系统开发方法。

但是，随着时间的推移，这种开发方法也逐渐地暴露出了很多缺点和不足。最突出的表现是它的起点太低，所使用的工具（主要是手工绘制各种各样的分析设计图表）落后，致使系统开发周期过长，带来了一系列的问题（如在这段漫长的开发周期中，原来所了解的情况可能发生较多的变化等）。另外，这种方法要求系统开发者在调查中就充分地掌握用户需求、管理状况以及预见可能发生的变化，这不大符合人们循序渐进地认识事物的规律。

三、原型法

原型法（Prototyping）的提出是为了克服结构化方法的缺陷，是为了适应信息系统分析和设计的新发展而出现的一种信息化工程的方法。

原型法的基本思想是：在获取一组基本的需求定义后，利用高级软件工具的可视化开发环境，快速地建立一个目标系统的最初版本，并把它交给用户试用、补充和修改，再进行新的版本开发，反复进行这个过程，直到得出系统的“精确解”，即用户满意为止。经过这样一个反复补充和修改的过程，应用系统的“最初版本”就逐步演变为系统的“最终版本”。

它的基本思想是，系统开发人员首先对用户提出的问题进行理解、研究、总结，快速建立原型系统并运行；在运行过程中不断发现新情况、新问题，反复修改，增加新功能，直到用户满意为止。其主要过程见图 2-3。

原型法采用了“自下而上”的开发策略，对系统设计一步一步地提炼并给予用户参与机会，避免了需求冻结问题，因此更容易为用户所接受。但是，如果开发人员与用户合作得不好的话，就会拖延系统开发时间。

原型法使用的前提：

- 并非所有的需求在系统开发以前都能准确地说明；
- 有快速的系统开发工具；
- 项目参加者之间存在通信上的障碍；
- 需要实际的、可供用户参与的系统模型；

- 需求一旦确定，就可以遵从严格的方法；
- 大量的反复是不可避免的和必要的，应该加以鼓励。

原型法的主要优点在于它是一种支持用户的方法，能使用户在系统生命周期的设计阶段起到积极的作用；它能减少系统开发的风险，特别是在大型项目的开发中，由于对项目需求的分析难以一次完成，应用原型法效果更为明显。原型法的概念既适用于系统的重新开发，也适用于对系统的修改；原型法不局限于仅对开发项目中的计算机方面进行设计，第三层原型法是用于制作系统的工作模型的。快速原型法要取得成功，要求有如第四代语言（4GL）这样的良好的开发环境/工具的支持。原型法可以与传统的结构化开发方法结合使用，这样会扩大用户参与需求分析、初步设计及详细设计等阶段的活动，加深对系统的理解。近年来，快速原型法的思想也被应用于产品的开发活动中。

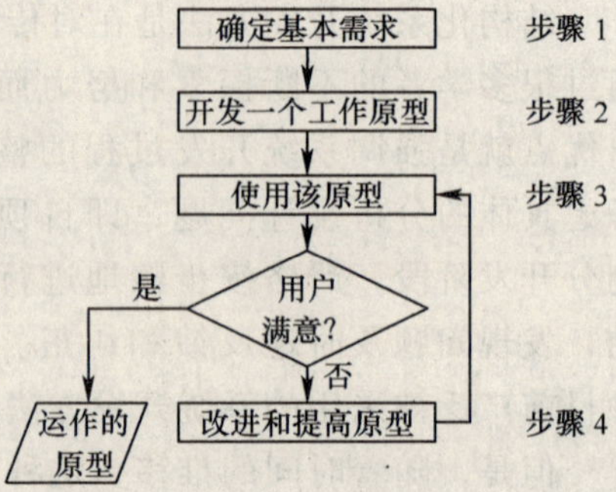

图 2-3　原型法开发模型

四、面向对象方法

面向对象方法（Object-Oriented Method）是一种认识客观世界，从结构组织模拟客观世界的方法，产生于 20 世纪 60 年代，20 世纪 80 年代以来获得广泛应用。这种方法以类、继承等概念描述客观事物及其联系，为信息系统的开发提供了新思路。

1. 基本概念

（1）对象（Object）：任何事物在一定前提下都可以看成是对象。对象的性质和状态叫属性。对象的本质是数据与操作的封装。封装又称为信息隐藏，它保证每个对象在定义时尽可能不暴露其内部的处理，屏蔽局部的不稳定因素，降低易变因素对系统的影响，使对象具有控制自身状态的独立性。例如人、椅子、汽车等，都可以是对象。

（2）标识（Identification）：对象的名称，具有唯一性。

（3）数据（Data）：对象的属性，表明对象的状态（静态），决定了对象可能的行为。

（4）操作（Operator）：对象行为、动态功能或实现功能的具体方法。每一种操作都会改变对象的一个值或多个值。操作分为两类：对象自身承受的操作，操作结果改变了自身的属性；施加于其他对象的操作，操作结果作为消息发送出去。

(5) 接口 (Interface)：对象接受外部消息所指定操作的名称或外部通信协议。

(6) 消息 (Message)：也叫事件。对象不会无缘无故执行操作，它们之间的相互作用需要通过消息传递来实现，即“事件激发”产生动作。对象接受消息所执行的操作，叫“事件驱动”程序，也叫过程。

(7) 类 (Class)：对象或者数据的集合，包括标识、继承、数据结构、操作和接口，具有层次性。类可以派生出多个子类，父类层数据可以被多次重用，子类也可以扩展自身的属性。

(8) 继承 (Inheritance)：一个类因承袭另一个类的能力和特征的机制。继承的优点是避免了系统内部类或对象封闭而造成的数据与操作冗余现象，并保持接口的一致性 (Consistency)。在传递消息时，也无须了解接口的详细情况。而继承机制的最主要优点是支持重用，在层次方面优于传统结构化方法中的过程调用。

(9) 簇 (Cluster)：是一组对象。相对于用单个对象来映射客观世界，用簇来为复杂实体建模，将使系统开发更容易实现。

2. 面向对象的基本特征

面向对象 = 数据抽象 + 数据抽象类型 + 继承性

面向对象的特征包括：

(1) 封装性：改变了传统的数据与操作分离模式，对象作为独立实体，将数据与操作封闭起来，使自身的状态、行为局部化。

(2) 继承性：是面向对象方法特有的性质，继承支持重用，实现软件资源共享与增强扩充。

(3) 多态性：发送同一消息给不同类或对象，可以产生不同的操作结果，可以使软件设计更便利。

(4) 易维护性：封装使信息隐藏在局部，影响也仅限于局部，使程序修改、检查错误更方便。

如图 2-4 所示，是对象内部组织与机制以及和其他对象的联系。

3. 面向对象开发方法的主要原则

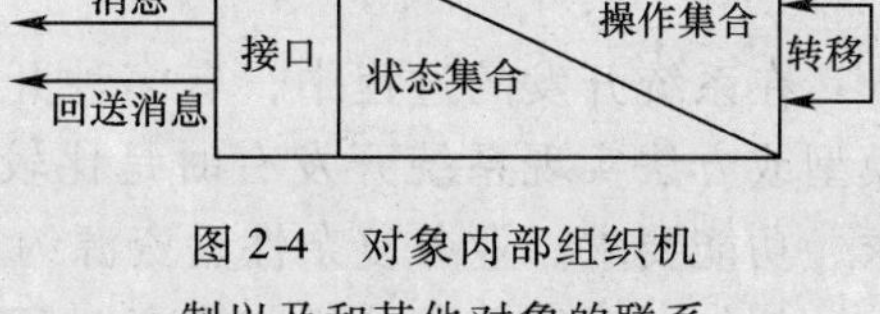

图 2-4　对象内部组织机制以及和其他对象的联系

(1) 构造和分解相结合的原则：构造是指由基本对象组装成复杂活动对象的过程。

(2) 抽象和具体相结合的原则：包括数据抽象和过程抽象。数据抽象把一组数据及其有关操作封装起来，过程抽象则定义对象之间的相互作用。

(3) 封装原则：封装是指对象的各种外部特性与内部实现分离，以减少程序间的相互依赖，提高程序的可重用性。

(4) 继承原则：继承可直接获取父类已有特性而不必重新定义，目的也是为了提高程序的可重用性。

(5) 构造问题空间：主要包括：区分对象及其属性；区分整体对象和组成部分；区分不同对象类的形成（组装结构）。

4. 面向对象的开发方法与发展趋势

面向对象技术起源于面向对象的程序设计语言，其开发过程一般分为 3 个阶段：面向对象系统分析（OOA）、面向对象系统设计（OOD）和面向对象系统实现（OOP），即编程。虽然这 3 个阶段与生命周期法相似，但解决问题和描述的方法却有很大区别。

面向对象系统开发的趋势是：分析和设计更加紧密难分，由于重用性提高，程序设计比重越来越小，系统测试和维护得到简化和扩充，开发模型越来越注重于对象之间交互能力的描述。

5. 面向对象的开发方法特点

- 分析和设计是反复的，体现了原型法的特点并建立针对簇的规格的说明；
- 运用库中已有对象，反复测试实现簇，并将新簇纳入库中，这一过程体现了继承和重用；
- 强调分析阶段和设计阶段的合并，如图 2-5 所示。

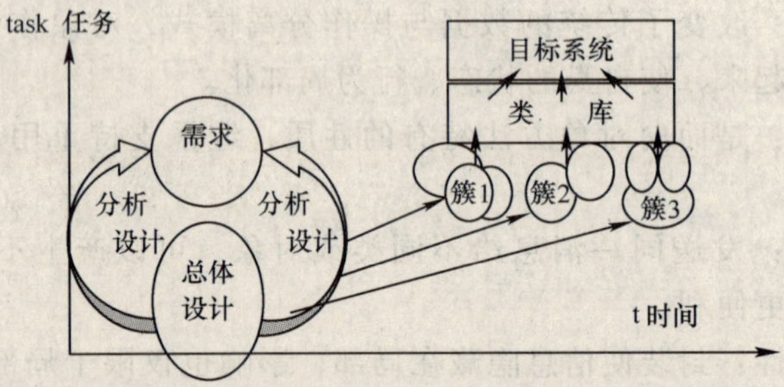

图 2-5　面向对象的系统开发方法

五、组合开发方法

在系统开发的过程中，有多种开发模型可以选择与使用，能够真正用一种模型或方法实现系统开发有时是比较困难的。必须根据问题域的大小、系统需求、功能要求、业务复杂性、资源约束等进行适当的选择。

例如，系统需求分析与定义过程是比较复杂的过程，也是系统开发的起点与终点。传统的结构化方法在此方面并没有提供有效的手段。需求来自于用户，必须与用户结合，并可能随时调整，因此，原型法就很适合于进行系统需求分析，可以将结构化方法与原型法结合，进行系统开发。图 2-6 说明了综合后的系

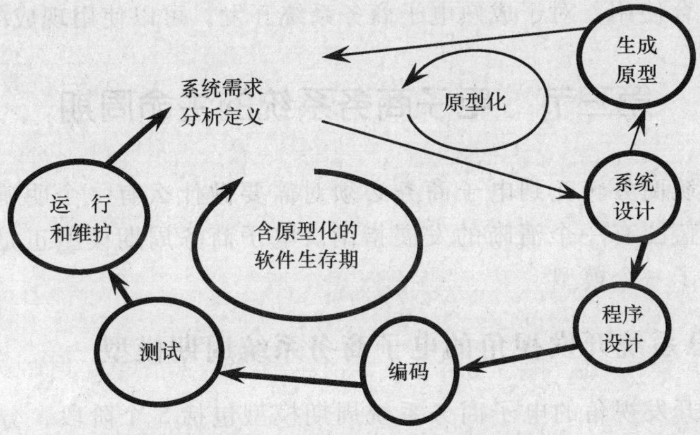

图 2-6　原型化软件生存期模型

统开发方法。其中的需求分析与定义过程，采用原型法进行多次迭代而实现。

实际上，信息系统的开发过程是方法、技术和工具综合使用的过程，面对不同的系统，需要采用不同的技术、方法和工具，而新的方法、技术或工具的产生也是为了解决新的问题。图 2-7 给出了计算机系统开发的体系结构，反映了信息系统开发的复杂性。

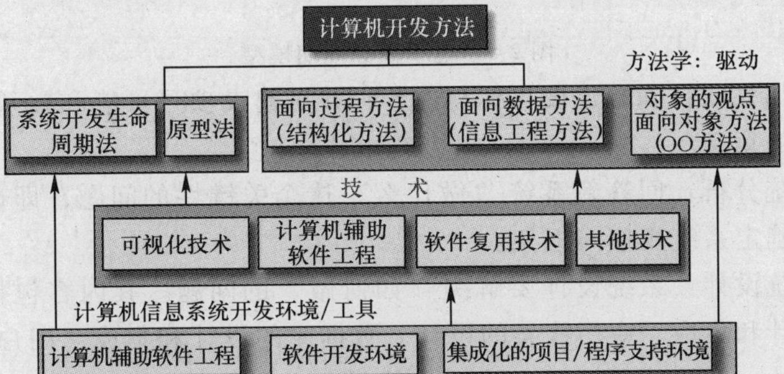

图 2-7　系统开发方法体系结构

电子商务系统的本质也是信息系统，因此常规的信息系统开发技术、方法和工具也适合于电子商务系统的开发。由于和经济、商务、市场、组织结合的紧密性与复杂性，同时对网络技术、计算机技术、信息技术的广泛依赖，因此，在电子商务系统开发过程中，可能会随时出现新的方法、技术与工具。在具体电子商务系统开发时，可以充分使用新的方法，或采用新有模型，可以将多种模型、方法组合使用。对于成熟电子商务系统开发，可以使用现成的解决方案。

第三节　电子商务系统的生命周期

企业从传统商务转变到电子商务必须对需要做什么有一个明确的蓝图，以及对实现这个蓝图有一个清晰的发展指南。电子商务周期模型正是为企业开展电子商务提供了一个模型。

一、信息系统开发视角的电子商务系统周期模型

信息系统开发视角的电子商务系统周期模型包括 5 个阶段，分别是评估立项、系统分析、系统设计、开发集成、运行维护，如图 2-8 所示。

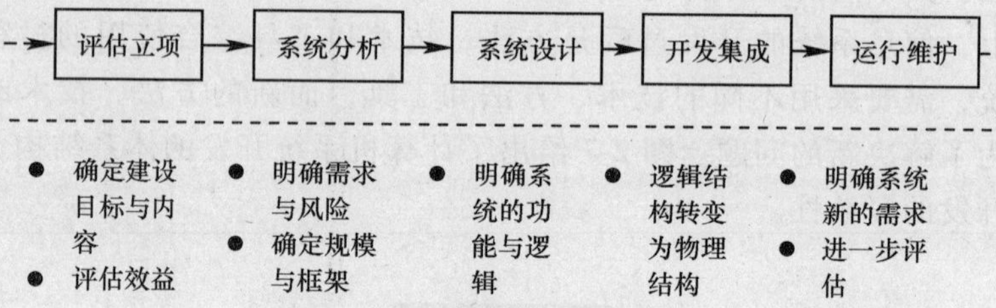

图 2-8　电子商务周期模型

（1）评估立项：确定建设目标与内容，并对建设项目可能和效益进行评估，说明新项目的意义。

（2）系统分析：回答新系统“做什么”这个关键性的问题，即确定系统需求与功能，确定系统规模与框架。

（3）系统设计：系统设计要解决“如何做”的问题。其内容包括计算机系统配置的设计和集成、应用构架的设计、数据库的设计和集成、用户界面设计、系统界面设计、系统控制设计和集成、设计细节的原型。它则侧重于明确系统的功能和逻辑结构，确定系统实现的方式和方法。

（4）开发集成：将纸面上的新系统方案转换成可执行的应用软件系统，即将系统逻辑结构转变为物理结构的过程。主要任务是：物理设施的实现、程序设计和调试、整理基础数据、培训操作人员、系统切换和试运行、文档资料的准备，同时对企业内外部系统进行集成。

（5）运行维护：运行管理包括系统运行规章制度的建立、系统文档资料的管理、系统安全管理等方面。系统维护可以分成纠错性维护、适应性维护、完善性维护和预防性维护。其目的是保证系统的正常运行，通过系统运行检验，明确系统新的需求。

二、电子商务系统周期模型——IBM 的观点

IBM 通过实践总结，认为电子商务周期（见图 2-9）有 4 个组成阶段，包括转变、构造、运行和利用。想要转变到电子商务的机构无论何时均可以从任何一个阶段开始。这也是一个重复的过程。

1. Transform（转变）

转变阶段是转变核心商务的过程，也就是要将现有的商务模型扩展到网络世界以创造一个电子商务模型，应用 Internet 技术为商务创造最大价值。电子商务改变着客户关系管理、供应链和电子商贸的传统准则。在转变商务过程中，每一个商务过程都应该放在整体环境中加以考虑，否则，充其量只是离散的各个更好的商务过程，而无法带来期望的改善客户服务和提高电子商务价值的效果。

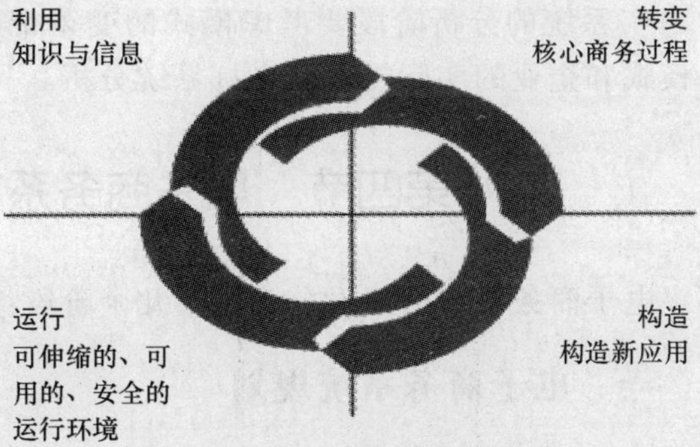

图 2-9　电子商务系统的生命周期模型

2. Build（构造）

构造阶段的内容是构造新的应用系统。转变核心的商务过程需要新一代的应用系统。构造阶段也包括使用一个基于开放标准的途径将已有应用系统迁移到 Web 上。要求电子商务应用系统是基于标准的，以服务器为中心的，可伸缩的，可快速部署、易用和易管理的。

3. Run（运行）

运行阶段涉及一个可伸缩的、可用的、安全的运行环境。围绕着商务和应用系统的运行环境通常是指基础设施。

4. Leverage（利用）

利用阶段是关于知识和信息的利用。这里的焦点是知识管理与信息管理不同，知识管理包括对显式知识和隐式知识的管理。传统的 IT 系统处理的是显式知识，即能写下来并能编程处理的知识。而隐式知识是人们知道的但没有被写下来的东西，它基于直觉、经验和洞察力。

企业从现有的基础上构造电子商务应用系统，并逐步将核心业务扩展到 Internet 上，最终实现电子商务带来的巨大的投资回报。

三、电子商务系统生命周期的特点

总结以上两种观点，可以得出电子商务系统生命周期的特点。

- 包括规划、分析、设计、实施、运行维护等几个阶段；
- 系统的规划阶段非常重要；
- 也可以划分为商务模型的转变、应用系统的构造、系统的运行和资源的利用这4个阶段。转变大体对应于系统规划与分析两个阶段，构造包括系统的设计与实施，利用对应于系统的运行和维护。
- 系统的分析阶段要考虑模式的变革带来的影响，要结合成功电子商务业务模式和企业的实际需求来做好系统分析。

第四节　电子商务系统的建设过程

电子商务系统的建设分为以下几个阶段：

一、电子商务系统规划

电子商务系统的规划是指把完成企业的核心业务转向电子商务为目标，制定企业的电子商务发展战略，给定未来企业的商务模式、盈利方式和商务模型，确定企业的开发战略，并对实现这一目标进行可行性分析，评估系统建设的开销和收益，给出可行性研究报告。

规划阶段对电子商务系统建设至关重要，关系到整个电子商务系统建设的成败。如果不重视电子商务系统的规划，或者不能按照事先的规划进行建设，那么建成的电子商务系统可能无法实现预期的功能、产生应有的投资效益，因此必须引起高度重视。

电子商务系统规划的特点是，将着眼点集中在如何为企业设计出一种新型的价值链，变革企业的商务流程，将企业与客户、合作伙伴紧密地连接在一起，使企业与合作伙伴能够共享知识，形成虚拟的共同市场。其关键是如何转变与集成商务过程，以更好地为客户服务，并在这个过程中获取利益。

电子商务系统规划的成果包括：结合企业未来的电子商务模型、可行性分析和开发战略、可行性分析报告。

主要过程如下：

1. 制定电子商务发展战略

根据企业的实际应用需求、技术能力、财务能力，制定中长期企业开展电子商务的发展战略。

2. 确定电子商务模式

电子商务模式是指企业利用电子化手段开展商务活动，谋取商业利润的基本方式。常见的电子商务模式包括 B2B、B2C、C2C、B2G、C2G 等。

企业通常根据其服务对象来确定电子商务模式。需要注意的是，基本相似的模式可能会出现在多个领域中，电子商务技术的类型也能影响业务模式的分类，有些企业会同时采用几种业务模式。

在选择电子商务模式时，要考虑电子商务商业模式，即盈利方式。实际上，以上各种模式的出现与使用，意味着一种新的盈利模式的出现。电子商务的创新也在于此，即模式创新。

在对企业的商务模式进行设计的时候，要对这些模式和类似企业实施电子商务的经验进行认真的学习、分析和借鉴，但要牢记是企业电子商务实践创造了模式，而不是模式创造了企业电子商务活动，因此要一切从企业实际出发，创造适合于本企业特色的电子商务模式。

3. 确定电子商务模型

企业确定好电子商务模式后，需进行电子商务模型的确定。

电子商务模型的确定必须以企业的电子商务模式为基础，重点在于描述企业电子商务模式如何实现，以及实现这一商务模式的各个具体组成部分的逻辑框架和支持企业商务运作的电子商务系统的基本信息流程，侧重于从改善企业与外部环境的接口、改善企业的信息流程。

电子商务模式和电子商务模型是相辅相成的，其共同目标都是更好地设计企业电子商务的核心业务、盈利方式。

在方法上，电子商务模型以流程再造（BPR）为主线，分析企业核心业务过程和环境因素，根据已确定的商务模式再造企业核心业务流程。其目标是缩短企业的产品供应链、加速客户服务响应、提高客户个性化服务、提高企业信息资源的共享和增值。

设计时可参考以下方法进行：

（1）分析电子商务手段对企业商务活动各环节的影响，确定能够通过电子化手段实现企业价值链增值的商务环节。

（2）从企业的供应链入手，分析企业与上、下游厂商的协作关系，确定支持企业电子采购、商品配送等环节的外部信息系统。

（3）从网上销售入手，分析安全电子交易过程的各个环节，确定实现安全电子交易需要的内部信息资源和外部服务系统。

（4）通过分析企业客户的特征，确定提高客户满意度、建立客户忠诚的客户关系管理的内容和方式。

（5）将有关的内容和结构归纳起来组成电子商务模型。

4. 确定开发战略

开发战略以通用需求、技术需求和功能需求分析为基础，在自主开发、外包和部分外包之间选择。确定开发战略时主要考虑以下几方面的内容：企业战略、核心能力、信息和流程的可靠与机密程度、成本效益分析以及技术力量。

通用需求包括：商务服务商的成功和失败案例；商务服务商的技术支持水平；多少有经验员工能投入系统的开发；开发成本；开发时间；系统效益的预期值；对内部资源的影响和要求；能否提供较好的员工培训；数据转换的成本；技术支持服务。

技术需求和功能需求从以下几方面分析：健壮性（软件不能出问题）；编程错误（软件能正确计算）；代码质量（可维护性）；文档（用户和系统、联机和书面）；安装难易度；灵活性（系统容易调整以适应新的功能和新的环境）；结构（可维护，易理解）；用户界面友好性（使用时自然而直观）。

5. 进行可行性分析

在初步调查分析及电子商务系统开发方案的基础上，运用经济技术理论与方法，分析电子商务系统开发方案的可行性，最后作出是否继续开发的明确结论。

可行性分析是任何一项大型项目投入资源之前都必须进行的一项工作。这对于保证资源的合理使用、降低项目的风险是十分必要的，也是项目能够顺利进行的必要保证。电子商务系统建设是一项投资大、周期长、风险高的复杂系统工程，因此可行性研究就更为必要和不可缺少，必须给予高度重视。

可行性是指在当前的情况下，电子商务系统的建设工作是否已经具备条件、是否合理和必要。电子商务系统建设涉及社会的、企业的、技术的多个方面，关系到人、财、物等因素，在分析时既要全面又要抓住重点，同时还要善于听取反面意见，这样才能得出正确的结论。电子商务系统的可行性分析包括社会的可行性分析、经济的可行性分析、技术的可行性分析3个方面。

二、电子商务系统分析

电子商务系统分析，是在系统规划确定的目标和开发方案的指导下，结合电子商务系统的特点，对企业的各个方面进行深入调查，研究及描述企业现行系统的活动和各项工作，理解企业的业务流程和数据流程，分析待开发软件提出的需求并给出详细的定义；讨论决定哪些需求是可以满足的，哪些需求不能满足，并对能满足的需求加以确切描述；使用一系列分析工具与技术建立目标系统逻辑模型，为系统设计奠定基础。

系统分析的目标是在电子商务系统规划的基础上，经过调查、分析，通过一系列的工具，构造出新系统的逻辑模型。逻辑模型解决系统将要“做什么”的问题。

其任务包括对电子商务系统需求进行全面分析，并对B2C电子商务系统的基本需求、B2B电子商务的基本需求、企业信息门户的基本需求、电子商务物流配送体系的基本需求、电子支付系统的基本需求、电子商务系统安全的基本需求进行详细分析，明确业务流程和功能，对业务流程进行重组与优化，建立系统逻辑模型。

系统分析的最后是形成系统分析报告。其主要内容是对企业和欲开发的系统的基本情况作概况性的描述，对现行系统进行系统分析的结果和对今后欲开发的电子商务系统的设想。内容应包括：

- 电子商务系统的名称和主要功能；
- 电子商务系统的逻辑模型，通过相应的组织结构、业务流程、数据流程图和系统功能加以说明；
- 实施计划。

三、电子商务系统设计

电子商务系统设计目标是在电子商务系统规划和分析的基础上，确定整个电子商务系统体系结构中各个组成部分的具体内容。重点是确定电子商务业务系统的功能、确定平台的基本功能、确定系统平台的构成以及各组成部分和相互关系，考虑系统中的各个组成部分是如何相互配合、共同满足企业的电子商务需求。

其主要任务是从电子商务系统的总体目标出发，根据系统规划与系统分析阶段产生的文档，考虑经济、技术和系统所实现的内外环境和主客观方面的条件，确定电子商务系统的总体结构和系统各组成部分的技术方案，合理选择计算机和通信的软硬件设备，确保总体目标的实现。

其主要工作内容包括电子商务系统总体结构设计，运行平台的设计（基础实施与运行环境），服务平台的设计（支持平台）和应用系统设计。其中，应用系统设计是电子商务系统设计的重点。

对于设计阶段的基本步骤，目前没有统一方案。IBM 将其分为 4 个部分：需求采集、选择可替代结构、确定体系结构和选择组件。

电子商务系统结构设计的主要内容包括系统体系结构分析、系统组成结构分析、应用软件设计、系统运行平台选择、软件平台构建、内部环境及外部环境分析等，重点对系统基础结构、内部信息系统与外部电子商务网站的构建及相互关系、内外集成等进行设计。

电子商务系统运行平台的选择与设计是电子商务应用系统设计的基础，内容包括网络基础设施、操作系统的选择、数据库管理系统的选择、应用服务器选择与构建、中间件技术，以及相关电子商务支持平台的构建等。该部分将讨论电子商务系统开发中的常用技术，以及技术发展的方向与前沿。

四、系统实施

电子商务系统开发方式有自主、外包、委托、租用等几种方式，需要对这几种方式进行评估与选择。

由于电子商务的核心是企业商务活动，所以，能否正确地理解企业的核心商务逻辑对于实现企业的商务系统至关重要。相对来讲，企业的经营管理人员对业务需求最了解，所以如果企业自身具备开发电子商务系统的能力，那么由企业自己开发其商务系统比较好。

委托建设方式是指将电子商务系统的应用开发和系统集成委托给专业性的IT企业，这也是一种见效比较快的方式。目前，在Internet上提供服务的IT企业，除了Internet接入服务供应商ISP（Internet Service Provider）、Internet内容供应商ICP（Internet Content Provider）以外，还有一类就是所谓的Internet应用供应商ASP（Application Software Provider），ASP专门提供电子商务系统开发与集成服务。

无论是企业独立开发还是由ASP负责企业商务系统的开发集成，这两种方式都需要大量的资金投入，而且存在系统投产后的维护问题。如果企业在这些方面有困难的话，目前还有一种方式也逐渐流行起来，这就是传统的企业和ASP或者电子商务技术提供商之间合作开发企业电子商务系统。通常采取这种方式时，ASP无偿地提供技术产品和应用开发，而企业以电子商务经营中的部分利润作为回报。这种模式可能导致IT公司和传统企业之间的联营。

系统实施的主要工作是以需求、系统逻辑结构设计为基础，确定需要哪些产品或者技术来构筑电子商务系统的平台，完成应用软件系统的编码，将电子商务系统的应用软件和各种平台集成在一起。其主要任务是电子商务应用软件的开发、系统平台的选择与搭建、软硬件系统集成和系统评估及优化。

在这个层次上，开发人员将利用开发方法提供的各种工具将前面工作中形成的逻辑模型转换成实际的物理系统，从而完成一个电子商务系统的建设工作。

由于电子商务系统包括内外部两大子系统，因此在系统实施中必须考虑电子商务系统的应用集成问题，以及电子商务系统的应用集成技术与方法。从集成的层次上看，从数据集成开始，实现功能集成与业务集成。从集成的技术层次分析，以1990年Wasserman提出的五级集成模型为主要方面，即平台集成，工具运行在相同的硬件/操作系统平台上；数据集成，工具使用共享数据模型来操作；表示集成，工具提供相同用户界面；控制集成，工具激活后能控制其他工具的操作；过程集成，工具在一个过程模型和“过程机”的指导下使用。

五、系统运行维护

电子商务系统运行维护的作用是保证电子商务系统的正常运行，并对系统的各项性能进行检验与评估。

运行包括系统运行和商务运行两个部分，系统运行是指从原有的信息系统过渡到新的电子商务系统的过程。对于某些企业来讲，也可能是一个全新的系统。电子商务系统的运行需要一个可伸缩的、可用的、安全的运行环境，因此，电子商务系统的系统运行需对电子商务系统的性能进行检验与评估。

在新系统运行之前，必须完成新旧系统的切换，包括信息系统的切换和商务系统的切换。切换的策略可以采用新旧系统并行一段时间后，放弃旧系统运行的方法，一般不允许新系统投入运行后立即放弃旧系统的做法。

电子商务系统的运行，更为重要的是意味着企业的商务活动在一种新的环境下运转，因此，必须重视企业商务活动在新系统下的效率与效果，对其作出评估。

电子商务系统的运行必须有相关的运行队伍及维护队伍，而且需要制定相关的管理制度和条例。

思考题

1. 简述电子商务系统周期模型的主要内容。
2. 结构化方法的内容与特点是什么？
3. 电子商务系统的集成的主要作用是什么，有哪些层次？
4. 说明电子商务系统生命周期在电子商务系统开发中的作用。
5. 电子商务系统设计的内容包括哪些？其重点是什么？
6. 电子商务系统的开发方式有哪些？各有何特点？说明 ASP 方式的电子商务系统开发中的特点。
7. 说明电子商务系统的开发过程与基本内容。

案例分析

随需而动的电子商务服务

——湘潭龙畅集团电子商务战役纪实

（资料来源：中国电子商务资料库，www. 52ec. org. cn）

湘潭龙畅集团是一家民营企业。公司始创于 1992 年，原是一家小洗煤厂，后成长为湘潭龙畅洁净煤有限公司，2004 年又成立湘潭龙畅物流有限公司，2005 年 12 月 18 日成功注册登记为集团公司。

湘潭龙畅集团是目前湖南省唯一一家物流集团公司，拥有龙畅物流、龙畅洁净煤、龙畅机械设备、龙畅备件制造 4 个全资子公司，2005 年实现销售收入 2 亿元，上缴各项税金近 800 万元。然而，目前，龙畅与上下游交易伙伴通过电话、传真、会面等传统方式进行交互，业务流程繁杂、不够规范，易造成拖沓、信息丢失现象；运营成本居高不下；缺乏有效的潜在交易伙伴发掘方式；业务缺乏必要的透明度，产品、服务的相关信息无法实时传递给交易伙伴，交易伙伴无法拿到产品和服务的实时信息数据会在一定程度上影响业务的开展。

DCMS 以提供随需而动的电子商务服务为己任，拥有全线的电子商务自主产品，并在制造、流通业有很丰富的实施电子商务的经验。龙畅集团决策层经过详细调研分析，最终于 2006 年 5 月底与 DCMS 签订了电子商务合作协议，拉开电子商务实施的帷幕。

一、"易桥 e-B Chain" 迎接新的商务模式挑战

龙畅集团拥有 4 个分公司，在商务上，除了它们各自的上下游交易伙伴之外，它们之间也存在业务往来，如图 2-10 所示。

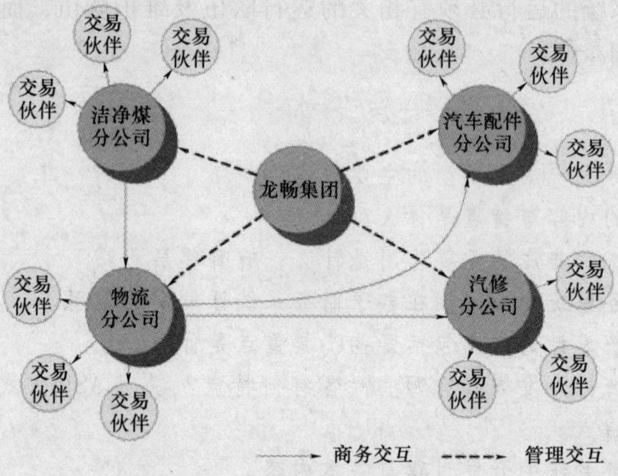

图 2-10　龙畅集团业务网络

项目的选型产品是"易桥 e-B Chain"，标准产品的商务模式是"中心厂—交易伙伴"模式（如图 2-11 所示）。中心厂即系统客户，比如说这里的龙畅集团，而多个交易伙伴指的是与中心厂有商务交互的客户或者供应商，在这里就是图 2-10 中的交易伙伴。

而从图 2-10 中可以看出，从电子商务平台这个角度来看，所谓的交易伙伴并不是与龙畅集团这个实体发生直接的商务交互，而是与龙畅集团所属的 4 个分公司进行交互。换一句话说，在电子商务系统中，各个分公司应该独立管理自己的销售或者采购业务，客户向某分公司下销售订单，某分公司向某供应商下采购订单，而龙畅集团这个实体只是监查这些销售或者采购业务的进展情况。

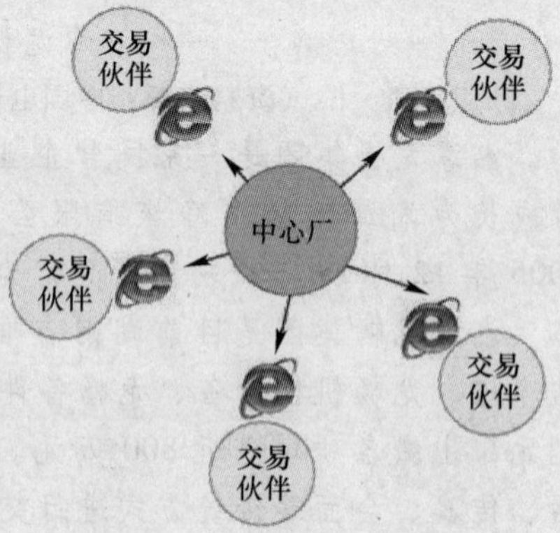

图 2-11　中心厂—交易伙伴

这是一个新的商务模式，随需而动，及时调整 e-B Chain 产品将是龙畅电子商务项目实施成败的关键，于是，通过客制化手段，产品完成了向“中心厂—分公司—多个交易伙伴”商务模式的转变，如图 2-12 所示。

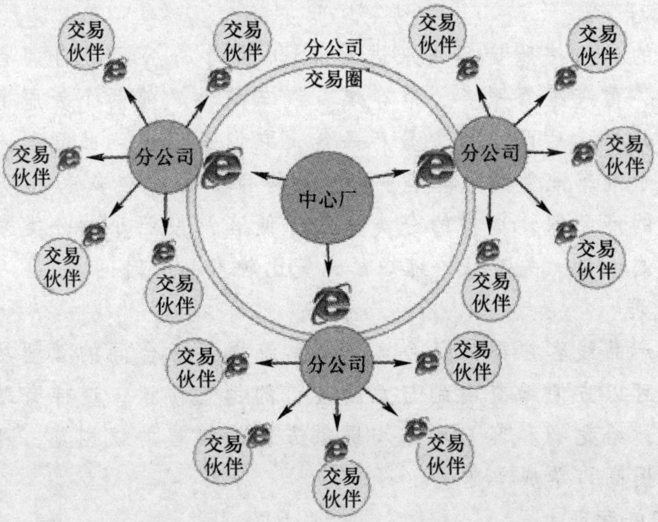

图 2-12 中心厂—分公司—多个交易伙伴

二、系统实施及应用

2006 年 6 月 10 日，龙畅电子商务项目正式启动，按照实施计划，项目的实施分为如下 6 个阶段：

- 项目调研（包括业务流程的规划）；
- 定制化开发；
- 内部培训（建立用户测评机制验证学习成效）；
- 内部测试；
- 内部上线（线上运行分公司商务交互）；
- 正式上线。

（一）B2B——易桥 e-B Chain 的应用

根据客户的实际业务需求，易桥 e-B Chain 主要实现并应用的功能模块有会员管理、产品管理、合同管理、采购管理、销售订单管理、物流服务单管理、重汽维修单管理、用户权限管理。

1. 会员管理

龙畅的 4 个分公司有各自的客户群和客户等级规范，客户的交易金额达到一定额度后，可升级到更高的客户级别。

易桥 e-B Chain 系统实现了一种灵活的会员管理机制。4 个分公司对应 4 条产品线，客户等级规范和产品线相关，各分公司管理各自的客户群和客户等级规范，而对于客户而言各自有各自的交易金额累计和级别，互不干涉。这样的会员管理机制赋予分公司更大的自主管理权力的同时，也可达到针对不同的产品线因地制宜地设定客户等级规范以吸引更多客户的目的。

2. 产品管理

龙畅集团的产品按照产品线来进行管理。4个分公司各自拥有一个产品线——物流服务、重汽维修服务、洁净煤、汽车配件。前两个为服务产品线，它们没有更细的分类；后两个为贸易产品线，它们可以由产品管理人员自定义树状的分类。由于汽车配件的种类繁多——最终目标是建立多达20万的汽车配件库，面对庞大的产品库，这样的分类方式方便客户按照小的分类来查询产品信息，有效地过滤大量无关产品，缩短了浏览比较产品的时间。

3. 合同管理

针对4个产品线客户群的每个客户，系统提供了合同的管理功能。在客户下单的时候，可以方便地查看到与龙畅签订的销售协议，这样有助于提高客户下单的准确度；给龙畅和客户双方均提供方便的销售协议浏览，可以有效地减少议价回合，提高订单成单速度。

4. 销售订单管理

销售订单管理也是易桥 e-B Chain 电子商务的四大核心模块之一，它包括产品搜寻、购物车、询价报价、建立订单、订单变更、新品开发、出货、收料验收、退货、对账等。客户可以通过网络向龙畅下销售订单，达到销售业务的无纸化，提高龙畅与客户交互的反应速度，缩短订单处理时间，使询价报价和议价过程透明化，有助于树立企业良好业务形象。

龙畅的客户可以随时随地登录到电子商务平台下单，客户下单的消息会第一时间以 E-mail 的方式通知龙畅的销售人员，销售人员点击 E-mail 中的 URL 地址，即可以登录到系统直接看到该订单，并及时响应。

销售订单管理在出货环节提供出货通知功能，在龙畅给客户出货时，系统会自动给客户发出货通知邮件，客户点击邮件中的 URL 地址，即可登录到电子商务系统查看该出货的详细情况。同时，系统还提供给客户随时查看所有待出货订单的出货情况的功能，有效地避免了龙畅销售人员不断被客户追问出货信息的情况。

5. 采购订单管理

采购订单管理模块是易桥 e-B Chain 电子商务的四大核心模块之一，它包括请购、询报价、建立采购单、采购单变更、交货指示、出货、收料验收、退货、预测订单等，实现龙畅通过网络向供应商下采购订单，达到采购的无纸化，提高龙畅与供应商的交互信息准确度和交互速度，节省中间步骤，降低企业运营成本。

在采购订单管理的询价报价环节，易桥 e-B Chain 系统提供了 3 种询价方式：依据料件厂商进行询价、自定义供应商询价、询价公告栏询价。第一种询价方式中，询价单自动发至与早已在料件信息管理中设定好的该料件相关联的供应商处；第二种询价方式中，询价单发送至采购员临时选定的供应商集合处；第三种询价方式中，没有指定的供应商，而是类似于在公告栏上发布一个询价通知，所有的供应商均能看到该通知，有意向的供应商则可以回复报价信息。这 3 种询价方式相辅相成，采购员可以依据实际情况灵活的选择。第一种的询价目的性最强，直接便捷，第二种可以用于多个为采购员所熟悉的供应商的价格对比情况中，第三种可以在希望挖掘不为采购员所熟悉的供应商的报价的时候使用，引起竞相报价的局面。灵活全面的询价方式取缔了传统的电话、传真询价甚至是现场询价的低效能方式，节约运营成本。询价信息在系统中永久保存，避免了传统报价方式中易造成的错漏状况。

（二）B2C

依据龙畅的实际业务需求，除了 B2B 系统，龙畅实施了 B2C 系统。在 B2C 中，从大的方面来看，主要有企业信息展示、网上商场、物流申请及审核、重汽维修申请及审核、会员管理、后台管理等主要功能模块。大家都能通过互联网浏览龙畅集团的各方位介绍信息，也能方便地浏览龙畅经营的各种产品及其相关信息，对潜在客户极具吸引力。申请成为 B2C 的会员之后，客户可以方便的购买商品或者提出物流、维修申请，龙畅相关的业务人员及时响应客户需求。

B2C 中的产品数据自动从 B2B 系统中导入，避免了重复录入易造成的错误，也可减少业务人员的工作量。

B2C 作为龙畅展示企业形象的一个平台，在树立企业形象、宣传企业文化、提高企业知名度、提升行业影响力、吸引个体客户、挖掘潜在企业级客户等方面起到了不可忽视的作用。

三、系统效益分析

易桥 e-BChain 及其配套的 B2C 系统采用国际电子化交易标准，充分运用 XML 与 PIPS 的支持，通过 Web 方式，提高企业与上下游伙伴交易的效率；考虑集团式运作以及全球化布局为设计准则。系统的成功实施为龙畅集团带来如下的效益：

- 集团内部的各个分公司之间的交易实现网络化，让不同地理位置的分公司之间的交易简单化，提高业务效率，交互信息永久保存，减少传统交易中由于信息错漏给业务人员带来的重复劳动，解放业务人员使之有更多的时间与精力开拓新业务；
- 和上下游交易伙伴交互实现无纸化，大幅减轻业务人员负担，降低企业运营成本；

• 准确便利的产品信息查询，实时的销售策略展示，快速的反馈速度，大大提高客户满意度；

• 规范物流、重汽维修业务流程，便于企业加强管理；

• 实时追踪交易状态，有效的交易透明化提升了企业间的沟通效率；

• 根据业务需求灵活分配内部用户角色和权限，强化企业组织结构，提高管理的科学性；

• 逐级跟催设定与多种通知机制，促使龙畅与各交易伙伴的交易更顺畅紧凑；

• 销售和采购业务中交易数据的EXCEL报表转出；

• B2B与B2C并行，在信息时代开辟一个顺应时代要求且行之有效的企业展示的渠道；

• 具备与企业ERP系统无缝集成的专业串接模块，在日后龙畅集团实施ERP系统之时能完美集成，达到信息实时共享。

四、龙畅集团电子商务成功的关键因素

1. 项目定位清晰明确

做一个项目，首先要有明确的目标、定位，这样项目才会成功。龙畅集团电子商务项目在一开始的时候就定位为建立集传统采购、销售以及物流、维修为一体的B2B为主B2C为辅的电子商务系统。由于它是一个大而全的系统，所以在实施的时候笼统地一起上就很可能出现阻力较大的局面，于是就划分了阶段性的实施目标，相当于阶段性的定位。第一阶段推行集团所属的4个分公司之间的B2B系统，包括采购、物流和维修；第二阶段扩充到B2B的对外交互的全部模块，而B2C相对简单所以一直伴随B2B的推进而不断推进。

2. 集团领导层高度关注

在项目的一开始，龙畅集团的高层就非常重视项目的实施情况，并指定了集团信息部的主管、各个分公司的主管、各个部门的骨干业务人员为项目组的核心成员，保证了在项目进展过程中的各种协调工作得以顺利进行。

3. 执行力自上而下强大持久

在所有信息化项目的推进过程中，总会遇到员工这样或者那样的抵制行为，企业的执行力在这个时候就显得尤为重要。企业的执行力越强越持久，改革和举措就会越顺畅。电子商务项目是企业工作方式的一个颠覆性的改革，自然会引起员工的一些抵制行为，这个时候，强大持久的执行力就成为电子商务项目成功实施的一个有力保证。龙畅集团在此之前也实施过一些信息系统，如MIS、OA等，所以深知执行力的重要性，于是运用一些行政手段来保证项目的执行，比如通报批评、奖金等。这些都为电子商务项目的实施铺平了道路。

4. 神州数码顾问与客户方项目人员协作默契

神州数码顾问的专业精神和认真求实的服务态度得到了龙畅高层的认可。在整个电子商务系统实施过程中，龙畅项目成员对顾问工作的安排积极响应、沟通，逐渐磨合达到了默契的协作，为整个项目的成功上线提供了有效的保障。

通过对龙畅集团电子商务的成功实施，可以发现，对于像龙畅集团这样，既有煤加工、煤贸易、汽车配件贸易，又有物流服务、维修服务的混合型企业而言，映射到电子商务的需求上来，它既有传统的用于贸易的电子采购和电子销售系统的需求，又有物流服务和维修服务这两个附加的需求。通过客制化调整，易桥 e-B Chain 电子商务系统解决方案就能很好的满足这些复杂的需求，产品灵活的业务流程配置可以满足客户不同的业务流程需求及未来企业规模的发展。

案例思考题

1. 龙畅集团存在的主要问题是什么？通过构建电子商务系统，要解决的核心问题是什么？

2. 龙畅集团的商务模式有何特点？说明从“中心厂—交易伙”到“中心厂—分公司—交易伙伴”转变的原因。

3. 在龙畅集团制定和开发计划中，为何将培训放在前面？

4. 为何龙畅集团要构建 B2B 系统以及 B2C 系统？

5. 分析龙畅集团实施电子商务的主要成功因素。

6. 作为像龙畅集团这样的企业，其电子商务需求及功能要求是什么？

7. 通过调查，分析神州数码易桥 e-B Chain 电子商务应用系统的特点。

第　三　章

电子商务系统规划

学习目标

通过本章学习，掌握电子商务系统规划的概念和基本内容；对电子商务系统规划的过程有一个初步的认识；能正确认识电子商务战略规划的作用和意义，对电子商务的一些基本战略有一定的认识；初步掌握关键成功因素法、企业系统规划法、战略目标集转化法的基本思路和操作步骤；能够按要求撰写电子商务系统规划报告。

电子商务系统不仅更新了企业商务活动的技术手段，更重要的是它使企业的核心业务、应用系统等都转化为一种新的模式。因此企业在构造其电子商务系统时，必须对自身的商务模式进行新的规划。

第一节　电子商务系统规划概述

一、电子商务系统规划的概念

电子商务系统的规划是指以完成企业核心业务转向电子商务为目标，给定未来企业的商务模式，设计支持未来这种转变的电子商务系统的体系结构，说明系统各个组成部分的结构及其组成，选择构造这一系统的技术方案，给出系统建设的实施步骤及时间安排，说明系统建设的人员组织，评估系统建设的开销和收益，并给出可行性论证报告以及最终的电子商务系统规划报告。

电子商务系统的规划与传统信息系统的规划有所不同。传统信息系统对企业价值链的贡献主要体现为提高企业的生产和管理效率。尽管它对企业的商务活动有所改善，但是并不直接对企业的商务模式产生变革式的影响。换句话说，传统信息系统的规划以企业商务模式处于稳定的状态为前提，它是在企业既有商务模式的基础上，集中针对企业内部信息流进行的技术改进和支持。企业电子商务系统的规划不仅是对支持企业电子商务的信息系统进行规划，还包括商务模型规划和商务系统规划两个基本层次。

二、电子商务系统规划的目的和任务

现代社会组织，特别是企业的结构和活动内容都很复杂，一个企业要实施电子商务系统需要经过长期的努力，因而必须对它的建设进行科学的规划，根据组织的目标和发展战略以及电子商务系统建设的客观规律，并考虑到组织面临的内外环境，科学地制定电子商务系统的发展战略和总体方案，合理安排系统建设的进程。在实施之前，应先找专业的咨询公司根据企业的实际情况构造适合本企业情况的电子商务实施策略。比如，在销售公司实施电子商务，与在整个集团内或在制造生产厂、批发配送公司实施电子商务的步骤和应用的重点、内容是不一样的。

系统规划是电子商务系统建设第一个阶段，是电子商务系统的概念形成时期。这一阶段的主要目标就是制定出电子商务系统的长期发展方案，决定电子商务系统在整个建设过程中的发展方向、规模和发展进程。为了达到这一目标，系统规划的主要任务包括以下几个方面：

1. 制定电子商务系统的发展战略

由于电子商务系统的开发需要企业投入相当的资源（如财力、物力和人力），因此开发电子商务系统首先应明确开发的目的，即要解决的问题。这些问题经分析归纳，得到的集合即是问题域。

对于企业而言，其商务目标是为了最大限度地、持续地扩大利润空间，增加企业收入。为了达到这一目标，需要不断改善提高企业核心竞争能力，扩大市场份额。利用电子商务系统改进其核心竞争能力是企业建设电子商务系统的最直接也是最为原始的动机。基于这一点，在设计电子商务系统之初，必须准确、完整地了解企业的战略目标。电子商务活动是企业经营活动的一部分，因此，电子商务系统规划的目标是制定同企业整体战略相一致的电子商务系统的发展战略。制定电子商务系统的发展战略，首先要调查分析企业的目标和经营战略，评价现行信息系统的功能、环境和应用状况。在此基础上确定电子商务系统的目标，制定电子商务系统的发展战略及相关政策。

这一任务的关键是要使电子商务系统的战略与整个组织的战略和目标协调一致。要做的具体工作包括：评价组织的目标和战略，根据组织的目标和战略确定电子商务系统的使命，对电子商务系统的建设或更新提出报告，对目前电子商务系统的功能、应用环境和应用现状进行评价，制定建设电子商务系统的政策、目标和战略。

2. 制定电子商务系统的总体开发方案

在对企业初步调查及分析的基础上，根据电子商务系统的目标和发展战略，设计电子商务系统的总体结构，及系统各个组成部分的结构及其组成，拟定构造这一系统的技术方案。

这一任务是要明确组织的主要信息需求，形成电子商务系统的总体结构方案，安排项目开发计划。这一任务的具体工作包括：确定目前和规划中的组织在决策支持和事务处理方面的信息需求，以便为整个组织或其主要部门提出电子商务系统的总体结构方案；制定主发展计划，即根据发展战略和系统总体结构，确定系统和应用项目的开发次序和时间安排。

3. 制定系统建设的资源分配计划

制定为实现主开发计划而需要的软硬件资源、数据通信设备、人员、技术、资金等计划，提出整个系统的建设的概算。根据电子商务系统的环境、资源等条件，评估系统建设的开销和收益，判断所提出的电子商务系统项目是否有必要、有可能开始进行。

4. 制定项目实施计划

根据电子商务系统总体开发方案确定要完成的任务，制定一个详细的进度表。进度表中应规定各个任务优先次序和完成任务的时间安排，给项目组成员分配具体任务和确定任务完成的时间。

三、电子商务系统规划的特点与关键问题

电子商务系统的建设是一项耗资巨大、历时较长、技术复杂且涉及面广的工程。规划工作是这一复杂工程的起始阶段，这项工作的好环将直接影响到整个电子商务系统建设的成败。如果能够充分认识这项工作的特点，将有助于提高规划工作的科学性和有效性。

1. 系统规划的特点

(1) 系统规划工作是面向长远的、未来的、全局性和关键性的问题，因此它具有较强的不确定性，且非结构化程度较高。

(2) 其工作环境是组织管理环境，高层管理人员是工作的主体。

(3) 规划工作不在于解决项目开发中的具体业务问题，而是为整个系统建设确定目标、战略、系统总体结构方案和实施计划，因而整个工作过程是一个管理决策过程。同时，系统规划也是技术与管理相结合的过程，它确定利用现代信息技术有效地支持管理决策的总体方案。

(4) 系统规划人员对管理与技术环境的理解程度、对管理与技术发展的见识，以及开创精神与务实态度是规划工作的决定因素。目前尚无可以指导系统规划全过程的适用方法，因此必须采用多种方法相互配合，取长补短。

(5) 规划工作的结果是要明确回答规划工作内容中提出的问题，描绘出系统的总体概貌和发展进程，但宜粗不宜细。要给后续各阶段的工作提供指导，

为系统的发展制定一个科学而又合理的目标和达到该目标的可行途径，而不是代替后续阶段的工作。

(6) 电子商务系统规划必须纳入整个企业的发展规划，并应定期滚动。

2. 规划工作的关键问题

针对以上特点，我们在对电子商务系统进行系统规划时应注意如下几个关键问题：

(1) 战略计划是关键。电子商务系统与组织发展战略的一致是电子商务系统建设成功的关键之一。要面向组织管理问题，在高层领导干部参与和管理与技术的结合上下功夫。

(2) 解决问题的有效性是关键。推进企业信息化的工作能否成功并持续发展，关键在于这项工作能否在企业的改革与发展中见到实效。这就需要电子商务系统的具体项目对现实问题有较强的针对性，在方案评价与技术选择时不求全、不求大、不求洋，但求有效。同时，由于电子商务系统复杂而庞大，在解决问题的各种可能方案中，应选用其中最经济、最简单和易实施方案。每一次开发的应用系统规模不宜过大。由于环境复杂多变，因此系统短小精悍，才能机动灵活，整个电子商务系统建设周期长、任务重，只有踏实工作，逐步推进，才能减少延误与损失，急于求成、拔苗助长只会适得其反。

(3) 应变能力是电子商务系统建设与应用的瓶颈问题。现代企业生存和发展的内外环境变化剧烈，用户需求日趋复杂，企业只有进行不断的调整与改革才能适应形势发展的需要。因此要求电子商务系统本身应有很强的应变和促进变革的能力，而且要求这项工作的效果应为增强组织的应变能力做出切实的贡献，但现有和曾经有过的一些系统经不起环境变化与组织变革的冲击，有的系统甚至可能成为变革的阻力，这类教训应当吸取。所以说，应变能力的强弱应成为今后电子商务系统的主要评价指标之一。

(4) 人、管理、技术应协调发展。人、组织管理与技术是信息化生产力的三个重要因素，也是电子商务系统建设的三项关键资源。在上述三个要素中，技术的进步，组织管理的变革和人的素质的提高必须相互匹配，协同发展，才能促进组织的发展和生产力的提高。技术进步的幅度越大，组织变革就应越加深刻，因而对人的素质要求就越高，这是现代社会生产力发展的客观规律，也是电子商务系统建设成功的经验。进行系统规划过程中也应把提高人的素质作为整个电子商务系统规划的中心环节，在此基础上再抓技术的提高和管理的改革，使三者之间相互配合，相互促进。

四、电子商务系统规划的基本原则

在开始建设电子商务系统之前，必须充分研究涉及电子商务系统的所有因素，全面分析、统筹规划，形成尽可能完善的电子商务系统设计方案，在此基础上有条不紊地进行电子商务系统建设。

在电子商务系统规划中应坚持的基本原则有如下几点：

1. 商务为本

电子商务，归根结底是计算机网络技术在商务中的应用。在进行电子商务系统设计时，应该以商务为主、技术为辅，将技术作为满足商务需求、实现商务目标的手段。就企业而言，要立足企业的业务需求，着眼企业的未来发展，紧密配合企业发展战略，最终要落实到企业效益的增长上面。

2. 需求引导

不要被各种各样的电子商务模式、应用软件、解决方案和网络平台牵着鼻子走，而应该好好研究对电子商务的需求，让需求告诉应该怎样应用电子商务。需求是指导进入电子商务领域的最好的“专家”。从需求出发而不是从现成的商务模式出发，成功才会离你更近些。

3. 系统观念

企业电子商务系统的建设，是一项包括商务和技术的许多环节、许多要素在内的系统工程，与企业本身的各个部分、各个环节也有着密不可分的关联。在电子商务系统的规划设计过程中，必须充分考虑可能与拟建企业电子商务系统相关联的所有方面，制定尽可能周全完善的企业电子商务系统规划设计方案。必要的时候，应该设立专门机构，统一负责企业电子商务系统的建设工作，以及管理建成以后的系统运行。

4. 资源重组

任何一个企业都是由各种各样的资源组合而成的。资源包括资金、人才、品牌、技术和产品等一切能够为企业带来或创造价值的有形或无形的资产。企业经营的本质就是通过不断的资源配置、组合、调整与交易，实现企业资源总价值的不断提升。电子商务以其快速、广域、丰富、互动和廉价的巨大优势，正在成为对企业资源进行重新组合的有力手段。要通过电子商务系统重组企业资源，实现企业组织、管理和业务模式的创新发展，以增强企业的竞争力和发展潜力。

5. 流程改造

电子商务决不是对传统商务流程的简单的电子化、网络化，电子商务流程也不是传统商务流程的简单“复制”。电子商务条件下的信息交流工具和商务运作方式，为设计和实现更加先进、更加合理、更加有效的商务流程创造了条件。

6. 复合优势

系统设计不仅仅是技术人员的事，而是商务人员与技术人员共同的事，需要这两方面人才的通力合作。事实上，在系统设计的某些阶段，商务人员的作用甚至比技术人员的作用还要大，比如商务分析。最好有兼具商务和技术两方面知识才能的复合型电子商务人才，如果没有，则应当加紧物色或者培养，因为不但是电子商务系统设计的过程中需要这种复合型电子商务人才，电子商务系统建设和运行同样需要他们。

7. 进行前后台集成，提升电子商务系统效率

网站是企业电子商务系统的前台，企业内部的信息系统是企业电子商务系统的后台。前台进行企业展示、广告宣传、客户服务、交易磋商，后台实现具体业务，前台需要后台的强力支持。因此在进行电子商务系统建设时，要注意前后台和统一规划与设计，充分考虑内部信息系统的作用，站在全局高度规划电子商务系统建设。

第二节　电子商务战略规划

一、电子商务战略规划的内容

电子商务战略规划概括起来讲是确定企业未来做生意的模式，包括企业未来的市场定位、盈利方式、服务对象、服务内容及实施问题。这一规划是构造电子商务系统的基本依据。企业电子商务战略规划一般包括以下阶段和内容：

1. 电子商务系统战略分析

其主要内容是：确定企业电子商务的前景和市场定位；对企业所处的行业及企业竞争力进行分析；评估企业电子商务的模式。战略分析相当重要，因为企业实施电子商务系统必须要清晰地看清顾客的需求，然后明确为了满足顾客需求企业应该具备什么能力、达到怎样的目标。最后要做的是为了帮助企业达到其战略目标而制定电子商务系统的建设的目标。

电子商务系统战略分析主要包括3个步骤：

首先要分析电子商务外部战略环境。外部战略环境主要包括宏观环境和行业环境。其中，宏观环境包括政治环境、经济环境、社会环境、技术环境等；行业环境包括竞争环境、供应环境、顾客环境等。战略环境分析为企业电子商务战略的开发提供了一个有利的出发点。其次要分析企业实施电子商务战略的内部相关资源和能力。企业应该分析和检验自身成功实施该战略的相关资源和能力，如果它们不满足需求，应该选择重新制定目标或是加强资源和能力的补充水平。与传统企业实施电子商务战略相关的关键资源和能力主要体现在5个方面：人力资源、技术资源、财务资源、运营资源、组织能力。战略分析的第三步就是要分析企业总的战略目标和使命，然后进行环境分析，识别企业的机会和威胁，进行组织资源分析，发现企业的优势和劣势，并进一步分析研究战

略变量，如管理水平、发展趋向、环境约束等。

2. 战略制定和实施

其内容主要通过分析确定企业电子商务究竟“做什么”，也就是明确企业电子商务的盈利方式，寻找企业电子商务成功的机会，制定企业电子商务发展战略，确定其的实施方案、进度计划与管理方式。

电子商务作为信息技术的产物，具有很强的竞争优势，但并不是每个企业都能开展电子商务。实施电子商务必须考虑到企业的业务需求和技术支持两个方面。业务方面的因素包括企业的目标、企业的规模、客户的数量和购买频率、产品的类型、产品的周期，以及竞争地位等；技术方面的因素包括公司是否支持技术投资，决策时技术的发展状况和应用情况。由于互联网作为大众型的信息技术，它的发展非常迅猛，而电子商务技术作为专业性技术则依赖于公司的技术力量。

电子商务战略的制定要经历 3 个阶段。首先是确定目标优势，确定电子商务是否可以促使市场增长，是否可以通过改进实施策略的效率来增加市场收入，同时分析是否能通过改进目前营销策略和措施，降低营销成本。其次是分析和计算电子商务的成本和收益，须注意的是计算收益时要考虑战略性需要和未来收益。最后是综合评价电子商务战略，主要考虑的有 3 个方面：①成本效益问题，成本应小于预期收益；②能带来多大新的市场机会；③企业的组织、文化和管理能否适应采取电子商务战略后的改变。

企业在确立采取电子商务战略后，要组织战略的规划和实施。电子商务不是一种简单的新营销方法，它是通过采取新技术来改造和改进目前营销渠道和方法，涉及组织、文化和管理各个方面。如果没有有效的规划和执行，该战略可能只是一种附加的营销方法，不能体现出战略的竞争优势，相反只会增加公司的营销成本和管理复杂性。战略规划包括：①目标规划；②技术规划；③组织规划；④管理规划。

3. 战略评估

电子商务战略的实施是一个系统工程，应加强对规划执行情况的评估，评估是否充分发挥了该战略的竞争优势、是否有改进余地，对执行规划时的问题进行识别和改进，对技术进行评估和采用。目前的计算机技术发展迅速，成本不断降低的同时功能显著增强，如果不跟上技术发展步伐，很容易丧失电子商务的时效性和竞争优势。战略评估的工作主要包括两个方面：第一，评估电子商务战略目标的有效性。企业应结合对战略外部环境和内部资源与能力的分析，再一次评估电子商务战略目标的有效性。第二，评估战略实施效果。效果评估的目的就是看先前所确立的战略目标在实施了战略后有没有达到。效果评估必须以确立的战略目标为基准，不能一味对经济效果进行定量评估，而隐性效果。

除了经济效果评估外，企业还应从竞争者、客户、企业内部 3 个维度对实施效果进行全面评估。从竞争者维度，企业应评估在多大程度上对竞争者形成了防御或威慑作用，竞争者市场份额的变化等；从消费者维度，企业应评估消费者的忠诚度变化、采用数量变化等；从企业内部维度，企业应评估组织的适应程度、员工的支持程度、管理方式的变化等。

二、电子商务的几种基本战略

电子商务战略主要包括成本领先战略、信息战略、创新战略、企业形象战略、营销战略和人性化管理战略。

1. 成本领先战略

成本领先战略就是提供低成本的产品或服务。降低与购买者和供应者之间的交易成本。

成本领先战略的关键在于通过其成本上的领先地位来取得竞争优势，这与在市场销售上采取的低盈利、低价格的策略是截然不同的。成本领先战略的成功取决于企业日复一日地实际实施该战略的技能。成本是不会自动下降到领先水平的，它是持之以恒的实施的结果。企业降低成本的能力有所不同，甚至当两企业的规模、生产量类似时也是如此。其领先能力不但取决于战略的实施，还取于管理层的重视程度。另外，如果企业想要彻底地确立其领先的地位，多数的时候必须依靠重大的技术改变来改变其成本地位。小的成本领先很难使成本领先战略成为企业的主要竞争战略，而变成依赖其他策略的一种战略。

成本优势的来源因产业结构不同而异，包括追求规模经济、专利技术、自动化组装、原材料的优惠待遇、低成本设计、有利于分摊研制费用的销售规模、低的管理费用、廉价的劳动力和其他因素。追求低成本的企业地位不仅仅需要向下移动学习曲线，而是必须寻找和探索成本优势的一切来源。降低成本可以从利用电子商务降低采购成本、实现无库存生产经营、降低企业组织管理费用等方面着手，并且要在强调从一切来源中获得规模经济的成本优势或绝对成本优势上大做文章。

2. 差异化战略

差异化战略又称为别具一格战略，是提供与竞争者不同的产品或服务，定位于有差异的市场，形成一些具有独特性的东西，保持企业竞争力。实现差异化战略可以有许多方式：设计或品牌形象、技术特点、外观特点、客户服务、经销网络及其他方面的独特性。最理想的情况是公司使自己在几个方面都差异化。例如，卡特皮勒推土机公司（Caterpillar Tractor）不仅以其经销网络和优良的零配件供应服务著称，而且以其极为优质耐用的产品享有盛誉。所有这些对于大型设备都至关重要，因为大型设备使用时发生故障的代价是昂贵的。应当强调，差异化战略并不意味着公司可以忽略成本，只是此时成本不是公司的首要战略目标。在电子商务生产经营过程中通常采用产品差异化战略和服务差异化战略。

产品差异化的主要因素有：特征、工作性能、一致性、耐用性、可靠性、易修理性、式样和设计。产品差异化可以带来较高的收益，可以用来对付供方压力，同时可以缓解买方压力，当客户缺乏选择余地时其价格敏感性也就不高。最后，采取差异化战略而赢得顾客忠诚的公司，在面对替代品威胁时，其所处地位比其他竞争对手也更为有利。

服务的差异化主要包括送货、安装、顾客培训、咨询服务等因素。通过服务差异化战略可以提高客户的满意度和忠诚度。

3. 创新战略

创新战略是以产品的创新以及产品生命周期的缩短为导向的一种竞争战略。采取这种战略的企业往往强调风险承担和新产品的不断推出，并把缩短产品由设计到投放市场的时间看成是自身的一个重要目标。它又称为“结构性战略”或“分析性战略”，是企业依据多变的环境，积极主动地在经营战略、工艺、技术、产品、组织等方面不断进行创新，从而在激烈竞争中保持独特的优势的战略。该战略包括以下几方面：

（1）产品创新：从社会和技术发展需要出发，以基础研究和应用研究成果为基础，研制出具有新的原理、构思和设计，采用新材料和元件，具有新的性能特点、用途或市场需求的新产品。

（2）生产技术创新：以产品创新为龙头，积极开发和应用新技术、新工艺、新设备和新材料。产品创新会带动和促进技术、工艺、设备和材料的一系列创新，而生产技术的创新又为更新产品准备了必要的生产技术条件，产品创新和生产技术创新循环往复、互为影响。

（3）组织与管理研究：对组织结构模式和管理方法的创新。

（4）研究开发创新：通过基础研究、应用研究和开发研究，为技术创新提供保证与前提。其主要内容包括：经济研究、经营管理研究、市场研究、面向产品的研究、面向生产工艺的研究。

以互联网技术为前提的电子商务要求企业在生产经营的产品、管理各个方面都必须紧跟技术不断发展的需要和社会文化变革的态势，追求企业各个方面的创新。

4. 企业形象战略

企业形象（Corporate Indentity，CI），是指企业的关系者对企业的认识和在此基础上形成的印象。完整的电子商务系统不仅涉及企业内部和与企业上下游之间关系的经营管理，还包含企业在网上的形象设计。作为网上的虚拟实体，电子商务系统在规划阶段应该重视其战略上的形象策划，包括理念识别、行为识别、视觉识别3个层次，即首先确定企业的经营理念、经营方针、精神标语、质量方针和质量目标；然后制定企业的管理方针、员工教育、工作环境治理、产品开发策略，以及安排对外的公共关系活动、促销活动和公益性文化性社会活动；最后通过统一化、系统化、规范化的视觉识别设计，将企业精神理念传达给企业的关系者和社会，例如确定电子商务系统名称、电子商务系统标志、专用字体、电子商务系统标语、电子商务系统象征图案等。通过规划阶段这一系列的工作，使企业的产品、技术、服务等与客户有关的信息传播到社会各界，从而达到很好的广告宣传效果。

5. 信息战略

今天，随着信息技术的迅猛发展和普及，企业战略的实现已经离不开信息技术。在网络经济条件下，信息已经为广大的企业的重要资源，而构建一个理想的信息系统是企业赢取竞争优势的关键因素。

正因为信息技术对企业战略的影响关系重大，因此企业应当有正式的信息战略。企业信息战略可以以企业战略为基础来制定，也可以和企业战略的某些重要部分整合起来，或者完全与企业战略合为一体。这要根据具体的业务内容和信息技术运用的程度来确定。和企业战略类似，企业信息战略也应当有其发展目标和愿景，同时有对企业信息基础设施的规划，以及近期的工作目标、信息部门的职责、企业的信息政策。例如，某商业性企业信息系统的愿景是："通过建立适当的安全机制，使得任何客户在任何地点、任何时刻都能够获取企业的商品信息，系统能够对客户的订单作出及时和正确的反应，并组织安排企业的进货和送货日程，在24小时内送货上门"。为实现这一目标，企业必须要有连接到互联网的企业内部网络，同时建立网上零售商店以及后台的订单处理系统，以及相应的仓库控制系统、商品采购系统、财务会计系统、物流管理系统等。为了作好企业的信息战略规划，应当由CIO负责，组织相应的人力，在专家的指导下进行细致的调查和深入的讨论。也可以先制定几个不同的方案，根据企业的发展目标和资源投入的计划，最终选出合适的方案。在此过程中，可以从方案所需要的成本、实现时间、所需资源，并参考行业内基准信息，考虑企业战略发展目标等因素，最后确定并实施。

6. 营销战略

美国市场营销学者E. J. 麦卡锡认为，市场营销战略是指确定目标市场并制定相应的市场营销组合。营销战略实质上就是制定企业发展的宗旨、目标，使企业的资源和能力与不断变化着的营销环境相适应的过程。这种定位表现为制定一个企业营销的长期性、全局性、方向性的动态发展规划。传统经济条件下企业的市场营销是紧密围绕4P即产品（Product）、价格（Price）、分销（Place）

和促销（Promotion）展开的，而现代计算机与网络技术条件下的网络营销已经发生了巨大的变化，主要体现在附加信息的产品、动态的价格、增值分销、合作与联盟等几个方面。网络营销不受时间和空间限制，在很大程度上改变了传统营销形态和业态。网络营销对企业来讲，提高了工作效率，降低了成本，扩大了市场，给企业带来社会效益和经济效益。相对于传统营销，网络营销具有国际化、信息化和无纸化的特征，已经成为各国营销发展的趋势。

三、电子商务战略规划的方法

各个企业所处的行业差异很大，竞争能力不同，很难说某种电子商务战略规划方法一定适合于某个企业，但一般可以参照以下方式：

1. 分析企业所在的行业和竞争力

针对企业未来的市场定位、产品和服务方式，对商务活动进行分类，确定企业的核心商务活动，例如，是以 B2C 为主的电子销售，还是以电子市场为主的 B2B 的商务活动。但是这种分类并不意味着可以照搬已经成功的经验，重要的是从这些模式中找到那些一般的、对企业有参考价值的内容。例如一个从事大宗货物供销的企业，一旦确定自己的核心业务是从事 B2B 的采购和销售后，进一步面临的选择是未来的服务究竟是向垂直化还是向水平方向发展，而这两个方向中成功的案例是值得企业学习的。其次，根据企业的核心商务活动，参考成功的经验，抽取企业商务模式的基本特征，其中包括：

（1）企业未来的服务对象，即以普通消费者为主还是以企业客户为主，抑或二者兼而有之。

（2）企业未来的核心业务和赢利方式。这一点非常关键，因为电子商务环境中，任何物理设备都可以购买，所以企业在电子商务取得成功后，其竞争者完全可能模仿并超越其技术系统，而且这种超越过程所需要的时间非常短暂。但是最核心的商务活动是不可模仿的，也就是其核心竞争力。

（3）企业未来业务的增值点和延伸范围。

在分析过程中，需要注意考虑以下问题：①企业属于哪一个行业？企业在该行业中的地位如何？主要竞争对手如何？②企业的核心业务是什么？核心竞争优势是什么？③企业既有的赢利方式是什么？如何在整个价值链当中取得增值？④同业当中有无成功的电子商务企业？如果有，对手是如何成功的？

2. 分析确定企业如何开展电子商务

企业应以 BPR 为线，对核心商务过程进行分析，讨论电子商务环境对企业基本商务流程的影响，从缩短企业的产品供应链、加速客户服务响应、提高客户个性化服务、提高企业信息资源的共享和增值为主线，抽象企业电子商务的基本逻辑组成单元，界定其相互关系；与此同时，确定企业的外部环境（明确与哪些合作伙伴发生关联）；最后明确企业信息流、资金流和实物流的关系。

第三节　电子商务系统规划的步骤和阶段

从业务流程上来看，电子商务系统和传统的企业信息系统主要的差别在于电子商务系统实施的是以客户服务为中心的商务模式，而不是传统企业信息系统的以改善企业生产和管理效率为主要目的的模式。因此，客户关系管理（CRM）也就成为电子商务系统中举足轻重的核心业务模块。从信息交换和数据处理上来看，电子商务系统则是涵盖了企业在市场、销售、支付、物流、客户等各个业务环节，不仅需要和企业内部的信息流整合，而且需要集成外部的信息系统，形成了一个复杂的网状结构。所以，它的规划问题不能采用传统的方式去处理。

一、电子商务系统规划的步骤

进行电子商务系统规划有以下几个步骤。

（1）确定电子商务系统规划的边界，明确规划目标、任务与要求。其具体内容是：确定电子商务系统规划的范围，是进行整体（或全局）规划还是某个部门的规划；确定电子商务系统规划的时间限制，时间短，结果可能肤浅，时间长，规划过于详细，可能过时；明确企业战略目标。

（2）建立制定电子商务系统规划的组织，包括项目负责人和项目小组。项目负责人是指主管项目的高级行政官员，由他负责与高层管理人员进行交流；项目小组包括参加人员，大约有 3 类，即企业经营人员、技术人员、相关领域的专家顾问（如物流、金融方面）。

（3）制定规划进度表。制定电子商务系统规划需要完成多项任务。为此，需要制定一个详细的进度表，便于及时检查和掌握工作进度。进度表中应规定各个任务优先次序和完成任务的时间安排，给项目组成员分配具体任务和确定任务完成的时间。

（4）现行系统的初步调查与分析。初步调查主要调查当前企业的目标与任务、组织机构及管理体制系统的状况、可供利用的资源及约束条件、存在的主要问题及薄弱环节等。

（5）确定系统开发策略，包括选择合适的开发方式、方法等内容。

（6）提出新系统的开发方案，包括新系统的目标、功能、结构，开发进度计划，项目成本，资源需求等。

（7）可行性研究，包括开发新系统的必要性、新系统的开发方案的经济性、技术上的可行性、组织管理上的可行性及环境的可行性等。

(8) 提出系统规划报告。系统规划报告应当包括绪论、系统建设的背景、必要性和意义、系统的候选方案、可行性分析、几种方案的比较研究和建设性结论。

二、电子商务应用服务商对电子商务系统规划阶段的划分

IBM 公司作为电子商务领域的先驱和领导者，对电子商务系统规划进行了如下的阶段划分：

- 战略开发阶段：确定电子商务系统的发展策略和开发路线。
- 体系结构设计阶段：设计电子商务的体系结构，包括处理、内容、应用和技术等。
- 开发阶段：按照设计思路，开发系统并进行测试。
- 运营阶段：根据实际运营状态和业务流的变更多对系统进行应用维护。

而另外一家电子商务解决方案提供商 Prient 公司则认为电子商务系统规划问题应该划分为 4 个方面的问题：

- 战略规划：对电子商务的商业运作模式、市场策略、资金运作模式等的策划。
- 内容管理：网站信息内容的策划组织、个性化动态内容的设计和应用。
- 应用管理：Web 应用的开发和应用，与现有信息系统的集成，建立快速强大的电子业务应用平台。
- 知识管理：电子化的业务信息的集成和信息交互及协同工作的应用系统，包括客户关系管理系统、数据仓库等，实现技术与业务领域的有效结合。

第四节　电子商务系统规划的内容

电子商务系统的规划需要以业务流程再造（Business Process Reengineering, BPR）为前提。从 BPR 的角度来看待企业的电子商务系统规划，那么这种规划首先应当是对企业商务运作的合理性进行根本的再思考和彻底的再设计，从电子商务的本质出发重新考察企业的商务活动，将电子商务系统作为企业价值链的倍增器，使企业与合作伙伴、客户形成一个新的、互动的整体，以求得企业的生产及管理效率得到巨大的改善和提高。

所以，我们可以将电子商务系统的规划分为 3 个部分：第一部分是由企业的商务管理和决策层的人士和技术人员一起制定商务模型的过程；第二部分则是商务系统规划，由企业的商务执行人员和系统开发技术人员一起在已经制定好的商务模型的基础上，规划支持企业未来商务活动的技术手段，确定未来信息系统的体系架构；第三部分是商务系统容量的规划。下面分别进行介绍。

一、商务模型规划

商务模型规划并不是直接针对需要构造的电子商务系统，它是一种战略层的规划，目标是明确企业将核心业务从传统方式转移到电子商务模式时需要采取的策略，确定企业核心业务未来如何开展，企业采取什么样的商务运作方式获取市场利益；确定支持企业商务运作的信息系统的基本信息流程。概括地说，就是确定企业在电子商务时代如何做生意。

商务模型规划首先要确定企业的核心业务所适用的商务模式，即企业采用什么样的商务运作模式来获取市场利益，企业的服务对象和服务内容。这是构造企业电子商务系统的最根本的基础。例如，如果企业的服务对象是普通消费者，那么未来的商务模式基本上就是 B2C，而对应的电子商务系统则需要突出考虑其电子零售或电子服务功能；相反的，如果企业的服务重点是企业，那么它就要采用 B2B 的模式，对应的电子商务系统就要重点考虑实现电子交易市场来满足企业用户开展 B2B 交易的需要。接着，需要确定企业的电子商务模型，也就是企业商务模式如何实现的问题。例如，一家汽车销售企业，当它实施电子商务时，需要和怎么样的业务伙伴或者商业中介进行联系，它的商务流程和信息流程又将如何，这些都是在电子商务模型构建过程中要解决的问题。

规划商务模型的基本思路为：分析企业的核心业务流程和商务活动的基本模式类型，确定企业未来的商务模式，包括企业的服务对象、企业的核心业务及赢利模式、企业业务的增值点和延伸范围等。在对企业核心业务过程进行分析、对影响企业基本业务流程的环境因素进行分析的基础上，根据已确定的商务亚模式，对企业核心业务过程进行流程再造。这包括分析电子商务手段对企业商务活动各个环节的影响，分析企业内部信息系统在企业电子商务过程中的支持作用，确定与企业外部信息系统的交互接口，抽象企业电子商务模型中的基本组成单位等环节；与此同时，确定企业的外部环境（明确与哪些合作伙伴

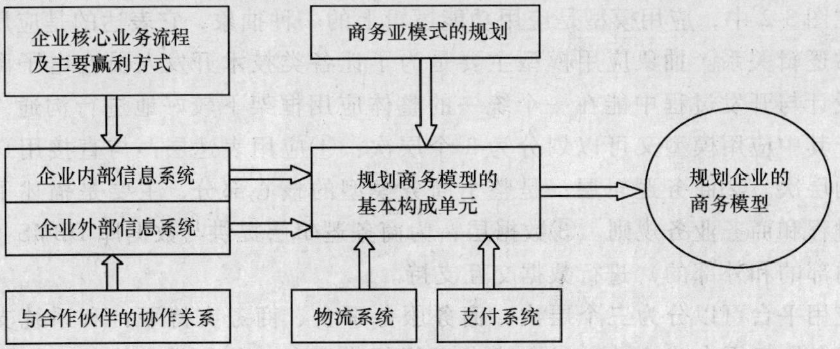

图 3-1　商务模型规划的基本过程

发生关联）；最后明确企业信息流、资金流和商品流的关系，进而建立起企业商务模型。商务模型规划的基本过程如图 3-1 所示。

二、商务系统规划

商务系统规划是一种战术层的规划，它侧重于以商务模型为基础，规划支持企业未来商务活动的技术手段，确定未来信息系统的体系结构。简单地讲，就是规划企业可以采用哪些电子手段做生意。商务系统的规划给出电子商务系统开发可依据的一个基本框架，所要解决的基本问题是如何实现商务活动。由于这种规划过程侧重于技术实现，所以它的主要参与人员以熟悉网络和计算机技术的各类工程技术人员为主。

商务系统规划的基本思路就是将电子商务系统划分为不同的层次，使复杂问题模块化、简单化，依次解决每层的特定有限的问题，从而获得规划的完整结果。

1. 商务系统规划的内容与要求

其内容包括：①企业的核心业务功能。②关键业务流程。③商务系统的体系架构：包括规划商务系统的基本组成部分、各个层次的联系、各个组成部分的作用、商务系统的架构、应用软件系统的拓扑结构、基础网络环境和架构、安全交易环境等。

构造一个合理的电子商务系统架构应当满足以下的要求：①对企业业务流、应用平台、基础网络架构都有清晰的描述。②各个层次间有明确的分工，能为各层次的开发设计人员所接受和理解。③能抽象出系统各部分间的接口特征，从而为可重用组件提供指导。④可以包容各种服务平台、中间件和应用软件。⑤具备良好的可扩展性和可维护性。

2. 商务系统规划的过程

电子商务系统规划的过程如图 3-2 所示。

在图 3-2 中，应用模型是应用功能逻辑上的一种抽象，它表达的是应用之间的一种逻辑关系。抽象应用模型主要是为了让各类技术开发人员在电子商务系统的设计与开发过程中能在一个统一的整体应用框架下较好地进行沟通，协同工作。其中应用模型又可以划分为 3 个层次：①应用表达层：与直接用户进行交互的层次。②商务逻辑层：是整个商务模型的核心部分，主要是描述了商务处理过程和商务业务规则。③数据层：为商务逻辑层提供与数据库 DBMS（包括企业内部的和外部的）进行数据交互支持。

应用平台可以分为三个层次：商务服务平台、商务支持平台和系统支持平台。商务服务平台为企业的核心商务逻辑提供服务，例如供应链管理、客户关系管理等。

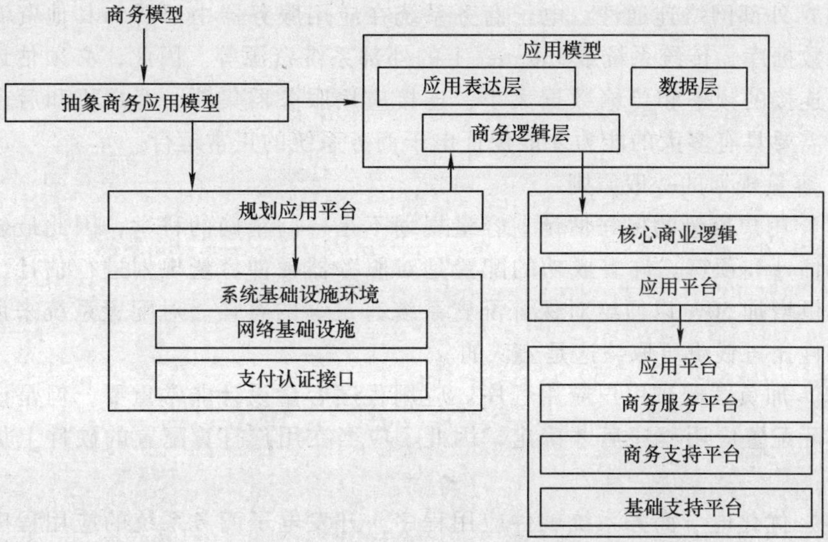

图 3-2 商务系统规划的过程

商务支持平台的作用是提高商务逻辑的效率，简化开发的任务，包括内容管理、知识管理、搜索引擎、目录管理、用户管理等。基础支持平台支持应用之间的协同与集成，提高商务逻辑运行环境的可管理性和高性能，包括应用集成中间件、负荷均衡、集群结构、故障恢复、系统管理等。

系统基础设施环境则主要是分析外部实体与电子商务系统的关系以及联系内容，确定这种联系的具体接口信息；分析电子商务系统的运行环境；规划电子商务系统的网络基础设施，确定商务系统运行所依赖的网络的基础拓扑架构、地理分布及网络接口等；最后是确定系统的支付与认证方式的有效性和准确性，从而保证提供一个安全的运行环境。

三、电子商务系统容量规划

容量规划回答“什么样的硬件结构和网络配置能够满足应用软件系统应用部署所要求的性能”等问题，所以确定应用软件系统处理特定用户负载下所要求的软件和硬件配置称作容量规划。

1. 影响电子商务系统的容量规划的因素

（1）服务器硬件。运行电子商务系统的服务器的硬件性能直接影响电子商务系统的性能。

（2）LAN 基础结构。部署电子商务系统的应用服务器（例如 Weblogic Serrer 就是一种部署电子商务系统的一种主流应用服务器）集群依赖于集群节点间通信的 LAN，因此，必须正确估计集群网络硬件的性能。

(3) 外部网络连通性。电子商务系统在应用服务器中部署和其他资源的通信，如数据库、传统系统或 Internet 上的外部系统资源等。因此，必须估计与外部系统连接的频率和传输数据大小，连接应用服务器集群、客户机和后台资源的网络需要具有多大的能力才能保证电子商务系统的正常运行。

2. 容量规划的一般原则

(1) 用户容量的保守估计。容量规划不是一门精确的科学，因此最佳方案是正确估计和预算。许多成功的配置是对服务器硬件容量规划进行估计，并将估计容量增加 50% 以便绝对保证配置系统有足够的容量。对配置系统来说，绝对可靠性比省钱更可取，这是公认的。

(2) 加负载测试用户应用程序。应用程序容量设计非常重要，但是该容量只有实际配置应用程序后才确定，因此，应当在用户打算配置的硬件上加负载测试。

(3) 优化电子商务系统软件应用程序。开发电子商务系统的应用程序经常是容量的最大限制因素。因此，在测试过程申，用户应当计划优化应用程序。

值得说明的是，容量规划是电子商务系统正常部署和运行的保证，但是容量规划并不是一门严谨的科学，这是由于许多因素可以影响电子商务系统的容量规划。实际上，由于众多的因素影响了容量规划，致使它的方法类似于一种解决问题的技巧。因此，容量规划进行时可能会需要一些推测工作。支持电子商务系统的硬件、网络等资源的容量规划很大程度上依赖于开发该系统的软件技术的各项特性。所以，我们的目的是通过具体实际解决电子商务系统容量规划问题的方案来提供电子商务系统设计和容量规划方面的信息以便协助软件开发者工作，而不可能创建一个“以点盖面”的公式来计算给定电子商务系统所需的资源数量。

3. 电子商务系统容量规划的方法和步骤

为了给电子商务系统的极限负载定量化，必须设定容量目标或可测对象。

(1) 设置容量目标。容量规划中的第一步是为电子商务系统设置极限负荷目标。这些目标应定量为最大值：

① 用户与电子商务系统每秒钟内的最大交互能力。该值表示电子商务系统每秒钟内能够处理的用户交互的最大量。

② 并发用户会话的最大量。该值表示电子商务系统在给定的时间里处理用户会话的最大数。

③ 存放用户信息的最少存储量。该值表示存储用户信息所需的必须的容量。最简单的情况是指每个用户存储安全信息所需的磁盘和内存容量。

(2) 服务器的硬件容量规划。支持电子商务系统的硬件、网络等资源的容量规划很大程度上依赖于该电子商务系统的软件技术的各项特性，所以使用什么样的软件技术开发电子商务系统将直接影响电子商务系统在什么样的硬件环境下才能正常运行。

影响服务器硬件容量规划的因素有以下几点（以在 Weblogic 中部署电子商务体系为参考）：

1）客户机协议。客户机协议直接与 Weblogic 部署系统的类型有关。通常，应用程序部署系统和 Weblogic 混合部署系统主象依赖于访问 Weblogic 服务的远程方法调用 RMI 编程模型。RMI 能够依赖于 Weblogic 实现的 T3 协议或者经过 HTTP 隧道使用 RMI 调用通过防火墙。经过 HTTP 隧道的 RMI 性能通常比无隧道的 T3 协议的 RMI 性能差，更耗硬件等资源。

2）安全档案。客户机与 Weblogic 之间存在的安全等级是决定系统配置容量的因素。Weblogic 支持 SSL 作为安全机制保护隐私和验证用户。SSL 能够保护信用卡购物和银行账单的 JSP 页面，确保黑客不能查看机密信息。必须注意在一段时间中平均客户机负载所需要连接 SSL 的总数。通常相对于每个 SSL 连接，服务器能处理 3 个非 SSL 连接。假设用户不需要对每个请求使用 SSL 连接，则采用 SSL 连接将大大减少服务器的容量。SSL 连接引起的容量耗费与使用它的客户机交互数有关。

3）集群档案。集群档案影响 Weblogic 部署系统的容量。集群中集群大小、内存复制使用模式这两个方面将影响容量。

4）应用程序档案。应用程序档案是所有任务的汇总，而这些任务是 Weblogic 应用程序为响应客户机请求必须完成的，其中包括提供 Web 页面服务、处理客户机请求、处理单表、处理用户会话、打开和管理数据库连接。电子商务系统应用程序可以是简单的也可以是非常复杂的，对电子商务系统应用程序档案如何影响配置系统性能并没有一个很好的衡量方法。但是，依靠后端系统，如数据库，我们能估计部署在 Weblogic 中的电子商务系统应用程序的复杂程度。

5）依靠后端系统的程度。Weblogic 应用程序通常调用数据库中的数据产生 Web 页面。显然，越是依赖后端系统越需更多的系统资源才能满足客户机请求。对每个客户机请求来说，Weblogic 作为到后端系统的媒介，将占用硬件和外部连接的资源。在电子商务系统应用程序中，巨大的客户请求数量将导致访问数据库系统的额外负担。

6）会话或信息。Weblogic 系统处理的会话信息量也将直接影响硬件等资源的容量规划。对每个会话来说，Weblogic 部署系统必须在内存中跟踪会话对象。这里所谓的内存既可以是直接的物理内存，也可以是虚拟内存。所以硬件系统必须具有足够的物理内存，以支持所有会话。当每个用户的会话对象增大或必须保持众多用户会话时，则需要使用更多的内存。

容量规划是预测未来负载何时饱和，以及确定一个尽可能延迟系统饱和的最经济方法的过程。未来负载水平通常是3个因素组合的函数：现有工作负载的发展，新的应用和服务的采用，以及客户行为的变化。最后一个因素包括由于新情况（例如爆炸性新闻、电视广告活动或者新产品发布）而引发的通信量爆发，和由于新的商务功能的使用而导致的客户导航模式的变化。预测是容量规划的核心，因为当负载水平和客户行为发生变化或者建立了新的商务模型时，电子商务系统必须决定如何应对。

第五节　电子商务系统规划的方法

电子商务系统作为信息系统的一种，它的规划方法可以参考信息系统的规划方法。

一、关键成功因素法

1. 关键成功因素法的定义和理解

在每一个企业组织中，都存在着对该组织的成功起关键作用的因素，我们称之为关键成功因素。决策的信息需求往往来自于这些关键成功因素。通常，关键成功因素总是与那些能确保企业生存和发展的方向和部门相关的。所谓关键成功因素（Critical Success Factor Method，CSF）法，就是指通过识别关键成功因素，知识工作者帮助确定信息需求，并依此规划支持这些信息需求的信息系统。它是由哈佛大学 William Zani 教授和麻省理工学院（MIT）的约翰·罗克特（John Rockart）于1980年提出的。实践表明，CSF 法是一个帮助高层管理人员确定关键需要的有效方法。CSF 法源自企业目标，通过目标分解和识别、关键成功因素分析识别、性能指标识别，一直到产生数据字典。CSF 就是要识别联系于系统目标的主要数据及其关系，识别关键成功因素所用的工具是树枝因果图。关键成功因素法是一种用以满足高级管理层信息需求的方法，对中层领导来说一般不太适合，因为中层领导所面临的决策大多数是结构化的，其自由度较小，对他们最好应用其他方法。

在大部分行业中，关键成功因素通常只有3~6个。这里提到的关键成功因素并非是一成不变的。对于处于不同行业的企业来说，它们的关键成功因素是不同的。同样，在不同的业务活动中，关键成功因素会有很大的不同，即使在同一类型的业务活动中，在不同的时期内，其关键成功因素也会不同。制造加工型企业考虑的比较多的是降低成本和提高产品质量，而百货公司则会对有效的客户服务和产品的定价以及广告效力更加在意。处于同行业的企业，根据企业的发展规模等具体情况，它们的关键成功因素也有所不同。发展已有一定规模，市场份额大的企业，它们的关键成功因素是提高产品质量和研发；而小型的特别是刚刚起步的企业则会更注重产品的价位，以期望能够得到消费者的认可。在一个企业内部，不同部门的关键成功因素也不尽相同。作为生产制造部门的关键成功因素应该是降低原料价格和提高加工质量等，作为市场营销部门则是疏通商业渠道和改善售后服务质量。同时，关键成功因素的确定还要受到市场大环境、公司的发展方向、竞争策略等其他多方面条件的制约。总之，在实际的工作中要根据企业的实际情况有针对性地确定企业的关键成功因素。

2. 形成关键成功因素的缘由

在确定成功因素时一定要全面分析、综合考虑。关键成功因素基本上来源于如下几个方面：

- 特殊行业的结构；
- 竞争策略、行业地位与地理位置；
- 环境因素；
- 暂时性因素；

3. 关键成功因素法的实施步骤

关键成功因素法在确定企业关键成功因素和 MIS 关键成功因素方面都收到了较好的效果，是个值得推广的方法。该方法主要包括如下几个步骤：

（1）了解企业的战略目标或信息系统的目标。目标是业务（或业务内的职能）在规定的时间内所期望完成的具体目的，通常为 1 ~ 2 年业务。例如，与电子商务系统相关的目标有市场份额、投资回报率等，这些目标应尽可能量化且可度量。

（2）识别所有的成功因素。可采用递层分解的方法引出影响战略目标的各种因素以及影响这些因素的子因素，但通常是用因果图来确定成功因素。如图 3-3 所示是某企业为了提高产品竞争力，对相关因素进行分析的因果图。在该图中，为了“提高产品竞争力”，首先可以将主要因素划分为“降低成本”、“提高质量”及“市场服务”。然后又分别分析“降低成本”中的主要因素有“降低原材料价格”等；“提高质量”中的主要因素有“加强检验”、“提高加工质量”等；“市场服务”中的主要因素有“改善售后服务”、“疏通商业渠道”等。还可以不断对该图进行扩展，以便将各种因素表达得清楚完善。

（3）确定关键成功因素。对所有成功因素进行评价，根据企业的现状及目标确定出关键成功因素。这时可采用德尔斐法或模糊综合评判法等。所谓关键成功因素，就是指能够达到目标的关键因素。对每一目标来说，不应有太多的 CSF，否则目标将很难有效地完成。每一目标有 5 ~ 8 个 CSF 是正常的，如有效的区域和地方价格、增加消费者品牌意识和对品牌的忠实度、改进产品的系列以吸引消费者、评审所有生产基地的生产表现和生产力状况、确保产品需求同

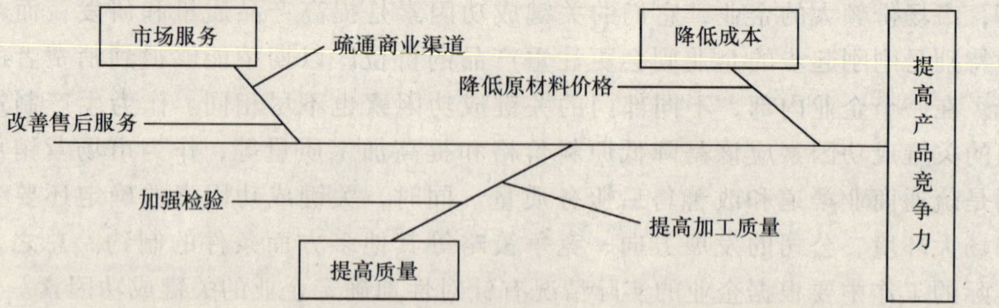

图 3-3　识别关键成功因素的因果图示例

销售点供应相匹配等。某些 CSF 会在多个目标中出现。

(4) 识别各关键成功因素的性能指标和评估标准。即给出每个关键成功因素的性能指标与测量标准。

(5) 识别度量性能的数据。

4. 关键成功因素法的优缺点

关键成功因素法的一个优点就是管理者可以自己确定本企业的关键成功因素，并且为这些因素建立良好的衡量标准。这样，对于管理者来讲开发出来的信息系统将是一个有意义、有效率的信息系统，管理者看到的数据大多是自己需要的数据，从而节省了在大量冗余的信息中查找的过程，大大节约了劳动时间，从而也加强了对现有操作的控制、监督和对企业的管理。此外，关键成功因素法还有一个优点就是可以适应竞争策略、业务环境和组织结构的变化。在一个不断变化的商务环境中，管理者的信息需求也是不断变化的，管理者不可能迁就一切信息需求而不断的改变自己的信息系统。然而，企业内的关键成功因素则是相对稳定的，这样的信息系统就有相当大的灵活性，更能适应市场的变化。同时，关键成功因素法也有它的局限性。它只注重特定的管理者的信息需求，而不是整个组织的信息需求。其初始目标是帮助高级主管确定他们所需要的信息以进行有效的规划和控制。另外，关键成功因素法未能提出与实施这些系统规划有关的各项指标要求。

二、战略目标集转化法

战略目标集转化（Strategy Set Transformation，SST）法是由 William King 于 1978 年提出的。它是将整个目标看成是一个信息集合，由使命、目标、战略和其他战略变量（如管理的复杂度、改革习惯以及重要的环境约束）等组成。系统规划的过程就是将组织的目标转变为 MIS 目标的过程，如图 3-4 所示。

1. 基本思路

战略目标集转化法把组织的总战略看成一个“信息集合”，包括使命、目标、战略以及其他战略变量（如管理水平、发展趋向、环境约束等），战略性的

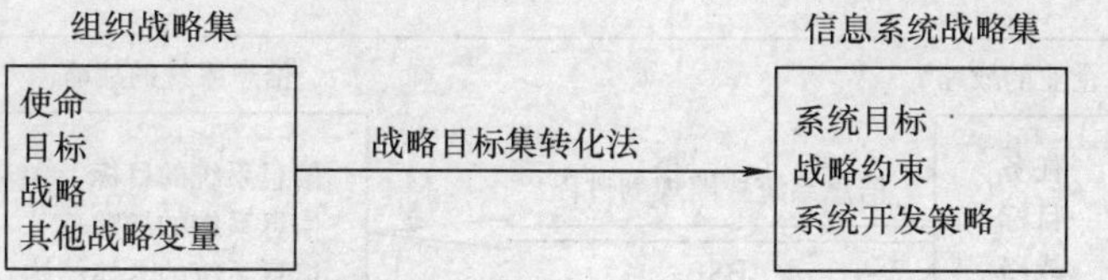

图 3-4　战略目标集转化法

信息系统规划就是要把组织的这种战略集合转化为“信息系统的战略集合”，而后者由信息系统的系统目标、环境约束和战略规划组成。

2. 战略目标集转化法的主要工作内容和步骤

这个方法的第一步是识别和阐明组织的战略集合。这一工作可以从研究组织的书面性战略文件和长期规划出发。组织的战略集合的构造过程如下：

（1）第一步是识别组织的战略集。先考虑一下该组织是否有成文的战略计划，如果没有，就要构成这种战略集合。为此，可采取如下步骤：描绘组织中各类人员的结构，如经理、顾客、供应商、地区社团竞争者等；识别每类人员的目标，识别每类人员的使命及战略；当组织战略初步识别后，应立即交决策者审查和修改。

（2）识别每类人员的目标，并对于每类人员识别其使命及战略。第二步的主要任务是把组织的战略集合转化为 MIS 战略集合，包括系统的目标、约束和设计原则。这个转换过程包括对于组织的战略集合的每一要素确定对应的 MIS 战略要素。在此基础上，信息分析员根据 MIS 的战略集合所列举的目标、约束和战略，建立多种供选择的总体结构，提交管理部门。

SST 方法从另一个角度识别管理目标，反映了各种人的需求，而且给出了按这种要求的分层，然后转化为信息系统目标。它能保证目标比较全面，疏漏较少，这是 CSF 法所做不到的，但它在突出重点方面做得不如前者。

三、企业系统计划法

由于 CSF 法只能支持现有的信息需求，所以采用该方法存在一定的问题。企业系统规划法是由 IBM 公司设计并开发的一种方法，其目的是找出现存和未来的信息需求。

1. 基本概念

BSP（Business System Planning，企业系统计划）方法是为指导企业信息系统开发而建立起的一种规范方法。这是一种结构化的方法，它可以帮助企业作出信息系统的规划，以满足其近期的和长期的信息需求。该方法论的基本出发点是：

（1）信息系统必须要支持企业的目标。BSP 法是将企业的战略转化为信息系统的战略的过程，如图 3-5 所示。

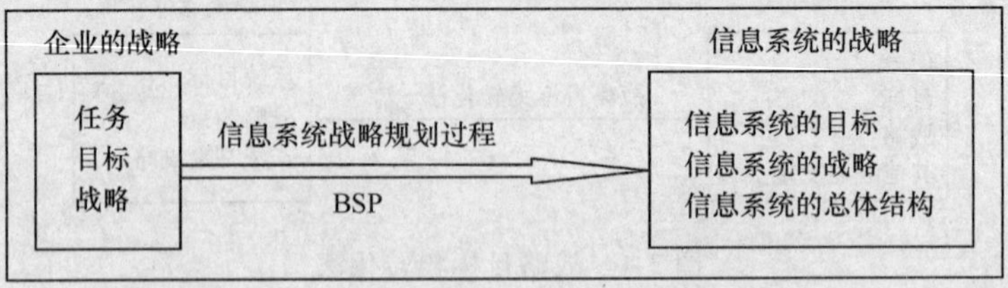

图 3-5　由企业战略到信息系统战略的转化

（2）信息系统的战略应当表达出企业中各个管理层次的需求。

3 个计划控制层内容是：①战略计划层：决定企业的目标，决定达到这些目标所需的资源和获取、使用、分配这些资源的策略过程。②管理控制层：管理者确认资源的获得并在组织目标中有效地使用这些资源。③操作控制层：保证具体任务有效率地完成。

（3）信息系统应该向组织提供一致性的信息。

（4）信息系统应当在组织机构和管理体制改变时保持工作能力。

（5）信息系统的战略规划应由总体信息系统中的子系统开始实现。所采取的方法是“自上而下”的分析和“自下而上”的实施。“自上而下”分析的过程依次是：企业目标；企业过程；企业组织；数据处理系统；数据文件；数据类。“自下而上”实施的过程依次是：数据类；数据库；信息系统；企业过程；企业目标。

2. BSP 方法实现的步骤

BSP 方法实现的步骤主要有 4 个阶段，如图 3-6 所示。

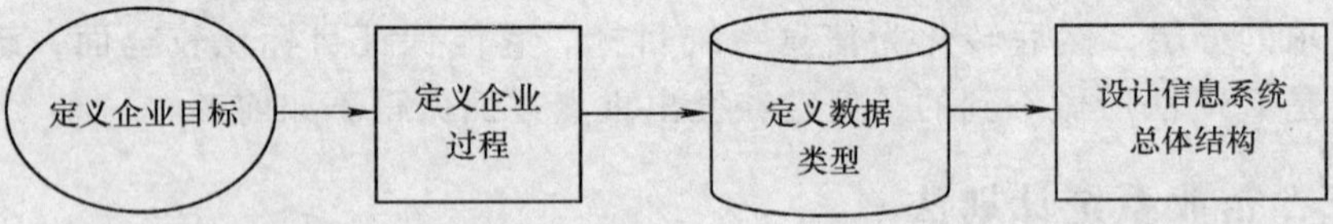

图 3-6　BSP 方法的步骤

（1）定义企业目标。这是要在各级管理部门中取得一致的看法，明确企业的方向，使信息系统直接支持这些目标。可以成立最高领导组成的委员会，下设一个规划研究组，调查企业内外部环境、优势和劣势、经营方针、目标，明确实现方针目标的条件及关键要素，了解组织职能和部门的主要活动和主要问题，确定企业目标。

（2）定义企业过程。企业的全部管理活动由许多企业过程组成。过程是指企业管理中重要的、逻辑相关的、支持某种管理功能的一组活动。通过识别企业过程能够深刻理解企业如何完成其目标。

（3）定义数据类。一个数据类是指为支持一个或多个企业过程所需的一大类数据。在这一步骤中定义了某一资源通过企业单位时要被管理的所有数据。BSP 方法通过业务过程与信息种类两者之间的关系来识别信息需求。定义数据类就是定义支持业务过程所必需的逻辑上相关的数据。利用已经识别的企业过程，分析每一个过程使用以及产生哪些数据，即明确每一个过程的输入和输出数据。

（4）设计信息系统总体结构：这是对系统长期目标的一个叙述。它包括划分子系统、确定系统数据资源分布以及系统共享数据类。在过程和数据类确定后，BSP 方法通过分析功能（过程）和数据类两者之间的关系来定义企业信息总体结构。

以下详细介绍定义企业过程、定义数据类和设计信息系统总体结构

3. 定义企业过程

定义企业过程的目的即对系统规划的意义在于：①使信息系统独立于组织机构的变化。②理解企业如何能完成它的总使命和目标。③为从操作控制过程中分离出战略规划和管理控制提供依据。④为定义所需的信息结构、决定它的范围、分解成模块和建立开发的优先次序提供依据。⑤为定义关键数据的需求提供基础。

产品和支持性资源生命周期的理论常常被用来逻辑地、结构化地、全面地识别和组合过程。其生命周期的四个阶段依次是：①第一阶段：需求、计划、度量和控制，即决定需要多少产品和资源，获取它们的计划以及确定计划要求的度量和控制。②第二阶段：获取和实现，去开发一种产品或服务，或是获得所需资源。③第三阶段：经营管理，即组织、加工、修改或维护那些支持性资源，对产品和进行存储。④第四阶段：回收或分配。

4. 定义数据类

（1）数据类。根据企业资源的生命周期，有 4 种数据类：

• 存档类数据：记录资源的状况，支持经营管理活动，仅和一个资源直接有关；

• 事务类数据：反映由于获取或分配活动引起的存档类数据的变更；

• 计划类数据：包括战略计划、预测、操作日程、预算和模型，可以是数字，也可以是文本；

• 统计类数据：历史的和综合的数据，用于对企业的度量和控制。

（2）定义的内容。定义数据类需要完成以下工作：

• 识别数据类：以企业资源为基础，通过数据的类型识别数据类；

• 给出数据类定义：写出每个数据类的定义，并说明它包含什么样的数据；

• 建立数据类与过程的关系：在对数据类和企业过程了解的基础上，对它们的关系进行描述，采用的方法是建立过程数据类矩阵（U/C 矩阵）。

BSP 方法是通过引证业务过程与信息种类两者之间的关系来识别信息需求。

绝大多数业务过程的输出成果之一就是最近创建的信息。例如，当企业雇用一个新员工时，建立了一个包含有新员工信息的员工文件，因此，雇用员工的过程就创建了员工描述信息。员工信息一旦创建，就能用于工资单处理过程，以便获取员工的工资状况。要说明的是，员工信息中包含了有关员工的许多方面的信息，这种相关信息的分组被称作一个信息类，而不是一条信息，例如一个员工的姓名。

5. 设计信息系统的总体结构

为识别出要开发的信息系统和子系统，使用表达数据对系统和每个子系统所支持的过程之间关系的信息结构图来定义信息结构。

(1) 信息结构图的内容信息结构图应该能够表达如下内容：

- 每个系统的范围；
- 产生、控制和使用的数据；
- 系统与系统之间的关系；
- 对过程的支持；
- 子系统间的数据共享。

信息结构图是企业长期数据资源规划的图形表示，是目前和将来信息系统开发运行的蓝图。

(2) 信息结构图的制作过程

1) 确定主要系统。在 U/C 矩阵中，行是按生命周期排列的处理过程，列是数据类。凡是数据类可以从过程得到的，在行列交叉处填写“C”；适当移动列的位置，使“C”尽量靠近主对角线；将企业过程和数据类依据其管理的资源划分为若干组，用方框框起来，每个方框就是逻辑子系统的组合。U/C 矩阵起的主要作用就是划分子系统。关于 U/C 矩阵的详细知识，可参考“管理信息系统”教材。

2) 表示数据流向。在 U/C 矩阵中，数据类被过程应用的行列交叉处填写“U”，用箭头表示数据的流向。全部的 C 与 U 填写完毕后，将 C 与 U 去掉，保留方框和箭头。这实际上就是下一章数据流图的雏形和依据。

BSP 方法将信息的创建者和使用者用表格文档的形式标明，形成一个如图 3-7 所示的基本的信息结构框架。这个结果矩阵用一个“C”或“U”分别表示创建和使用某个特定数据类的过程。U/C 矩阵的一个主要优点就是能找出信息的提供者。所有信息系统都需要有信息的提供者，CSF 方法只能识别信息的使用者而无法识别出信息的提供者。

当应用各种矩阵方法来识别信息需求时，总会产生粒度问题，即描述信息和过程应当详细到什么程度。为了回答这个问题，让我们来看看建立 BSP 矩阵的 3 个步骤：

业务过程 \ 信息类	市场研究	顾客调查	原材料描述	完成品库存	顾客订单	装运	单据	应收款	供应商描述	雇员工资
营销产品	C	C								
获得订单				U	C			U		
检查库存				U	U					
运送产品						C				
制造			U	C		U				
给顾客开票							C			
收款							U	C		
新产品设计	U	U	C							
验证供应商									C	
评审供应商									U	
支付工资										U
人事管理										C

一个潜在的客户订购信息系统

图 3-7　业务过程和数据类的关系

第一步，高层管理定义业务过程。采取这种自顶向下定义过程的方法，允许 BSP 方法包含由高层管理制定的方针导出的未来目标和需求。

第二步，过程专家定义支持每一过程所需的数据类。过程专家对数据类的定义是由需求驱动的，即每个数据类只能由一个过程建立。

第三步，过程专家用创建和使用的标准建立数据与过程的联系。这就意味着在图 3-7 所描述的矩阵中，每个表示一个数据类的垂直列可以只包含一个“C”，这有助于以恰当的详尽程度定义数据类和过程。

BSP 方法能够区分信息的归属。以后，当我们建立用 BSP 方法确定的信息系统时，信息的归属权将确保在那些系统中信息的合法性。

BSP 方法不仅能够识别信息系统，还能识别系统所支持的信息。我们先要找出过程/数据关系的逻辑分组，以便确定潜在的系统项目；然后，我们在 BSP 矩阵中寻找标有“C”和“U”的组，并用一个方框将其圈在一起。这一操作可能需要重新排列过程或数据类的顺序。方框所圈起的一组关系表达了潜在的系统项目。在图 3-7 的矩阵中，标识了一个潜在的客户订购信息系统。

四、基于 BPR 的电子商务系统规划方法

事实上，电子商务系统的核心是对传统业务流程的优化和企业的服务在时间和空间上的扩展，其目的在于以现代信息技术、通信技术以及网络技术等为基本手段，将企业的业务模式、管理模式和服务方式进行优化重组和扩展，将

信息技术在企业的应用从简单的取代手工劳动提升到工作方式优化的新层次。国内外电子商务系统建设的经验和教训表明，由于电子商务系统的建设是一项具有影响面广、投资大、风险大、周期长等特点的系统工程，因而做好系统的规划是电子商务系统建设成功与否的关键。电子商务系统不是传统商务系统在网络上的简单翻版和模拟，若忽视企业流程再造（Business Process Reengineering，BPR），将达不到真正改进企业管理和客户服务的效果，因而BPR是电子商务系统规划的核心环节。BPR作为一种新的企业变革理念，对电子商务系统规划具有非常重要的影响。可以看出，二者的结合将是解决好电子商务系统规划的一条重要途径。

1. BPR与电子商务系统的内涵

BPR最早于1990年由美国Michael Hammer教授提出。后来，Michail Hammer与CSC Index的首席执行官James Champy于1993年发表了《公司重组：企业革命的宣言》。在文中，Hammer与Champy对BPR进行定义："BPR就是对企业的业务流程进行根本性再思考和彻底性再设计，从而获得在成本、质量、服务和速度等方面业绩的戏剧性的改善"，使得企业能最大限度地适应以"顾客、竞争和变化"为特征的现代企业经营环境。流程是企业的业务流程，是指提高顾客满意度、为企业创造效益及与之相关联的一组活动。BPR围绕企业的业务流程而展开，彻底改革无效的、不创造价值的流程。流程是重组中最重要的一个因素。企业内部存在着多种流程，每个流程都包含3个要素：输入、输出以及把输入转变为输出的活动。所以，流程就是利用一种或多种输入来创造载有客户所需价值的输出的一系列活动。

电子商务系统的规划和建设是企业内外充分信息化的过程，包括了企业与客户、与供应商以及企业内部各种关系的建立和整合，有效地将电子商务中的各方有机地联系在一起，形成一种新的生产经营模式。从这个意义上看，电子商务系统的规划，从本质上是对流程的重新设计，考虑如何连接客户与供应商，如何进行运营，必须伴随着组织的变革、观念的再造，如图3-8所示。BPR在应用于电子商务系统规划时，强调以"流程导向"替代原有的"职能导向"的组

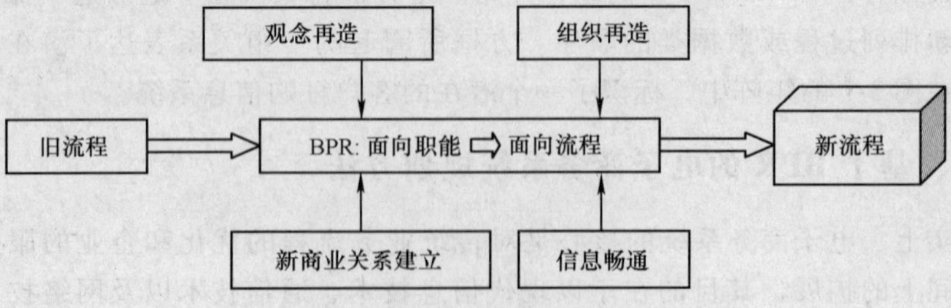

图3-8　流程再造示意图

织形式，为企业的整体运营提出了一个全新的思路。

2. BPR 与电子商务战略的关系

电子商务系统的规划过程是一个集企业商务模式变革和系统开发于一体的过程，需要以企业流程再造为前提。如果脱离企业商务模式的变革而单纯考虑系统的规划，那么未来的电子商务系统所支持的仅仅是企业现有商务活动的网上翻版，不能从根本上支持企业价值链的增值过程。

要保证流程再造项目的成功，应当把企业流程看作是企业战略的对象，把 BPR 与企业电子商务战略联系起来。现在我们讨论 BPR 已经不是要与不要的问题，而是如何做的问题。首先在实施 BPR 的时候须注意两点：一是考虑流程的合理与不合理的问题。建议企业从无效且不合理的流程入手，切忌首先改造不合理但是有效的流程。其次要注意流程是信息收集的入口，流程的效率与合理性直接关系到将来的数据分析和决策的准确性。所以 BPR 与企业战略的关系是相互作用，相辅相成的。在一个复杂的企业中，连接企业电子商务战略和 BPR 的桥梁便是流程愿景。流程愿景是对未来流程应该如何运行，以及运行程度的具体描述，是 BPR 的起点。

电子商务系统是在 ERP 的基础上扩展了管理范围，给出了新的结构，为适应当今时代企业管理要求而推出的计算机软件系统。电子商务系统与 BPR 之间密是相互关联的，其真正的能力除了使传统的工作方法更有效以外，最重要的是它使企业打破了传统的工作规则，从而可以改善流程，形成新的工作方式。信息技术的应用与 BPR 有着密切的关系。企业或组织业务流程的重组离不开信息技术的支持，没有信息在流程上的连续传输，不可能消除信息的重复录入与处理；没有信息共享机制也不可能将过去的串行业务处理流程改造成并行处理流程；没有信息技术的支持，也无法根据业务流程执行的具体情况进行相关的组织业务决策。另一方面，业务流程重组、提高企业效率是信息技术发展和电子商务系统应用的目的所在。

电子商务系统规划是一种战术层的规划，它侧重以商务模型为基础，规划支持企业未来商务活动的技术手段，确定未来信息系统的体系结构。简单地讲，就是规划企业可以采用哪些电子手段做生意。因此，要想靠电子商务系统应用改善经营，需要对企业原有的业务流程进行重组。不做 BPR，电子商务系统应用也很难实现。企业的管理思想、管理模式、管理方法、管理机制、管理基础、业务流程、组织结构和规章制度等与有电子商务有密切的关系，如果这些问题在规划电子商务系统时得不到有效解决，电子商务系统又怎能有效地提高整体水平和竞争能力呢？所以，应用电子商务系统必须要实行 BPR，确保企业有一个科学的、规范的管理基础。这个阶段的工作是不可逾越的，特别是对于我国大多数企业长期处于管理粗放、电子商务应用水平普遍较低的状况而言就显得更为必要。

实际上，企业实施 BPR 和应用电子商务系统并没有直接的关联，一个是关注管理思想，一个是关注技术手段，但是在 BPR 实施成功的案例中，有很多都是与电子商务系统及其他信息系统的应用分不开的，可以说，在 BPR 从思想到现实的转变中，信息系统作为一个重要手段起到了一种催化剂的作用。在 BPR 的实施过程中，不考虑信息系统的应用一般难以达到改善管理业绩的目标；另一方面，企业在应用信息系统前，不首先进行业务流程重组，也是很难达到预期效果的。在这里要注意两个方面：一方面，实施 BPR 不只是单纯的技术问题，更是一种思维方式的转变和一种管理创新，它是一种哲理；另一方面，电子商务系统的应用并不等于企业的流程再造，BPR 可以独立于信息技术而存在，但这种独立是一种相对的。

电子商务系统是一个高度全面的系统，是一种对企业各方面要求非常高的系统，企业用户的主要管理基础和管理元素要符合电子商务系统的要求。如果用户管理基础和管理元素不行的话，不但搞不好企业，用了电子商务系统反而把企业搞得一团糟。也就是说，如管理没有到位，电子商务系统解决不了任何问题；如果管理很到位，不上电子商务系统也能解决大部分问题。因此，对于管理基础薄弱的企业而言，如不实施 BPR、离开了 BPR 思想的指导，电子商务系统的实施将很难达到预期效果。反过来，在优化业务流程时，若离开信息技术手段和电子商务系统应用，实施 BPR 往往是困难的。所以，在规划电子商务系统时，应积极推行 BPR。

3. 基于 BPR 规划电子商务系统的方法和步骤

业务流程重组应该分阶段不断改进、不断提升，是一个螺旋式循环上升的过程。实施的方法不少书刊也有介绍，但大多仅限于对 BPR 思想和概念性介绍，即使有所涉及，介绍的方法也不系统，尤其是缺乏判断 BPR 合理性、有效性的方法。根据企业在 BPR 和电子商务系统结合中存在的问题，可采用以下方法来规划电子商务系统（如图 3-9 所示）。

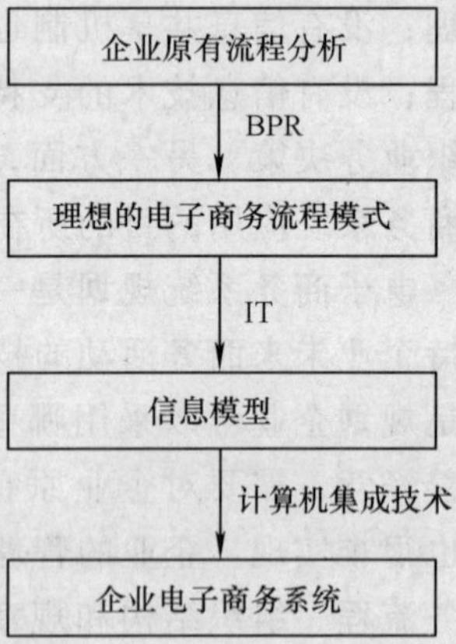

图 3-9　基于 BPR 的电子商务系统规划过程

（1）根据当前企业所处的大环境和其原有流程的具体情况，从功能、效率、可行性等方面进行全面分析，发现其存在的问题，从而确定准备变革的关键业务和需重组的关键流程。

（2）建立理想流程模型。根据已有的框架，了解行业发展趋势并寻找最佳实践方法，实现思维创新和技术创新，同时借鉴其他企业的成功经验和吸收不同模型的优点，设计出 3 ~ 5 个业务流程模型，经过筛选后形成理想模型。

（3）重新设计与理想业务流程模型相适应的组织结构模型和业务流程，定义技术需求，进行投资回报与代价/收益分析，评估对客户及雇员的影响，确定实施方法和项目进度计划等。

（4）系统数据规划。在流程重构的基础上识别和分类由这些流程所产生、控制和使用的数据、定义数据类。对数据进行分类可以按业务过程进行，即分别从各项业务过程的角度，将与该业务过程有关的输入数据和输出数据按逻辑相关性整理出来归纳成数据类。可以按数据的性质进行分类，比如按时间长短可以将数据分为历史数据、年报数据、季报数据、月报数据、日报数据等，按数据是否共享可以分为共享数据和部门内部使用数据，按数据的用途可分为系统数据（系统代码等）、基础数据和综合数据等。

（5）系统总体结构规划阶段。规划系统总体结构的目的是刻画未来电子商务系统的框架和系统各部分的逻辑关系，主要工作是划分子系统。具体实现可参考 U/C 矩阵。

（6）确定总体结构中的优先顺序，即对电子商务系统总体结构中的子系统按先后顺序排出开发计划。

（7）选择能够支持新流程的平台，即采用一套好的信息系统来将其功能与新的业务流程相匹配。它既能满足企业的管理结构和流程要求，完成各项管理任务，又能灵活地紧跟瞬息万变的市场不断改变，以实现可持续发展，这在实施以客户为中心的战略中具有特别重要的意义。

（8）根据已有的 BPR 模型和电子商务系统构建出一套与之相适应的电子商务系统模型，制定合理的实施计划，然后用相关的计算机技术来实现集成，最终形成一个完整的企业计算机管理系统。在以后的业务经营过程中，则由该系统来管理整个企业。信息系统，使其能依据先进的管理模式，充分发挥计算机的潜能，真正管理好企业。

（9）设计和实施系统，即在规划所确定的建设目标、总体构架内，进行系统的总体网络布局，设计系统的体系结构、数据库、人机界面、实现技术等，并针对这些项目的优先顺序给予资源上的合理分配，按项目优先顺序来进行具体实施。

4. 与 BPR 结合的电子商务系统规划对企业商务流程的改善

（1）产品、企业、服务的电子化表示。

（2）联机交易，涉及电子目录、在线虚拟商店、网络销售、网络拍卖、联机支付。

（3）客户自助服务和主动的系统服务，包括自助服务（定制、个性化）、潜在客户发现、客户关系管理、个人消费咨询、顾客行为分析、服务知识管理。

（4）新型企业商务合作关系，包括商务关系自动化——企业与中介机构和合作伙伴间的自动数据交换（如采购、库存、商务合约等），紧密协作——企业为共同的市场利益交换信息，电子化的虚拟企业共同市场或联盟——通过电子手段企业分享市场而构成的电子市场，从客户角度看是一种企业共同市场。

（5）供应链集成。企业产品交付过程中，参与供应链的主体——供应商、物流企业以及这一过程的各个环节是可见的；供应链管理集成了企业内部网络（Intranet）和企业的合作伙伴；供应链关系可以动态调整，并由客户参与设计和调整。

（6）新的企业动态管理，包括供应商管理、零库存动态管理、新的企业资源管理。

（7）企业内部电子商务，包括知识管理、内部出版物及信息发布、雇员或人事管理、协同工作流。

此外，电子商务系统还实现了对企业全部资源的一体化管理，而这是 BPR 所不能解决的。因此，企业实施 BPR 与同时应用电子商务系统，对于现代企业管理而言是一种最完美的结合。电子商务系统规划与 BPR 互为成功的前提，二者在相当程度上具有互补性。对二者加以整合，一方面为我们提供了一种先进和系统的分析方法，另一方面可以在改善企业管理绩效、提升管理水平方面达到事半功倍的效果。

五、几种方法的比较

CSF 方法能抓住主要矛盾，使目标的识别突出重点。由于经理们比较熟悉这种方法，用这种方法所确定的目标，经理们乐于努力去实现，或者说它和传统的方法衔接得比较好，但是一般最有利的只是在确定管理目标方面。

SST 方法从另一个角度识别管理目标，它反映了各种人的要求，而且给出了按这种要求的分层，然后转化为信息系统目标。它能保证目标比较全面，疏漏较少，但它在突出重点方面不如 CSF 方法。

BSP 方法虽然也首先强调目标，但它没有明显的目标引出过程。它通过管理人员酝酿“过程”引出了系统目标，企业目标到系统目标的转换是通过组织/系统、组织/过程以及系统/过程矩阵的分析得到的。这样可以定义出新的系统以支持企业过程，也就把企业的目标转化为系统的目标，所以说识别企业过程是 BSP 战略规划的中心，而不是 U/C 矩阵。

把这 3 种方法结合起来使用，可以叫做 CSB 方法（即 CSF，SST 和 BSP 结合）。这种方法先用 CSF 方法确定企业目标，然后用 SST 方法补充完善企业目标，并将这些目标转化为信息系统目标，用 BSP 方法校核两个目标，并确定信息系统结构。这样就补充了单个方法的不足。当然，这也使得整个方法过于复杂，而削弱了单个方法的灵活性。可以说，至今为止信息系统规划没有一种十全十美的方法，由于战略规划本身的非结构性，可能永远也找不到一个唯一解。任何一个企业进行规划均不应照搬以上方法，而应当具体情况具体分析，选择以上方法的可取的思想，灵活运用。

第六节　电子商务系统规划报告

电子商务系统总体规划完成以后需要提交电子商务系统总体规划报告，某些情况下该文档也被称为“电子商务系统解决方案”。该报告是对电子商务系统总体规划阶段成果的总结和记录，是电子商务系统设计的依据。其主要内容是对企业电子商务系统的商务模式、电子商务系统的体系结构和该系统的各个组成部分进行阐述。

一、电子商务系统规划报告的内容

一般情况下，电子商务系统规划报告的基本内容包括：

1. 系统背景描述

该部分阐述电子商务规划涉及的企业基本情况，包括企业的性质、实施电子商务的范围和规模、规划的项目周期、外部环境及其他的一些特殊说明，并对整个规划报告中涉及的一些名词的概念进行界定。

2. 企业需求描述

这部分对企业开展电子商务的动因、基本设想和信息化状况等进行描述，阐述企业的核心商务逻辑及企业对未来电子商务的一些基本认识。其主要内容有：企业电子商务外部环境分析；企业电子商务内部环境分析；企业现有业务流程和商务模型分析，包括企业核心业务描述、企业现行的组织结构及主要协作伙伴、核心业务分析（核心商务流程、企业商务活动中存在的问题、电子商务对企业商务活动存在的影响、未来企业业务的增值点和业务延伸趋势、企业实施电子商务中存在的困难等）；企业电子商务需求分析，如市场营销需求、内部管理需要等。

3. 电子商务系统设计的原则及目标

这部分主要阐述企业电子商务系统建设的策略、目标及规划过程中需要遵循的原则，阐明企业实现电子商务的基本思路。其主要内容有：企业实施电子商务的基本策略；电子商务系统所要达到的目标；规划和设计原则，如企业业务流程再造的原则、技术原则、实施原则、投资费用原则等。

4. 商务模型建议

该部分主要是描述企业未来的商务模式、商务模型。

这一部分的内容包括：①商务模式分析和建议；②商务模型；③电子商务环境下企业核心商务流程说明；④未来客户服务；⑤外部信息系统接口；⑥内部系统整合；⑦未来电子商务系统的环境。

5. 目标系统的总体结构

本部分阐述电子商务系统的体系结构，说明其逻辑层次，界定各个部分的作用及其相互关系，为电子商务系统的设计和集成提供依据。它侧重于从逻辑上阐述系统各部分的关系，而不是说明构造系统的技术产品。其主要内容有：系统的体系结构；系统各层次的构成及作用，包括客户、服务表达、应用逻辑、支持平台、基础网络等；企业内部网；企业外部网；企业网站或企业信息门户。

6. 应用系统方案

该部分说明应用软件的基本结构、功能分布、平台结构等。它的主要内容包括：①应用软件结构；②应用的功能；③主要应用流程描述；④数据与数据库；⑤应用支持平台；⑥应用互联接口。

7. 网络基础设施

这部分描述电子商务系统运行所需要的网络基础设施的基本构成，阐明支持电子商务系统运行的网络结构、组成、特征、互联方式等。其主要内容有：网络基本结构；因特网接入方式；内部网结构；外部网结构及数据交换，即企业电子商务系统与合作伙伴、商务中介及银行、认证机构之间的网络连接和数据交换方式；网络互联方式。

8. 联机交易中的支付与认证

该部分侧重于阐述联机交易中的支付和认证的实现方案，说明保证交易安全的方式和方法。该部分的主要内容包括：①联机支付方案：包括支付手段、支付流程、支付网关接口方式；②认证方案：包括认证内容、认证过程、认证证书。

9. 系统安全及管理

该部分说明保证电子商务系统安全的策略、技术体系、系统管理方式等，其目的是说明电子商务系统的安全性和可管理性。

该部分的主要内容包括：①系统安全体系：包括安全策略、安全体系、计算机系统安全、网络安全措施、主机系统安全、应用安全措施、交易安全；②系统管理：包括网络管理、服务器管理、授权与审计。

10. 系统性能优化及评估

该部分说明保证系统高可靠性、可用性和高性能的方案。它的主要内容包括：①系统可靠性：如数据及设备备份、灾难恢复；②可用性；③性能优化方案：系统负荷均衡、并发事务控制、高性能软件。

11. 系统集成方案

这部分说明支持应用系统的软硬件平台的选择、集成方式。其主要内容有：①系统平台选择：包括平台结构、软件及中间件、应用服务器、数据库系统、中间件产品、应用开发工具、主机设备、网络设备、其他外围设备。②系统集成：包括设备集成方案、应用集成方案。

12. 系统开销与投资

此部分说明系统建设各个部分的开销及投资计划。

13. 实施方案

该部分说明电子商务系统实施的基本过程及相关的保障措施。其具体内容应当包括：①系统实施的主要任务；②实施进度安排；③实施过程的分阶段目标；④实施人员组织。

14. 商务系统收益分析

该部分说明系统投产后可预见的收益，主要是经济效益分析。

15. 其他说明

由于电子商务系统涉及的不仅仅是技术问题，还涉及组织、管理甚至法律、人文环境等因素，所以对于相关的配套措施在这一部分阐述。

二、规划报告的撰写实例——汪氏蜜蜂园网站规划书

1. 建站前的市场分析

(1) 蜂产品市场预测。自古以来，蜂产品被认为是一种极好的食品和药品。蜂蜜、蜂花粉、蜂王浆和蜂胶都含有丰富的维生素、酶、氨基酸、葡萄糖，果糖等成分，很容易被人体吸收。蜂蜜营养丰富，产热量大，不含脂肪，是完美的保健滋补品，对老年人、儿童、孕妇、产妇及病后体弱者尤为合适。蜂蜜所含的抗菌物质，能杀灭或抑制附着在皮肤表面的细菌，还能消除皮肤的色素沉着，促进上皮组织再生，所以，蜂蜜也是一种美容佳品。另外，现在的人们越来越趋向绿色健康食品。无疑，蜂产品将是最佳的选择。

(2) 成都地区蜂产品的情况分析。目前成都地区蜂蜜的销售较为零散，多为散装蜂蜜，也有瓶装蜂蜜，但是大多数蜂蜜的质量都没有保证。许多蜂农为了牟取暴利，都会在蜂蜜中搀假，例如在蜂蜜中掺水，使用糖浆代替蜂蜜等。正是因为这样的情况出现，导致众多消费者不敢轻易购买蜂产品。通常他们都会选择在超市或专卖店购买比较有名的且质量有保障的公司的蜂产品。但是这些蜂产品公司的销售仍然趋于传统，并没有改变以往的模式，还是将产品放在超市或专卖店里，等待客户来购买。客户由于路程、时间等种种因素，很可能会考虑放弃这些公司的蜂产品，从而使得整个公司的发展显得被动，对公司的长远发展显然不利。那么，怎样才能使蜂产品市场有更大的发展空间呢？只有

网络营销和传统商务并齐发展才是最明智的选择。

（3）企业的简介和市场优势。汪氏公司是川渝地区知名的集蜜蜂养殖、蜂产品加工、开发及销售为一体的专业化私营企业，拥有三十多年的养殖历史。汪氏蜜蜂园的创始人曾是四川省多家单位的养蜂技术员，改革开放后，汪氏自办养蜂场成为较早的民营经济实体，并得到有关部门的大力支持，企业得到长足发展。汪氏蜜蜂园一贯重视产品质量，努力改善品质，注重产品研制开发。企业专门成立了由蜂产品专业人员、药剂学专家组成的科研小组，使产品种类和质量上了一个新的台阶。蜜蜂园网站主要在网上进行蜂产品的销售，从事B2C业务，全心全意为顾客提供最优质的产品和服务。

2. 建设网站的目的及功能定位

（1）建设网站的目的。企业希望通过网站让广大消费者对汪氏蜜蜂产业开发园有更多的认识和了解，并能够为消费者提供一个宽松的网上交易环境。广大客户不仅可以在网上寻求适合自己的蜂产品，而且可以实现在线交易，不用出家门，就可以买到合意的蜂产品。另外，随着科技的进步，时代的发展，电子商务在各行各业的发展中将占有举足轻重的地位。顺应潮流的发展，是企业发展的需要，也是市场开拓的延伸。

（2）网站的功能。网站主要是给企业提供一个产品宣传、网上营销、在线交易和客户服务的平台。

（3）网站定位。通过对蜂产品网站的建设与维护，实现与客户的沟通和交易，同时在网上为自己的产品做广告宣传；设置客户服务中心，及时了解客户信息，掌握客户资料，发掘潜在客户，扩大客户群体。

3. 公司网站技术解决方案

根据网站的功能确定的网站技术解决方案为：

- 采用自建服务器。
- 选择操作系统，用Window2008。
- 采用系统性的解决方案，自己设计企业上网方案、电子商务解决方案。
- 网站安全性措施，防黑、防病毒方案。
- 相关程序开发，数据库建设。

4. 企业网站内容规划

根据网站的目的和功能规划网站内容，网站大体内容包括：企业简介、产品介绍、产品常识、服务内容、价格信息、网上订单、留言板等基本内容。

（1）公司简介。该版块主要是介绍汪氏蜜峰产业的历史、发展状况和获得的荣誉，使客户迅速了解汪氏。目前，汪氏蜜蜂园已在全国各地开设了上百家专卖店，全心全意为客户提供最优质的产品和服务。

企业的名言是："愿汪氏人在多元化的创业中，崇尚蜜蜂忘我奉献精神，为人类的健康作出应有贡献”。

（2）产品介绍。汪氏主要从事蜂产品的生产和销售，主要包括蜂王浆、蜂蜜、蜂花粉和蜂胶。其蜂产品以“纯净鲜浓全真多美”的鲜明特色独树一帜，兼具营养、保健、医疗、美容四重功效，是男女老幼四季皆宜的天然珍品。

蜂王浆作为一种天然滋补剂、营养品，以其独特的成分、均衡的营养，对健康人可增强体质，补充脑力和提高耐力，同时对诸多病症有良好的调理作用。汪氏为确保质量，只采收移虫后60～72小时的鲜浆，并且是直接从王台中采取后，立即采用低温冷冻方式保存并空运到汪氏专用500m^2冷冻库，从而保证其活性成分不受破坏。

汪氏蜜蜂园利用高科技生物工程技术，训练蜜蜂定向采集不同特种植物花蜜再经生物净化加酶、脱水、滤毒、防腐等一系列生物生化过程生产出的优质蜂蜜，完好而长期地保存成熟蜜中固有的医药保健成份所以本品食药兼备，是集营养、保健、医疗、美容于一身的蜜中珍品。汪氏蜂蜜具有无污染、天然纯正、活性物质（特别是酶）含量高等特点。

汪氏蜂花粉是汪氏蜜蜂园采用高科技生物工程技术组织蜜蜂定向采集单一无污染蜜源植物所获的纯天然佳品，而不是人工合成的化学物质，完好地保持了花粉的营养成分，口感好，可直接食用。内服或外用天然花粉，可促进皮肤的新陈代谢，改善营养状况，增强皮肤的活力对外界不良环境的抵抗力，使肌肤柔软、细腻、洁白、鲜润，并可消除各种褐斑，减少皱纹使干燥的皮肤增加弹性。

蜂胶是一种极为稀少的天然资源，素有“紫色黄金”之称，内含20大类共300余种营养成分。蜂胶在对症下药的同时，其他各种成分非但不会对人体构成危害，反而能起到全面调理，平衡机体免疫功能的作用，这也是许多消费者在服用蜂胶过程中常常出现意外惊喜的原因所在。

（3）产品常识。在网站上，除了产品介绍外，还列出了蜂产品的一些常识。例如，蜂王浆的保健功能，蜂蜜的医疗保健作用，蜂花粉的保健作用，如何鉴别纯正蜂蜜，食用蜂胶的注意事项，蜂蜜与美容，蜂花粉的食用方法，蜂王浆的服用方法、服用剂量及保存等。

（4）留言板。留言板是一个与客户交互的平台，客户可以利用留言板咨询其疑难问题，网站管理员就其问题进行解答。这样可以更好地掌握客户的动态信息，了解客户的信息反馈以便对企业的蜂产品进行研究和改进，促使企业更好的发展。

此外网站要提供会员注册、详细的商品服务信息、信息搜索查询、订单确认、付款、个人信息保密措施、相关帮助等。

会员注册包括：登记顾客的用户名、姓名、性别、家庭地址、邮编、联系电话、E-mail 等基本的交易信息。会员注册后还可定制最新的信息，收藏喜爱的商品以便购买。

订单确认方式：顾客在选购商品后，确认要购买，系统即显示出订单号，证明其购物成功。系统审核订单内的地址、电话、姓名、结算付款和送货方式信息正确和合理，顾客即可收到一封发货确认信。

货款支付方式：提供货到付款、银行电汇、邮局汇款、招行一卡通、工行在线支付和其他付款方式——虚拟账户。

相关帮助：对顾客一些疑难问题进行解答，帮助顾客更好的实现在网上的购物过程。如提供购物演示（新手上路），把具体的购物流程通过动画的方式演示给顾客，使顾客能清楚明白地购物。

5. 企业网页设计

企业网页美术设计要求与企业的整体形象一致，并符合 CI 规划。注意网页色彩、图片的应用及版面规划，保持网页的整体一致性。并以汪氏蜜蜂园的主色调为主要的页面设计，突出汪氏蜜蜂园蜂产品绿色健康的特点：①网页色彩以绿色和黄色为主色调。②图片以静态图片为主，加以少许 FLASH 图片。③版面主要采用模板制作。

在新技术的采用上考虑目标访问群体的分布地区在各个大中小型城市，无区域限制。另外，因为各种蜂产品都拥有不同的消费人群，所以在年龄上也没有太大的要求。

公司制定了网页改版计划，通常一年进行一次较大规模的改版。

6. 网站维护

- 服务器及相关软硬件维护：对可能出现的问题进行评估，制定响应时间；
- 数据库维护：有效地利用数据是网站维护的重要内容，因此数据库的维护要受到重视；
- 内容的更新、调整等；
- 制定相关网站维护的规定，将网站维护制度化、规范化。

7. 网站测试

公司网站发布前要进行细致周密的测试，以保证正常浏览和使用。主要测试内容有：

- 服务器稳定性、安全性；
- 程序及数据库测试；
- 网页兼容性测试；
- 根据需要的其他测试。

8. 网站发布与推广

要使网站被大众所了解，从而使消费者能在网站购物，就要对网站进行宣传。

可以通过 3 种方式为网站做宣传：

（1）选出有高访问率的网站，通过租用该网站的旗帜广告位来进行宣传。首页的旗帜广告有较高的访问率，因此网站的旗帜广告的点击率也较高，广告效应也较强，但是价格比其他旗帜较贵。如果选择次页的旗帜广告，相对于首页来讲，广告的效应也较底，但价格相对便宜。

（2）在 BBS 上发表有关网站的相关信息。在发表后，要注意对帖子的回复。比如对回帖者所提的问题或是所提的意见，应及时回应。

（3）在搜索引擎上进行申请和注册，使消费者能通过搜索引擎来访问网站。

除了网络宣传外，还应结合传统媒体宣传网站。具体方法有：①通过在报纸、杂志上刊登广告来体现网站的主旨。②通过电视来展示网站的内容、形式等。③印发传单。④把广告印制在大众日用品上，以引起消费者的注意。⑤通过电台进行宣传。⑥赞助某一单位或某一个人，从而得到宣传效果。

（4）搜索引擎登记等

9. 费用预算

大致的费用预算见表 3-1。

表 3-1 费用预算

项目	经费预算	备 注
项目调查论证费	5000 元	提交调查分析报告
网站设计费	4000 元	
网站建设费	6000 元	
网络租赁费	400 元	根据电信部门费用每月计算
网站维护费	6000 元	每年计算

思考题

1. 什么叫电子商务系统规划？
2. 简述电子商务系统规划的特点。
3. 电子商务系统战略分析包括哪几个步骤？
4. 什么叫差异化战略？什么叫创新战略？
5. 试述电子商务系统规划的步骤。
6. IBM 公司是如何划分电子商务系统规划阶段的？
7. 电子商务系统规划分为哪几个部分？
8. 简述商务模型规划的内容。
9. 商务系统规划的内容有哪些？
10. 电子商务系统容量规划有何作用？

11. 什么叫关键成功因素法？什么叫战略目标集转化法？

12. 试述企业系统计划法的主要步骤和内容。

13. 定义企业过程有何作用？

14. 为什么电子商务系统总体规划完成以后需要提交电子商务系统总体规划报告？

15. 选取几个 B2B 网站进行比较，分析它们各自的电子商务战略。

案例分析

长虹进军电子商务

新世纪，新长虹。坚持“速度领先，规模取胜”的经营理念，坚持“创世界名牌，树百年长虹”的发展战略，长虹正抓住中国加入 WTO 和西部大开发的历史机遇，努力进行技术创新、市场创新和管理创新，全力塑造长虹强大的核心竞争力。

1. 搭建网上交易平台

2005 年 4 月，长虹组织了一支主要由 MBA、研究生等组成的 10 多人的团队开始了搭建网上交易平台的工作。2005 年 9 月初，长虹正式向外界推出这个独立的 B2C 交易平台。为突出专业化特点，长虹并没有在其企业公共网站内设置该交易平台，而是以一个独立的网站正式对外开放。消费者只要登录该交易平台的网页，点击感兴趣的家电产品，就可以阅读商品详细的产品介绍及最优惠的报价，如果愿意购买，就可以选择购买，并可以通过在线支付系统进行结算。然后在 24 ~48 小时里，就会有专门的工作人员把订购的商品送到消费者的家里，并由长虹的技术人员提供完善周到的安装和调试服务。该网上交易平台的建设已经完成，网站定位于在互联网上针对大众消费者销售家电及相关产品。

在该交易平台上，包括普通 CRT 电视、平板电视、空调以及 DVD 等上百款长虹的产品，另外，还设置了在线互动、产品体验厅、售后服务及有关增值服务等丰富的应用模块。

长虹电子商务网站集成网上商城、在线支付、会员管理、在线答疑等多种功能，使用立体、真实的动态产品演示，采取灵活多样的支付方式，为顾客营造出生动、灵活、舒适的网上购物环境。

长虹电子商务网站以长虹强大的品牌知名度及良好的美誉度，在互联网使用者中树立起安全、诚信、专业的商务网站形象，并依托长虹完善的分销体系、售后服务体系以及与国际知名物流配送公司的合作，为所有顾客提供方便、快捷的服务。长虹电子商务事业部部长赵映解释，由于初次涉足电子服务零售业领域，长虹会根据自己的资源和优势进行定位，初期以长虹产品为基础，然后逐步拓展产品线，但基本上会专注在家电、3C融合产品、IT等领域的发展。

2. 响应战略转型

进军电子商务并不是长虹心血来潮一时冲动，而是与长虹目前的发展战略有关。谈到长虹公司的发展战略，又不得不提到长虹公司董事长——赵勇。赵勇于2004年7月任长虹集团公司董事长兼总经理，同时推行组织机构、产业结构、营销机制、用人机制、新产品开发、体制创新等6大改革。长虹通过与优势企业结盟的方式，强势进入IT、通信、网络产业，实现从终端产品提供商向系统技术提供商、服务提供商和内容提供商的转变和从传统家电企业向信息家电企业的转变。

2004年10月，长虹加入"闪联"，与联想、TCL、康佳等企业共同努力，谋求制定3C产品的技术标准；2005年3月，长虹投资两亿元人民币成立国虹通讯数码集团有限责任公司，主营业务定位于通信终端、网络终端及其他个人移动电子产品的研发、生产、销售和服务。2005年5月，长虹组建信息技术有限责任公司，开展与中国电信合作的ADSL业务和机讯业务，并逐步推广IPTV、互联星空与传媒业务。

对于家电、通信、IT的融合，可以追溯到1999年微软推出的"维纳斯计划"，当时积极响应的TCL开展相近的计划。6年后，长虹跟中国电信联手推出的3C产品正式推向市场，而该产品就是当时TCL推出的计划，只不过该计划当时无法落地而已。为什么会有这样不同的际遇？战略时机不同！因为在TCL推出该计划的时候，基础设施不配套，比如计算机技术、通信技术、数字电视等无法达到有关要求，消费者的意识不足，并且没有战略联盟合作思想。而长虹结合自己的核心能力，跟微软、AMD、中国电信、盛大集团等打造整个价值链，建立起一套合理的利益共享机制。正因为这两者不同，才导致两者不同的产品"命运"。

经过长达9个多月的市场调研和分析后，长虹最终在2005年4月份正式启动了电子商务业务。在随后的几个月的时间里，长虹多次组织召开协调会议，协调各方面资源，积极推进电子商务业务的开展。

3. 资源整合求发展

（1）资源整合。众所周知，电子交易平台的搭建和日后平台的运行与维护都需要不少的资金支持。但由于长虹目前的信息化建设已经达到了相当完善的水平，交易平台的建设基本上是在公司现有信息应用平台上增加相关的应用模块而已。据了解，2004年下半年，长虹在信息化建设上的投入达2000多万元人民币，2005年又投入1000多万元人民币。在内部信息化方面，长虹ERP系统已经覆盖销售、采购、财务、服务4个领域，无纸化办公进展迅速。

为保证电子商务业务的顺利发展，在物流配送方面，长虹已经根据需要对遍布全国的200多家分公司进行了相应的流程梳理，以便为用户提供高效便捷的门对门服务，并积极与专业的物流公司合作，对长虹的物流配送网络进行有效补充。同时，在支付方面，长虹开通在线支付功能，支持国内主流银行（工行、农行、建行、招行、民生、广发、深发、广大、广银联、厦银联）的银行卡，用户可方便地进行支付。

此外，利用遍布全国各地的200多个分公司的网络优势，长虹还灵活地对彩电、空调等产品开展货到付款业务。消费者只需在网站上选择自己需要的产品，然后留下详细的送货地址，长虹公司就会在规定的时间内按要求把选定的商品送到消费者家里，完全消除了消费者付款后收不到商品的疑虑。

对于该电子商务业务的发展前景，电子商务事业部部长赵映相当有信心。除了能有效地整合相关资源外，长虹的品牌知名度和超过1亿的用户规模是长虹电子商务业务能够迅速发展的有力保证。根据世界品牌实验室的统计数据显示，长虹品牌价值达到398亿元人民币，是国内4家入选“世界品牌500强”的企业之一，在国内拥有很高的品牌知名度。同时，长虹产品过硬的质量、完善的售后服务也在广大用户中拥有较好的口碑。

而对于一些特殊的高端产品和个性化产品，比如长虹65英寸等离子电视、55英寸液晶电视，以及移动电视、DVD等个性化产品，由于购买群体相对较小，因此并不合适在所有的地区和卖场大量出样。但这样又可能导致部分潜在客户没有机会接触产品，从而失去销售机会。通过网上交易平台，对这类产品感兴趣的消费者就可以直接从网上了解并购买到自己喜欢的产品。虽然有各方面的优势，但是长虹进军电子商务的道路并不平坦，发展中面临着各种风险，排除各种风险迎头而上是长虹最佳的选择。

（2）发展趋势。长虹在新的目标下练就了扎实的基本功，长虹将信息化建设按照业务导向、统一规划、分步实施、试点推广的指导思想进行，主要包括以下内容：

1）SAP PP/CO的试点与推广。SAP PP/CO模块的实施解决了物资备齐、生产成本核算等问题。长虹计划在2005年8月之前完成ERP PP/CO模块在空调公司、器件公司的试点实施工作，并在年底前完成部分推广工作。

2）网上招标的试点与推广。网上招标的试点工作已经让长虹在第一季度大幅度节省了费用。接下来的工作是进一步降低采购成本，优化网上招标流程，将网上招标推广到长虹更多的单位。

3）全面实施综合办公系统。通过公文流转自动化基本实现无纸化办公，通过单据流转自动化进一步规范内部管理。通过与SAP等业务系统集成进一步优化业务流程，提高工作效率。

4）供应商管理库存（VMI）系统实施。通过该系统的实施，可以让签订了

VMI 协议的供应商直接管理库存，从而减轻公司的库存压力。

5）PDM 系统。通过 PDM 系统实施，实现产品数据生命周期管理，并与 CAD/CAM/CAPP 等辅助设计系统和 SAP R/3 等管理信息系统进行集成，从而实现对产品数据的闭环管理。

6）售后服务系统。通过售后服务系统的建设，用户可以通过系统进行自助服务，在线提交服务信息；服务中心和特约维修中心通过系统获取相关信息并处理相应业务；总部可以通过该系统对服务中心、特约维修中心进行监控与管理。

7）商务智能与决策支持系统。对信息系统中积累的数据进行清理与挖掘，建立起满足分别对应决策层、管理层和业务层的数据分析平台，最大限度地提高企业数据的利用率。

案例思考题

1. 长虹进军电子商务，是如何进行战略转型的？

2. 你认为长虹应该如何与其他电子商务企业展开竞争？如何与专业家电连锁商进行竞争与合作？

3. 长虹在发展电子商务的过程中哪些方面做得好？哪些方面还要改进？

第四章

电子商务系统分析

学习目标

通过本章学习，掌握电子商务系统分析的基本过程；了解结构化分析方法，掌握面向对象分析的思路，及其基本分析方法和主要工具；能正确利用图符绘制业务流程图、数据流程图；基本掌握UML的需求分析思路和方法；初步了解系统分析建模工具，并能进行操作；能结合应用实际，撰写系统分析报告。

电子商务系统分析就是在系统规划确定的目标和开发方案的指导下，结合电子商务系统的特点，对企业的各个方面进行深入的调查，全面了解企业的目标、组织结构、数据流程和业务处理过程，研究及描述企业现行系统的活动和各项工作，结合电子商务活动的基本需求，对待开发软件提出的需求进行分析并给出详细的定义，为系统设计提供依据和支持。

第一节 电子商务系统分析的任务

电子商务系统是一种特殊的信息系统，其系统分析与一般信息系统的系统分析相比较，有相似的地方，但也存在一些差异。传统信息系统的系统分析主要是调查企业内部的要求，描述企业内部数据流程及相关业务流程。而进行电子商务系统的系统分析时，企业主要是为了拓展新的业务，电子商务活动常常并没有开展，并没有现成的业务流程，更谈不上相应的系统。建设电子商务系统是个创新的工作。这就要求系统分析人员不仅要了解企业原有商务活动是如何开展的，而且还要根据自己对电子商务的理解，结合信息技术的发展，在电子商务规划的指导下，利用新的手段和方法进行调查和分析，创新性地构建企业业务流程，创造性地描绘出未来系统所实现的功能。因此，电子商务系统分析的任务应包括系统调查、商务活动分析、电子商务需求分析、系统数据流程分析、系统功能分析、确定系统逻辑模型和形成分析报告等。

一、系统调查

系统调查就是对所要开发的电子商务系统进行详细的业务调查，深入了解用户需求。这一阶段主要的任务是了解企业商务活动中都有哪些基本的商务环节，特点是什么，开展电子商务活动目的是什么；对企业的组织机构、业务流程、各项业务活动的数据流程和相关处理过程等进行详细的调查，并对现行系统的结构、功能和数据流进行调查分析，确定具体要解决的问题。其目的是获取原始资料，了解企业的运作情况，为下一阶段的商务活动分析提供基本数据和材料。系统分析员在进行系统调查时可采用多种形式进行，只要能准确获得所需信息即可。在电子商务系统开发中，常见的系统调查方法有面谈、问卷调查、观察和抽样等。

系统调查是电子商务系统开发中重要的环节。许多系统设计人员都有这样的认识：评估一个系统是否成功要看它是否真正解决了用户的问题，而用户的问题在项目中体现为用户的需求，完整而清楚的系统调查是系统成功的基础和前提条件。表 4-1 是某网站对网站性能需求的调查表，如按每天工作时间 500min 计算，每分钟同时有约 75 个用户同时使用；每分钟的页面申请为 30 个，数据库事务操作为 15 个。按网页平均大小 10KB 计算，要求网络流量 5KB/s。

表 4-1　某网站对网站性能需求的调查

	用户数量	使用周期/天	每次使用时间/min	总时间/min	每次点击次数	总点击次数	每次事务操作	总事务操作
医院	300	5	30	1800	8	480	3	180.00
零售商	1200	3	20	8000	5	2000	2	800.00
批发商	800	3	30	8000	9	2400	4	1066.67
厂家	4000	4	20	20000	10	10000	5	5000.00
总计	6300	15	100	37800	32	14880	14	7046.67
每分钟平均				75.6		29.76		14.09

二、商务活动分析

这一阶段任务的内容主要是了解企业商务运作过程中都有哪些基本的商务环节，其基本特点是什么？对系统调查获得的大量资料，进行整理、分类和加工，对各个数据对象评估其信息流的处理，分析业务流程、数据和数据流程、业务功能和数据之间的相互关系，并得出其部分功能模块。

三、电子商务系统需求分析

由于电子商务系统有其自身的特点，它包含一些基本需求，如企业信息门户网站、商务智能、电子商务支付系统、电子商务安全系统、物流配送体系等，系统分析员要弄清这些功能的特殊需求，只有满足了这些基本需求，才有可能开发完整的电子商务系统。因此，在开始建设电子商务系统之前，必须充分研究涉及电子商务系统的所有因素，全面分析、统筹规划，形成尽可能完善的电子商务系统设计方案，在此基础上有条不紊地进行电子商务系统建设。这一阶段在分析评估的基础上，应做好两点工作：第一，系统建模，即在分析评估的基础上，利用一定的建模方法，详尽地描述出系统的数据、处理功能和行为特征，以便可以更好地理解数据和控制流、处理功能和操作行为以及信息内容。总的来讲，系统建模就是概括出企业既有手工处理过程或既有系统的逻辑模型，也可以称之为原有系统（或者老系统）模型。第二，提出需求，即针对原有系统的模型进行分析评价，分析模型中处理流程、功能等方面的不足或者缺陷，提出需要完善或者改进的地方，对业务流程进行优化或再造，给出未来电子商务系统新的需求。这种需求同样可以使用系统建模中的有关方法加以描述。

企业开展电子商务前，不可能明确地提出具体的企业信息门户网站的需求，也没有电子商务支付的需求，其安全需求也没有电子商务安全的需求广。但是，如果结合电子商务系统的基本需求，就应该包含企业信息门户网站、电子商务支付系统、电子商务安全系统，而且如果是卖有形的产品，还涉及物流配送体系的需求等。因此，在电子商务系统需求分析中中应注意商务为本、需求引导、资源重组、流程改造、复合优势等。

四、数据要求分析

一般系统有两个方面的特征：属性特征和行为特征。系统的属性可通过其数据结构、数据类型和数据流动体现。由于属性特征相对稳定，变化较小，因此系统的数据分析有助于系统分析的稳定性和有效性。数据分析主要包括确定系统的输入数据、输出数据、数据结构、数据类型、数据流动、数据加工以及输入、输出时要求的设备等。

五、系统分析说明书

对上述调查和分析的结果采用图表描述进行适当的文字说明，就组成了系统分析说明书。它是系统分析阶段的主要成果。系统分析说明书是系统设计的基础，也是用户进行系统验收的主要依据，是信息系统开发过程中的重要文档。编写系统说明书应全面、系统、准确、详实、清晰地表达系统开发的目标、任务和系统功能，详见后面章节。

第二节　系统分析方法简介

系统分析的所有方法都是为实现系统分析的目标服务的。信息系统的分析方法，无论是面向数据流的结构化方法、还是面向对象的分析方法，其目标都是为了从不同层次、不同角度描述清楚企业的业务流程、数据流程和业务模型。较为常见的系统分析方法是结构化分析方法、信息工程方法、功能分解方法和面向对象分析方法。这一节将简要介绍这些方法，而对结构化分析方法、面向对象分析方法后面有关章节将作详细介绍。

一、结构化分析

结构化分析是最早的正式信息系统分析方法，是目前广泛应用的方法之一。结构化分析关注数据在业务和软件中的流动，是以过程为中心的。以过程为中心是指这项技术强调的是信息系统框架中的“过程”构件。由于这种方法以数据流图描述为主要工具，又称为数据流方法。数据流方法要求系统分析员和用户在问题域研究时跟踪数据的流动，提取系统的需求。数据流方法将问题域映射到数据流及其处理上，它可用下列等式表示：

数据流方法 = 数据(和控制)流 + 数据(和控制)转移 + 数据(和控制)存储 + 终结符 + 过程小说明 + 数据字典

二、信息工程方法

信息工程方法又称为信息建模方法，它关注系统中存储的数据结构，而不是过程。因此，它以数据为中心，强调对“知识”（或数据）需求的分析。实体关系（E—R）图是建模数据需求的关键工具，也广泛用于设计关系数据库。信息工程方法可以较好地映射问题域的本质，主要工具是实体关系图。它可用下列等式表示：

信息工程方法 = 对象 + 属性 + 关系 + 超类/子类 + 联合对象

信息工程方法是将问题空间直接映射成模型中的对象。在信息工程方法中，首先找出现实世界中的对象，然后用属性加以描述。信息工程方法并不是一种完整的方法，它遗漏了许多概念，如实体的行为和服务、继承、消息和结构等。

在实际应用中，信息工程方法同结构化分析方法可以结合起来使用，使用数据流图对系统过程建模，使用实体关系图对系统数据建模。

三、功能分解方法

功能分解方法将问题域映射到系统所需要完成的功能上，利用一些步骤和子步骤划分功能。它利用功能分解控制系统的复杂性，可用下列等式表示：

功能分解方法 = 功能 + 子功能 + 功能界面

在使用功能分解方法时，系统分析员必须深入到问题内部，而产生的需求说明只能间接反映主题。无论是系统分析员或用户都很难估计需求是否精确地描述了新系统所要完成的工作。问题空间的理解既没有显式的表示也无法验证其精确性，问题空间中的细小差别未能揭示出来。同时，对系统复杂性控制的功能/子功能分解也很难（由于间接映射），且极不稳定（由于在预算和进度限制下成功交付的功能还会不断变化）。所以，系统的总体分析不应用功能分解方法。

四、面向对象方法

传统的系统开发方法有意地分开考虑“知识”（数据）和“过程”。尽管许多系统分析方法已经做了大量的努力试图使数据模型和过程模型同步，但效果并不好。对象技术兴起，消除了这种数据和过程的人为分离现象。面向对象方法不把信息系统看作数据和过程，而是一组封装了数据和过程的对象。对象可以包含数据属性，但是，创建、读取、修改或删除对象的数据的唯一方式是嵌入对象的过程（称为方法）。面向对象编程语言变得越来越流行，例如 Java、C ++ 和 . NET 语言。面向对象方法拥有一整套称为统一建模语言（UML）的建模工具。面向对象分析（OOA）的任务是把用户需求、对问题域和系统的认识理解，正确地抽象为规范的对象和消息传递联系，形成面向对象模型，为面向对象设计（OOD）和面向对象程序设计（OOP）提供指导。面向对象方法建立在信息模型和面向对象程序设计语言（OOPL）两个概念的基础上，其基本的思想是通过系统中最稳定（即那些对变化不敏感的部分）的方面（即对象）来描述系统。通过信息屏蔽将比较容易变化的元素隐藏。

第三节　系统分析的主要工具

一、数据流程图

数据流程图是信息系统中系统分析的主要工具。它以图形的方式，运用特定的符号，描述信息系统中的各个处理、各处理环节之间的信息传递关系以及信息的存储，可以直观地反映出信息系统的工作情况。数据流程图描述了信息系统中数据处理的过程和信息传递的方向与联系，便于在系统分析阶段中用户与系统分析员之间的沟通。它描述的是系统的逻辑关系。有关数据流程图的详细内容将在本章第五节介绍。

二、数据字典

基于数据流图对组成系统的各部分的含义并没有给予必要的说明，为此，我们需要使用一种新的工具，对数据流图中的每一数据流、基本加工、文件及数据项等下一个“严格的定义”。所有这些定义条目按照一定次序汇集成册，以供系统开发中的所有人员共同遵守使用，这就是数据字典。

1. 数据字典的作用和内容

数据流程图描述了系统的分解，即描述了系统由哪几部分组成，各部分之间的联系等，但还没有说明系统的各个成分是什么含义。只有当数据流图中出现的每一个成分都给出定义之后，才能完整、准确地描述一个系统。

数据字典就是这样的工具之一。数据字典最初用于数据库管理系统，为数据库用户、数据库管理员、系统分析员和程序员提供某些数据项的综合信息。这种思想启发了信息系统的开发人员，促使他们将数据字典引入系统分析过程。

系统分析中所使用的数据字典，主要用来描述数据流程图中的数据流、数据存储、处理过程和外部实体。数据字典把数据的最小组成单位看成是数据元素（基本数据项），若干个数据元素可以组成一个数据结构（组合数据项）。数据结构是一个递归概念，即数据结构的成分也可以是数据结构。数据字典通过数据元素和数据结构来描写数据流、数据存储的属性。如图 4-1 所示，数据元素组成数据结构，数据结构组成数据流和数据存储。

2. 编写数据字典的基本要求

- 对数据流图中各种成分的定义必须明确、易理解、唯一；
- 命名、编号与数据流程图一致；
- 符合一致性与完整性要求，对数据流程图中成分的定义与说明无遗漏；
- 格式规范、风格统一、文字精练，数字与符号正确。

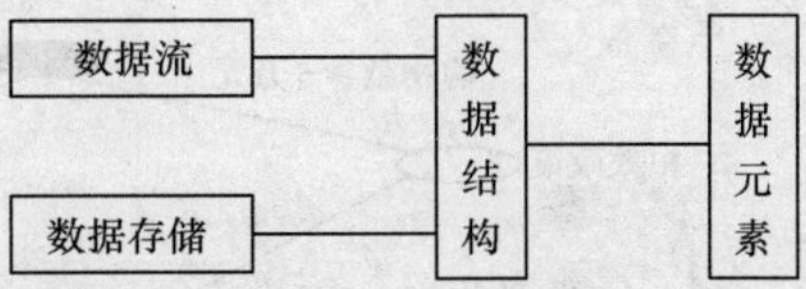

图 4-1　数据字典中各种概念间的关系

3. 数据字典的编写

建立数据字典的工作量很大，也相当烦琐。但这是一项必不可少的工作。数据字典在系统开发中具有十分重要的意义，不仅在系统分析阶段，而且在整个研制过程中以及今后系统运行中都要使用它。

数据字典可以手工建立：事先印好表格，填好后按一定顺序排列，就是一本字典。也可以建立在计算机内，使用、维护都比较方便。

数据字典中有 6 类条目：数据元素、数据结构、数据流、数据存储、处理、外部实体。

外部实体是数据的来源和去向。因此，数据字典中关于外部实体的条目主要说明外部实体产生的数据流和传给该外部实体的数据流，以及该外部实体的数量。外部实体的数量对于估计本系统的业务量有参考作用，尤其是关系密切的主要外部实体。

数据字典实际上是“关于系统数据的数据库”。在整个系统开发过程以及系统运行后的维护阶段，数据字典都是必不可少的工具。数据字典是所有开发人员工作的依据和统一的标准。它可以确保数据在系统中的完整性和一致性。

三、决策树

如果一个动作的执行涉及的决策或判断的条件较多，使用结构化语言时，语句的嵌套层次太多，不容易描述清楚，而用决策树可以更直观地表示这种关系。决策树又称判断树，是一种图形工具，适合描述具有多个策略和若干条件的逻辑功能。结构化分析中所用的判断树是这样定义的：左边节点为树根，称为决策节点，与决策节点相连的称为方案枝（或称条件枝）；最右边的方案枝（条件枝）的端点（即树梢）表示决策结果，即所采用的策略；中间各节点为分段决策节点。

例如某销售公司关于折扣率的规定涉及 3 个条件：购货额、最近 3 个月无欠款、贸易时间超过 10 年。这个规定用决策树可表示如图 4-2 所示。

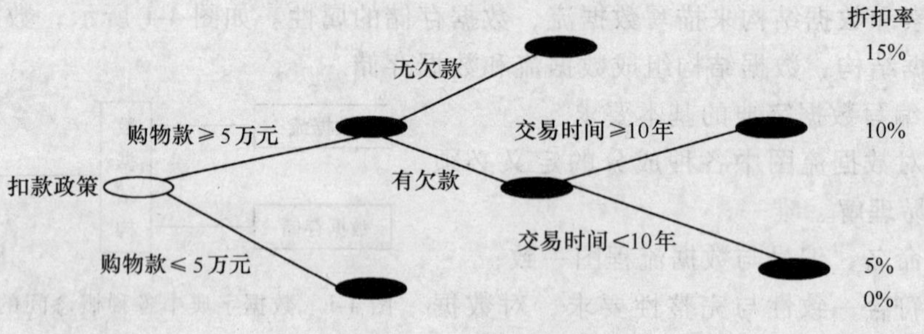

图 4-2　决策树示例

四、决策表

决策表又称判断表，是采用表格方式来描述处理逻辑的一种图形工具，共分 4 部分。左上角为各种条件，左下角为各种决策方案，右上角为条件组合，右下角为相应条件组合与决策方案对应的规则。表 4-2 是与图 4-2 相对应的决策表。

编制决策表时，首先要明确加工的功能与目标，然后要识别影响决策的各项因素（条件），列出这些因素可能出现的状态，并制定出决策的规则。决策表采用表格方式来表达处理逻辑，其表的结构由条件说明、行动说明、条件组合和行动选择构成，用“Y”表示条件满足，“－”表示与相应条件无关，“X”表示采取相应的行动。若判断表中的条件有 n 个，则就有 2^n 个条件组合。但是在实际中，有些条件组合有相同的行动，而有的则是无意义的，因此应该合并相同行动的条件组合，或者采用删除方法去掉无意义的条件组合，从而简化决策表。

表 4-2　某销售公司的折扣策略

条件和行动 \ 条件组合		1	2	3	4	5	6	7	8
条件	购物款≥5 万元	Y	Y	Y	Y	N	N	N	N
	最近 3 个月无欠款	Y	Y	N	N	Y	Y	N	N
	交易时间≥10 年	Y	N	Y	N	Y	N	Y	N
行动	折扣率为 15%	X	X						
	折扣率为 10%			X					
	折扣率为 5%				X				
	折扣率为 0%					X	X	X	X

五、结构化语言

结构化语言是一种介于自然语言与计算机程序设计语言之间的一种语言。只使用 3 种基本的结构：顺序结构、分支结构和循环结构，并且用极少词汇来描述这 3 种结构。结构化语言使用的词汇主要有 3 类：祈使句中的动词、在数据字典中定义的名词和某些逻辑表达式中的保留字。

1. 祈使语句

祈使语句指出要做什么事情，包括一个动词和一个宾语。动词指出要执行的功能，宾语表示动作的对象。例如：计算工资、发补考通知。

使用祈使语句应注意以下几点：力求精炼，不应太长；不使用形容词和副词；动词要能明确表达执行的动作，不用“做”、“处理”这类意义广泛的动词；意义相同的动词，只使用其中之一；名词必须在数据字典中有定义。

2. 判断语句

判断语句类似结构化程序设计中的判断结构。其一般形式为：

如果　　条件
则　　动作 A
否则　　（条件不成立）
　　　　动作 B

判断语句中的“如果”、“否则”要成对出现，以避免多重判断嵌套时产生二义性，另外，书写时每层要对齐，以便阅读。

3. 循环语句

循环语句表达在某种条件下，重复执行相同的动作，直到这个条件不成立为止。例如要计算同年级同专业每个学生一学期的总成绩，可用循环语句写成：

```
WHILE 条件
    对每一个学生
    计算总成绩
END WHILE
```

第四节　业务流程分析

在对客户需求进行调查的过程中，业务流程调查是最为复杂和繁琐的工作，但是，这一过程却又是开发一个运行良好的信息系统必不可少的环节。在分析了用户的组织结构和功能之后，就需要从业务流程的角度将客户需求调查中所获得的与业务流程有关的资料整理出来，并进行进一步分析。

业务流程分析是在组织结构和业务功能分析的基础上将其细化，利用调查所得的资料将业务处理过程中的每个步骤用一个完整的图形将其连接起来。在业务流程分析的过程中掌握业务的内容、作用及信息的输入、输出，数据存储和信息的处理方法及过程，并通过分析，发现问题，找出不足，对业务处理过程加以优化。业务流程分析可以帮助了解该业务的具体处理过程，发现和处理系统调查工作中的错误和疏漏，修改和删除原系统的不合理部分。绘制业务流程图就是业务流程分析中的重要步骤。

1. 业务流程图的基本符号

业务流程图的基本图形符号非常简单，共有 6 种。这 6 种符号的内部解释时以直接用文字标于图内。这 6 种符号所代表的内容也是与信息系统中最基本的业务处理功能一一对应的。圆圈表示业务处理单位，方框表示业务处理内容，报表符号表示输出信息（报表、报告、文件及图形等），不封口的方框表示存储文件，卡片符号表示收集资料，带箭头的线条表示业务过程之间的关系，如图 4-3 所示。

2. 业务流程图的绘制

业务流程图基本上按照业务的实际处理步骤和过程绘制，反映了各机构的业务处理过程和它们之间的业务分工与联系，以及连接各个机构的物流、信息流的传递和流通关系，从而体现了当前客户各个业务功能之间的界限、环境、输入、输出、处理和数据存储等内容。有关业务流程图的画法，日前尚不统一。下面结合实例介绍业务流程图的绘制。

某公司是一家自主经营、自负盈亏的中外合资企业，管理对象涉及人、财、物，业务功能包括产、供、销的全面管理，因此其信息系统的开发具有一定的

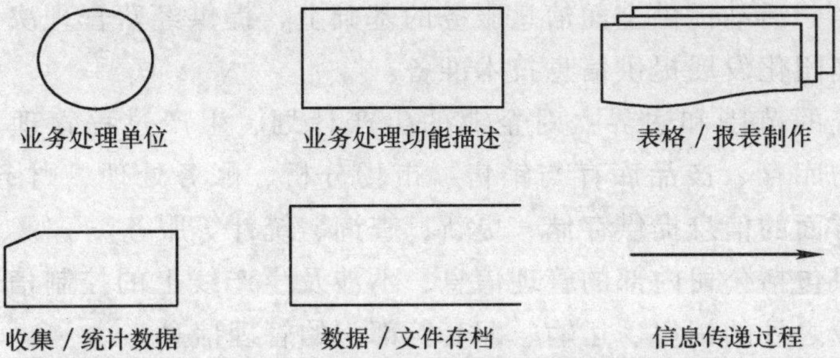

图 4-3　业务流程图的基本图形符号

复杂性，应从系统工程的观点出发，按照信息系统开发的基本方法进行。

（1）系统环境的初步调查。该公司现行管理工作存在的主要问题：①业务管理工作缺乏规范，随意性强，对管理人员的经验和水平的依赖性很大，因此具体职能操作往往因人而异。②业务管理职能各自为政，情况和资料被职能人员独立使用，缺乏彼此了解，造成具体工作对个别工作人员的过分依赖，影响业务工作的进展速度。③部门之间信息交流少，信息渠道不畅，工作不易协调。④数据处理用手工操作，工作量大，出错率高，经常造成工作中的矛盾。⑤公司领导对整个公司的生产、经营和销售信息掌握不及时、不准确，影响决策的质量。⑥企业管理的基础工作不健全，缺乏必要的管理手段。

（2）系统的可行性研究。该公司管理信息系统的建设目标是：按照管理信息系统的原理和方法，采用成熟的信息技术和手段，支持公司管理工作的全过程，加强生产经营活动中各种信息资源的管理和应用，提高企业管理工作的现代化水平，优化人、财、物和信息资源在产、供、销等各环节的运行机制，在

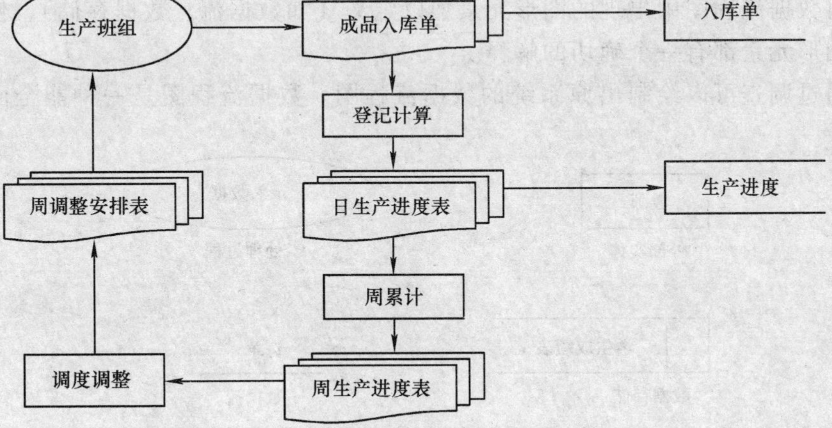

图 4-4　某公司生产进度管理业务流程图

为企业生产经营活动提供全面信息服务的基础上，提供经营管理决策支持功能，并为企业的集团化发展提供信息技术准备。

信息系统的范围和边界：对企业的生产计划、生产过程管理、质量管理、原材料供应与库存、产品库存与销售、市场分析、账务处理、财务报表、人事劳资管理等方面的信息提供存储、更新、查询、统计等服务。

该系统只包括公司内部的管理信息，不涉及生产线上的控制信号采集功能，也不涉及企业之外的销售、运输、配套等部门的管理信息。

在对企业目标和环境进行分析的基础上，应从系统的技术可行性、经济可行性和运行可行性等方面进行系统的可行性研究，编写“可行性研究报告”。

（3）现行系统详细调查。通过各种调查方法，绘制业务流程图。此处以生产进度管理的业务流程图为例，如图 4-4 所示，其余从略。

第五节　数据流程分析

一个计算机处理系统是由数据流和一系列的处理转换过程构成的，处理转换过程将输入数据流转化为输出数据流，即计算机数据处理过程可以归结为“输入数据、处理转换、输出数据”这样的 IPO 过程，所以结构化分析方法将分析的重点集中于数据及其处理过程。

采用数据流程图（Data Flow Dingram，DFD）作为刻画数据流及其处理转换的工具，通过一些图形符号表述数据源、数据流向、处理转换等。此外，结构化分析方法采用数据字典（Data Dictionary，DD）来表示各类数据，可以通过判定表、决策树的方式描述处理转换过程的细节。

数据字典是描述系统全部元素的“词典”，是关于系统数据的数据库。数据字典对数据流程图中出现的图形元素加以定义（如数据流、数据存储），使得每一个图形元素都有一个确切的解释。

通过调查可以绘制出原系统的数据流程图。数据流程图是一种能全面地描

图 4-5　四种数据流图符

述信息系统逻辑模型的主要工具，它可以用少数几种符号综合地反映出信息在系统中的流动、处理和存储情况。数据流程图具有抽象性和概括性。抽象性表现在它完全舍去了具体的物质，只剩下数据的流动、加工处理和存储；概括性表现在它可以把信息中的各种不同业务处理过程联系起来，形成一个整体。无论是手工操作部分还是计算机处理部分，都可以用它表达出来。数据流程图由图 4-5 所示的 4 种符号表示。下面分别介绍。

一、数据流程图（DFD）

数据流程图以直观的形式描述系统中数据的流动和数据的变化。需要注意的是，数据流程图和程序设计中的程序流程图是不同的，数据流程图关心的是企业业务系统中的数据处理加工的客观过程，并不是来电子化处理的加工过程。数据流程图中流动的只是数据，并没有控制过程，但在程序流程图中，必须有控制逻辑。

（1）数据流。箭头表示数据的流动方向。数据流用来表示数据实体和处理转换过程、数据存储和处理过程之间的相互关系。数据流表示流动着的数据，它可以是一项数据，也可以是一组数据（如扣款数据文件、订货单等），也可用来表示对数据文件的存储操作。通常在数据流符号的上方标明数据流的名称。

（2）处理转换过程（处理过程）。处理，又称功能。它用一个椭圆形来表示处理逻辑，图形下部填写处理的名字（如开发票、出库处理等），上部填写唯一标识该处理的标志（如 1，1.1，1.1.1 等）表示要完成的操作，或者说一项功能。处理过程通常包括通过转换数据结构、提取输入数据的信息形成新数据。一般来讲，处理过程主要完成数据的分类、排序、转换、归并。

（3）数据存储。数据存储的内容包括各种角色（如顾客、学生等）、处理对象（例如产品、课本等）、位置（如商店、仓库等），是指通过数据文件、文件夹或账本等存储数据，用一个右边开口的长方形条表示。图形右部填写存储的数据和数据集的名字，左边填入该数据存储的标志。

（4）外部实体。它是指本系统之外的人或单位，它们和本系统有信息传递关系。在绘制某一子系统的数据流程图时，凡属本子系统之外的人或单位，也都被列为外部实体。外部实体用长方形来表示。

二、数据流程图绘制过程

数据流程分析是把数据在原系统内部的流动情况抽象地独立出来，单从数据流动过程来考查实际业务的数据处理模式。数据流程分析内容主要包括分析信息的流动、传递、处理和存储等。数据流程分析的目的是要发现和解决数据流程中的问题。这些问题可能有：数据流程不畅，前后数据不匹配，数据处理过程不合理等。

目前的数据流程分析多是通过分层的数据流程图来实现的。DFD是系统逻辑模型的主要组成部分，它能精确地在逻辑上描述新系统的功能、输入、输出和数据存储等，而摆脱了所有的物理内容。

结构化分析方法的基本手段是逐层分解，而数据流程图则是描述分解的基本手段。数据流程图是运用“数据流”、“数据存储”和“处理”等概念来描述信息处理系统的各个处理以及各个处理之间的信息传递关系，从而直观地反映出了信息系统的各个组成部分及各部分之间相互联系的一种图示。

数据流程图是从业务处理流程图抽象出来，而与具体的处理环境（硬件系统、软件系统）无关的、抽象的处理逻辑模型，其底层图反映的内容与业务处理流程图几乎是一样的，因而在某种程度可替代业务处理流程图。

1. 数据流程图的构成

系统分析的根本目的是组织信息合理地流动、处理、存储。画数据流图的基本思想是把系统看成一个整体功能，首先画出0层或顶层的DFD，明确系统的总体功能，编辑信息的输入输出。系统为了实现这个总体功能，必然有信息的处理、传递、存储，可以进一步分解为1层DFD、2层DFD，如此一级一级地剖析，直到具体的处理步骤时为止。数据流程图通过图形方式描述信息的来龙去脉和实际流程。

2. 数据流程图的绘制方法

（1）由外向内。系统分析人员要根据调查材料，首先识别出那些不受所描述的系统控制但又影响系统运行的外部环境，这就是系统的数据输入的来源和数据输出的去处。把这些因素都作为外部项并确定了外部环境界面后，就可集中力量分析、确定系统本身的功能，界定系统范围，然后向内绘制。

（2）由项向下。按照系统的观点，自项向下地分层展开绘制，即先将比较繁杂的处理过程（不管有多大）当成一个整体处理块来看待；然后绘出周围实体与这个整体块的数据联系过程；然后再进一步将这个块展开。如果内部还涉及若干个比较复杂的数据处理部分的话，再将这些部分分别视为几个小整体，同样，先不管其内部，只分析它们之间的数据联系。依此类推，直至最终搞清所有问题为止。

（3）由左向右，合理布局。数据流程图的各种符号要布局合理、分布均匀、整齐、清晰。

（4）由主到次。先处理一般情况，再处理特例、出错等特殊情况。

（5）合理命名及编号。数据流程图中各种成分的命名应易于理解，特别是处理框的命名应能准确地表达其功能。理想的命名由一个具体的动词加一个具体的名词组成，在下层尤其应该如此，例如“工资计算”、“材料分配”等。

每个数据处理环节和每张数据流程图都要编号。按逐层分解的原则，父图与子图的编号要有一致性，一般子图的图号是父图上对应的处理的编号。如果父图的图号为0，其中各处理环节按1、2、3、…顺序编号；1号处理环节分解后的子处理按1.1、1.2、1.3、…编号，2号处理环节按2.1、2.2、2.3、…编号，依此类推。

数据流与数据存储环节也要进行编号以便于编写、分析与维护。编号方法原则上与处理环节的编号方法相同。为避免混淆，可在数据流与数据存储编号的第一位数字前冠以不同的字符以示区别。如数据流编号冠以F，数据存储编号冠以D和加工的编号。

（6）遵循数据守恒。数据守恒是指输入数据与输出数据匹配。数据不守恒有两种情况：一种是某个处理过程用以产生输出的数据，没有输入给这个处理过程，这肯定是遗漏了某些数据流；另一种是某些输入在处理过程中没有被使用。

（7）遵循父子平衡（一致）。逐步扩展数据流程图，是对上层图（父图）中某些处理加以分解，下层图（子图）是上层图中某个处理的“放大”。父图中某一处理的输入、输出数据流必须出现在相应的子图中，否则就会出现父图与子图的不平衡。父图与子图的关系，类似于全国地图与各省地图的关系。在全国地图上标出的主要的铁路、河流，在各省地图上则标得更详细，除了有全国地图上与该省相关的铁路、河流之外，还有一些次要的铁路、公路和河流等。

（8）数据流程图分解。数据流程图分解应在概念上合理、清晰，分解要自然，不影响图的易理解性。合理的分解是将一个问题分成相对独立的几个部分，并尽量保证其相对独立性。如果在一张数据流程图中，某些处理已是基本处理，而另一些却还要进一步分解三四层，这样的分解就不均匀。不均匀的分解不易被理解，因为其中某些部分描述的是细节，而其他部分描述的是较高层的功能。遇到这种情况，应重新考虑分解，努力避免特别不均匀的分解。

3. 分层数据流程图

对于一个复杂的信息系统，如果要将系统的全部数据流、文件和加工都画在一张数据流程图上，会使数据流程图变得不易理解和分析。结构化分析方法的基本思想是“逐层分解”，这样可以将系统中最主要的逻辑功能、最主要的外部实体和数据存储画在顶层的数据流程图上；然后，再将每一主要处理细分为各自的若干个主要处理，再画出几张数据流程图。这样，一层一层分解下去，构成一套层次数据流程图。采用层次数据流程图可以有计划地逐步增加系统的处理细节，使人们理解起来更为容易。分层流程图如图4-6所示。

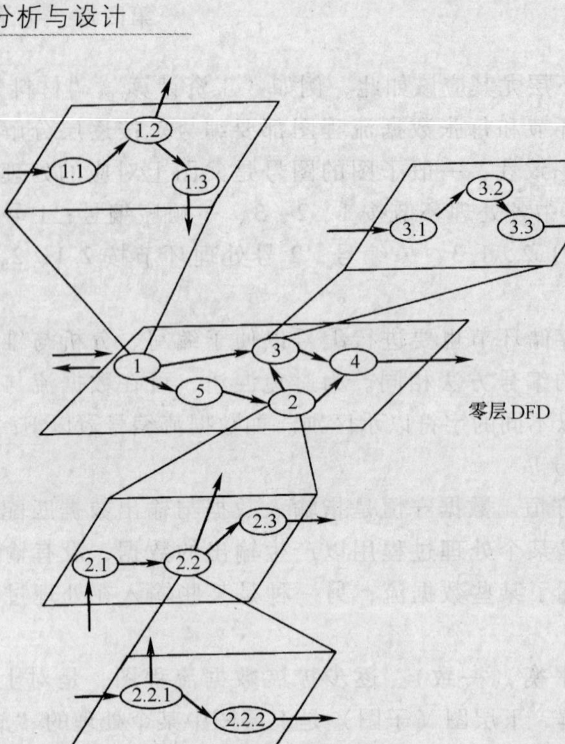

图 4-6　分层流程图

层次图由顶层图、中间层图和底层图组成。顶层图只有一张，中间层图和底层图可有若干张。

三、数据流程图分析实例

为了帮助大家理解和掌握数据流程图的绘制方法，这里以李劲东等人绘制的高等学校学籍管理系统的数据流程图为例，说明其方法。学籍管理是一项十分严肃而复杂的工作。它要记录学生从入学到离校整个在校期间的情况，在学生毕业时把学生的情况提供给用人单位。学校还要向上级主管部门报告学籍的变动情况。

首先，我们把整个系统看成一个功能。它的输入是新生入学时，从省、市招生办公室转来的新生名单和档案，输出是学生离校时给用人单位的毕业生档案和定期给主管部门的统计报表，如图 4-7 所示。“学籍表”中记载学生的基本情况、学籍变动情况、各学期各门课程的学习成绩、在校期间的奖惩记录等。

图 4-7 概括地描述了系统顶层的轮廓、范围，标出了最主要的外部实体和数据流。还有一些外部实体、数据流并没有画出来，而是随着数据流图的分解展开才逐渐露出面孔。这样做的好处是突出主要矛盾，使系统轮廓更清晰。

顶层图是进一步分解的出发点。学籍管理包括学生学习成绩管理、学生奖惩管理、学生异动管理 3 部分，因此，可以展开为图 4-8。虚线框的里面是顶层处理框的放大和功能细分，图 4-7 的各个数据流都必须反映在图 4-8 上。此外还有新增的数据流和外部实体。虚线框

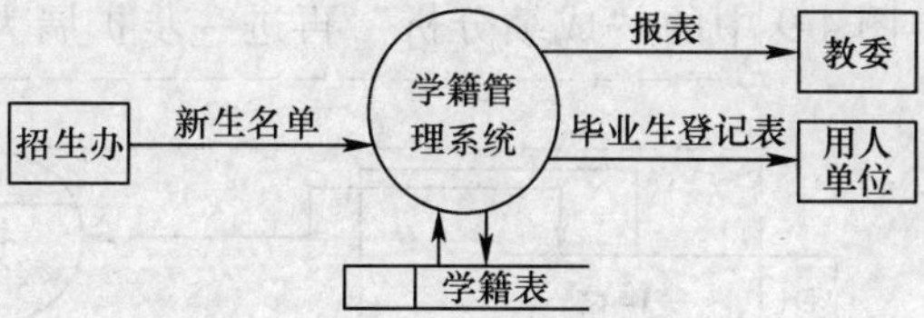

图 4-7　学籍管理系统顶层 DFD

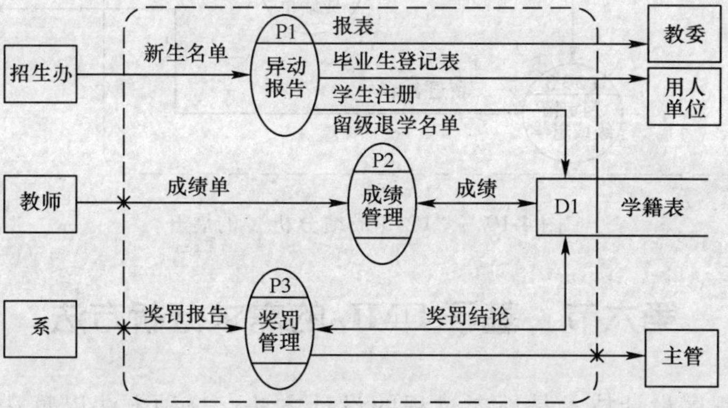

图 4-8　学籍管理系统的 1 层 DFD

外新增的数据流，在进入或流出虚线框时用“×”标记。数据存储“学籍表”是图 4-8 中原有的，可画在虚线框外，或一半在内，一半在外。

在图 4-8 中，与学籍表有关的数据流更具体了。下面以“成绩管理”子系统为例，说明进一步逐层分解的思路。

某校现在实行校、系两级管理学习成绩。任课教师把学生成绩单送系教务员，系教务员根据成绩单登录学籍表，在学期结束时，给学生发成绩通知；在学年末，根据学籍管理条例确定每个学生升级、补考、留级、退学的情况，统计各年级各科成绩分布，并报主管领导。这样，“成绩管理”处理框扩展成图 4-

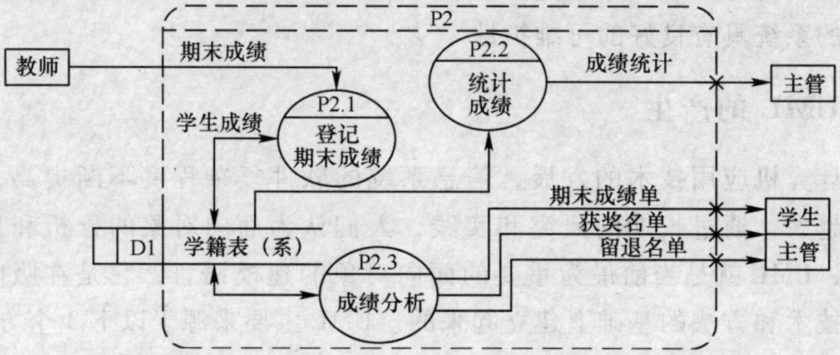

图 4-9　“P2 成绩管理”的展开

9，图4-9中的“成绩分析”再进一步扩展为图4-10。

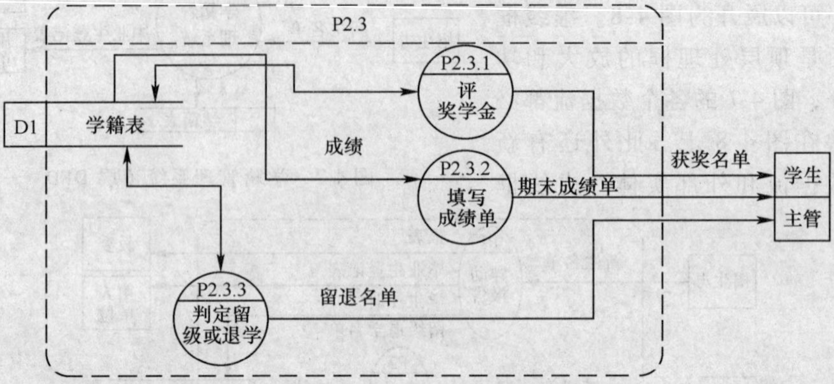

图4-10 “P2.3 成绩分析”的展开

第六节 基于UML的需求分析方法

传统的程序设计技术是面向过程的设计方法，这种方法以算法为中心，把数据和过程作为相互独立的部分，数据代表问题空间中的客体，程序代码则用于处理这些数据。这种方法开发的信息系统基于功能分析和功能分解，软件系统的结构紧密依赖于系统所要完成的功能，当功能需求发生变化时，将引起软件结构的整体修改。事实上，用户需求变化大部分是针对功能的，因此这样的信息系统是不稳定的。而面向对象方法基于构造问题领域的对象模型，以对象为中心来构造信息系统等软件。其基本做法是用对象模拟问题领域中的实体，以对象之间的联系刻画实体之间的联系。所以，当信息系统的功能需求变化时，并不会引起软件结构的整体变化，往往只需要作一些局部性的修改。总之，由于客观现实世界中的实体是相对稳定的，因此，以对象为中心的构造的信息系统是特定的，即用面向对象的统一建模语言UML（Unified Modeling Language）开发出来的系统具有良好的可维护性。

一、UML的产生

随着计算机应用技术的发展，信息系统的软件复杂程度不断提高，源代码规模越来越大，通过长期的研究和实践，人们认为面向对象的分析和设计应从建模开始，UML就是当前最为重要的面向对象的建模语言，它是在吸收了众多面向对象技术和方法的基础上建立起来的。UML主要来源于以下3个方面。

首先，Booch是面向对象的最早倡导者，他于1993年提出面向对向技术Booch93成为UML语言最重要的基础。Booch93适合于系统的设计和构造。

其次，UML 的第二个来源是 Rumbangh 等人提出的面向对象的建模技术(Object-Oriented Madeling Technigues，OMT)。OMT 方法使用对象模型、动态模型、功能模型和用例模型完成对整个系统的建模，所定义的概念和方法可用于软件开发的分析、设计和实现全过程。

第三，Jacobson 于 1994 年提出了面向对象软件工程（Object-Oriented Software Engineering，OOSE）的方法，其最大特点是用例，并在用例的描述中引入了外部角色的概念。

由于众多建模语言各有千秋，客观上需要统一这些建模语言。1994 年 10 月，Booch 和 Rumbaugh 开始合作，1994 年 10 月，Jacobson 加盟到这项工作中，于 1996 年 10 月发布 UML0. 91 版本；后来 DELL、HP、Oracle、Microsoft 等公司加入，于 1997 年 1 月发布了 UML1. 0 版本。

二、UML 的基本概念和特点

UML 的目的是想建立统一的建模规范，吸取各种方法所长便于实施应用。1997 年，UML 提交给 OMG 组织，作为软件建模语言标准化的业界标准，为重要的软件开发商和系统集成商所采纳。UML 作为一种面向对象的标准建模语言，其优势和特点主要有：UML 融合了 Booch、OMT 和 OOSE 方法中的基本概念，与其他面向对象技术中的基本概念相同，保持了一致性，成为业界标准的建模语言；UML 不仅是上述方法的简单集合，更是在广泛征集意见、集众家所长的基础之上扩展了现有方法的应用范围；UML 是标准的建模语言，而不是标准的开发过程，需要根据不同的组织或不同的应用领域来采取不同的开发过程。

UML 与程序设计语言是有区别的。事实上，Java、C ++ 等程序设计语言是用编码实现一个系统，而 UML 是对一个系统建立模型，这个模型可以由 Java 或 C ++ 等程序设计语言实现，它们是在不同的软件开发阶段使用的。现在已经有一些软件工具可以根据 UML 所建立的系统模型来产生一些代码框架，这些代码框架是用 Java、C ++ 或其他程序设计语言表示的。需要注意的是，UML 不是一个独立的软件开发方法，而是面向对象软件开发方法中的一个部分。一般说来，方法应该包括表示符号和开发过程的指导原则，但 UML 没有关于开发过程的说明。也就是说，UML 并不依赖于特定的软件开发过程，其实这也是 UML 有强大生命力的一个原因。Martin Fowler 认为，对于建模语言确实有必要制定一个标准，但对于开发过程，是否也有必要制定一个标准？答案显然是否定的。

UML 的主要特点可归纳为以下几点：

- 统一的标准。UML 已被 OMG 接受为标准的建模语言，越来越多的开发人员开始使用 UML 进行软件开发，越来越多的开发厂商开始支持 UML。
- 面向对象。UML 支持面向对象软件开发的建模语言。

- 可视化、表示能力强大。
- 独立于过程。UML 不依赖于特定的软件开发过程，这也是 UML 能被众多软件开发人员接受的一个原因。
- 概念明确，建模表示法简洁，图形结构清晰，容易掌握和使用。

三、UML 的主要内容

UML 的定义包括语义和表示法两部分。UML 的语义通过其元模型来严格地定义，元模型为 UML 的所有元素在语法和语义上提供了简单、一致、通用的定义性说明。UML 表示法定义了 UML 的表示符号，为建模者和建模支持工具的开发者提供了标准的图形符号和正文语法。UML 提供了 5 类 10 种模型图：

第一类，用例图，用于静态建模。

第二类，静态图，包括类图、对象图、包图，用于静态建模。

第三类，行为图，包括状态图、活动图，用于动态建模。

第四类，交互图，包括顺序图、协作图，用于动态建模。

第五类，实现图，包括构件图、配置图，用于静态建模。

在上述 10 种中，有些图非常重要，如用例图、类图，有些图相对不重要，如对象图、构件图、配件图等。UML 中各种模型图之间的关系大致如图 4-11 所示。其中，用例图是在需求获取阶段要使用的图；活动图、类图、顺序图是在分析阶段要使用的图；状态图、类图、对象图、协作图是设计阶段要使用的图。当然，这种划分不是绝对的，因为在面向对象的方法中，分析阶段和设计阶段本来就没有明确的界限。

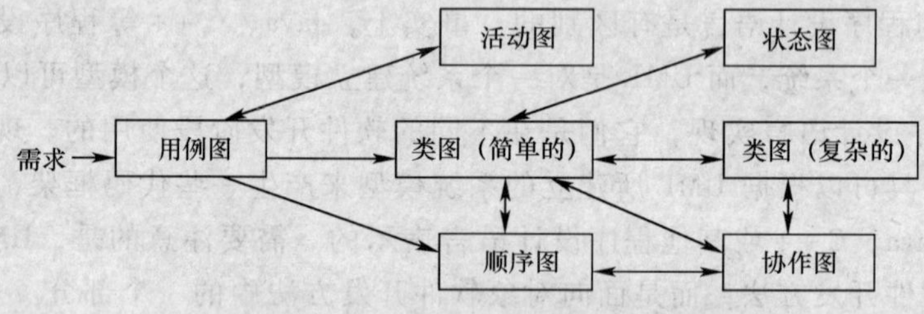

图 4-11 UML 中几种图之间的关系

另外，UML 定义了 5 个方面的语义规则，即命名（Name）、范围（Scope）、可见性（Visibility）、完整性（Integrity）和执行（Execution）。

UML 中还包括 4 种类型的通用机制（General Mechanism），它可以为模型元素提供额外的注释、信息或语义，即规范说明（Specification）、修饰（Adornment）、通用划分（Common Division）和扩展机制（Extensibility Mechanism），其中扩展机制包括版型（Stereotype）、标记值（Tagged Value）和约束（Constraint）3 种类型。这些通用机制同时提供扩展能力，以允许用户对 UML 进行扩展，从而适应对某些特定的方法、过程、组织或用户建模的需要。

四、用例图

1. 用例的定义

用例（Use Case）这个概念是 Ivar Jacobson 于 20 世纪 60～70 年代在爱立信公司开发 AKE、AXE 系列系统时提出的，并在 1992 年出版的论著《Object-Oriented Software Engineering：a Use Case Driven Approach》中作了详细论述。自 Jacobson 的著作出版后，面向对象领域已广泛接纳了用例这一概念，并认为它是第二代面向对象技术的标志。目前对用例并没有一个被所有人接受的标准定义，不同的人对用例有不同的理解，不同的书对用例的定义也是各种各样的。下面是两个比较有代表性的定义。

定义 1：用例是对一个活动者（Actor）使用系统的一项功能时所进行的交互过程的一个文字描述序列。

定义 2：用例是系统、子系统或类和外部的参与者（Actor）交互的动作序列的说明，包括可选的动作序列和会出现异常的动作序列。

在 UML 中，用例用一个椭圆表示，用例名往往用动宾结构或主谓结构命名（如果用英文命名，则往往是动宾结构）。在电子商务处理程序中，"填写订单"是一个用例，"处理业务"也是一个用例，如图 4-12 所示。

2. 定义的理解

图 4-12　用例的例子

用例图描述系统外部的执行者与系统提供的用例之间的某种关系。所谓用例是指对系统提供的功能或用途的一种描述，执行者是那些可能使用这些用例的人或者外部系统。用例和执行者之间的联系描述了谁使用哪个用例，用例图着重于从系统外部执行者的角度来描述系统需要提供哪些功能。用例图特别有助于分析开发信息系统的用户需求。

用例是代表系统中各个项目相关人员之间就系统的行为所达成的契约。软件的开发过程可以分为需求分析、设计、实现、测试等阶段，用例把所有这些都捆绑在一起。用例分析的结果也为预测系统的开发时间和预算提供依据，保证项目的顺利进行。因此可以说，软件开发过程是用例驱动的。在软件开发中采用用例驱动是 Jacobson 对软件界最重要的贡献之一。

用例图的作用是从用户角度描述系统的功能，并且指出各种功能的操作。

3. 用例模型的组成元素

用例模型由若干个用例图构成。用例图包含参与者、系统边界、用例、参与者与用例间的关联等建模元素。其中所有的用例都放在系统边界内，表明它属于一个系统。参与者放在系统边界的外面，表明参与者并不属于系统，但是负责驱动与之关联的用例的执行。用例用椭圆图标表示，参与者用人形图标表示（Icon 形式），也可用带有版型标记的类图标表示（Label 形式），如图 4-13 所示。一般用人形图标表示的参与者是人，用类图标表示的参与者是外部系统。

图 4-13　用例图组成图标

参与者（Actor）是指系统以外的、需要使用系统或与系统交互的人或事物，包括人、设备、外部系统等。例如，在一个 B2C 电子商务业务系统中，可能会有以下参与者：客户——从系统获取信息并执行交易；管理人员——处理用户信息，并更新信息；厂商——接受用户订单，并处理业务。

一个参与者可以执行多个用例，一个用例也可以由多个参与者使用。需要注意的是，尽管在模型中会使用参与者，但它实际上并不是系统的一部分。

由于参与者事实上就是类，因此，参与者之间也有继承关系（但在分析设计阶段，一般是用泛化这个词表示继承的意思）。参与者之间的泛化关系表示一个一般性的参与者（称作父参与者）与另一个更为特殊的参与者（称作子参与者）之间的联系。子参与者继承了父参与者的行为和含义，还可以增加自己特有的行为和含义。子参与者可以出现在父参与者能出现的任何位置上。在 UML 中，泛化关系用带三角形箭头的实线表示。图 4-14 表示的是参与者之间的泛化关系。

用例图中的关联包括关联关系（Association）、包含关系（Include）、扩展关系（Extend）和泛化关系。此外，用例图还可以包含注释、约束和包，包可以将模型中的元素组合成更大的模块。

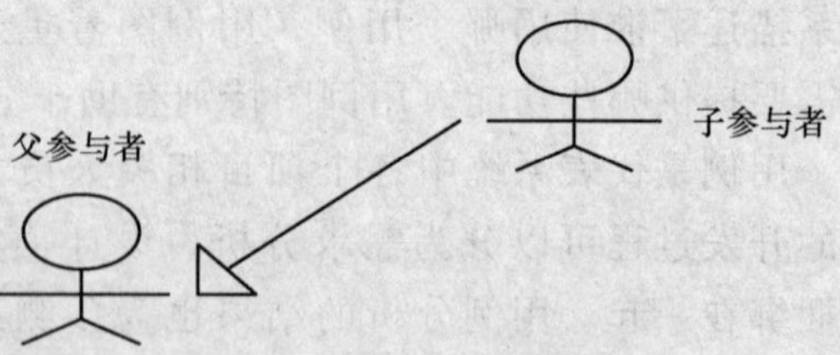

图 4-14　参与者之间的泛化关系

4. 用例建模

用例模型是由软件需求分析到最终实现的第一步，它描述人们希望如何使用一个系统，进而描述系统的功能需求，在宏观上给出模型的总体轮廓，描述的是外部参与者（即系统用户）所理解的系统功能。用例视图捕获系统、子系统或类的行为，通过对典型用例的分析，将系统功能划分成对参与者有用的需求，使开发者能够有效地了解用户的需求。

用例面向问题解决，因此每个用例都需要解决参与者相关的问题。每个用例都必须至少有一个参与者与之相关联，否则要么新增加一个合适的参与者，要么就删除该用例。

在用例模型中，用例刻画系统的功能需求。用例是一个类，它完整地描述系统功能，包括用例执行过程中可能产生的诸多变化情况、错误情况和异常情况等。用例实例化的结果通常称为场景。用例对应并描述一个完整的功能，由一定的业务步骤组成，其中还会涉及业务的变化、出错以及异常情况，这些就是用例场景。用例场景需要以一定的方式加以描述，从而形成一个完整的用例。

例如销售管理系统的用例图示例反映“销售人员和客户之间进行的销售活动”，这个场景可以认为是用例“销售”实例化的结果，如图 4-15 所示。

图 4-15 反映了以下结果：销售人员和客户之间需要签订供货合同；销售人员可以针对不同的客户采取不同的促销方式；销售人员可以得到销售统计信息；销售人员可以得到客户的分析信息。

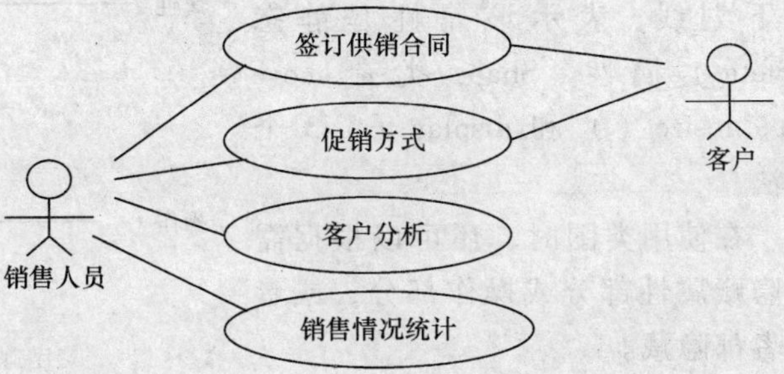

图 4-15　销售管理系统的用例图

用例建模驱动了需求分析之后各阶段的开发工作，不仅在开发过程中保证了系统所有功能的实现，而且被用于验证和检测所开发的系统，从而影响到开发工作的各个阶段和 UML 的各个模型。

五、类图和对象图

在 UML 中，有两个图非常重要，一是上面介绍的用例图，另一个就是下面将要介绍的类图。Rumbaush 对类的定义是：类是具有相似结构、行为和关系的一组对象的描述符。类图技术是面向对象方法的核心技术。在面向对象的建模技术中，类、对象和它们之间的的关系是最基本的建模元素。类模型、对象模型和它们之间的关系显示了一个系统的本质结构。建立类模型的过程，实际上是对客观现实的一个抽象过程。

1. 类图的组成元素

在定义类的时候，类的命名应尽量用应用领域中的术语，应明确、无歧义，以利于开发人员与用户之间的相互理解和交流。一般而言，类的名字是名词。在 UML 中，类的命名分简单名（Simple Name）和路径名（Path Name）两种形式，其中，Simple Name 形式的类名就是简单的类的名字，而路径名形式的类名还包括了包名。例如，下面是路径名形式的类名：

Banking::CheckingAccount

其中，Banking 是包名，CheckingAccount 是包 Banking 中的一个类。

在 UML 的类图中，类用矩形来表示，矩形又分为 3 个部分，分别是类名、类的属性（Attribute）和操作（Operation）。其中，最上面是类名，中间是类的属性、属性的类型及其值，最下面是操作、操作的参数表和返回类型。图 4-14 显示了销售管理中的一个客户类。

图 4-16 所示的类的类名是 Shape，共有 3 个属性，分别为 origin、size、count，其中属性 count 有一下划线，表示该属性是静态（Static）属性。Shape 类有 move()、resize() 和 display() 3 个方法。

在使用类图时，还可以根据需要隐藏属性部分或操作部分，或者两者都隐藏。

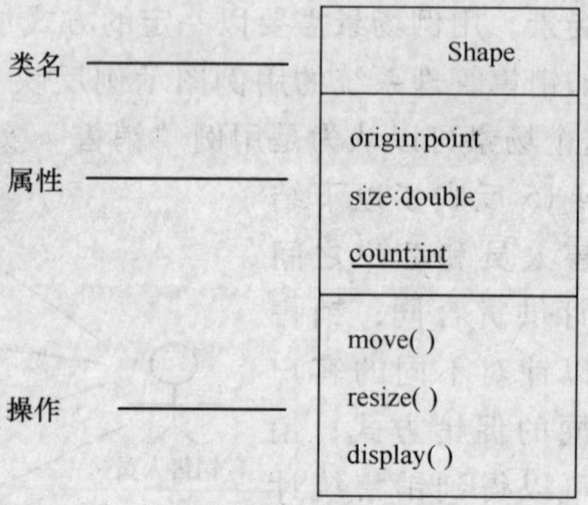

图 4-16　表示类的符号

2. 类的属性及描述

类的属性用来描述类所代表的事物的特性，这些特性是所有对象所共有的。此外，属性值也可以用来描述对象的状态。在 UML 中，属性的语法如下：

［可见性］属性名［：类型］［=初始值］［{特性}］

其中，［］表示该部分是可选的。在类的属性描述中，可见性说明该属性对于其他类是否可见以及是否可以被其他类引用。可见性的类型有公有（Public）、私有（Private）和受保护（Protected）3 种。在 UML 中，公有可见性用“+”表示，说明该属性可以从该类的外部被访问；私有可见性用“-”表示，说明不能从其他类中访问这个属性；受保护的可见性用“#”表示，它经常与泛化和特化一起使用。而{特性}是一个文字串，说明该操作的一些有关信息。

类型说明该属性是什么数据类型，例如整型、布尔型、实型和枚举类型等简单类型。在 UML 中，类的属性可以使用任意类型，包括系统中的其他类。

属性字符串用来指定关于属性的其他信息，可以在属性字符串中加入所希望添加的规则。如果属性被该类的所有对象共享，则该属性为类属性，类属性带有一条下划线。

从理论上讲，一个类可以有无限多个属性，但一般不可能把所有的属性都表示出来，因此在选取类的属性时应只考虑那些系统会用到的特征。原则上，由类的属性应能区分每个特定的对象。

3. 类的操作

操作用于修改、检索类的属性或执行某些动作，通常也称为功能。类的操作是对该类的对象实例所做事情的抽象，相当于一个服务的实现，且该服务可以由类的任何对象请求以影响其行为。操作表现为函数，往往需要使用属性数据。类的操作位于类的内部，并且只能应用于该类的对象。一个类可以有任何数量的操作，也可以没有操作。在 UML 中，类操作的语法如下：

[可见性] 操作名 [（参数列表）] [：返回类型] [{特性}]

其中，[ ] 表示该项是可选项，而 {特性} 是一个文字串，说明该操作的一些有关信息。例如，{query} 这样的特性说明表示该操作不会修改系统的状态。操作名、参数列表和返回类型组成操作接口。操作的可见性与属性的可见性类似，但增加了一种包内公有（Package）属性，用符号“~”表示。其中，只有能够访问操作所在包的对象才能调用公有操作；属于同一个类的对象可以调用私有操作；只有子类的对象才可以调用父类受保护的操作；只有在同一个包里的对象才可以调用包内公有的操作。

参数的定义方式采用“名称：类型”形式。多个参数间用逗号隔开，参数可以有默认值。

接口是在没有给出对象的实现和状态的情况下对对象行为的描述。接口包含操作但不包含属性，也没有对外界可见的关联。一个类可以实现一个或多个接口，拥有良好接口的类具有清晰的边界。接口仅作为一些抽象操作来描述，多个操作共同指定一个行为，而一个类通过实现接口支持该行为。程序运行时，其他对象可以只依赖于此接口，而不需要知道该类的其他任何信息。在 UML 中，接口是用一个带有名称的小圆圈表示的，并且通过一条实线与它的模型元素相连接，该实线表示一对一的关联。当一个接口是在某个类中实现时，使用该接口的类通过一个依赖关系与该接口的小圆圈相连接。

4. 类之间的关系

一般说来，类之间的关系有：关联、依赖、聚集、组合、泛化等，下面将对这些关系进行详细说明。

（1）关联。关联（Association）是模型元素间的一种语义联系，它是对具有共同的结构特性、行为特性、关系和语义的链（Link）的描述。在类图中，关联用一条把类连接在一起的实线表示，如图 4-17 所示。

一个关联可以有两个或多个关联端，每个关联端连接到一个类。关联也可以有方向，可以是单向关联或双向关联。图 4-17 表示的是双向关联，图 4-18 表示的是从类 A 到类 B 的单向关联。

（2）依赖关系。在 UML 中，依赖（Dependency）用由一个客体（使用服务依赖者）指向主体（提供服务的被依赖者）的虚箭头表示。对于类而言，依赖关系可能由各种原因引起，如一个类向另一个类发送消息，或者一个类是另一个类的数据成员类型，或者一个类是另一个类的操作的参数类型等。图 4-19 所示是类之间依赖关系的例子，其中 Schedule 类中的 add 操作和 remove 操作都有类型为 Course 的参数，因此，Schedule 类依赖于 Course 类。

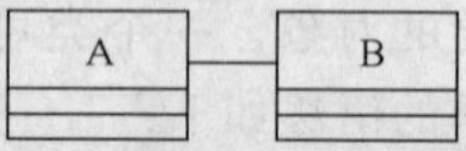

图 4-17　类之间的双向关联关系

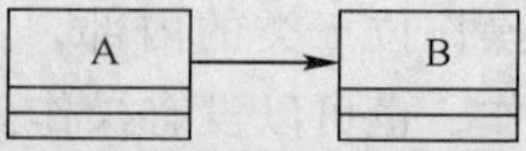

图 4-18　类之间的单向关联关系

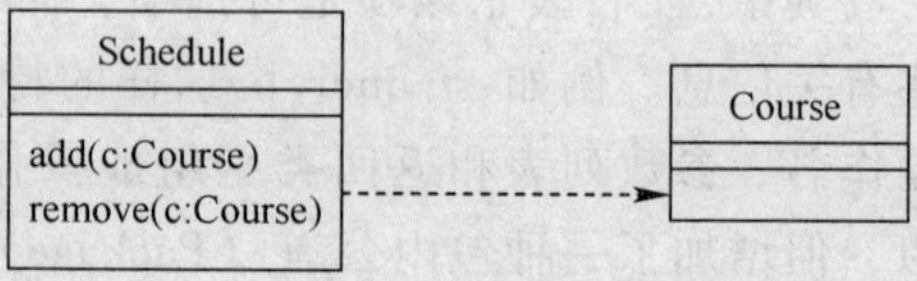

图 4-19　依赖关系

有时依赖关系和关联关系比较难区分。事实上，如果类 A 和类 B 之间有关联关系，那么类 A 和类 B 之间也就有依赖关系了。但如果两个类之间有关联关系，那么一般只要表示出关联关系即可，不用再表示这两个类之间还有依赖关系。而且，如果在一个类图中有过多的依赖关系，反而会使类图难以理解。

与关联关系不一样的是，依赖关系本身不生成专门的实现代码。另外，与泛化关系类似，依赖关系也不仅仅只限于类之间，其他建模元素，如用例与用例之间、包与包之间，也可以有依赖关系。

（3）泛化关系。泛化关系是一种一般事物和抽象事物间的分类关系，它表示父类与子类之间的继承关系，如果从面向对象程序设计语言的角度来说，类与类之间的泛化关系就是平常所说的类与类之间的继承关系。

泛化关系也称为“a-kind-of”关系。在 UML 中，泛化关系不仅仅是类与类之间才有，像用例、参与者、关联、包、构件、数据类型、接口、结点、信号、子系统、状态、事件、协作等这些建模元素之间也可以有泛化关系。UML 中用一头为空心三角形的连线表示泛化关系。在前面提到用例泛化表示中也提及该表示方法。多个泛化关系可以用箭头线组成的树型来表示，每一个分支指向一个子类。

（4）聚集和组合关系。聚集（Aggregation）是一种特殊形式的关联。聚集表示类之间整体与部分的关系。在对系统进行分析和设计时，需求描述中的“包含”、“组成”、“分为……部分”等词常常意味着存在聚集关系。聚集关系用带空心菱形头的连线来表示，其中箭头指向整体。如图 4-20 所示，学校是由多个部门组成的，因此“学校”类和“部门”类采用了抑制属性和操作的形式。

组合（Composition）关系是聚集关系中的一种特殊情况，是更强形式的聚集。它表示的也是类之间的整体与部分的关系，但组合关系中的整体与部分具有同样的生存期。也就是说，组合是一种特殊形式的聚集。组合关系用带实心菱形头的连线来表示，其中头部指向整体，如图 4-21 所示。可以看出，在送货单中，接收地址和正文不能脱离送货单对象而独立存在，若组合被破坏，则其中的成员对象不会继续存在。

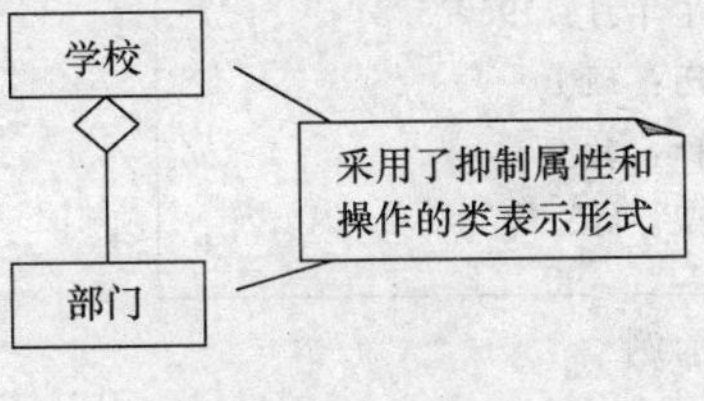

图 4-20　聚集关系

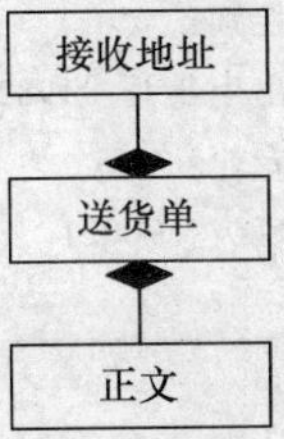

图 4-21　组合关系

聚集关系的实例是传递的，反对称的，也就是说，聚集关系的实例之间存在偏序关系，即聚集关系的实例之间不能形成环。需要注意的是，这里说的是聚集关系的实例（即链）不能形成环，而不是说聚集关系不能形成环。事实上，聚集关系可以形成环。

在类图中使用聚集关系和组合关系的好处是简化了对象的定义，同时支持分析和设计时类的重用。

聚集和组合是类图中很重要的两个概念，但也是比较容易混淆的概念，在实际运用时往往很难确定是用聚集关系还是用组合关系。在设计类图时，设计人员是根据需求分析描述的上下文来确定是使用聚集关系还是组合关系的。对于同一个设计，可能采用聚集关系和组合关系都是可以的，不同的只是采用哪种关系更贴切些。

5. 对象图

类图用于定义系统中的类，包括描述类之间的联系（如关联、依赖、聚合）以及类的内部结构，即类的属性和操作。类图描述了系统中类的静态结构，在系统的整个生命周期中都是有效的。对象图所使用的符号与类图几乎完全相同，他们之间的不同点在于对象图只是类推实例，而不是实际的类，也就是说，一个对象图是某个类图的实例。

对象是指与所涉及的应用问题有关联的事物，是对该事物的抽象描述，对象是客观现实的某个客观实体，如学生、公司、客户、业务、比赛等。实际上，对象不是这些实体或概念的本身，而是对这些实体或概念的描述。

类是一类具有相同特征的对象的描述。对象的基本特征包括对象的属性和对象的行为。类描述了此类对象的属性和行为，对象则是某个类的实例。

在对象图中，矩形框的上半部分表示的是对象名和类名，两者之间用冒号隔开，冒号左边是对象名，右边是类名，表示该对象是该类的实例。对象名称的首字母要小写，该行文字也要添加下画线。冒号左边的对象名也可以不提供，表示该对象是一个匿名对象。对象是类的一个实例，如图 4-22 所示是两个对象。

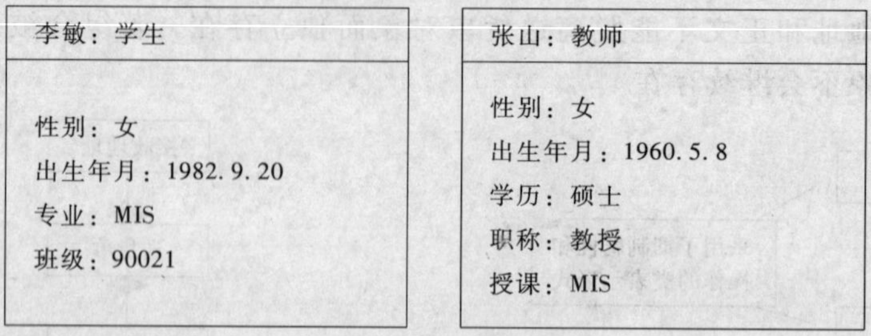

图 4-22　对象图示例

六、状态图

UML 中的状态图（Statechart Diagram）主要用于描述一个对象在其生存期间的动态行为，表现一个对象所经历的状态序列，引起状态转移的事件（Event），以及因状态转移而伴随的动作（Action）。状态图是 UML 中对系统的动态行为建模的 5 个图之一，在检查、调试和描述类的动态行为时非常有用。状态图描述对象随时间变化的动态行为。在系统建模时，由于系统中对象的状态变化最易发现和理解，因此人们最先考虑的不是基于活动之间的控制流，而是基于状态之间的控制流，因此状态图重点在于描述状态之间的控制流。事实上，对象的任何一个属性值都是一个状态，但是，在系统建模时，并非每一个状态都要说明，系统建模只关心那些明显影响对象行为的属性以及由它们表达的对象状态。

状态图表示从一个状态到另一个状态的控制变化，它说明对象具有的状态以及消息、错误、条件变更等事件如何影响这些状态。状态图由表示状态的节点和表示状态转移的带箭头的连线组成。状态的转移由事件触发。系统的行为可以由状态图中的一条通路表示，该通路连接的状态表示一系列动作的执行。状态图的符号集包括 4 个基本元素：初始状态、转移、状态和终点（终止状态）。

初始状态使用一个实心圆来表示，每个状态图都应有一个且只能有一个初始状态，代表状态图的开始。状态之间的转换使用有向线来表示。

状态使用圆角矩形框来表示，状态间的转换用带箭头的连线表示，连接源状态和目标状态。通常，可以在转换旁标注与此转换相关的内容，例如事件、动作和监护条件等。在 UML 中，表示状态的矩形可分为 3 部分，分别是状态的名称（可以匿名）、内部转换和嵌套状态图，如图 4-23 所示。其中，内部转换是一种不改变对象自身状态的动作，它们将响应对象所接收到的事件，但不改变对象的状态。嵌套状态图部分表示在状态图中可以再嵌入其他的子状态，形成组合状态。

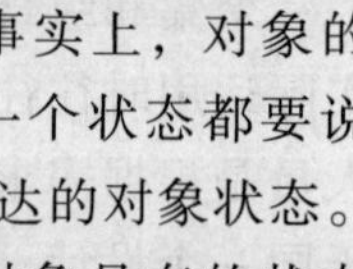

图 4-23　状态的图形符号

终止状态使用内部包含实心圆的圆来表示。如果对象永远处于活动状态，就不需要终止状态。终止状态是模型的最后状态，是状态图的终止点，终止状态可以有多个。要绘制状态图，首先绘制起点和一条指向该类的初始状态的转换线。状态本身可以在图上的任意位置绘制，然后使用状态转换线将它们连接起来。

转移或转换是两个状态之间的一种关系，表示对象将在第一个状态中执行一定的动作，并在某个特定事件发生而且某个特定的警戒条件满足时进入第二个状态。

事件是对一个在时间和空间上占有一定位置的有意义的事情的详细说明。事件产生的原因有调用、满足条件的状态的出现、到达时间或经历某一时间段、发送信号等。

判定用一个空心的菱形来表示，它说明控制流在此处需要进行一个判断，并根据判断的结果到不同的分支继续进行状态转换。

状态图中的各个符号都可以进一步细化，如用圆角矩形框表示的状态又可以划分为两个部分，上半部分表示状态名称，下半部分表示对象在该状态下可以进行的活动。活动通常分为 3 类：进入（Entry）、动作（Do）和退出（Exit）。进入活动表示对象进入该状态时要发生的活动；动作是指对象处于该状态时可能发生的活动；退出是指系统退出该状态时进行的活动。除上述 3 种状态图的标准活动外，状态图中还允许出现其他自定义的活动。活动的格式为活动名加上动作表达式，中间以斜杠隔开，如“entry/checkinPut”，表示一个进入活动，其动作表达式是检查输入。状态转移线也可以增加一些细节，主要是指明引起对象发生状态转移的事件和所需执行的动作，将其写在转移线上方，事件名和动作名之间用斜杠隔开。除了事件引起状态转移外，有时状态转移的方向还需根据条件来判断，即保护条件（Guard Condtion）。保护条件用一个布尔表达式来表示，它可以单独使用，也可和事件一起使用。单独使用时，只要保护条件为真，即可发生状态转移。结合使用时，只有在条件为真且事件发生时才能发生状态转移。

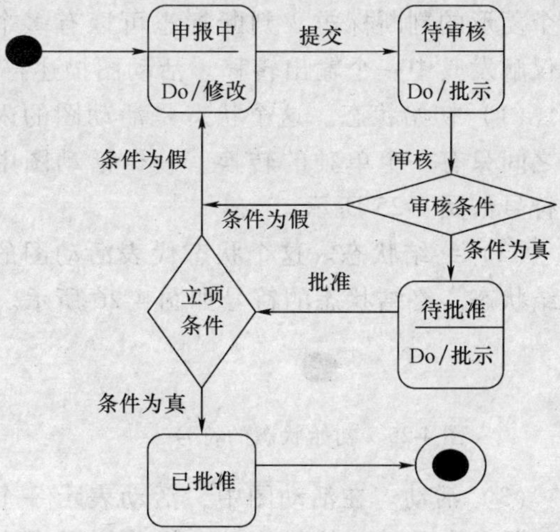

图 4-24　状态图示例

图 4-24 是一个项目申报书对象的状态图，它有 4 个状态：项目申请中、待审核、待批准、已批准。

在申报中状态下，申请人可以对申报书进行修改。修改完成后，可以通过提交事件由申报中状态转移至待审核状态，审核人可以对待审核状态下的申报书进行批示，通过驳回事件，可以返回到申报中状态。通过审核事件，可以由待审核状态转移到待批准状态。待批准状态下的申报书由批准人进行批示，通过驳回事件使其状态转移至申报中。通过批准事件，状态将转移至已批准状态。进入已批准状态后，达到状态图的终点。

七、活动图

活动图是 UML 用于描述系统动态行为的另一个常用工具，它描述活动的顺序，说明从一个活动到另一个活动的控制流。活动图在本质上是一种流程图，它能够用在业务建模中来描述业务中的工作流，在系统分析中确定用例的行为，在设计中确定系统复杂部分的详细操作。它一般包括活动和转移、泳道的描述。活动图与状态图的区别在于：活动图表现从一个活动到另一个活动的控制流，是内部处理驱动的流程；而状态图则描述从一个状态到另一个状态的流程，有外部事件的参与。

1. 活动图的构成元素

在 UML 中，活动图中的活动用圆角矩形表示。与状态的图形符号相比，活动的图形符号更接近椭圆，两个活动之间用带箭头的线进行连接。活动图也有起点和终点，表示法和状态图相同。活动图中还包括并发与同步、分支与汇合、泳道和对象流等图形元素。一项操作可以描述为一系列相关的活动。活动仅有一个起始点，但可以有多个结束点。一个活动可以顺序地跟在另一个活动之后，这是简单的顺序关系。活动间的转移也允许带有条件表达式，在活动图中使用一个菱形的判断标志。判断标志可以有多个输入和输出转移，但在活动的运作中仅触发其中一个输出转移。活动图描述符号如下：

（1）初始状态。这个状态是活动图的入口。从初始状态到另一个活动或状态之间只有一个单独的转换。一个活动图中应该只有一个开始状态。初始状态的符号如图 4-25 所示。

（2）终结状态。这个状态代表活动图的出口。在一个活动图中可能有多个终结状态。终结状态的符号如图 4-26 所示。

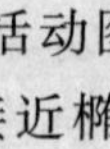

图 4-25　初始状态的符号

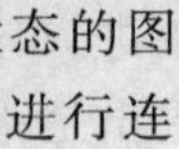

图 4-26　终结状态的符号

（3）活动。在活动图中，活动表示一个工作要进行的步骤。活动名用简洁的短语来表示活动的行为；在操作说明书中，活动名可以是编程语言声明或声明的集合。一个活动可以有许多入口转换，但通常只有一个出口转换来代表活动行为的结束，并且，转换不用标出标签。活动图还可以有对应于其他事件的出口转换，这些事件终止了活动的行为，这些转换必须给出事件标签。活动的符号如图 4-27 所示。

（4）状态。除了状态没有任何行为之外，状态与活动很相似。状态常用来表示等待一个事件。状态可能有入口、出口和事件动作。状态的符号如图 4-23 所示。

图 4-27　活动的符号

图 4-28　转换的符号

（5）转换。该符号给出了活动（或状态）之间的转换，如图 4-28 所示。转换标签是可选的。与状态图不同，活动图的转换不需要事件的触发。活动图的转换也用带箭头的直线表示，箭头的方向指向转入的方向。活动间的转换是自动的，从初始状态开始，直到终止状态为止。

（6）分叉和汇合。如果要表示系统或对象中的并发行为，则可以使用分叉（Fork）和汇合（Join）这两种建模元素。分叉表示的是一个控制流被两个或多个控制流代替，经过分叉后，这些控制流是并发进行的；汇合正好与分叉相反，表示两个或多个控制流被一个控制流代替。如图 4-29 所示是网上购物过程的分叉和汇合的例子。

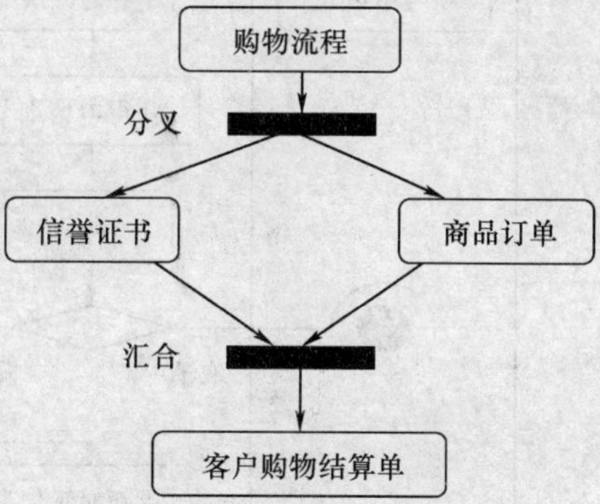

图 4-29　分叉和汇合

（7）并发与同步。对象在运行时可能会存在两个或者多个并发运行的控制流，为了对并发的控制流建模，UML 规定了并发与同步表示方法，它可以将活动流分为两个或者多个并发运行的分支，也可以汇集这些并发分支，以达到共同完成一项任务的目的。

并发将多个可以同时执行的活动流分开，每个并发可以有一个输入活动流和两个以上的输出活动流，每个活动流都是独立的。同步代表两个或多个并发控制流一同发生，当所有的活动流都达到同步点后，控制才能继续往下运行。每个同步可以有两个以上的输入活动流和一个输出活动流。并发与同步用一条加粗的线段表示。

2. 泳道

泳道将活动图中的活动划分为若干组，每一组由相应的对象驱动。在活动图中，泳道区分负责活动的对象，它表示活动是由哪些对象实施的。在包含泳道的活动图中，每个活动只能属于一个泳道。

在UML中，泳道用垂直的实线绘出，直线分隔出的区域就是泳道。在泳道上方给出泳道的名字或对象（对象类）的名字，该对象负责泳道内的全部活动。泳道没有顺序，不同泳道中的活动既可以顺序执行也可以并发执行。活动流可以穿越分隔线，以表示不同对象间的协作，对象流也可以穿越分隔线。如图4-30所示是一个企业贷款用例的活动图。图中有4个对象：用户、系统界面、贷款、账户，分别处于4个泳道之中，泳道列的标题显示了对象的名称。用户对象是一个外部对象，它启动贷款用例。在系统界面对象中提出贷款申请，获得申请细节，然后到达确认判定点，如果取消贷款，到达终点。如果确认，则由贷款对象进行贷款，然后系统界面对象的更新显示信息活动和账户对象的划入账户活动并发执行。更新显示信息后，账户对象还要返回余额，同时贷款结束。

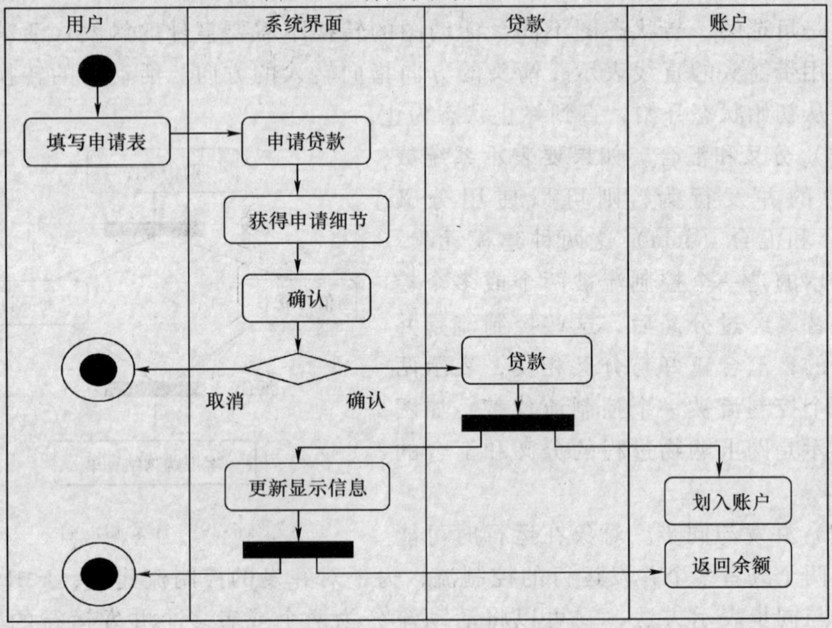

图4-30　带泳道的活动图

八、构件图

执行良好的、独立于环境的、对执行现实任务有帮助的类或类组称为（软件）构件。一般来说，一个软件构件就是一个物理文件，包括源代码文件、编译后的二进制文件、可执行文件以及数据文件等。构件图显示系统的物理文件组织视图，体现了编译、链接或执行时构件之间的依赖关系。

构件是系统中遵从一组接口且提供其实现的物理的、可替换的部分。构件图则显示一组构件以及它们之间的相互关系，包括编译、链接或执行时构件之间的依赖关系。

如图 4-31 所示是一个构件图的例子，表示 html 文件、. exe 文件、. dll 文件这些构件之间的相互依赖关系。

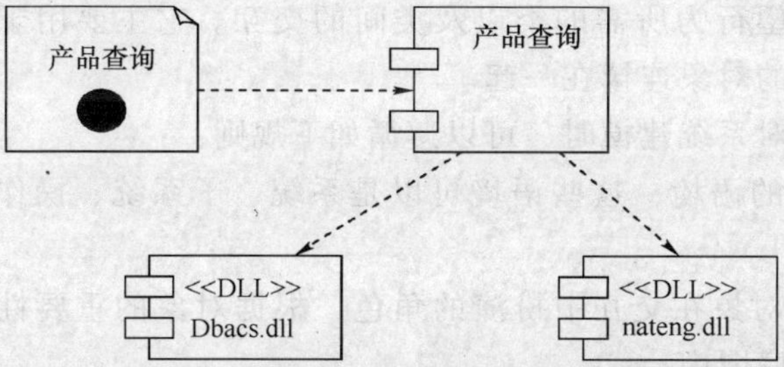

图 4-31　构件图

构件就是一个实际文件，可以有以下几种类型：①部署构件，如 dll 文件、exe 文件、COM + 对象、CORBA 对象、EJB、动态 Web 页、数据库表等。②工作产品构件，如源代码文件、数据文件等，这些构件可以用来产生部署构件。执行构件，也就是系统执行后得到的构件。

构件图中的构件和类图中的类很容易混淆，下面是它们之间的几个不同点：类是逻辑抽象，构件是物理抽象，即构件可以位于节点上；构件是对其他逻辑元素，如类、协作的物理实现；类可以有属性和操作，构件通常只有操作，而且这些操作只能通过构件的接口才能使用。

九、顺序图

顺序图用于描述对象之间动态的交互关系，着重体现对象间消息传递的时间顺序。顺序图有两个维度：水平维度显示消息被发送到的对象实例，垂直维度以发生的时间顺序显示消息调用的序列。对象用一个带有垂直虚线的矩形框表示，框中标上带下画线的对象名，对象名的表示方法和对象图一致。每个对象下方有一条垂直虚线，该线被称为对象的生命线，用于表示在某段时间内对象是存在的。生命线上有窄长的矩形框，表示对象被激活，被激活的对象表示正在执行某些操作。对象间的通信通过在对象的生命线间的水平消息线来表示。消息可分为调用消息和返回消息，调用消息是指由消息发送者发送一个请求给消息接收者，请求接收者执行某一操作。调用消息需要发送者等待接收者执行操作，因此也称为同步消息，同步消息通常需要接收者返回消息，返回消息的消息线以虚线表示。另一类消息叫做异步消息，它是指消息发送者发送消息后，不再等待接收者，而是将控制权交给接收者，自已继续执行其他操作。在顺序图中，不同的消息类型其箭头不一样，同步消息的箭头是一个实心的箭头，异步消息是由两条斜线组成的箭头。

顺序图是强调消息时间顺序的交互图。交互图描述了一个交互，它由一组对象和它们之间的关系组成，并且还包括在对象间传递的信息。顺序图描述类系统中类和类之间的交互，它将这些交互建模成消息交换。也就是说，顺序图描述了为完成期望行为所需的类以及类间的交互。它主要用于细化用例图，将系统中支持用例的对象连接在一起。

使用顺序图对系统建模时，可以遵循如下规则：

- 设置交互的语境，这些语境可以是系统、子系统、操作、类、用例和协作的一个脚本；
- 通过识别对象在交互中扮演的角色，根据对象的重要性，将其按从左向右的方向放在顺序图中；
- 设置每个对象的生命线，一般情况下，对象存在于交互的整个过程，但它也可以在交互过程中创建和撤销；
- 从引发某个交互的信息开始，在生命线之间按从上向下的顺序画出随后的消息；
- 设置对象的激活期，这可以可视化实际计算发生时的时间点、可视化消息的嵌套；
- 如果需要设置时间或空间的约束，可以为每个消息附上合适的时间和空间约束；
- 给某控制流的每个消息附上前置或后置条件，可以更详细化地说明这个控制流。

图 4-32 表示了借书人借书用例的系统工作过程顺序图。其中借书人是参与者，他首先向对象 theLibrarian 发送要求借书的消息，把书的序列号和自己的借书证号等信息封装在对象 theCopy 中，把它作为参数传给对象 theLibrarian。对象 theLibrarian 首先需要调用自己的 okToBorrow 方法来验证借书人的借书资格。验

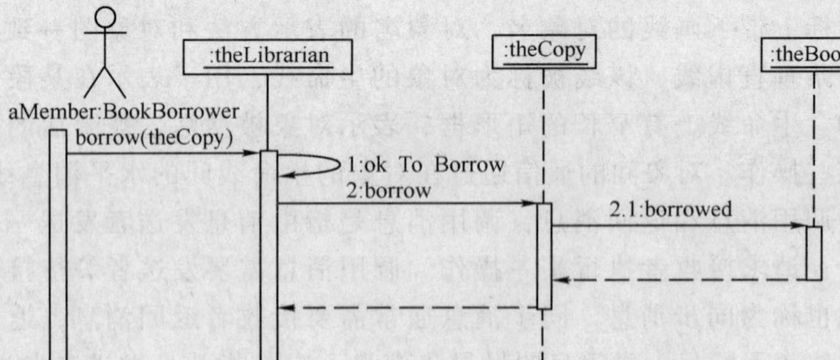

图 4-32　顺序图示例

证成功后，对象 theLibrarian 的工作就完成了。它调用对象 theCopy 的 borrow 方法把完成借阅的细节工作移交给 theCopy 和 theBook 对象。theCopy 和 theBook 对象将完成数据库中这本书对应记录的登记。

十、协作图

1. 协作图的概念

协作图用于描述相互合作的对象间的交互关系和链接关系。前面讲到顺序图时，提到顺序图也用于描述对象之间的关系。协作图和顺序图非常相似，两者是语义等价的。所谓语义等价是指两种图表达的是同一种信息，可以相互转换。但是协作图和顺序图的侧重点不同。顺序图着重体现交互的时间顺序，而协作图则着重体现交互对象间的静态链接关系。对象图也描述了对象之间的关系，协作图扩展了对象图，它不仅描述对象之间的关联，还描述了对象之间的消息传递。协作图中包括的建模元素有对象（包括参与者实例、多对象、主动对象等）、消息、链等。

2. 协作图中的多对象

对象这个概念前面已多次提到，这里主要强调多对象和主动对象的概念。在协作图中，多对象指的是由多个对象组成的对象集合，一般这些对象是属于同一个类的。当需要把消息同时发给多个对象而不是单个对象的时候，就要使用多对象这个概念。在协作图中，多对象用多个方框的重叠表示，如图 4-33 所示。

其实在顺序图中，也可以使用多对象。在对象的规范说明中可以将对象设置为多对象，但显示出来时和单对象是一样的，并没有显示为多个方框的重叠。

主动对象是一组属性和一组方法的封装体，其中至少有一个方法不需要接收消息就能主动执行（称作主动方法）。也就是说，主动对象可以在不接受外部消息的情况下自己开始一个控制流。除含有主动方法外，主动对象的其他方面与被动对象没有区别。主动对象在 UML 中是用加粗的边框表示，如图 4-34 所示。

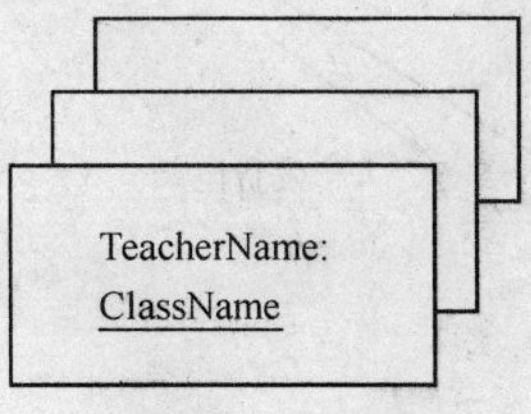

图 4-33　多对象

图 4-34　主动对象

协作图中用链（Link）来连接对象，而消息显示在链的旁边，一个链上可以有多个消息。在 UML 中，很多元素都有实例。例如对象是类的实例，脚本是用例的实例，而链是关联的实例。在链上可以加一些修饰，如角色名、导航、链两端的对象是否有聚集关系等，但由于链是连接对象的，所以，链的两端没有多重性标记。需要说明的是，顺序图不使用链，只有在协作图中才使用链的概念。

3. 建立协作图的步骤与示例

在分析和设计过程中，建立协作图并没有一个标准的步骤，下面给出的步骤只是指导性的原则：

- 确定交互过程的上下文（Context）；
- 识别参与交互过程的对象；
- 如果需要，为每个对象设置初始特性；
- 确定对象之间的链，以及沿着链的消息；
- 从引发这个交互过程的初始消息开始，将随后的每个消息附到相应的链上；
- 如果需要表示消息的嵌套，则用 Dewey 十进制数表示法；
- 如果需要说明时间约束，则在消息旁边加上约束说明；
- 如果需要，可以为每个消息附上前置条件和后置条件。

由于协作图不像顺序图那样有时间轴，因此，在消息表达上与顺序图不同。协作图用序号来表示消息的时间顺序，消息序号和消息名称之间用冒号隔开，序号从 1 开始按整数顺序递增。消息还可以嵌套，嵌套形式类似图书目录的章节编号，如 1.1、1.2、1.2.1 等。图 4-35 为客户提货时的协作图。提货取货的动作从客户开始，客户出示提货单，然后库房管理人员通过订单系统对提货单进行核对，在收到正确的核对信息后，库房管理人员发货并修改库存信息。

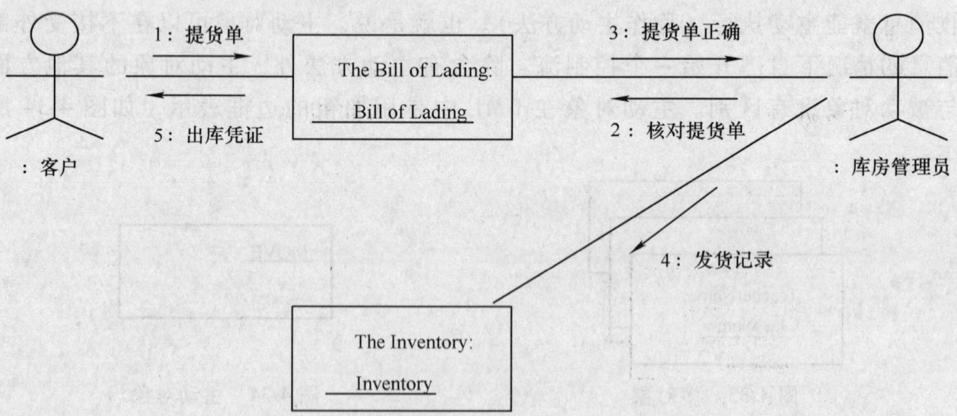

图 4-35　客户提货时的协作图示例

十一、基于 UML 与 EJB 的分析实例

EJB 是用于开发和部署商业应用软件的分布式组件模型，这些商业应用软件通常是高度伸缩的、可重用的、事务性的和多用户安全的。以下是杨鹏、李腊元设计的一个应用系统，用 UML 与 EJB 结合的一个电子商务原型系统，该系统可通过 Internet 向用户销售商品，对用户提供的服务包括注册会员、在线购物、在线查询、在线交易及订单管理等。图 4-36 是与客户相关的用例图。

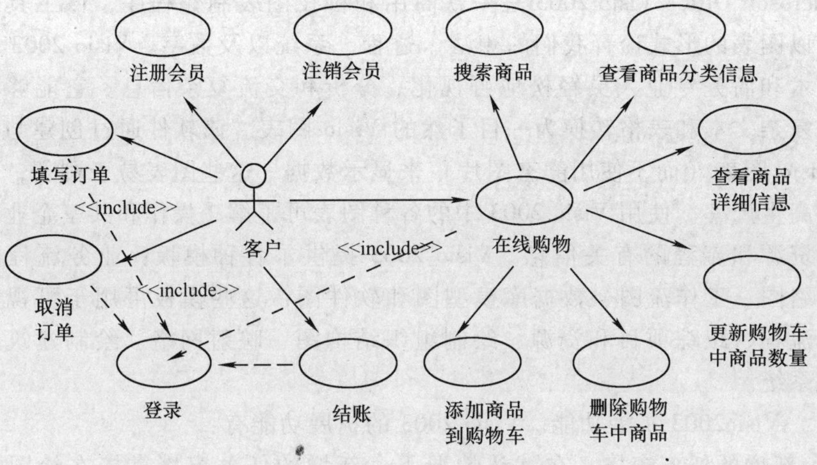

图 4-36 系统用例图

系统采取 J2EE 架构，划分为表示层、业务逻辑层和数据层。

表示层采用 JSP + Servlet + JavaBean 的 MVC 模式处理用户的请求，在处理请求的过程中通过相应的 JavaBean 同业务层会话 Bean 或者实体 Bean 进行交互；Servlet 实现动作控制，将最终结果返回给用户。JSP 文件主要包括 regist jsp，login jsp，search jsp 等。

业务逻辑层负责处理系统的操作流程，由会话 Bean 和实体 Bean 等封装。这些 EJB 是用来表示商业处理过程的组件，代表调用它们的客户端代码要完成的工作，执行一定商务逻辑、规则和工作流程。该层核心包括购物车等 EJB 组件。

数据层选择 Oracle 服务器保存系统资源及数据，可通过 JDBC 访问数据库，配置连接池获得较高性能。

第七节　系统分析建模工具

一、建模工具简介

在信息系统分析建模工具中，目前常用的有微软的 Visio 和 Rational 公司的 Rose。

1. Visio

Microsoft Office Visio 2003 是一款商用和科技图表制作程序，该工具可以帮助我们以图表的形式诠释我们的想法、过程、系统以及数字。Visio 2003 有助于信息技术和商务专业人员轻松地可视化、分析和交流复杂信息。它能够将难以理解的复杂文本和表格转换为一目了然的 Visio 图表。该软件通过创建与数据相关的 Visio 图表（而不使用静态图片）来显示数据，这些图表易于刷新，并能够显著提高生产率。使用 Visio 2003 中的各种图表可了解、操作和共享企业内组织系统、资源和流程的有关信息。Visio 2003 提供了各种模板：业务流程的流程图、网络图、工作流图、数据库模型图和软件图，这些模板可用于可视化和简化业务流程、跟踪项目和资源、绘制组织结构图、映射网络、绘制建筑地图以及优化系统。

（1）Visio2003 扩展功能。Visio 2003 的扩展功能有：

1）新增的任务窗格。在默认情况下，新增的任务窗格靠接在绘图页的右侧，这些任务窗格使用户可以方便地访问许多 Visio 功能。

2）搜索形状。通过使用改进的“搜索形状”功能，用户可以从“形状”窗口的右侧查找图形。如果用户处于联机状态，Visio 将对 Web 上更大的、不断更新的集合进行搜索，以便从中进行选择。可以将找到的图形直接拖到绘图页，或将其保存到自定义模具中，以便今后使用。

3）个性化图形管理。Visio 2003 可以轻松地在单独的模具中组织最常使用的形状，这样用户就可以快速、方便地找到它们。使用新增的“我的形状”文件夹将形状保存到“收藏夹”模具中，或保存到具有适当命名的自定义模具中。

4）新增的旋转控点。目前 Visio 形状具有 Office 样式的旋转控点，这样可以方便地将其旋转而无需更换工具。

5）选择多个形状。有 3 种选择多个形状的简单方法：使用“指针”工具或“Lasso Select”工具在所有形状的周围拖动一个选择网，或是按住 Shift 键并单击每个形状。

6）颜色方案。所有应用了颜色方案的模板均包括更新选项，以便为构建形状和绘图进行调整，为其提供美观、具专业水准的外观。

7）DWG 转换器。改进的 DWG 转换器确保用户转换到 Visio 的图形更加接近原始的 CAD 文件，因此用户可以处理比以前更加精确的间距和形状。

（2）增强的形状和模板。通过使用新增的和改进的 Visio 形状和模板，可以更好地进行决策，达成一致的意见，加快计划和审阅的速度。

1）业务处理。新增的“业务处理”类别提供了可以用于特定业务处理文档过程的模板集合，包括 Six Sigma、SAP 以及 ISO，同时还提供了用于普通处理管理需要的工具，包括审计图表、基本流程图、原因和效果图、互动流程图、数据流图表（仅限于 Visio 2003）、工作流图表、事件驱动过程链（EPC）图标以及错误树分析图表。

2）集体讨论。使用新增的“集体讨论”模板可以捕获、排列以及扩充来自整个工作组或个人自己的观点。“集体讨论”模板将主题之间的相互关系以层次结构的形式进行显示。用户还可以将图表导出到 Microsoft Office Word2003 大纲中，以获得一个线性的视图，或导出到 XML 文件中以便在其他位置重新使用。

3）日历。可以将来自 Microsoft Office Outlook2003 的日程信息导入到改进的“日历”模板中，然后轻松地对该模板进行自定义设置以满足需要。也可以将多个日程进行比较、创建任意多个星期的日程，以及使用引人注目的“Calendar Art”形状突出显示重要的日期。

4）组织流程图。组织流程图功能可以实现将图片添加到形状、显示虚线报告关系、尝试不同的版式而无需手动移动形状，以及通过使用新增和重新设计的形状使图表更有生气。

5）空间规划。启动向导能够帮助用户迅速开始工作，导入数据向导使得将数据导入空间规划或任何 Visio 绘图变得更加轻松。将输入导入绘图后，新增的颜色编码和标记选项使数据更易于访问，在完成工作后，新增的 Visio 智能标记还能够帮助从绘图中安装打印机。

6）时间线。可以通过使用“时间线”模板方便地将日期信息传达给工作组并可以补充到截止日期前的进展情况，还可以创建垂直时间线、同步页面上多个时间线的里程碑和间隔。

7）基本网络图表。使用增强的“基本网络图表”模板可以创建具有演示文稿特点的图表，该图表从逻辑上显示了如何安装设备的不同部分。新增形状的外观已得到了显著的改善，可以从 22 个预先的定义中进行选择，以生成使用者自己需要的形状的报告。

8）详细网络图表。“详细网络图表”模板包括文档化网络的物理和逻辑拓扑结构所使用的形状。新增形状的外观已得到了显著的改善。

9）机架图表。使用满足工业度量标准的网络设备形状可以快速草拟出新设备的机架空间需求。

10）网站地图。该模板的增强功能为用户提供新的、更简明的版式选项，显著提高的绘图速度，可编辑的图形文本，以及用于表示当前和未来技术的新增图形。如果具有相应的访问权限，则可以使用新的交互性查找功能，绘制受保护的网站区域的地图。

2. Rational Rose

Rational Rose 是 Rational 公司面向对象的软件分析设计建模工具。它是一个完全的，具有能满足所有建模环境（Web 开发、数据建模、Visual Studio 和 C ++）需求能力和灵活性的一套解决方案。Rose 允许开发人员、项目经理、系统工程师和分析人员在软件开发周期内将需求和系统的体系架构转换成代码，对需求和系统的体系架构进行可视化。通过在软件开发周期内使用同一种建模工具可以确保更快更好地创建满足客户需求的可扩展的、灵活的、可靠的应用系统。

Rational Rose 常用作面向对象的统一建模语言软件设计工具，用于可视化建模和公司级水平软件应用的组件构造。就像一个戏剧导演设计一个剧本一样，一个软件设计师使用 Rational Rose，以演员（数字）、案例元素（椭圆）、目标（矩形）和消息/关系（箭头）来创造（模型）一个应用的框架。当程序表被创建时，Rational Rose 记录下这个程序表然后以设计师选择的 C ++、Visual Basic、Java、Oracle8、CORBA 或者数据定义语言（Data Definition Language）来产生代码。Rational Rose 的两个受欢迎的特征是它提供反复式发展和来回旅程工程的能力。Rational Rose 允许设计师利用反复发展（有时也叫进化式发展），因为在各个进程中新的应用能够被创建，通过把一个反复的输出变成下一个反复的输入。这和瀑布式发展形成对比，在瀑布式发展中，在一个用户开始尝试之前整个工程被从头到尾的完成。然后，当开发者开始理解组件之间是如何相互作用和在设计中进行调整时，Rational Rose 能够通过回溯和更新模型的其余部分来保证代码的一致性，从而展现出被称为“来回旅程工程”的能力。Rational Rose 是可扩展的，可以使用刻下载附加项和第三方应用软件。它支持 COM/DCOM（ActiveX）、JavaBeans 和 Corba 组件标准。初学者可以从 IBM 的官方网站下载 Rose 试用版。

二、Visio 建模的基本操作

1. 流程图绘制

业务流程分析中介绍了绘制业务流程图的图符。实际上，我们可以利用 Microsoft Offce 中的 Visio 工具绘制相关的业务流程分析图表。

进入 Visio 后，一般会出现如图 4-37 所示的界面，该界面要求用户选择所要绘制的图形类型。此时，可以在左侧的“类别”区域中选择“软件”，在相应的右侧“模板”区域中选择“基本流程图”，即可进入如图 4-38 所示的绘制业务流程图界面。在基本流程图形状中有各种图符，我们可以通过将相关图符拖到绘制业务流程图的画布上，形成流程图。这里利用 Visio 绘制图 4-4 中某公司生

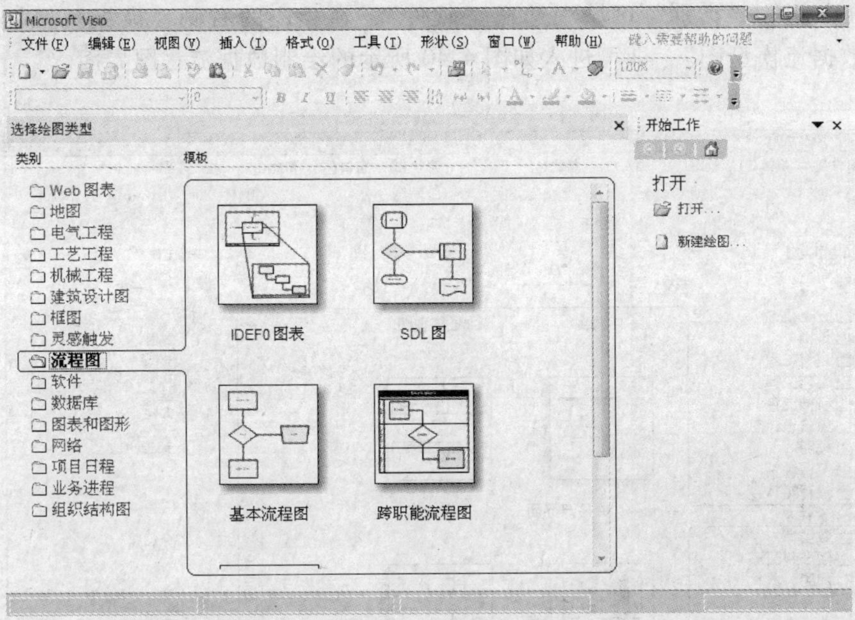

图 4-37　Visio 起始界面

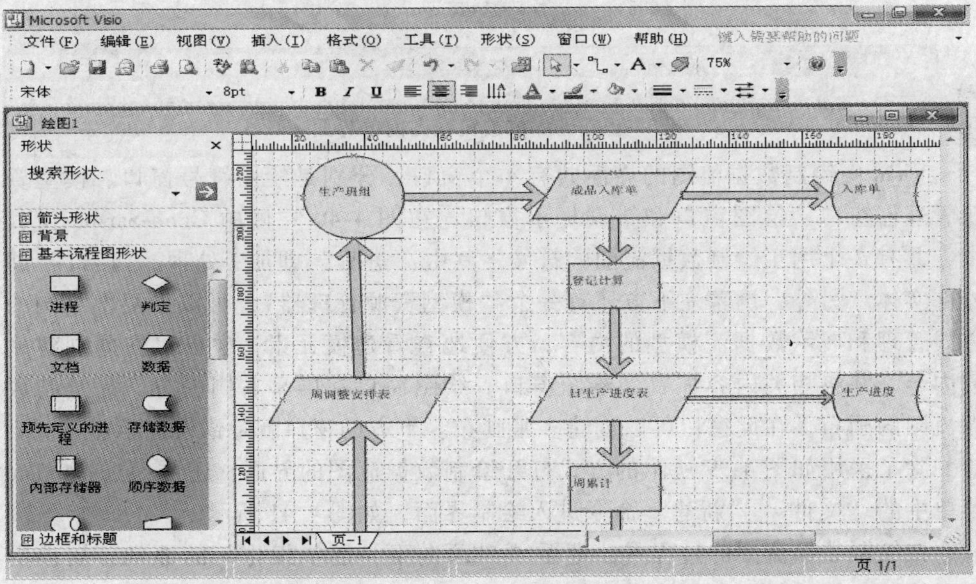

图 4-38　绘制业务流程图界面

产进度管理业务流程图的过程。

2. 绘制数据流程图

在图4-39所示的界面，该界面要求用户选择所要绘制的图形类型。此时，可以在左侧的“类别”区域中选择“软件”，在相应的右侧“模板”区域中选择“数据流模型图”，即可进入如图4-40所示的绘制数据流程图界面。

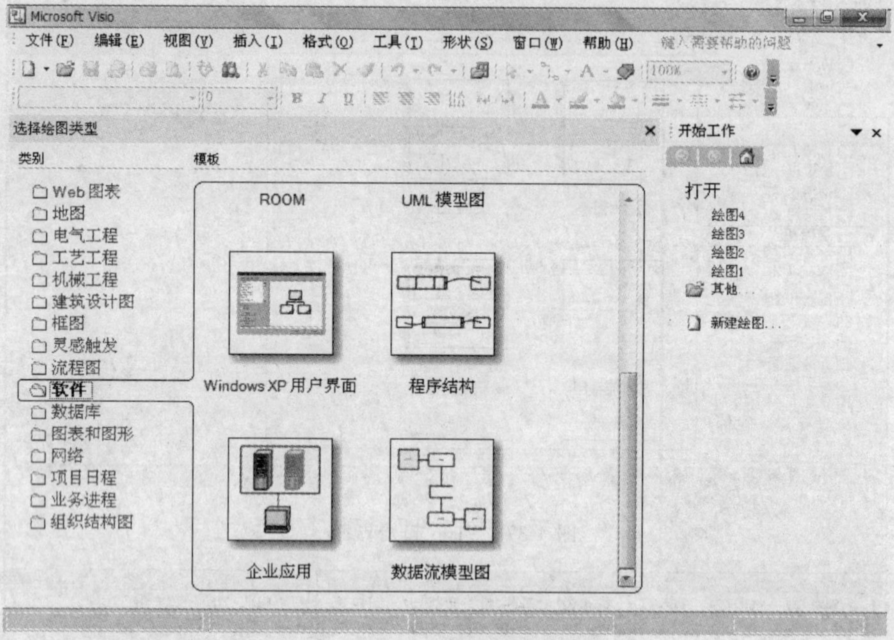

图4-39　进入数据流程图前的界面

Visio中绘制数据流图的界面共有4个窗口，分别是绘图符号窗口、模型资源管理器窗口、绘图窗口和错误提示窗口。在图4-40左侧的Gane-Sarson窗口中，共有4个用于绘制数据流图的符号，其中“进程”即加工处理，“接口”即外部实体。另外，屏幕左下方还有一个“模型资源管理器”，可以以层次结构的方式管理和展示数据流模型的内容，方便地查看建模元素，也可以在此创建建模内容，并将相关内容拖曳到绘图窗口。绘图窗口在屏幕右侧上方，是绘制数据流图的画布，在此窗口可以创建多张画布。下方的窗口就是错误提示窗口。

除了采用如图4-39所示的方式打开绘制数据流图的界面，还可以选择Visio菜单中的“文件”、“新建”命令进入绘制界面，如图4-41所示。

在绘制数据流图的过程中，遵循“自顶向下，逐步细化”的原则，从顶层图开始画，然后从上向下绘制。如图4-42所示，是绘制本章图4-7学籍管理系统顶层图的过程。

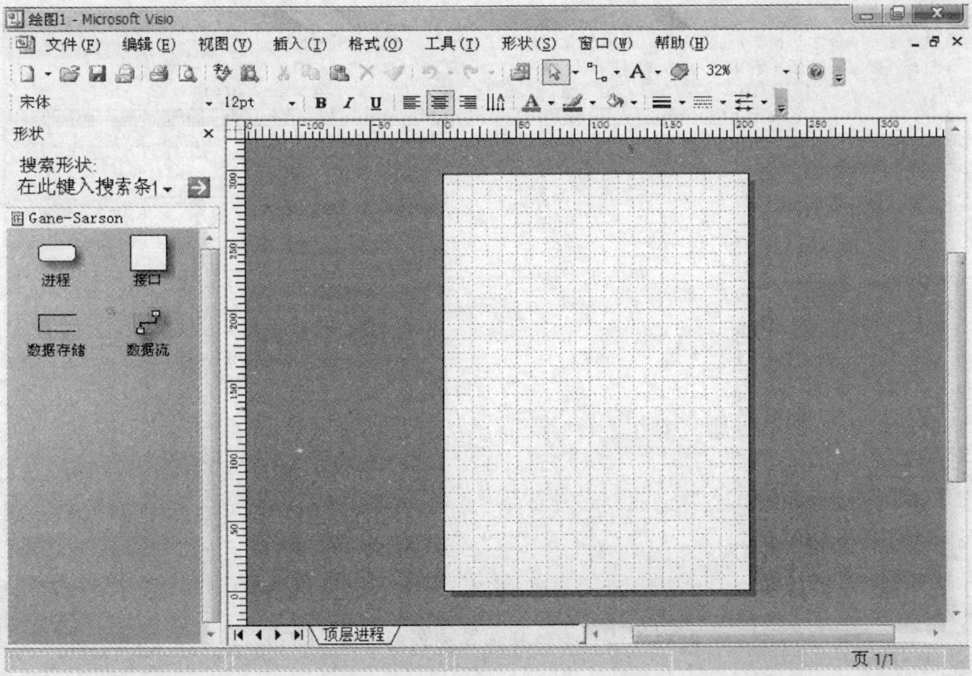

图 4-40　绘制数据流程图界面

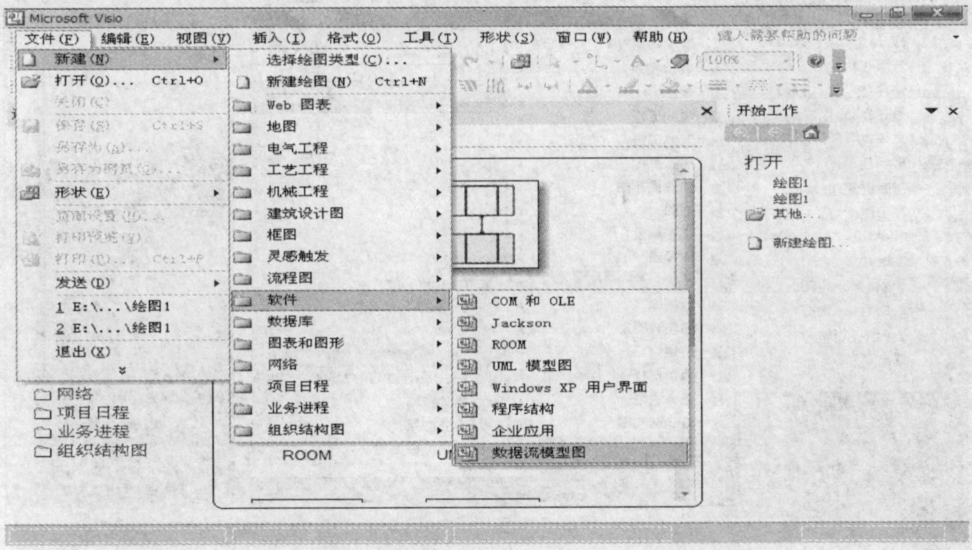

图 4-41　通过菜单进入绘制数据流图的界面

3. UML 建模过程

Visio 还提供了 UML 建模功能。进入 Visio 后，可选择 Visio 菜单的“文件”

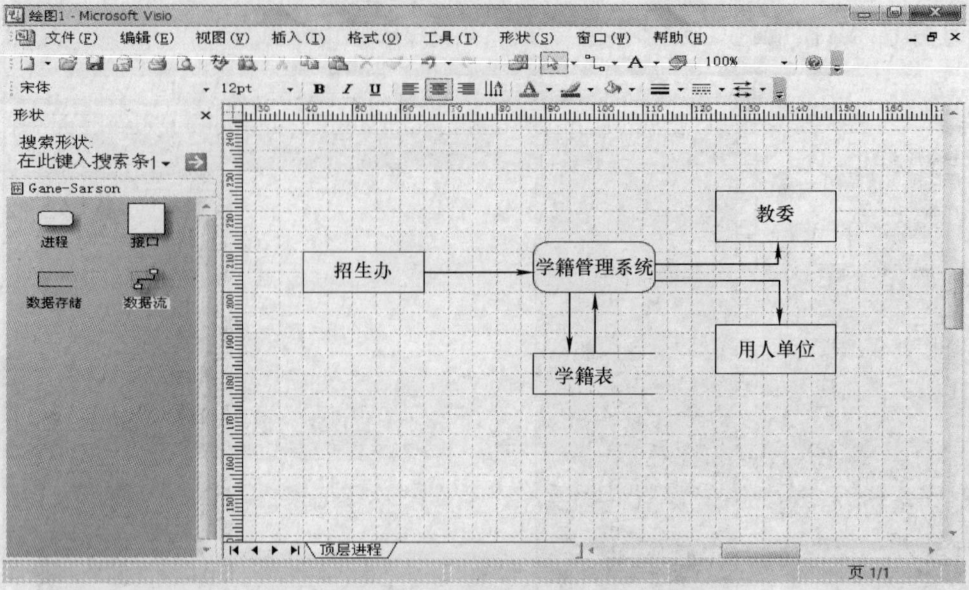

图 4-42　绘制学籍管理系统顶层数据流程图

→“新建”→“软件”→“UML 模型图”命令进入绘图界面，如图 4-43 所示。

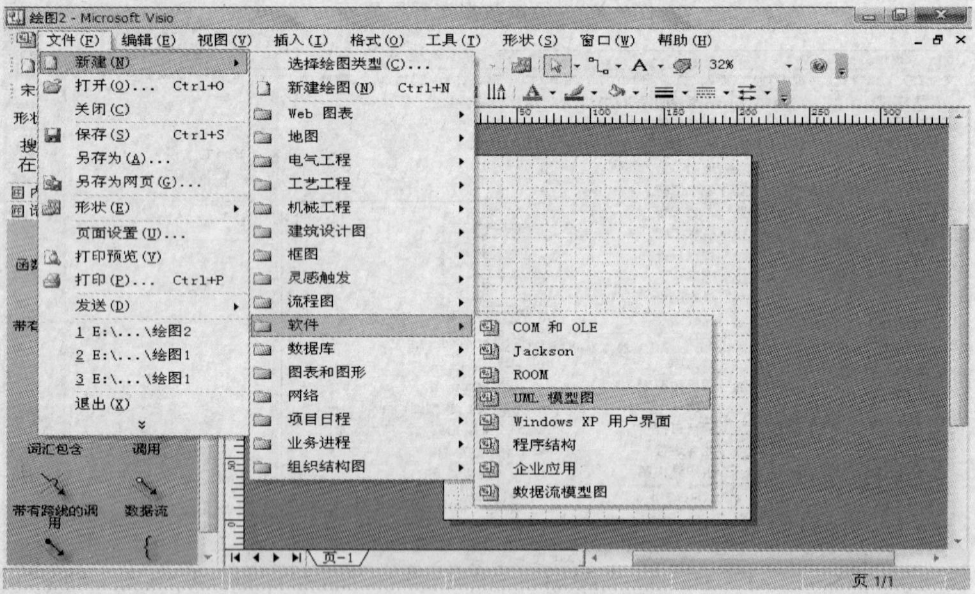

图 4-43　进入 Visio 中 UML 模型图界面

这时，会出现图 4-44 所示的绘图界面。其中，右边是绘图区域；左上部分是建模选择区，包括 UML 中的活动图、协作图、状态图、用例图等；左下是模

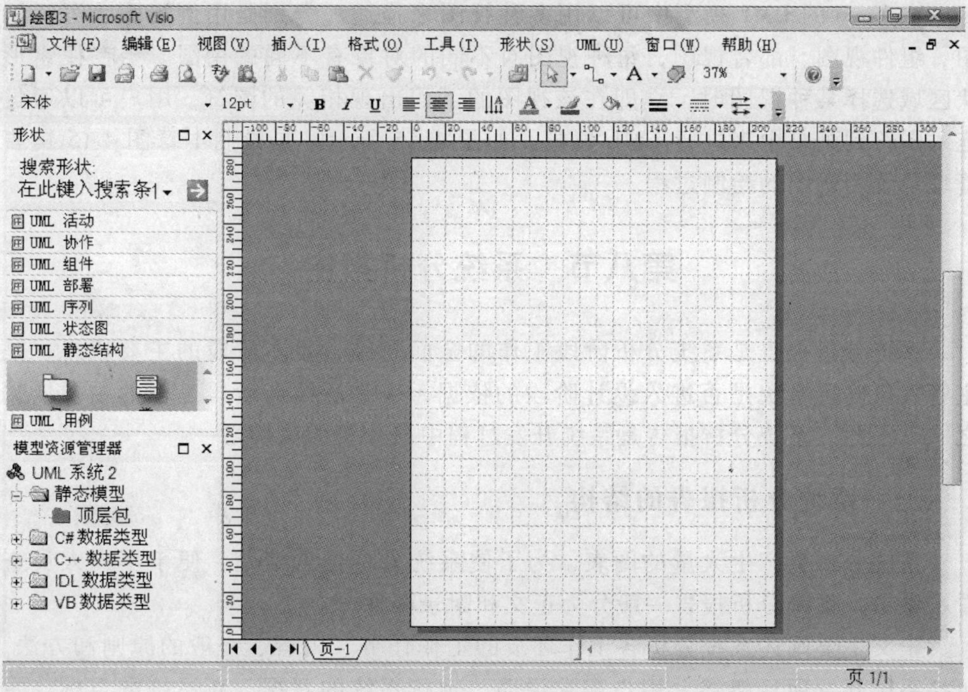

图 4-44　UML 的绘图界面

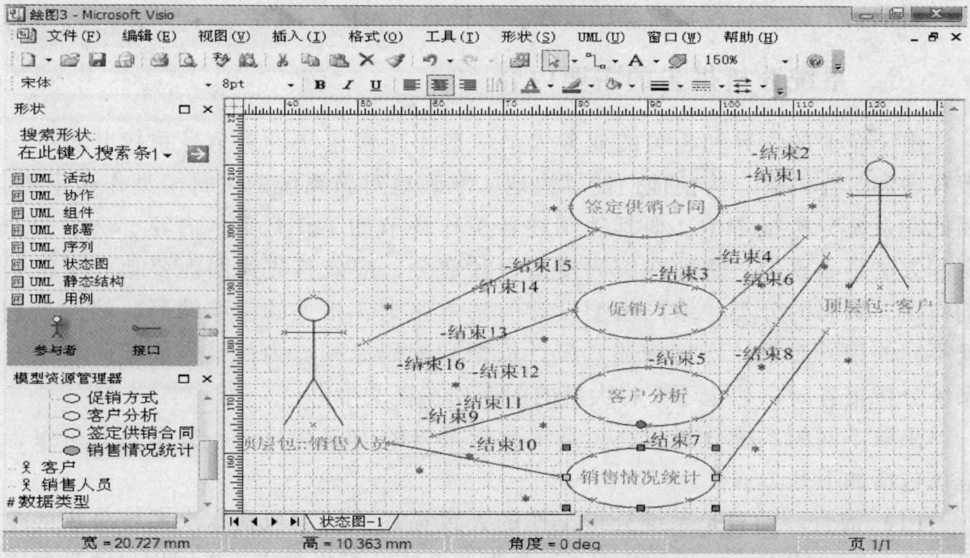

图 4-45　绘制用例图的过程

型资源管理器，用来管理所绘制出来的各种类型建模图形。在此，可以使用 Visio 提供的图符进行 UML 建模。

在 Visio 的 UML 模型中可以用多种视图来描述，分别是用例视图、逻辑视图、组件视图、部署视图，每种视图对不同的对象有不同的用图。当在搜索形状区域选择某种视图时，立即在该视图的下面出现相关的图符，用户可以通过拖入图符到画布中来进行 UML 建模。如图 4-45 所示，是绘制本章图 4-15 销售管理系统用例图的绘制过程。

第八节　系统分析报告

系统分析报告是系统分析阶段工作的全面总结，是本阶段的主要成果，是主管人员确定系统是否进入设计阶段的依据，也是后续各阶段工作的主要依据之一。因此，系统分析报告是系统开发过程中最重要的文档之一。

一、系统分析报告的结构

系统分析会产生大量的图表，为了使系统分析报告清楚，便于不同人员查看、参考，系统分析报告一般分为正文和附录两部分。

正文主要阐述系统分析各工作环节的工作任务、内容、一般的原则和方法。包括系统开发项目概述、用户需求说明、现行系统的状况、新系统的目标、主要功能和逻辑模型，以及系统实施计划。这部分是报告的重点。

附录给出新系统逻辑模型的表述，包括各种表格、图等。

二、系统分析报告的主要内容

由于企业的领导和相关的业务人员一般不了解电子商务信息系统分析的一般程序和工作内容，为使他们能尽快地、准确地对新系统的逻辑模型作出审核，因此在系统分析报告中，概括地阐述各工作环节的工作任务、内容、一般的原则和方法是必要的。例如在编码模型设计部分，应该首先简明扼要地介绍编码的作用、编码的分类、编码模型设计的基本原则、相关的标准编码，然后分别就不同的编码对象，详细阐述其设计依据和编码原则。为使报告易读，在编写系统分析报告时，切记不要将大量的图表列在正文中。

采取不同的系统分析方法，系统分析报告的内容有异。一般系统分析报告应该包括如下几方面：

（1）前言。前言是系统分析工作的大致描述，其中包括本次系统分析的主要任务、设计依据、术语约定等。尽管强调系统分析报告应该采用用户熟悉的术语，但是在实际操作中难免用到特殊的术语，因此为使报告的使用者能方便阅读，需要对特殊的术语进行定义，即术语约定。报告中用到的缩写词也在术语约定中描述。

（2）现行系统概况。对详细调查作简单的描述，可以包括企业发展概况、企业物理概况、生产经营概况、组织机构设置、企业流程调查情况、信息载体调查情况。

（3）系统需求分析。包括有关对现行系统分析、信息需求分析以及功能需求分析的说明和解释，尤其要重点阐述企业未来可能的变化引起的信息需求和功能需求，阐述所建的企业模型的意义以及与现行系统的分析和比较。

（4）数据模型设计。包括数据模型设计的原则、考虑的要点、公共数据类的设计说明以及其他说明。

（5）编码模型设计。阐述编码模型设计所采用的标准和原则、各编码对象以及编码原则、特殊编码，以及有关编码工作中需要注意的事项等。

（6）子系统划分。阐述子系统划分要采取的方法、考虑的有关事宜和原则，给出划分的子系统以及企业电子商务系统的数据流程图，描述各子系统以及子系统之间的数据共享关系；若采取参考法设计子系统，则应该对所参考的系统以及其应用情况、参考的条件进行说明。

（7）新系统功能模型设计。阐述子系统功能分解的原则、考虑的事项，给出功能结构图，并简明扼要地叙述各功能的主要内容。

（8）附录及其他。附录包括系统分析中的各种图表，例如信息载体调查表、业务流程图、信息需求分析表、功能需求分析表、辅助决策需求分析表、数据模型、分层 DFD、数据字典等图表，以及 UML 建模图表等。

若系统涉及多个子系统，则系统分析报告应该分为两部分，即系统总体分析报告和各子系统分析报告。前者包括有关企业的、系统的总体描述，总的设计原则、系统公共数据类和编码模型设计等的说明，以及子系统划分说明等；后者以相关子系统为目标，阐述与子系统分析相关的上述内容。

？思考题

1. 系统调查的目的是什么？简述现行系统调查的主要内容。
2. 电子商务系统需求分析包含哪些内容？
3. 比较信息工程方法和功能分解方法的区别。
4. 什么叫数据字典？它的内容包括哪些？
5. 决策树和决策表分别有何作用？
6. 业务功能用什么图表示？以自己熟悉的部门为例画出其组织结构图。
7. 业务流程分析的目的和内容是什么？
8. 数据流程图有何作用？它与业务流程图的联系与区别有哪些？
9. 简述数据流图的局限性。
10. 某商场对每一批购入的商品根据“入库单”登记在“购入流水账”中，对每一批销售的商品根据“出库单”登记在“销售流水账”中。商品每天入库或出库后，要根据“购入流水账”和“销售流水账”修改“库存台账”。商场每月将根据“库存台账”制作各种报表。请绘制该商场供销存管理的数据流程图。

11. 什么是统一建模语言？它有哪些优点？它与程序设计语言有何区别？
12. UML 提供了哪几种模型图？哪些用于静态建模，哪些用于动态建模？
13. 什么是用例建模？它的组成元素有哪些？
14. 什么是参与者？它有哪些类型？如何描述参与者？
15. 什么是用例？它有哪些特征？如何确定用例？用例之间有什么关系？
16. 什么是类图？它的组成元素有哪些？
17. 类的属性用来描述什么？写出其描述语法，并说明其含义。
18. 类之间有哪些关系？
19. 什么是对象图？它所使用的符号有哪些？
20. 什么是状态图？它所使用的符号有哪些？
21. 什么是活动图？它的构成元素有哪些？
22. 如和表示分叉和汇合？
23. 构件图有何作用？构件图中的构件和类图中的类有何区别？
24. 顺序图有何作用？
25. 什么是协作图？它的建模元素有哪些？
26. 简要说明协作图中多对象的概念。
27. 协作图与顺序图有何区别与联系？
28. 现在要建立一个销售手机的网站，试用 UML 对其进行系统分析建模，并用 Visio 绘制出相应的视图。

案例分析

戴尔电子商务的管理流程

戴尔采用了直销模式并在执行流程中追求分工的精细化和管理的标准化，而这套模式将继续沿用到被戴尔称为直接服务的运作当中去。精细的分工是管理标准化的基础。针对现有的服务框架，戴尔提出了“单一联络人责任制”的管理策略，即一个客户只对应公司内部某一位联络人，以这种一对一的方式为客户提供从规划、采购、部署直到售后支持等一系列的服务，强调“戴尔责任制”与“戴尔所有制”的结合，中间没有任何其他环节。一切都是直接服务、直接管理。戴尔电子商务管理流程主要包括以下几点：

1. 订单处理作业

戴尔的物流中心的交易起始于客户的咨询及业务部门的报表，而后接收订单，根据客户的要求进行分析并给出合理的建议。和顾客达成协议后，客户部把信息传到业务部，业务部门查询出仓库的存货状况、装卸货能力、流通加工负荷、包装能力、配送负荷等来答复客户，而当订单无法依客户之要求交货时，业务部加以协调。由于物流中心一般均非随货收取货款，而是于一段时间后结账，因此在订单资料处理的同时，业务人员尚需依据公司对该客户的授信状况查核是否已超出其授信额度。此外在特定时段，业务人员还要统计该时段的订货数量，并予以调货，分配出货程序及数量。退货资料的处理也在此阶段进行。另外，业务部门还制定报表计算方式，进行报表历史资料管理，确认订购最小批量、订货方式或订购结账截止日。

2. 采购作业

自交易订单接受之后，客户部递交公司存货状况分析，然后对它的供应商递交订单，提出供应货品的要求，物流中心要向供货厂商或制造厂商订购商品。采购作业的内容包含商品数量统计、查询供货厂商交易条件，而后依据需要的数量及供货厂商所提供较经济的订购批量，提出采购单。采购单发出之后则进行入库进货的跟踪运作。

3. 进货入库作业

当采购单开出之后，在戴尔的采购人员进行跟踪催促的同时，入库进货管理员即可依据采购单上预定的入库日期作入库作业排程、入库站台排移，而后于商品入库当日，当货品到达时作入库资料查核、入库品检查，查核入库货品是否与采购单内容一致。当品项或数量不符时即作适当的修正或处理，并将入库资料登录建档。入库管理员可依一定方式指定卸货及栈板堆叠。对于由客户处退回的商品，退货品的入库也经过退货品检查、分类处理而后登录入库。

4. 库存管理作业

戴尔的库存周期很短，但是还是要有库存。库存管理作业包含仓库区的管理及库存数量控制。仓库区的管理包括货品于仓库区域内的摆放方式、区域大小、区域的分布等规划。货品进出仓库的控制遵循先进先出或后进先出。进出货方式的制定工作包括明确货品所用的搬运工具、搬运方式，仓储区储位的调整及变动。库存数量的控制则依照一般货品出库数量、入库所需时间等来制定采购数量及采购时点，并作采购时点预警；确定库存盘点方法，于一定期间印制盘点清册，并依据盘点清册内容清查库存数、修正库存账册并制作盘亏报表。仓库区的管理更包含容器的使用与容器的保管维修。

5. 补货及拣货作业

根据对客户订单的统计，即可知道货品真正的需求量，而于出库日，当库存数足以供应出货需求量时，即可依据需求数印制出库拣货单及各项拣货指示，决定拣货区域的规划布置、工具的选用及人员调派。出货拣取不只包含拣取作业，更要注意拣货架上商品的补充，使拣货作业得以流畅而不至于缺货，中间包含了补货水准及补货时间地点的确定、补货作业排程、补货作业人员调派。

6. 出货作业处理

戴尔的流通部门在完成货品的拣取及流通加工作业之后，即可执行商品的出货作业。出货作业主要包括依据客户订单印制出货单据，订单出货排程，印制出货批次报表、出货商品上所要的地址标签及出货检核表。由排程人员决定出货方式，选用集货工具，调派集货作业人员，并决定所需运送车辆的大小与数量。由仓库管理人员或出货管理人员决定出货区域的规划布置及出货商品的摆放方式。

7. 配送作业

商品在经过一系列的缜密安排之后，转到配送部门进行配送。配送商品的实体作业包含将货品装车并实时配送，这些作业则须事先规划配送区域和配送路线，由配送路径选用的先后次序来决定商品装车的顺序，并在商品的配送途中作商品的追踪及控制，处理配送途中的意外状况。

案例思考题

1. 用业务流程图描述戴尔电子商务的管理流程。
2. 绘制出货作业处理的数据流程图。
3. 绘制订单处理作业的协作图。

第五章

电子商务系统设计

学习目标

通过本章的学习使学生了解电子商务系统设计的原则、电子商务总体设计的主要内容；掌握电子商务系统信息基础设施设计的主要内容与技术，重点掌握网络设计、服务器主机设计与选择的原则、方法；熟悉电子商务平台技术，包括操作系统、应用服务器、中间件技术等；掌握电子商务应用系统设计的基本内容。

电子商务系统设计，就是从电子商务系统的总体目标出发，根据系统规划与系统分析阶段产生的文档，并考虑到经济、技术和系统所实现的内外环境和主客观方面的条件，确定电子商务系统的总体结构和系统各组成部分的技术方案，合理选择计算机和通信的软硬件设备，确保总体目标的实现。

电子商务系统设计的目标是给出电子商务系统的逻辑结构，为以后进入编码开发阶段奠定坚实的基础。

系统设计的重点在于通过描述系统的各个部分的组成和功能，说明系统之间的相互关系。

系统设计阶段是针对系统规划阶段给出的系统大的轮廓进行细化深入的过程，描述系统的处理流程和相互关系。主要有以下几个方面的工作：

- 系统总体结构设计；
- 系统信息基础的实施设计；
- 支持平台的设计；
- 应用系统的设计。

第一节　电子商务系统设计的原则

对于每个电子商务系统来说，应用系统的开发都是其的设计重点。但不同的应用系统差异较大，所以我们有必要给出应用系统的一般设计原则：

1. 技术的先进性

先进的技术在电子商务中占有重要的地位。一个较高的技术起点，将影响着电子商务的竞争能力。由于电子商务系统的设计技术发展非常快，在选用技术时要注意首先考虑有没有国家标准，如果没有国家标准那么考虑是否有工业标准，所选用的技术应当代表未来技术发展的方向。

同时，技术已成为企业保持竞争优势的一个重要因素，保持技术的先进性对提高竞争力有重要意义。

技术先进性表现在以下几个方面：

- 系统结构应当是先进的、开放的体系结构；
- 采用的计算机技术应当是先进的；
- 采用先进的网络技术；
- 软件系统在技术上应是成熟的；
- 技术是流行的；
- 未来的发展趋势是往后兼容的。

2. 符合企业信息化的整体技术战略

在进行电子商务设计的同时要考虑企业信息化的发展水平及企业信息化的技术选型。电子商务系统是企业以后发展的一部分，因此，在选择上要考虑到企业信息化的整体技术战略。

3. 考虑技术、系统的开放性和可扩充性

良好的开放性和可扩充性有利于电子商务系统的独立运转，因为系统可以集成多种不同的技术，很容易地将企业现有的资源和以后的资源及其他第三方的资源和技术进行集成。

4. 系统的兼容性

系统的兼容性能够让企业有效地利用现有的各种资源，节约投资成本，最大限度地实现企业信息的增值和企业资源的整体效益。

5. 成熟性

电子商务系统是一个复杂的工程。技术、工具、平台上应当是符合标准，并得到各方的广泛认可的。最新的技术往往并非成熟技术，所以在考虑技术的先进性的同时，还要考虑技术的稳定、兼容、标准化等问题。

6. 安全性

电子商务系统存在交易需求，直接关系企业的利益，并涉及交易活动的敏感环节，因此其安全性设计至关重要。

7. 事务处理的完整性

所谓事务处理的完整性，指的是在交易过程中，一个处理过程要么所有环节均已完成，要么任何一项工作都没有进行。这是防止在交易活动中出现数据不一致的基本要求。

第二节 电子商务系统总体结构设计

电子商务系统总体结构设计是系统设计的一个重要部分，它针对企业电子商务的目标，确定系统组成结构、网络架构和网络环境、软硬件平台、系统内外部环境和接口，确定系统的逻辑结构。

系统结构设计的成果是系统总体结构设计方案，在该方案中要明确构成电子商务系统的内部组成和外部接口。不同于系统规划中的电子商务体系结构，系统总体结构设计应明确给出系统的各组成部分是什么，有何作用及其相互关系。

一、系统组成结构

电子商务系统的组成结构见图 5-1，包括 3 个层次，分别是：

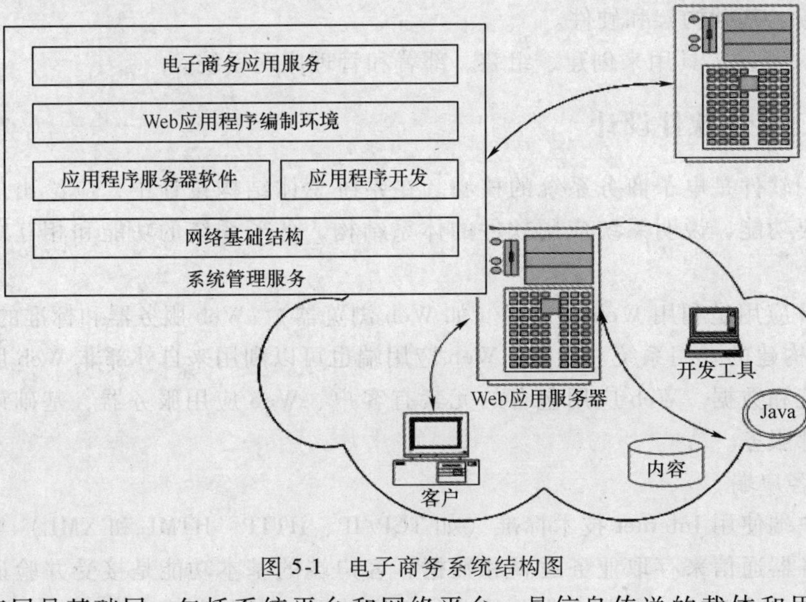

图 5-1 电子商务系统结构图

底层是基础层，包括系统平台和网络平台，是信息传送的载体和用户接入的手段，它包括各种各样的物理传送平台和传送方式。

中间是电子商务基础平台，以应用服务器为核心的 Web 应用环境及开发软件的支持，包括网络技术、数据库技术、中间件技术等。其上一般部署企业的商务逻辑，是电子商务系统的构成的核心，目前以中间件技术为代表，体现了系统的可扩展性、平台无关性。

第三层是各种各样的电子商务应用系统。

其基本特点如下：

(1) 客户基于 B/S 模式，使得对应用系统的存取变得很普遍，并且应用组件能即时发送。

(2) 网络基础设施提供了如 TCP/IP、目录和安全等服务，这些服务的能力可通过开放且标准的接口和协议来存取。

(3) 应用服务器软件为电子商务应用系统提供了一个平台，包括 HTTP 服务、数据库和事务处理服务、邮件和群件服务、消息服务。

(4) 应用集成使得异构应用系统间相互通信，使得 Web 能存取现有数据和应用系统。

(5) Web 应用编程环境为创建动态和健壮的电子商务应用系统提供了服务端编程环境。

(6) 电子商务应用服务为方便电子商务解决方案的创建提供了高层应用的特定功能。

(7) 系统管理用来满足网络计算的管理需求，系统中的元素包括用户、应用、服务、基础构架和硬件。

(8) 开发工具用来创建、组装、部署和管理应用系统。

二、应用软件设计

应用软件是电子商务系统的核心。在系统总体结构设计中，应给出应用软件的主要功能，说明系统应用软件的体系结构，各子系统的功能和相互之间的关系。

Web 应用是利用 Web 客户端（如 Web 浏览器）、Web 服务器和标准的 Internet 协议构建的专门系统。通常，Web 应用端也可以利用来自外部非 Web 服务的应用系统和数据。Web 应用包含的元素有客户、Web 应用服务器、基础设施服务和外部服务。

1. 客户端

客户端使用 Internet 技术标准（如 TCP/IP、HTTP、HTML 和 XML）与 Web 应用服务器通信来存取业务逻辑和数据。客户端的基本功能是接受并验证用户输入，显示从 Web 应用服务器到用户的返回结果。客户端可以是 Internet、Intranet（内部网）和 Extranet（外部网）中的客户。Web 应用的商务逻辑总是运行在服务端而不是在客户端。其优点如下：①支持更广泛的客户端设备。② Web 应用服务器能集成对资源（如数据库）的存取，从而简化应用的设计，增强可伸缩性，更好地保护资源。③运行在服务端的商务逻辑容易得到保护、更新和维护。④运行在服务端的商务逻辑使得用户的应用环境得到集中管理并能在不同的客户机上重建。

2. Web 应用服务器

Web 应用服务器是 Web 应用拓扑结构的核心，它为 Web 应用提供了广泛的程序设计、数据存取和应用集成等服务。可以把一个 Web 应用看作一个客户端与 Web 站点之间的一系列交互。整个交互过程从显示在 Web 浏览器中一个页面开始。用户单击该页面上的一个按钮或链接就产生一个请求，该请求被送到 Web 应用服务器；Web 应用服务器对这个请求进行处理，产生新的页面，并送回到客户端。在 Web 浏览器中显示的新页面就是这一次请求的结果，可能也是下一次请求的开始。所以说，Web 应用包含了一组交互或处理步骤，每一步必须产生一个页面形式的响应，这个页面作为后继交互的入口。

3. 基础设施服务

方便地定位应用组件、保证它们的可用性以及对它们安全的存取和执行等等都是在 Internet、Intranet 和 Extranet 环境中实施 Web 应用的关键要素。基础设施服务为支持 Web 应用提供下列设施：

（1）目录服务。本框架支持使用 JNDI 来存取基于 LDAP 协议的安全目录服务。

（2）认证授权。这个设施能产生用来鉴别用户和服务器的证书。公开密钥技术已经成为电子商务首选的可信赖的机制，而认证授权是公开密钥技术中的一个关键部分，它提供了数据保密、数据完整性、签名验证和用户鉴别等功能。

（3）防火墙。防火墙是可信赖的内部网络和不可信赖的外部网络之间的一个接口。通常，防火墙使用报文过滤器根据报文的源地址、宿地址和服务类别（即端口号）来过滤报文流。防火墙用来控制外部网络中的哪些请求能存取内部网络、能使用哪种类别的应用服务，并用同样的模式控制内部网络对外部网络的存取。

（4）代理服务器。它起到为多个浏览器检索 Internet 上数据的作用。作为客户端和 Web 应用服务器之间的一个通道，代理服务器将客户端的请求递交给有关的服务器并把服务器的响应返回给客户。这种工作方式还可以提供附加功能，如地址安全性和缓冲功能。

4. 外部服务

外部服务系统中驻留着企业已有的应用和数据，以及商业伙伴的服务系统，如支付服务和外部信息服务。通常，这些应用和服务系统控制着关键的商务过程，需要与 Web 服务器集成起来为顾客、业务伙伴和员工服务。

三、系统运行平台设计

系统运行平台是指电子商务系统运行所依赖的硬件和软件。系统运行平台的设计是根据系统目标，在各种技术手段与实施方法中权衡利弊，合理使用各种资源，选择适当的计算机硬件、网络通信设备，以及其他辅助设备、软件，以满足新系统的运行需求。

1. 系统运行平台设计的基本原则

设计电子商务系统的运行平台是一项复杂的工程，必须遵循几个基本原则：

- 技术上具有先进性；
- 实现上具有可行性；
- 使用上具有灵活性；
- 发展上具有可扩充性；
- 投资上具有收益性。

2. 系统运行平台设计中应考虑的具体问题

- 计算机软件、硬件配置应能满足系统的要求；
- 系统硬件的选择应服从于系统软件的选择，即首先根据新系统的功能、性能要求，确定系统软件，再根据系统软件确定系统硬件；
- 系统软件、硬件的选择在技术上应具有一定的先进性；
- 系统的软件和硬件应尽量符合国际标准或某些开放系统标准，使系统便于扩充或与其他系统集成；
- 系统的软件和硬件应尽量选用成熟的产品，保证系统运行的安全性和可靠性；
- 供应厂家应具有较好的信誉和技术服务，能获得及时、有效的技术支持；
- 系统配置力争做到最佳的性价比。

第三节　系统信息基础设施设计

一、网络环境设计

电子商务系统的网络环境可以分成 Internet、Intranet 和 Extranet 3 个组成部分。其基本的逻辑结构如图 5-2 所示。其中，Intranet 部分是企业的内部信息系统，通过防火墙与外部信息系统连接；Extranet 是用来实现企业与其伙伴连接的网络；整个网络环境建立在 Internet 之上。

一个良好的电子商务系统的网络环境应当满足以下要求：①支持网络的互联和应用的互操作。②能够隔离和控制不同用户对系统的访问，保证网络设备的安全。③网络环境是可以管理的。

电子商务系统的网络环境的每个部分都有不同的要求，以下进行说明。

1. Internet 部分

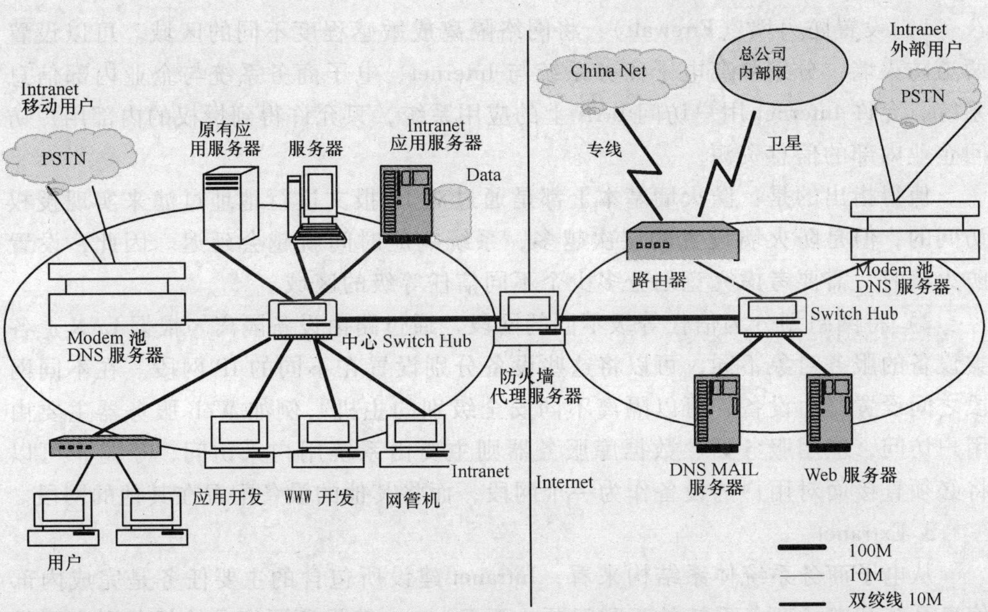

图 5-2 电子商务系统网络结构示意图

Internet 部分是企业电子商务系统的用户访问接口，是企业与客户之间相互交流的通道。Internet 部分的目的主要是实现企业 Intranet 和 Internet 之间的互联，它的主要内容包括两部分接口方式、接口规格的设计以及相互连接。

电子商务系统与 Internet 的互联方式很多。目前常见的方式是通过公共电话网、数字数据网 DDN（例如 ChinaDDN）、分组交换网 PSDN（如 ChinaPAC）等方式将企业电子商务系统接入 Internet。

2. Intranet 部分

Internet 是企业的内部网络，其核心是局域网。电子商务系统 Web 服务器、应用服务器等一般运行于局域网上。局域网一般需要满足以下要求：

（1）由于用户通过 Internet 访问服务器时，要求比较高的响应速度，因此，需要在局域网上配置高性能的服务器，而且要求网络具备较高的带宽，并且用 LAN Switch 构造。

（2）电子商务系统的局域网必须具备隔离措施，提供可靠的和安全的网络环境。

电子商务系统的局域网不仅和 Internet 互联，而且基本上还需要和企业的内部网络连接。这种情况下，LAN 上的主机设备、应用系统和企业内部信息系统在理论上都存在被非法用户入侵的可能。如果商务应用系统一旦遭到恶意攻击，那么企业的商务活动就可能受到影响，所以强化网络的安全是非常必要的。一般可以采取以下的一些措施减少系统遭受破坏的可能：

1）设置防火墙（Firewall），将网络隔离成敏感程度不同的区域。可以设置两道防火墙，分别隔离电子商务系统与Internet、电子商务系统与企业内部信息系统，允许Internet用户访问LAN上的应用系统，只允许得到授权的内部用户访问企业内部的信息资源。

值得指出的是：防火墙基本上都是通过对IP报文进行地址过滤来实现授权访问的，但是防火墙设置的层次越多，系统响应时间就越会延迟。因此，设置防火墙时，需要考虑究竟划分多少个不同信任等级的区域。

2）将网络划分为信任等级不同的网段，通过路由设备隔离。根据LAN上各类设备的服务对象不同，可以将这些设备分别设置在不同的IP网段。在不同网段之间设置路由设备，可以隔离不同安全级别的主机。例如Web服务器主要由用户访问，应用服务器、数据库服务器则主要由系统用户来访问，于是，可以将必须直接面对用户的设备作为一个网段，而将其他的设备配置在其他的网段。

3. Extranet

从电子商务系统体系结构来看，Intranet建设所包含的主要任务是完成内部信息系统和电子商务系统的互联问题，而Extranet建设所要完成的任务则主要是电子商务系统如何和外部信息系统（例如银行、CA、合作伙伴等）的互联问题。

Extranet特性有以下特征：

（1）Extranet不限于组织的成员，它可超出组织之外，特别是包括那些组织想与之建立联系的供应商和客户。

（2）Extranet并不是真正意义上的开放，它可以提供充分的访问控制使得外部用户远离内部资料。

（3）Extranet是一种思想，而不是一种技术，它使用标准的Web和Internet技术，与其他网络不同的是对建立Extranet应用的看法和策略。

（4）Extranet的实质就是应用，它只是集成扩展（并非系统设计）现有的技术应用。

根据网络系统设计原则，网络设备产品的选择首先要考虑满足用户的需求，同时考虑以下原则：

- 安全性和稳定性；
- 技术先进性；
- 可扩展性；
- 服务支持原则；
- 高性价比原则。

常用的网络设备包括：路由器、交换机、硬件防火墙、负载均衡器等。

二、服务器主机设计与选择

电子商务系统的服务器主机是应用系统运行的主要环境。对电子商务系统而言，它所面临的是用户对系统响应时间的苛刻要求、动态变化和难以预估的未来负荷、未知的升级周期等特殊的问题。

1. 服务器设计与选择的一般原则

在选择服务器的主机时，除了遵循高性能、网络吞吐量大和可用性好这样一些基本原则外，还应当注意以下问题：

（1）可靠性高、安全性好。电子商务系统所支持的企业商务活动要求 7×24 小时不间断地工作，而且系统处理的数据很多是企业敏感的商务数据。为此，电子商务系统的服务器必须具备非常良好的安全性。所以，应当注意服务器是否支持诸如自动系统恢复（Auto Recover）、动态系统重新配置（Dynamic Re-Configuration）、模块化结构、冗余或可热更换关键部件、在线升级等特性。为增强安全性，在设计时可考虑磁盘镜像、服务器镜像等冗余设计。

（2）可扩展性。当系统的负荷增大到一定程度时，需要对系统进行扩展。系统扩展方式主要有两种：一种是增加系统的配置，例如增加内存、更换 CPU、增加系统外部存储设备等。另外一种是通过增加服务器，建立服务器集群来满足需求增长的要求。不管是哪种方式都要求系统具有可扩展的体系结构（例如冗余插槽、托架、电源等）。

（3）网络吞吐量及网络接口能力。服务器的计算能力和网络吞吐量不一定呈线性关系，例如应用于计算机仿真领域的某些高性能计算机的 CPU 运算性能、图形处理能力很强，但其网络接口及网络吞吐量却非常有限。由于电子商务系统的服务器必须在大量用户访问的情况下仍然能够具备良好的响应时间，所以相对来说，在选择服务器时，应当首先考虑网络吞吐能力是否满足要求。

此外，服务器的网络适配器类型及插槽的数量差别也很大，在选择过程中，需要注意选择网络适配器类型和接口都较多的产品。

（4）开放的体系结构。服务器是否具有开放的体系结构直接影响到系统日后的升级换代和维护问题。专用体系结构的计算机设备（例如 IBM AS/400、Compaq Tandam 系列）虽然有良好的整体性能，但在系统升级和维护方面有一定风险。

2. 常用服务器配置

服务器的配置大体上可分为两大类型：性能敏感型和空间敏感型。所谓性能敏感型是指对服务器的性能要求较高，反应速度要求快，如 NOTES、WWW、DNS、PROXY 等服务器。空间敏感型服务器是指对服务器的存储空间要求大，如 FTP 服务器等。数据库服务器、E-mail 服务器等则对二者都有一定的要求，视用户数的多少、用户定额空间的大小、访问的频繁度而偏向于某一种类型。

(1) Web 服务器。Web 服务器是性能敏感型服务器，对服务器硬件平台的要求处决于访问的频繁度及 Web 服务器支持的服务复杂程度，即调用的 CGI 程序对系统资源的耗费程度。另外，不同软件厂商提供的 Web 服务器，同一 Web 服务器的不同版本对资源的耗费以及本身的性能也不一样。因此，Web 服务器的配置首先应确定服务器软件。

目前，Internet 上较为流行的两种 Web 服务器软件是 Apache 和微软的 IIS，IIS 主要定位于小型的 Intranet 环境，运行于 WINDOWS NT/2000/XP/2003 Server 平台，而 Apache 则有多种平台版本：Windows、Linux、UNIX 版本。从性能上来比较，Apache + PHP 相对于 Windows NT + IIS 运行 ASP 要稍强，Apache 略占优势。现有的版本已能在高性能的主机上一秒钟内处理 10000 次以上的操作（响应一次请求为一次操作）。企业可根据应用开发需求，选择相应的软件平台和硬件。

设计时，假设每天需满足 10 万人次内部访问量的需求，要提供 10% 用户同时访问的能力，即服务器应提供 10000ops/s 的处理能力，每次操作应能使平均 2KB 传输速率的拨号用户在 50 秒内取下一个主页，因此，主页的大小应在 100KB 左右，那么，服务器的数据处理能力应为 100KB × 10000 = 1000MB 左右。SUN 167MHz 主频的 CPU 对 10000PRM 的硬盘的 I/O 处理能力为每秒 3000 次，每次 I/O 的数据量为 64KB，因此，每兆主频能处理的 I/O 数据量为 64KB × 3000/167 = 1MB。所以，Web 服务将占用系统 1000MHz 主频，再加上处理 100MB 网络端口所需的 100MHz 主频，以及 OS 运行所需的主频，应该在 1200MHz 左右，同时还要保留可扩充的余地。对于 Web 这种服务，应考虑内存与数据处理量相当，因此应配置内存要够大，同时也要考虑硬盘存储容量。

(2) 代理服务器（Proxy Server）及记费系统。代理服务器是一个典型的性能敏感型服务器，一个好的代理服务器可支持绝大部分 Internet 服务的代理。代理软件很多，其中 Netscape Proxy Server 是其中的佼佼者，不仅可支持绝大部分 Internet 服务的代理功能，而且可允许用户嵌入自己的代理认证管理功能模块，同时还可支持 Proxy Server 的串接，代理认证用户名及口令的 SSL 加密，防止网络监听，是 Intranet 代理服务器的较为理想的选择。

代理服务器所处理的数据与所代理的服务有关，各种服务的平均值约为 100KB（主要是 HTTP 的访问）左右，如要实现 2000 用户的 10% 同时访问，则服务器每秒所需处理的数据量为 2000 × 10% × 100KB = 20MB，单位主频处理的数据量约为 1M，因此，所需主频数为：20MHz（20 ÷ 1），但此时的网络端口需要配置两个，因此应考虑 200MHz 推动网络端口的主频数，再加上系统的主频数，总数应为 320MHz。代理服务器的工作原理是在内存中驻留大量的代理进程为不同的用户服务，因此对内存的需求量较大。

3. 防火墙系统

防火墙有软件防火墙（又称为基于通用操作系统的防火墙）、硬件防火墙（又称为基于路由器的包过滤防火墙）和标准服务器形式的防火墙（又称为基于专用安全操作系统的防火墙）三大类。

应该客观地看到，没有一个防火墙的设计能够适用于所有的环境，因此企业应根据站点的特点来选择合适的防火墙。选择防火墙首先应考虑防火墙本身的安全性，还要考虑其高效性、配置便利性、管理的难易度、可靠性、可扩展性及维护成本等。

防火墙也是网络上的主机之一，也可能存在安全问题，防火墙如果不能确保自身安全，则防火墙的控制功能再强，也终究不能完全保护内部网络。防火墙配置有 3 种：Dual-homed 方式、Screened-host 方式和 Screened-subnet 方式。Dual-homed 方式最简单。Dual-homed Gateway 放置在两个网络之间，这个 Dual-homed Gateway 又称为 Bastion host。这种结构成本低，但是它有单点失败的问题。这种结构没有增加网络安全的自我防卫能力，而它往往是受黑客攻击的首选目标，一旦被攻破，整个网络也就暴露了。Screened-host 方式中的 Screening router 为保护 Bastion host 的安全建立了一道屏障。它将所有进入的信息先送往 Bastion host，并且只接受来自 Bastion host 的数据作为出去的数据。这种结构依赖 Screening router 和 Bastion host，只要有一个失败，整个网络就暴露了。

Screened-subnet 包含两个 Screening router 和两个 Bastion host。在公共网络和私有网络之间构成了一个隔离网，称之为“停火区”（Demilitarized Zone，DMZ），Bastion host 放置在“停火区”内。这种结构安全性好，只有当两个安全单元被破坏后，网络才被暴露，但是成本也很昂贵。

对于 ISP、网站等用户来说，由于其数据流量大，对速度和稳定性要求较高，如果这些用户需要在外部网络发布 Web（将 Web 服务器置于外部），同时需要保护数据库或应用服务器（置于防火墙内），这就要求所采用的防火墙具有传送 SQL 数据的功能，而且必须具有较快的传送速度。建议这些用户采用高效的包过滤型并且只允许外部 Web 服务器和内部传送 SQL 数据，使用 100M 及以上带宽的硬件防火墙。

中小企业接入 Internet 的目的一般是为了方便内部用户浏览 Web、收发 E-mail 以及发布主页。这类用户在选购防火墙时，要注意考虑保护内部（敏感）数据的安全，要格外注重安全性，对服务协议的多样性以及速度等可以不作特殊要求。建议这类用户选用一般的代理型防火墙，具有 HTTP、mail 等代理功能即可。

对于大中型企业、金融、保险、政府等机构，其共同之处在于网络流量不是很大，与外部联系较多，且内部数据比较重要。因此它们在选购防火墙时首先要考虑的就是安全性问题。从整体规划上看，防火墙至少要能够将内部网分成两部分，即将内部存放重要数据的网络与存放可提供外部访问数据的网络的分离。对于重要数据的传送，防火墙必须要提供加密的 VPN 通信。这类用户选购 10M 或 100M 的防火墙就足够了。

4. 邮件服务器

邮件系统是一个对实时性要求不高的系统，主要是对硬盘空间的要求，同时，要考虑邮件服务器软件对用户数的支持，按照目前的需求，普通的一台入门级服务器的性能在使用 Linux 平台的 Postfix 邮件系统时，可支持上百万级用户正常收发邮件。当然，邮件服务器配置的硬盘容量要足够大，建议采用主流的大容量的硬盘，如 300GB SATA 硬盘或 146GB SCSI 硬盘。同时，服务器要预留硬件架位，以满足将来应用。建议使用塔式服务器或可安装 8 个/6 个硬盘的 2U 机架式服务器。

5. 群件服务器

群件服务器（Notes）是针对企业信息化而由 IBM 公司开发的一套办公软件，是集 E-mail、Office、通信于一体综合办公软件，对于服务器的性能与存储要求相当高。对于一些中小型企业来讲，建议单独采用一台机器来实现，推荐配置为双至强、2GB 内存（甚至更多，根据数量而定）、千兆网络的服务器。

另外，还有 FTP 服务器、DNS 服务器等也需考虑。FTP 服务器要求提供高速、大容量磁盘，可考虑采用磁盘阵列（RAID）；DNS 服务器则对内存的需求巨大。

第四节　电子商务系统平台的选择

一、操作系统的选择

操作系统平台的选型原则有：开放性，对称性与非对称处理，异种机互联能力，目录及安全服务的支持能力，应用软件的支持能力，网管能力，性能优化和监视能力，系统备份/恢复支持能力。网络操作系统的选择要点有：服务器的性能和兼容性，安全因素，价格因素，第三方软件、市场占有率。

目前的三大主流网络操作系统是 ：UNIX、WindowsNT/2000/2003、Linux。

这三大类操作系统各有特点。从企业级电子商务系统应用来看，UNIX 系统所占的份额更大一些。Linux 是一个免费的平台，没有专业的技术支持，所以尽管利用 Linux 可以节省费用，但是如果系统出现问题，那么只能由用户自行解决，所以使用该平台需要承担一定风险。

二、数据库管理系统的选择

在电子商务系统中，常选择的数据库管理系统的主流产品有 Microsoft SQL Server、Oracle、Sybase 等。选择数据库管理系统时应从以下几个方面予以考虑：

- 构造数据库的难易程度；
- 程序开发的难易程度；
- 数据库管理系统的性能分析；
- 对分布式应用的支持；
- 并行处理能力；
- 可移植性和可扩展性；
- 数据完整性约束；
- 并发控制功能；
- 容错能力；
- 安全性控制；
- 支持汉字处理能力；
- 软件厂家的技术服务；
- 价格。

三、应用服务器的选择

应用服务器是一个系统软件平台，该软件在操作系统之上将一些通用的、与企业核心商务应用无关的环境和软件包集成在一起，作为一个软件包向开发者提供，这样，在软件包中可以预装部分功能，从而简化用户的接口，减少开发的难度。

从电子商务系统的体系结构上看，应用服务器是商务支持层、商务服务层和基础服务层的某些功能的一个集合。

从本质上讲，应用服务器仍然是支持商务应用的一个运行、支持和开发环境，它为商务系统的核心——应用软件提供服务。

应用服务器为应用软件提供的服务主要包括：首先是预安装的部分商务功能，例如搜索引擎（Search Engine）、内容管理（Content Manage），减少了应用开发工作量；其次是系统管理部分，可提高系统的效率；还有就是提供集成与开发工具，便于与其他系统进行集成。

应用服务器的基本结构如图 5-3 所示。

目前应用服务器的内容主要包括两部分：一部分是增强型的 Web 服务器，另外一部分是专门为应用提供服务的部分。这两个部分在某些产品中是合并在一起提供的，例如 IBM Websphere、BEA 的 Weblogic。也有些公司将这两部分作

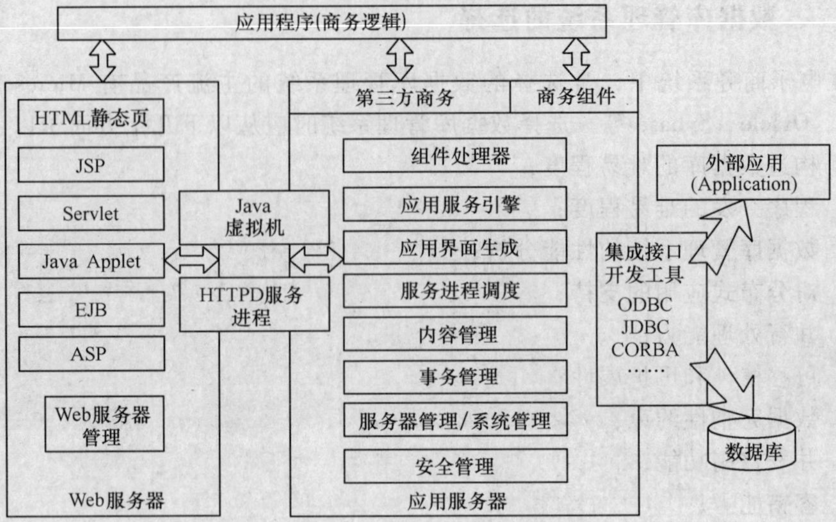

图 5-3 Web 服务器与应用服务器

为两个独立的产品分开提供，例如 iPlanet。

1. 增强型 Web 服务器

应用服务器软件包中的 Web Server 尽管也以 HTTPD 为核心，但增强了很多功能，主要包括：

- 静态 Web 页面（包括 HTML 和 DHTML）发布；
- 动态页面脚本（如 JSP、ASP、Servlet 和 Java Applet 等）；
- 用户自定义的 MIME 类型信息的发布；
- Java 虚拟机（JVM）；
- 传统的 HTTPD 服务；
- 服务器管理功能（例如页面访问控制、Web 访问统计、Web 服务器配置等）；
- Web 开发接口（例如 NSAPI、ISAPI 等）。

2. 应用服务器（Application Server）

从逻辑角度看，应用服务器与 Web 服务器相互配合共同完成商务逻辑。Web 服务器向应用服务器提供用户的请求，并表达处理的结果。而应用服务器及其上层的应用负责完成商务逻辑的处理，并反馈处理的结果。

应用服务器和 Web 服务器有很大的差别，体现在：① Web 服务器只能将应用程序处理结果以 HTML 页面的形式发布给用户。例如，如果应用程序需要和 IBM 的 MainFrame（如 3270）交互，从 IBM3270 这样的专用系统中提取数据，那么 Web 服务器是无能为力的，而应用服务器则可能提供与 IBM 大型机的中间件接口，使应用程序可以很容易地存取数据。②应用服务器可为企业级应用提供一种可靠的、高性能的运行环境，而 Web 服务器是无法做到这一点的。③应用服务器可以提供很多预先安装的（或者预置）服务，例如搜索引擎、内容管理等，这样开发人员实现这些功能时不再需要额外地开发，可以直接通过系统调用实现，从而减少工作量。④由于很多应用服务器预先配置和快速构造商务模型的组件，企业可以迅速地建立商务逻辑。例如一个从事 B2B 的企业试图建立虚拟电子市场，假如以 Oracle 的 iExchange 为平台，企业仅需要通过定义角色，在此平台上定义相关规则，就可以快速地建立起一个电子交易市场。

目前应用服务器的版本很多，其功能差异也较大，可以提供的服务主要包括：

（1）高性能的应用程序运行环境。这方面的功能包括：

1）内容缓存（Content Cache）。当用户访问 Web 服务器，存取 HTML 页面时，一般 Web 服务器需要从硬盘上读取 HTML 文件，然后传输给用户。每次用户访问，Web 服务器都重复相同的处理过程。内容缓存则将用户经常访问的 HTML页面或者 Web 处理结果存储在服务器的内存当中，在用户请求某一服务时，服务器首先从内存中检索是否有相应的结果，如果存在，则不必重新处理，而直接将结果返给用户。由于内存的存取速度远比硬盘的存取速度快，所以服务器如果支持内容缓存功能，那么系统的响应时间可以缩短。

2）数据库连接缓存（Connection Pool）。通常，用户通过 Web 服务器访问数据库时，Web 上的应用程序和数据库服务器之间需要首先建立连接，然后才能存取数据，在处理结束后，这种连接被关闭。每次用户访问都需要重复这样的步骤。由于数据库连接过程比较消耗系统资源，而且时间开销也比较大，尤其是利用公共网关接口 CGI（Common Gateway Interface）进行连接时，效率尤其低，通常情况下连接过程对系统响应时间的影响是很大的。

数据库连接缓存是指在 Web 服务器和数据库服务器之间建立经常性的连接，当用户需要访问数据库时，直接利用这些已经存在的连接，操作结束后，连接仍然保持而不被关闭。这样一来，用户访问数据库的步骤被简化，系统效率得到了提升。

3）支持进程的多线程（Multi-Thread）执行。该功能是将一个进程分解成为多个可以独立的线程并行运行，提高应用程序的运行效率，缩短运行时间。

4）大量用户访问情况下的负载均衡。该功能根据用户访问量及服务器的处理能力，动态调整每个服务器的负载，使服务器的处理能力和负载之间保持平衡，提高系统的可靠性和整个系统的性能。

5）支持分布式联机事务处理（OLTP）。

（2）为应用提供扩充性（scalability）。由于电子商务系统在规划设计阶段难以精确预测未来服务的客户数量，也难以预测其客户增长的速度，所以，电子商务应用系统应当具备良好的可扩展性能。应用服务器主要通过三种方式提高系统可扩充性，首先是利用服务器集群技术，将系统压力分摊在集群服务器中的各个设备上去。其次，应用服务器大多支持多 CPU 系统，从而在系统访问压力增加时，通过增加服务器 CPU 来提高系统的处理能力。第三，一些优秀的应用服务器还提供应用的动态负荷均衡（Load Balancing），使服务器的性能和访问压力之间得到匹配。

(3) 会话管理（Session Management）。用户一般通过和电子商务系统进行对话来完成商务活动。以一次网络购物过程为例，用户经常要经过多次挑选才能够确定购物清单，每次挑选货物并将其放入购物车的过程就是一次会话过程。如果计算机系统无法记录用户的购物清单，那么必须要求用户一边在线挑选，一边用纸笔记录，否则在付款时可能发现难以回忆起整个购物过程中都买了些什么商品，这是一件时常发生但又令人尴尬的事情。

会话管理的作用是记录和管理客户的每次人机会话过程。应用服务器如果支持会话管理功能，那么如果用户重复上述的购物过程，付款时，电子商务系统会自动地提供购买清单。因此，如果一次商务活动必须经过多个复杂的步骤才能完成，会话管理是非常重要的。

(4) 支持多种应用编程模式。在应用服务器的基础上开发应用程序，除了可以使用多种语言外，也可以采取多种编写程序的方式。具体来讲包括以下的内容：①应用表达：JSP、Servlet、JAVA 应用。②商务逻辑：Java Beans、EJB 等。③数据库存取：JDBC、ODBC 等。④应用集成：XML、CORBA 等。

(5) 目录及内容管理。应用服务器一般提供目录管理和内容管理工具。利用这些工具可以完成用户访问内容的控制、分层数据组织、目录更新及控制等服务。

(6) 商务引擎。商务引擎主要是为商务系统提供业务支持，它所提供的服务主要包括：个性化服务（例如 BEA 的 WebLogic Personal Server）、客户关系管理（例如 BroadVision、Oracle 公司的产品）、供应链管理、电子交易市场（如 Oracle iExchange）等。但是不同的应用服务器产品在这一方面的差异很大。

(7) 系统管理。目前应用服务器都提供系统管理工具，具体功能包括：

1）性能配置管理。性能管理主要围绕为商务应用配置合适的系统资源，例如对服务进程数的调整、结果缓存（Result Cache）大小的调整等。

2）存取控制管理。存取控制管理也可以称为访问控制（Access Control），其目的是对系统资源的访问权限进行限制，保护特定内容的安全，例如控制只有特定权限的用户才能访问系统当中的某些应用或者页面等。

3）系统日志管理。这一功能对系统访问、应用运行、存取失败等情况进行记录，从而为系统的故障诊断、分析和性能优化提供依据。

应用服务器产品很多，但是流行的应用服务器主要包括：BEA 公司的 WebLogic 产品家族、IBM 的 Webshpere、AOL 和 SUN 联盟的 iPlanet、Microsoft 的 IIS 及 SiteSuite。

四、中间件的选择

目前的发展来看，电子商务系统的应用构造方法趋向于采用应用总线方式构造。所谓应用总线，是借用了计算机体系结构当中的“总线结构”的概念。应用总线与计算机体系结构中的总线概念类似，以一种通用的方式为各应用组件提供数据及控制逻辑，协调应用软件各部分的通信，从而达到软件各组成部分协同工作的目的。在这种指导思想下，组件技术伴随电子商务的发展近些年来进展很快，已成为电子商务应用开发技术的一个主流方向。

组件也被称为中间件（Middle Ware）或插件（Plug in），组件技术是应用级别的集成技术，其基本思想是将应用软件分解成为一个个独立的单元，将软件开发过程转变成为类似于“搭积木”的过程，通过组装不同的软件组件单元来实现软件的集成。按照组件技术的观点，应用软件的开发就成为各种不同组件的集成过程。

电子商务系统是一种分布式的信息系统，伴随电子商务系统的发展，分布式环境中面向对象的组件技术也得到充分的发展，这些技术中最具有代表性的包括：CORBA、Microsoft 公司提出的 DCOM 和 .NET Framework、SUN 公司提出的 EJB 和 J2EE。

1. CORBA

CORBA 是通用对象请求代理结构（Common Object Request Broker Architecture）的缩写。通常提到的 CORBA 一般有两层意思，一是指对象管理组织 OMG（Object Management Group）提出的分布式对象体系结构标准（或称规格），另一层意思是按这种体系结构开发的中间件产品。

OMA 定义了组成 CORBA 的 4 个主要部分：

第一，ORB（Object Request Broker），作为对象互通信的软总线。

第二，CORBA Services，定义加入 ORB 的系统级服务，如安全性、命名和事务处理。

第三，CORBA Facilities，定义应用程序级服务，如复合文档等。

第四，Business Objects，定义现实世界的对象和应用，如银行账户。

CORBA 作为一种应用级的互联标准得到了广泛的认同和应用，其主要特征是：

（1）在 CORBA 环境下应用系统间的互联是以对象或程序的调用方式进行

的，这样就可以做到系统间实时互操作。这类环境有很强的互操作能力。原则上，一个系统内部能够完成的操作，在系统之间通过 CORBA 都可以实现。

（2）CORBA 的面向对象的特点还保证了各种对象的封装性和内部细节的隐蔽性。这不仅可以简化各种功能（服务）的使用，还提高了系统的安全性。

（3）CORBA 比较适合于分层结构的应用集成。由于电子商务系统的体系结构本身就是一种多层次的结构，所以这一技术比较适合于核心业务逻辑的应用程序的集成。此外，由于目前应用服务器大多提供 CORBA 接口，这样利用 CORBA 技术完成应用程序和平台之间的无缝连接也比较容易。

2. Microsoft 的 DCOM 和 . NET Framework

分布式公共对象模型 DCOM（Distributed Common Object Modal）是微软公司以其公共对象模型 COM（Common Object Modal）为基础提出的分布式应用集成框架。DCOM 和 Windows DNA 是 Microsoft 公司的组件集成标准，该标准支持基于数据总线和控制总线的组件集成。

Windows DNA（Windows Distributed Internet Applications Architecture）是一种分布式的互联网应用框架，它被 Bill Gates 称为“数字神经系统”。这种结构的基本出发点是为了改善传统的客户机/服务器两层结构的明显的局限性，以适应更快、更复杂的事务处理任务和快速开发的需要。

Windows DNA 与微软的 Windows 操作系统紧密结合，是在原来 Microsoft 的分布式对象服务（如 COM、事务服务器 MTS 等）的基础上构造的。Windows DNA 的结构和 SUN 的 J2EE 标准相似，如图 5-4 所示。

在 Windows DNA 结构中，分布式应用系统由表示层（Presentation）、事务逻辑层（Business Logic）和数据服务层（Data）三个组成部分。

（1）表示层是指用户界面部分，主要是通过在客户端浏览器中运行 HTML、DHTML、Scripting、Java Applet、ActiveX（在 IE5. 0 中还可运行 XML）实现用户与应用程序的通信。在 Internet 应用环境中，表示层的工作由瘦型客户机来完成。

（2）商务逻辑层负责处理表示层的应用请求，完成商务逻辑的计算任务，并将处理结果返回给用户。商务逻辑处理层是将原先置于客户端的商务逻辑分离出来，集中置于服务器部分，为所有用户共享。商务逻辑层是整个应用的核心部分，而组件对象模型 COM 则相当于其心脏。商务逻辑层通过 COM 进行事务处理，并由 IIS（Internet Information Server）和 MTS（Microsoft Transaction Server）为各种应用组件提供完善的管理。

（3）数据服务层为应用提供数据来源。和以往的两层体系结构不同，数据库不再和每个活动客户程序保持一个连接，而是若干个客户程序通过应用逻辑组件共享数据库的连接，从而减少了连接次数，提高了数据服务器的性能和安

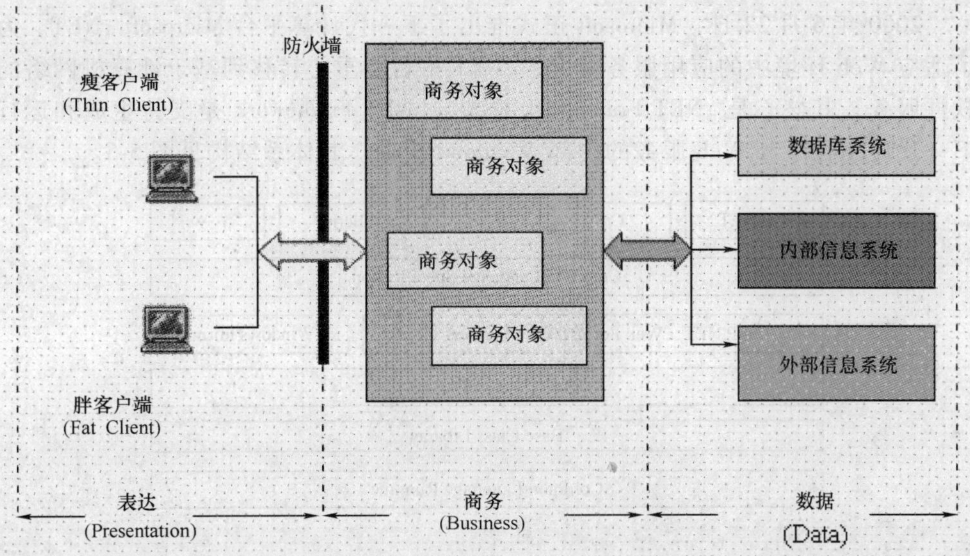

图 5-4　Microsoft Windows DNA 结构图

全性。可以根据需要选择 Microsoft SQL Server、Oracle 或任何与 OLEDB 或 ODBC 兼容的数据源。

Windows DNA 的技术思想使应用开发有了明确的分工。一部分人员专注于事务逻辑层 COM 组件的开发和测试工作，另一部分人员根据商务逻辑的需要选择和使用 COM 组件，而不需要了解组件功能实现的内部细节，最终以精练的 ASP 脚本语言把组件集成到页面之中，从而有效地降低了开发的难度。

将应用逻辑组件集中置于中间层，组件对象 COM 的可重用性减少了应用系统整体的管理和维护费用。商务逻辑改变时，不必改变整个页面源代码，只需调整或替换中间层相应的 COM 组件，即可灵活适应商务逻辑的变化。而后，系统可以在更新后的商务逻辑处理环境下运作，减少了客户端应用程序版本控制和更新的难度。在这样的结构下，所有复杂的事务处理都在中间层进行，客户端只需最基本的浏览器配置，就可以和服务器及其他客户进行事务交流。

这种应用模式能够提高系统的运营效率和安全性。在中间层，IIS 负责应用逻辑层 Web 页面的管理，MTS 负责应用逻辑层 COM 组件的管理。MTS 在多线程的支持下工作，实现对 COM 组件的分布式连接管理、线程自动管理及高性能事务处理的监视。应用程序使用组件可以共享与数据库的连接，使数据库不再和每个活动客户保持一个连接，而是若干个客户通过共享组件和数据库连接，降低了数据库的负担，提高了系统性能。此外，客户通过组件访问数据库时，MTS 的安全管理可以按权限将特定组件授给不同的用户组，使商务活动的安全性和系统结构有机地结合在一起。

2000 年 6 月 22 日，Microsoft 正式推出了下一代计算平台 Microsoft . NET。为了适应 Web 环境中的应用服务模式，. NET 平台将重心转移到基于计算机网络的软件服务，其核心是 . NET Framework 框架。. NET Framework 是支持生成和运行下一代应用程序和 Web 服务的内部 Windows 组件。其体系结构见图 5-5。

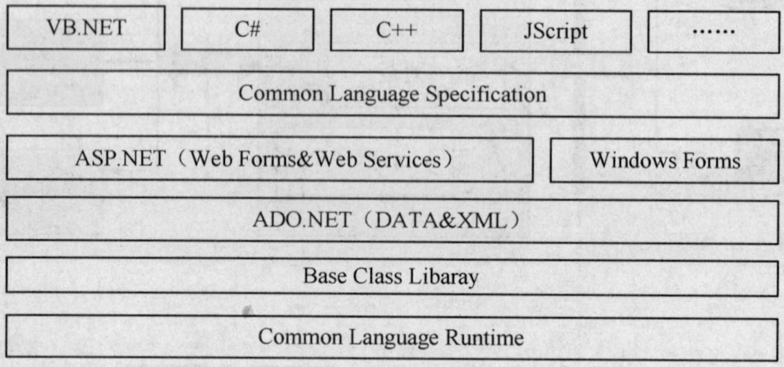

图 5-5　Microsoft . NET 体系结构图

3. J2EE 和 EJB

EJB 是 SUN 公司倡导的基于 Java 的组件构架。EJB 定义了一个集成的编程模型和标准的 API 接口。EJB 是实现服务器端应用服务的组件。

在 EJB 之后，SUN 提出了 J2EE（Java 2Enterprise Edition)，定义了一个一致的环境，以支持企业级别应用的集成，确保应用的可移植性。在 SUN 的 J2EE 规范（J2EE 白皮书）当中，J2EE 被定义成为一个多层次的服务、开发平台。J2EE 总共包括 4 个组成部分，核心是 J2EE 应用开发模型和 J2EE 平台。

（1）J2EE 应用编程模型（J2EE Application Programming Modal)：一个标准的开发多层结构、瘦客户端的开发标准。

（2）J2EE 平台（J2EE Platform)：J2EE 应用的标准宿主（hosting）平台，包括一系列的 API 和策略的集合。

（3）J2EE 兼容性测试工具（J2EE Compatibility Test Suite)。

（4）J2EE 实施参考（J2EE Reference Implementation)。

Sun 的 J2EE 平台已经成为使用最广泛的 Web 程序设计技术。该技术主要支持两类软件的开发和应用，一类是做高级信息系统框架的 Web 应用服务器 (Web Application Server)，另一类是在 Web 应用服务器上运行的 Web 应用程序 (Web Application)。J2EE 实际上是为 Web 应用系统提供了容器平台，用户所开发的程序组件在容器内运行。

J2EE 应用编程模型如图 5-6 所示。在该模型当中，商务逻辑处理被分成 3

个层次：客户层（Client Tier）、中间层（Middle Tier）和企业信息系统层（EIS Tier）。

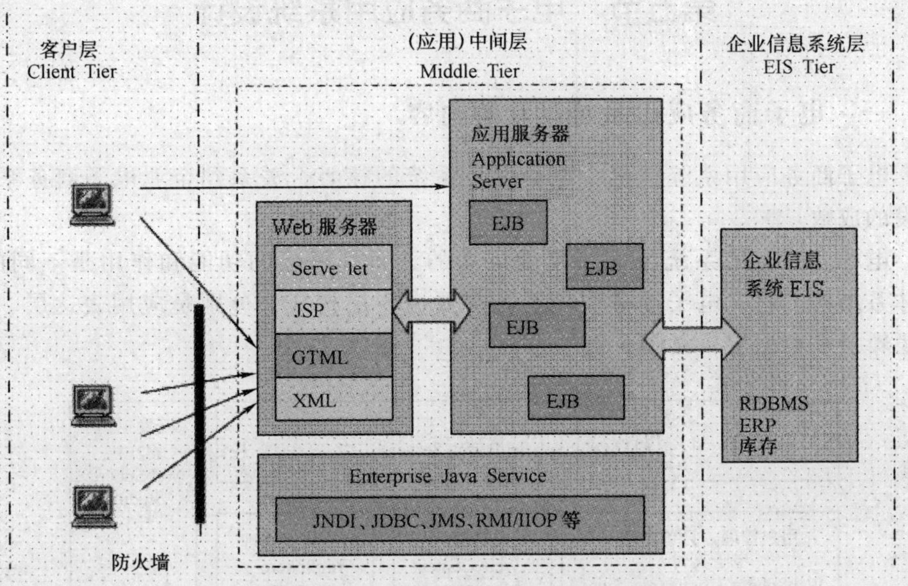

图 5-6 J2EE 应用编程模型

客户层支持不同的客户端，包括基于浏览器的瘦客户端及其他客户端。中间层能够完成企业服务的存取。EIS 层负责存储企业内部的关键商务数据。在 J2EE 模型当中，应用服务被分为两部分，一部分是商务及表达逻辑，由开发人员实现；另一部分是标准的系统服务，由 J2EE 平台提供。

在 J2EE 模型当中，中间层的商务功能通过一系列的 EJB 组件实现。中间层使用 JSP 实现商务逻辑处理结果的动态发布，构成动态的 HTML 页面，中间层也可以使用 Servlet 实现更为灵活一些的动态页面。

在上述模型中，中间层可以通过以下方式访问企业信息系统层（EIS Tier）中的信息资源：

JDBC：数据库访问接口 API。

Java 名字及目录接口——JNDI（Java Naming and Directory Interface）：可以获取名字服务和目录服务，例如 DNS、NDS、LDAP 和 CORBA 的名字服务。

Java 消息服务——JMS（Java Message Service）：作为一个标准的 API 接口可以和企业基于消息的中间件系统（例如 IBM MQSeries、BEA TUXEDO 等）交互。

Java Mail：基于 Java 的电子函件 API 接口。

Java IDL（Interface Definition Language）：一种接口定义语言，可以通过建立

远程接口支持 Java 和 CORBA 应用的通信。利用 Java IDL，应用系统可以调用 CORBA 的服务。

第五节 电子商务应用系统设计

一、电子商务应用系统设计的内容

电子商务应用系统是整个电子商务系统的核心，关系到企业电子商务系统建设的成败。

电子商务应用系统是有一定的层次的，而且每层的功能和作用是不同的。从体系结构上看，电子商务应用系统主要由 3 层构成，分别是应用表达层、商务逻辑层和数据层，见图 5-7。

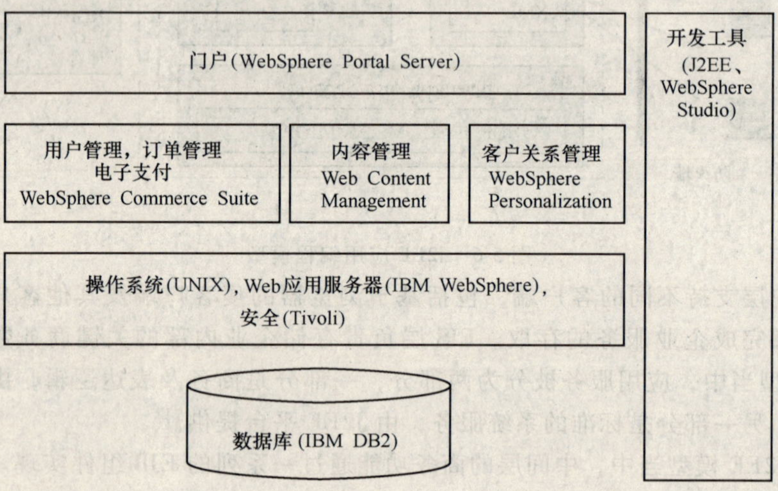

图 5-7 电子商务应用系统体系结构

从以上分析可以看出，电子商务应用系统的设计可以从 3 个方面展开：

1. 数据层

数据层主要完成数据的存取功能，可以运行于应用服务器或数据库服务器上。数据层应用软件的设计包括数据库结构设计、联机事务处理功能设计。

2. 商务逻辑层

商务逻辑层主要运行于应用服务器，该部分主要实现企业商务逻辑的核心功能，主要作用是进行业务处理。这一层的设计在开发技术上流行组件化（中间件），在内容上是一些具有相互关系的专门系统，如用户管理、订单管理、内容管理、电子支付等系统。

3. 应用表达层

应用表达层主要运行于 Web 服务器或智能终端，其主要作用是实现与客户的交互。该部分是电子商务应用系统中最为灵活和富有创意的部分。

之所以进行分层设计，目的是实现各部分的相关独立，在逻辑上不产生依赖。但在业务流程上要求紧密一致。

二、电子商务应用系统的功能

1. 电子商务应用系统的商务功能

由于电子商务系统的应用多种多样，从模式上有 B2B、B2C、C2C 等，从涉及的范围上来说有企业、政府等，其功能随应用模式及行业的不同而不同。但电子商务系统一般具有以下商务功能：

(1) 信息服务功能：提供如产品（服务）、价格、业务说明等信息，以及搜索与导航功能，方便与用户沟通。

(2) 交易功能：确定双方交易的形成，处理订单、支付及其他有关交易事项。

(3) 支付结算功能：完成交易双方交易金额的清算。

(4) 对商品（或服务）的跟踪功能：交易完成后，通过跟踪提高服务水平。

2. 电子商务系统的系统功能

除基本的商务功能外，电子商务系统还有一些功能是和系统管理、维护相关的，主要包括网络管理功能、网络安全功能、网络应用功能和数据管理功能。

三、电子商务网站设计

电子商务系统中，网站往往都具有重要作用。本节内容主要介绍电子商务网站的基本要求、网站的结构构成和网站的设计方法。

1. 电子商务网站的基本要求

- 界面友好，使用方便；
- 访问速度快；
- 兼容性；
- 可扩充性；
- 较高的安全性；
- 提供稳定的 7×24 小时服务；
- 注重保护个人信息。

2. 电子商务网站的结构

(1) 网站的物理结构。

• 文件应根据其功能、层次来存放，而不应将所有的文件都放在根目录下；

• 根据栏目规划来设计目录结构，目录的层次不宜太多；

• 目录名应使用简单易识别的英文字母，不要使用中文目录名；

• 数据库文件应单独放置，同时注意设置好访问权限；

• 不同目录的权限配置要合理（如对于静态网页只要可读即可，如果是执行文件，还需执行的权限），将可执行文件与不可执行文件分开放置。

(2) 网站的逻辑链接结构。

• 要符合浏览者的思维习惯和浏览习惯；

• 要使网站中最重要的信息有最多的机会与浏览者见面。

3. 电子商务网站的设计方法

(1) 网站风格的选择和创意的使用。网站风格是抽象的，是指站点的整体形象给浏览者的综合感觉。

确定网站的整体风格，应从网站标志、色彩、文字等与网站的功能相协调，以及用户的需求等方面来考虑。

(2) 网站总体形象设计。一个网站是企业的对外表达，其形象设计如同实体企业的门面、形象设计同样关键。纵观国内外电子商务网站的主页，最明显的区别是国外厂商的网站主页相对比较简洁。在进行网站形象设计时要注意以下几点：

1) 主页内容不宜内容太多，尺寸过大。主页如果内容太多，会给访问者以无所适从的感觉。

一般主页的内容主要是导航性质，尺寸较小，宽度 800 像素，高度一般不超过 768 像素。访问者使用 1024 × 768 分辨率，不需要水平或垂直滚动条即可浏览主页全部内容。

2) 布局分简洁、明快。

3) 不宜放置太多广告。

4) 不同页面色彩要统一。

5) 提供客户搜索、交流、获取服务的渠道。

(3) 网站栏目设置。网站类型不同，网站的栏目设置也千差万别。网站的首页很关键，其栏目一般包括：页头、主菜单、最新消息、电子邮件、联络信息、版权信息、其他信息。

产品页面一般采用信息分层、逐层细化的方法展示公司的产品或服务。

(4) 网页布局。常见的版面布局主要有：

1) “T”结构布局。这种布局应用最广泛，优点是：用户对整个网站的信息一目了然，页面结构清晰、主次分明、易于使用。

其缺点是：如果细节色彩上不注意，容易让人“看之无味”。

有些商务网站中，主页不是“T”型，但是“商品介绍”等栏目后还是采用此种布局。

2）“口”型布局，相当于“国”型布局。

3）“三”型布局，国外站点使用多。

4）对称对比布局。

5）POP 布局。

（5）网页色彩的搭配技巧。网页的色彩是树立网站形象的关键之一。色彩作用很大，是艺术表现的要素之一。

色彩搭配的原理有：①色彩的鲜明性：网页的色彩要鲜艳，容易引人注目。②色彩的独特性：要有与众不同的色彩，使得访问者印象强烈。③色彩的合适性：色彩和内容气氛相适合，如用粉色体现女性站点的柔性。④色彩的联想性：不同色彩会产生不同的联想，蓝色想到天空，黑色想到黑夜，红色想到喜事等，选择色彩要和网页的内涵相关联。

四、数据库设计

数据库设计是指对于一个给定的应用环境，从用户对数据的需求出发，研究并构造数据库结构，使之能够有效地存储数据，满足用户的各种应用需求的过程。

1. 数据库设计的基本原则

（1）数据库设计的基本规则——范式。构造数据库必须遵循一定的规则，在关系数据库中，这种规则就是范式。范式是符合某一种级别的关系模式的集合。

1）第一范式（1NF）。1NF 须满足以下条件：①数据表不能存在重复的记录，即每个表应存在一个关键字。②每个字段都不可再分，即已经分到最小。主关键字需达到下面几个条件：主关键字段在表中是唯一的；主关键字段中没有复本；主关键字段不能存在空值；每条记录都必须有一个主关键字；主关键字是关键字的最小子集。

2）第二范式（2NF）。如果一个关系属于 1NF，且所有的非主关键字段都完全地依赖于主关键字，则称之为第二范式，简记为 2NF。

3）第三范式（3NF）。如果一个关系属于 2NF，且每个非关键字不传递依赖于主关键字，这种关系是 3NF。从 2NF 中消除传递依赖，就是 3NF。

（2）电子商务系统数据库设计的基本原则 。

1）真实性：正确反映数据与数据（信息与信息）之间的层次逻辑关系。

2）准确性：对进入到数据库中的数据有一个有效性检查。

3）完整性：对数据库中的数据进行非逻辑操作进行相应的错误处理。

4）实用性：满足应用功能需求、满足系统对性能上的要求。

2. 基于 UML 的数据库设计

对关系数据库来说，目前比较常用的设计方法是采用 E-R 图，但越来越多的人开始采用 UML 类图进行数据库设计。相比较而言，UML 类图的描述能力更强，不但可以对数据表建模，还可以对触发器和存储过程等建模。在基于 UML 的面向对象系统分析完成后，就可以得到类图，进而可以方便地采用类图进行数据库设计。我们可以用类图来描述数据库，用类描述数据库表，用类的操作来描述触发器和存储过程。

3. 异构数据库的存取

电子商务应用系统中需对数据进行大量的处理、运算，也需要对数据进行统一管理。由于数据库管理系统存在差异，因而如何采取统一方式透明访问异构数据库就成为一个重要问题。为解决此问题，业界提出了许多技术标准与解决方法，目前数据库系统的数据存取方式、接口方面的标准主要有：

（1）数据库数据的存取标准 SQL。结构化查询语言 SQL（Structured Query Language）由 ANSI 制定，ISO 选定其作为数据库数据存取标准（ISO9079）。OSF 和 X/Open 也都选择了它作为产品标准。

（2）应用访问数据库的接口标准 ODBC、JDBC 等。应用程序访问数据库时，通常可以利用数据库管理系统提供的应用程序接口 API（Application Programming Interface）访问数据库中数据，但是各个数据库产品生产商向程序员提供的 API 接口差异比较大（例如 Sybase 的 DB-Library、Informix 的 E-SQL 等）。数据库应用程序接口标准就是试图建立这种程序接口的规范，减少应用程序和数据库管理系统之间的依赖性，使应用程序可以通过相同的方式访问不同 DBMS。目前主要有以下的一些数据库应用程序接口标准：

1）开放数据库互联标准 ODBC（Open Data Base Connectivity）ODBC 由 Microsoft 公司提供，它定义了数据库访问的应用程序接口，即 API 接口。ODBC 的目的是屏蔽各种数据库存取 API 接口的差异，为访问数据库的应用程序提供一致的接口。应用程序可以通过称为 ODBC 驱动程序（ODBC Driver）的数据库引擎访问不同的数据库管理系统（见图 5-8）。

2）Java 数据库连接标准 JDBC（Java Data Base Connectivity）。JDBC 和 ODBC 类似，它为 Java 应用程序提供统一的 API 接口。JDBC 包括两个基本部分，一部分是面向开发人员的 JDBC API，其作用是为程序员提供不同的数据库连接方式。另一部分是 JDBC Driver，它可以建立在 ODBC 基础上，即程序对 JDBC 的访问先转换成为对 ODBC 的调用，然后利用 ODBC 完成数据库访问。JDBC 也可以直接与数据库连接。

目前几乎所有的应用服务器都为 Java 程序提供 JDBC 接口，如图 5-9 所示。

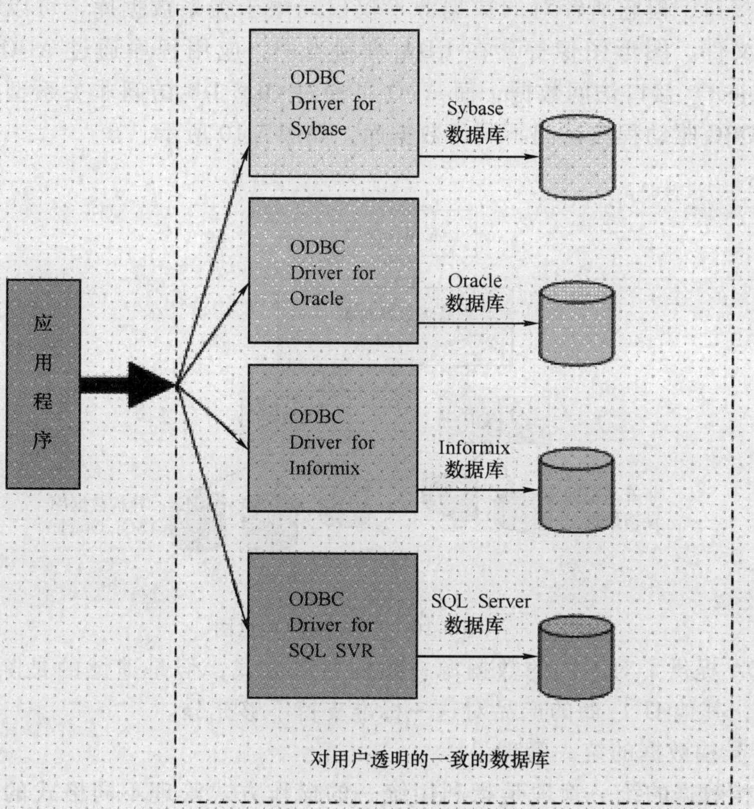

图 5-8　通过 ODBC Drive 访问异构数据库

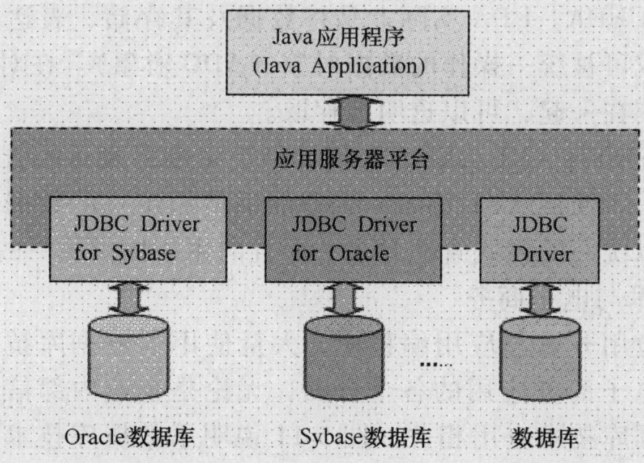

图 5-9　通过应用服务器的 JDBC Driver 访问不同的数据库

3）统一数据存取标准 UDA（Universal Data Access）

UDA 是 Microsoft 公司提出的一种标准，它也力图为应用程序提供一个统一的 API 接口，但它所针对的数据源不仅仅局限于关系数据库，可以是非关系型的数据文件、图形图像等。在 UDA 机制当中，应用程序通过 ADO（Advanced Data Object）接口访问数据，而 ADO 可通过 OLE DB 访问非关系型的数据或者通过 ODBC 驱动程序访问不同的数据库，如图 5-10 所示。

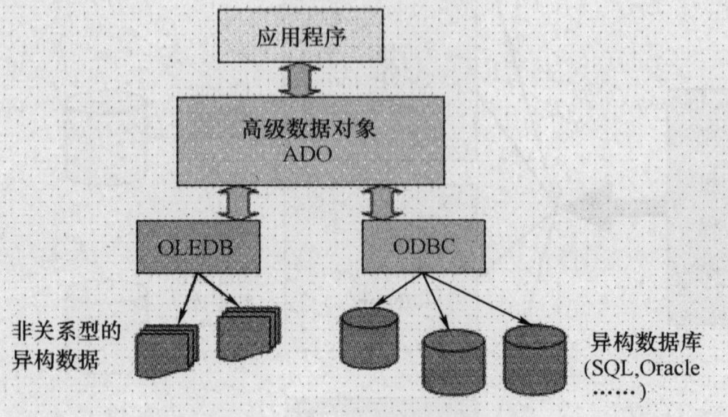

图 5-10　UDA 结构示意图

UDA 提供了对不同的数据源一致的存取方式，但是遗憾的是除了 Microsoft 公司外，其他 IT 厂商的产品对这一标准支持不够充分。

4. 异构数据的统一管理

异构数据的统一管理是指利用统一的操作方式管理不同格式的数据，并且实现不同数据之间的相互转换。利用该服务，应用程序的可移植性就会得到很大的提高。目前这一方面的标准和产品主要包括：

（1）Microsoft UDA。UDA 实际上是将数据及其存储、表达格式和存取方式集成在一起，形成可被统一操作的数据对象（ADO 对象）。在对象当中，数据及其操作方法被封装在一起，可以透明地存取。

（2）扩展标记语言 XML。XML 不仅可以定义数据表达的方式，而且可以描述数据的存取方法。使用 XML 语言，企业能够使用统一的数据结构管理各种不同格式的数据，以统一的方式管理起来，而且向用户提供统一的存取方法。

5. 数据库技术与电子商务

在电子商务应用开发与应用编程中，大量使用了数据库技术。同时，数据库技术也覆盖了电子商务应用的各个方面，无论是企业内部信息系统，还是外部系统，均和数据库技术应用相关。图 5-11 说明了数据库技术在电子商务中的应用。

五、电子商务系统设计开发常用的技术标准

电子商务系统设计开发常用技术标准如表 5-1 所示。

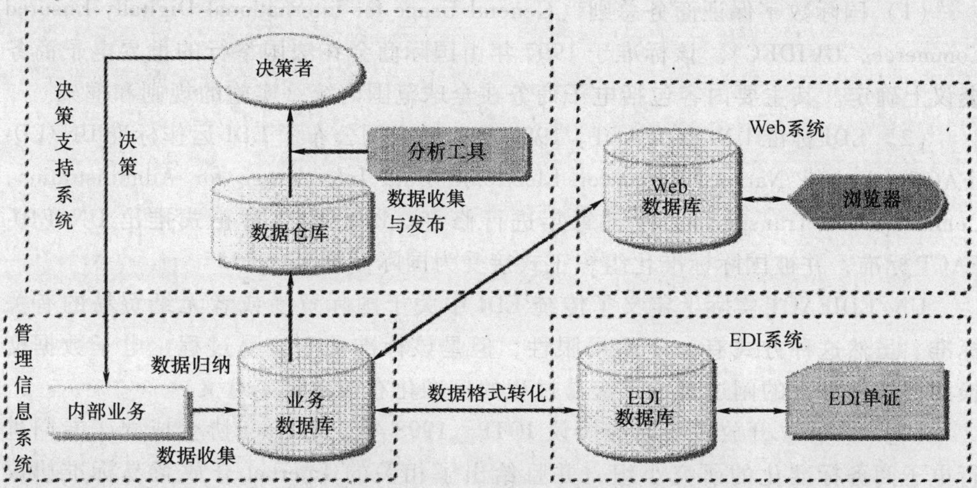

图 5-11　数据库技术与电子商务

表 5-1　电子商务系统设计开发的常用技术标准

技术及服务	协议/标注	API 接口
Web 应用环境		
Web server	HTTP、HTML、XML、DHTML	Servelets、web 专用 API、plug-ins
Web browser	HTTP、HTML、XML、DHTML、WAP	Applets、COM
组件	CORBA、IIOP	Javabeans、EJB、RMI
脚本	ECMAScript、JS、VBScript	JSP、ASP 等
工作流	CORBA WFM/IIOP、WFMC	
应用服务器	IIS	
邮件协议	SMTP、POP3、IMAP	
网络管理	SNMP	ARM
无线信息处理	WAP/WML	
文件服务	AFS/DFS	JDKjava. io
网络协议	TCP/IP	JDKjava. net
安全	CDSA、SSL	JSSL、JCE
目录服务	LDAP	JNDI
事务处理	CORBA、OTS/IIOP、OLTP、OLAP	EJB、JTS、JTA
数据库	ODBC、SQL、MYSQL	JDBC、ODBC
社区	IRC、NNTP、FTP	

1. 商务标准及规范

该部分主要涉及商务活动中的单据票证、数据自动识别、交易及支付、贸易数据安全等方面。目前这方面的技术规范体系不很完整，已有的一些标准规范主要包括：

（1）国际数字保证商务总则（General Usage for International Digitally Ensured Commerce，GUIDEC）。该标准于1997年由国际商会在法国举行的世界电子商务会议上确定。其主要内容包括电子商务在全球范围内统一实施的规则和框架。

（2）EDI标准UN/EDIFACT。1987年，联合国公布了EDI运作标准UN/EDIFACT（United Nations Rules for Electronic Data Interchange for Administration，Commerce and Transport），并且每年进行修订。1990年3月正式推出UN/EDIFACT标准，并被国际标准化组织正式接受为国际标准ISO9735。

UN/EDIFACT实际上定义了传统EDI中关于国际贸易或者无纸贸易的有关标准。虽然这种方式有一定的局限性，但是该标准关于交易过程、电子数据交换的格式等方面的阐述对电子交易过程的标准化有很多借鉴意义。

（3）Internet开放贸易标准协议IOTP。1998年，Internet协会成立了专门进行电子商务标准化的研究小组，并且给出了相关的Internet开放贸易标准协议IOTP（Internet Open Trading Protocol）的建议标准。该建议的主要贡献之一是提出了Internet商务的互操作框架。此外，该组织还提出了其他一些准则，其中有影响的包括：IOTP的HTPP补充部分；IOTP的数字签名补充部分。

（4）联机交易及在线支付方面的标准。这一领域的标准，主要针对联机交易过程的安全、交易过程的不可抵赖性、数据的不可窃取及数据加密等方面。目前主要的标准规范有：

1）安全超文本传输协议（S-HTTP）：依靠密钥对的加密，保障Web站点间的交易信息传输的安全性。

2）安全套接层协议（SSL）：由Netscape公司提出的安全交易协议，提供加密、认证服务和报文的完整性。SSL被用于Netscape Communicator和Microsoft IE浏览器，以完成需要的安全交易操作。

3）安全交易技术协议（Secure Transaction Technology，STT）：STT由Microsoft公司提出，将认证和解密在浏览器中分离开，用以提高安全控制能力。Microsoft在Internet Explorer中采用这一技术。

4）安全电子交易协议（Secure Electronic Transaction，SET）：1996年6月，由IBM、Master Card International、Visa International、Microsoft、Netscape、GTE、VeriSign、SAIC、Terisa就共同制定的标准SET发布公告，并于1997年5月底发布了SET Specification Version 1.0。它涵盖了信用卡在电子商务交易中的交易协定、信息保密、资料完整及数据认证、数据签名等。SET 2.0中增加了一些附加的交易要求。SET规范明确的主要目标是保障付款安全，确定应用之互通性，并使全球市场接受。

（5）电子支付的有关标准。电子支付标准主要定义的是支付手段和方式。主要的一些标准包括：

1）联合电子支付（JEPI）。JEPI（Joint Electronic Payment Interface）主要定义支付过程中支付方式的选择、自动支付的接口。JEPI的目标是为不同的支付协议提供公共的支付平台。

2）金融业务标记语言（FSML）。FSML目前主要定义的是电子支票的有关规范。该标准为美国财政部采用。FSML是标准通用标记语言SGML（Standard General Markup Language）中的一个子集。

（6）数据自动识别技术标准。该部分的标准主要用于商业数据的自动识别方面，其中比较典型的代表是条形码技术标准，例如二维条形码的PDF标准等。

2. 技术标准

技术标准比商务标准制定得早，相对比较完整，大部分内容得到广泛的认可，并融入技术产品当中。这些技术标准主要分成以下几个层次：

（1）网络技术标准。计算机网络和数据通信方面的技术标准最完整，对应于电子商务体系结构中的“基础支持层”。网络技术标准可以分成以下几个层次：

1）计算机网络体系结构标准，如ISOOSI/RM，TCP/IP协议族。

2）网络体系结构中各个层次的协议标准，例如物理层当中的RS232、数据链路层中的HDLC等。

3）各种数据通信网的协议，例如公共分组交换网PSDN当中的X.25协议标准等。

（2）计算机系统及设备标准。这些标准主要包括计算机主机系统、多媒体设备、计算机系统的外部环境、系统管理、接口等方面的标准。

（3）信息安全标准。信息安全标准包括传统的密码学中有关规范和计算机数据安全的一些标准，例如DES、RSA、PKI、PGP等。

（4）应用软件及开发标准。该部分主要用以规范用户界面（例如OSF的GDE）、图形图像（例如GIF、JPG）、操作系统服务、数据管理、国际化/本地化等方面，例如X.Open组织的CDE（Common Desktop Environment）等。

思考题

1. 电子商务系统设计的原则与内容是什么？
2. 电子商务系统总体设计的主要内容是什么？
3. 电子商务系统信息基础设计包括什么内容？网络设计包括哪些方面？
4. 如何进行应用服务器的选择？
5. 电子商务应用系统设计的主要内容是什么？
6. 分析数据库技术在电子商务系统中的应用。

7. 商务逻辑层为何目前提倡采用组件化（中间件）方法进行设计。

案例分析

电子商务与应用服务器

（资料来源：郭宜斌．软件世界，2000.8）

1. 应用服务器市场分合

1998年，事务处理中间件厂商BEA系统公司并购了WebLogic公司，一时成为Web应用服务器市场上的大事件之一。此前3个月，Sun微系统公司收购了WebLogic的竞争对手NetDynamics。1997年11月，Netscape通信公司并购了另一知名的应用服务器厂商Kiva软件公司。近几年来，在整个Web应用服务器市场上活跃着大量为市场份额而斗争的公司。竞争者中有大如IBM、Oracle、Sybase等老牌的独立软件制造商，同时也有一大批后起之秀，如SilverStream软件公司、Novera软件公司、GemStone系统公司、Bluestone软件公司、Haht软件公司、Iona技术公司、Persistence软件公司、Inprise公司等。其中，SilverStream软件公司被普遍看作是很具优势和很有代表性的一家。应用服务器市场的分合，从一个侧面反映了这里所蕴藏的无限商机。

用户现在千方百计地要把他们的业务转移到Web上，以实现电子商务。应用服务器在电子商务基础设施中的作用，正如咨询公司Patricia Seybold Group分析家Anne Thomas所说："应用服务器很关键，就如同15年前数据库服务器在当时IT基础设施中的作用一样。"

2. 应用服务器的功能

应用服务器是企业应用架构从传统的两级客户端/服务器向多级（特别是向三级）转移的必然产物。这种转移，是企业进入电子商务的关键性步骤。应用服务器软件位于企业服务器之上，连接装有浏览器的瘦客户端与后端数据库。应用服务器运行企业应用程序，以前，这些企业应用程序是由一类很臃肿的所谓胖客户端运行。

对应用服务器的作用，既不能与经典的两级客户端/服务器完全割裂，也不能据此作过分简单化的理解。虽然从最概念化的层面上看，应用服务器确实只不过是这样一类软件，它负责处理应用中的业务逻辑（Business Logic）并将业务逻辑作为整个分布式系统的一个有机部分来对待。但事实上，应用服务器不仅在电子商务基础设施中处于很关键的地位，其本身也包含了很丰富的技术内容。对应用服务器最为关注的一方是应用系统集成商，它们在帮助客户建立、配置和运行各种电子商务应用时，所需要的所有灵活性和功能，原则上都来自于应用服务器。

全面地看，应用服务器应当具备3方面的服务功能：GUI服务、应用服务以及数据库与事务处理服务。从另一个视角看，应用服务器也应当具备为电子商务解决方案提供全程支持的能力。概括而言，这类能力也体现在3个方面：①加快开发过程、确保开发质量，促使应用快速进入市场的开发能力。②促使应用能够以灵活而有效方式运行的配置能力。③与各种后端系统有效整合的集成能力。这3个方面几乎同等重要，这3类能力也是缺一不可。应用系统集成商在帮助客户建立、配置和运行各种电子商务应用时，所需要的所有灵活性和功能都源于对应用服务器各种能力的各种组合与运用。

3. 应用服务器的选择

（1）伸缩性是关键。在选择应用服务器平台时所考虑的诸多因素中，伸缩性（Scalability）被普遍认为是关键。伸缩性不仅是系统集成商最关注的，也是最终用户所关心的事。对伸缩性有要求而且也有直接影响的，是两大要素：其一是支持应用软件运行的计算机的档次；其二是支持应用软件运行的数据库的规模。今天，真正成功的电子商务都离不开非常可靠的数据中心的支持。为了建立这样的数据中心，则需要利用集群服务器所具备的均衡负载能力。另一个很重要的因素，是应用服务器的集成性，即必须具备与各种数据库和主机系统有效集成的能力。集成性是在电子商务应用中能够保护已有投资的前提。那些在过去很长时期内，花费了巨大投入才得以完成和积累起来的信息和应用，不但是企业的财富而且也是电子商务应用的基础。在电子商务应用的初期，至少必须做到让新的应用能够“用得上”或者能够“连接到”原有的信息和应用。然后，伴随着应用的深入以及相关支撑技术的更加成熟，也才有可能从原有的信息和应用中挖掘出更有价值的东西。

（2）支持开放标准。支持分布式应用的开放标准，是对应用服务器的另一重要要求。当前，这一标准的具体体现就是J2EE（Java 2 Platform Enterprise Edition）。J2EE是开发、配置和管理分布式应用的新平台，能够支持建立以服务器为中心的多级应用结构。Java 2平台是J2EE的基础。以J2EE为平台开发多级分布式应用，具有一系列明显的优点。

不仅如此，J2EE与其他相关技术之间还有很强的互补、协同和增强的关系，例如：

1）J2EE与Enterprise JavaBeans（EJB）。EJB技术是J2EE的基础。前者为在分布式计算环境下执行业务逻辑提供一种可伸缩的体系结构，而J2EE则使EJB的组件体系结构与Java平台上的其他有关技术结合起来，实现以服务器为中心的无缝开发与配置。

2）J2EE与XML。XML是J2EE平台的组成部分之一。J2EE已计划利用

XML提供B to B数据交换框架。在此目标实现之前，可以利用JavaServer Pages (JSP) 在服务器间或者服务器与客户机间产生和运用XML。另外，EJB利用XML描述组件的配置性质，因而使EJB不仅产生可移植的代码而且还产生可移植的数据。

互联网服务提供商（ISV）和企业应用的开发者都需要J2EE。因为J2EE给ISV提供了在Java平台上完成企业应用的完整蓝图。J2EE平台使企业应用的开发者只需集中精力刻画自己的业务逻辑，在无须关心其他非自己能力所长的技术细节（如各种业务对象如何分布、消息如何传递、如何命名和组织目录等）的情况下，仍能够高效地产生分布式商业应用。

从以上内容不难理解，为什么在建立多级企业应用时，J2EE处于事实上的标准地位。因此，支持该标准的应用服务器是保证立足于它的客户应用能够真正跨平台的基础设施之一。

4. 企业数据连接

电子商务对于企业内部与外部数据源的利用和连通，有更为迫切的需要和更高的技术要求。承载这类要求的系统部件也主要是应用服务器。在所有数据源中，主流的和基本的是遵从SQL标准的各种关系数据库。由于Java平台对电子商务的极端重要性，今天最为重要同时也最为流行的企业数据连接界面是JDBC，即一组公共的Java API 。几乎所有的数据库厂家都提供自己的JDBC驱动软件，同时也有一些工具软件的制造商提供第三方的JDBC驱动软件。应用服务器对所支持的JDBC驱动软件，总是要作技术上的确认。另一类重要的连接界面是ODBC，提供了对于微软的所有桌面系统的连接能力。这类界面在驱动软件上的情况与JDBC基本相同。另一方面，在非关系数据源中，包括SAP R/3及PeopleSoft等优秀软件在内的应用系统占有很重要的位置，优秀的应用服务器也应当具有与这类数据源的连接能力。例如，Silver steam的应用服务器不但能够连接以上所述的各类数据源，而且以统一的方法来解决企业数据的连接。它所采用的方法就是它独具特色的“数据源对象”（Data Source Object）方法。在这里，与不同数据源连接中的差异性完全封装在各自的数据源对象之中。

5. 应用服务器与网站建设

(1) 网站结构。当在网站上创建Web应用时，通常需要考虑3个主要因素：可采用的技术（如Java、ActiveX、CGI、NSAPI或ISAPI)、与所用技术相应的结构，以及在此结构上创建一个应用所需的Web工具。

和任何分布式应用一样，Web网站的建设需要分层设计。最简单的Web网站通常由Web浏览器和Web服务器两层构成。稍复杂一些的网站则包括3层：即Web浏览器、Web服务器和数据库服务器。传统的查询引擎就是三层Web网站的最佳范例。最复杂的情况是Web网站由4层构成，分别是Web浏览器、

Web 服务器、数据库服务器，以及位于数据库服务器和 Web 服务器之间的应用服务器。

4 层的 Web 网站结构现在使用得并不十分普遍，但随着网站上关键性商业应用的发展，它也将日益受到人们的关注与重视。在电子商务越来越受到关注的今天，事务处理监测器（TP 监测器）、分布式对象和应用服务器等基础技术受到 IT 界高度重视是理所当然的事。TP 监测器为了服务器端进程处理事务服务和与数据库服务器之间的通信，然后服务器端进程再将结果以 HTML 的形式反馈给 Web 客户机。

（2）网站定制。TP 监测器为 Web 服务器和数据库之间的商业应用处理增加了另一层技术，并提供了一些先进的应用处理能力。这种结构允许 Web 客户端从一个使用服务器端脚本和传统编程语言如 C + + 等的 CGI、NSAPI 或 ISAPI 应用访问 TP 监测器服务。TP 监测器于是代表 Web 服务器进程（即 CGI、NSAPI 或 ISAPI 应用进程）处理事务服务和与数据库服务器之间的通信，随后将信息返回给该进程，而该进程又将结果以 HTML 的形式反馈给 Web 客户端。BEA System 公司的 Tuxedo 和微软公司的 MTS 即是作为应用服务器与 Web 服务器协同工作的 TP 监测器的典型例子。

更进一步地说，在分布环境下，服务器端的进程需要能够与标准分布式对象的中间层通信。分布式对象是为分布式应用提供标准接口和中间件的远程程序。规范这种通信的，是分布式对象标准。公共对象请求代理结构（CORBA）和分布式组件模型（DCOM）就是当今两个最通用的分布式对象标准。

近年来，IT 界在将 Java 和 CORBA 合并为一个单独的分布式对象方面取得了一些进展，从而提供了满足 Java 标准的能力（如服务器端和企业级 JavaBeans）。因此，应用服务器都将融 Java 于其中作为优先追求的目标之一。

在网站定制中，普遍认为 TP 监测、分布式对象标准和 Java 平台是最为重要的技术要素，而应用服务器则是将三者有机结合起来。

（3）负载均衡。将网站应用于商业应用（即常说的“传统应用的 Web 化”）时，服务于此的应用服务器的作用是极其明显的。

在网站建设的大环境下，应用服务器将应用从 Web 服务器和数据库中分离出来，为处理大量的用户与事务提供了一个更为结构化、更为完美的解决方案。我们可以在 Web 或非 Web 的结构中使用应用服务器，即在应用服务器上存放服务器端的处理和共享应用逻辑，同时可将应用服务器用作处理事务的专门机构。重要的是，应用服务器能够提供诸如均衡负载、线程池和恢复服务等先进特性。这些特性以及应用服务器的事务处理能力允许适用于 Web 的应用更好地扩展和更快地从失败中恢复过来。

在多数情况下，作为一个只提供内容的标准网站，似乎无需应用服务器。

然而，如果Web服务器处理应用的负荷很重，那么应用服务器就是解决问题的关键所在。

6. 应用服务器与其他企业应用

电子商务的基本运行原则是以客户为中心。因此，客户关系管理（CRM）在电子商务中占有很重要的位置。在很多大企业（特别是制造业）中，像ERP这样的传统应用依然是很基本和很主要的应用。但是，电子商务要求对企业应用进行必要的重整。在这一过程中，CRM应用起着很重要的作用。在重整后的企业应用中，CRM应用也处于很核心的位置。因为，这里是企业与客户的唯一联络渠道，也蕴藏着其他企业应用和领导决策所需要的重要信息。从这个意义上讲，没有CRM就没有现代企业。但是，CRM应用是架构在完全异构的、动态的和分布式的环境之上。建造这样的环境，需要依托于像J2EE这样的新平台，而应用服务器是这一平台的核心。

信息门户是在企业应用中最受关注的一个方面。企业信息门户（EIP）打破了在多年信息系统建设中所形成的种种技术壁垒，能够将企业应用（数据、信息和服务）引导到工作现场。为了提供真正个性化的服务，EIP的基本任务是将从后端系统和数据库取得的服务与数据，以最适合于前端工作的方式提交到工作现场。由于应用服务器处于多级应用结构的中层，其基本任务是将数据和业务逻辑提交到Web上。因此，正如SUN公司Todd Sundsted所言，无论是CRM还是EIP，支撑它们的“幕后英雄”都是应用服务器。

案例思考题

1. 什么是应用服务器，应用服务器的功能是什么？
2. 什么是瘦客户？什么是胖客户？
3. 说明网站的两层、三层、多层结构，以及应用服务器在其中的地位。
4. 为什么说在选择应用服务器时，伸缩性是关键。
5. 负载均衡的作用是什么？通过调查，说明负载均衡的实现机制。
6. 应用服务器上一般部署哪些具体应用程序？从技术与商务需要方面说明。

第 六 章

电子商务支付系统与安全系统

学习目标

通过本章的学习了解电子商务支付系统的概念；掌握常用电子商务支付工具及安全支付协议；理解电子商务支付系统的安全需求，对电子商务支付过程有全面理解；熟悉电子商务安全需求，理解并掌握常用的电子商务安全技术；熟悉电子商务安全方案的内容及制定原则，能够对企业电子商务系统的风险及安全性进行评估。

第一节 电子商务支付系统分析

电子商务的优越性是吸引商家与个人上网消费的动力，但支付问题是交易双方必须面对的问题。从目前电子商务的实践情况来看，电子商务中主要的支付方式包括：传统的网下支付方式、电子支付（又称为网上支付）方式。电子商务中的电子支付系统，是电子商务技术的核心内容。广泛深入地研究电子商务支付体系以及相应的应用软件和现代电子支付工具，对于消费者、企业和金融机构都具有重要的意义。

一、电子商务支付系统概述

1. 电子商务支付系统的发展过程

电子支付方式的出现要早于互联网。银行进行电子支付的 5 种形式分别代表着电子支付发展的不同阶段。

第一阶段：银行利用计算机处理银行之间的业务，办理结算。

第二阶段：银行计算机与其他机构计算机之间资金的结算。

第三阶段：利用网络终端向用户提供各项银行服务。

第四阶段：利用银行销售终端向用户提供自动扣款服务，这是现阶段电子支付的主要方式。

第五阶段：最新发展阶段，电子支付可随时随地通过互联网络进行直接转账结算。这一阶段的电子支付称为网上支付。

2. 电子支付的特点

（1）传统的支付方式是通过现金的流转、票据的转让及银行的汇兑等物理实体的流转来完成款项支付；而电子支付是采用先进的信息技术，通过数据的电子化传输来实现款项支付。

（2）电子支付的支付环境是基于一个开放的系统平台之上；而传统支付则是在较为封闭的系统中运作。

（3）电子支付使用的是最先进的通信手段，如互联网；而传统支付使用的则是传统的通信媒介。电子支付对软、硬件设施的要求很高，如联网的微机、相关的软件及其他配套设施。

（4）电子支付具有方便、快捷、高效、经济的优势。

电子支付仍然存在一些问题，如安全问题，必须解决防止黑客入侵、防止内部作案、防止密码泄露等涉及资金安全的一系列问题。

3. 电子商务支付系统的构成

电子商务支付系统依赖于 Internet。电子商务支付系统由电子货币系统、支付清算系统及银行卡支付系统 3 个子系统构成。

（1）电子货币系统。这是一种允许以匿名方式直接完成支付的系统。支付行为的完成是通过代表等量数字化货币的加密信息实现的，其目的主要是无须通过中介就可以使交易双方直接实现支付。

（2）清算系统。清算系统中，交易双方自由地通信，同时也允许发送支付指令。通常是利用现有的金融专用网络作为清算系统。

（3）银行卡支付系统。信用卡公司是目前在互联网上积极创建支付系统的主要力量。1996 年，Visa 和 MasterCard 这两家全球性的信用卡公司宣布将同产业界的知名公司联手制定出基于数字签名的安全电子交易规程，并于 1997 年创建了一家名为 SETCo 的公司来实施其 SET 系统。可以说，SET 系统解决了如何将现有的信用卡交易做法从专用金融网络部分移植到互联网上的问题。

4. 电子商务支付系统的发展情况

电子商务于20 世纪 90 年代初兴起于美国、加拿大等国，但电子支付在近几年才被人们普遍接受。如 IBM、惠普、微软、SUN 等公司纷纷推出自己的电子商务产品和各自的解决方案。随着电子商务的发展，各种法规也随之健全，德国、韩国、意大利、西班牙和美国的许多州已经通过数字签名和身份认证法律。1996 年下半年，美国财政部颁布有关《全球电子商务选择税收政策》白皮书；联合国国际贸易法委员会（UNCITRAL）已经完成模型电子商务法的制定工作，为电子交易制定出统一通用的规则。另外，安全电子交易（SET）协议定义了一种电子支付过程标准，其目的就是保护万维网上支付卡交易的每一个环节。SET是专为网上支付卡业务安全所制定的标准。

二、确定电子商务支付系统的目标和任务

电子商务支付系统的目标，是建立一个安全、方便、可靠且实用的支付环境。由于电子商务支付系统涉及客户、商家（企业）、银行、认证机构以及相关的第三方，建立电子商务支付环境需要多方协作，并将安全放在第一位，因此需要复杂的技术与标准。

电子商务支付系统的任务是完成安全电子支付的基本需求，并提供多种可以选择的、方便、实用的支付工具，实现交易安全。

三、支付工具的选择

电子支付常用的支付工具有银行卡、电子现金、电子支票、智能卡等。

1. 电子货币

所谓电子货币是指以金融电子化网络为基础，以商用电子化机具和各类交易卡为媒介，以电子计算机技术和通信技术为手段，以电子数据（二进制数据）形式存储在银行的计算机系统中，并通过计算机网络系统以电子信息传递形式实现流通和支付功能的货币。

电子货币的出现与使用，标志着货币从物理介质的世界进入了虚拟的电子世界。

电子货币可以实现存款、转账、兑现等功能，具有简便、安全、迅速、可靠等特点。

2. 电子钱包

电子钱包是电子商务活动中购物顾客常用的一种支付工具，是在小额购物或购买小商品时常用的新式“钱包”。

消费者在网站选好货物后，就要到收款台进行付款，这时会出现一页或两页要求输入姓名、地址、信用卡号和其他个人信息的表格。消费者必须填完所有信息才能完成结账，而填写这些表格很繁琐，很多人因不愿填写表格而在收款台前丢下电子购物车扬长而去。电子钱包的使用改善了这一状况。电子钱包的功能和实际钱包一样，可存放信用卡信息、电子现金、所有者的身份证书、所有者地址以及在电子商务网站的收款台上所需的其他信息。电子钱包提高了购物的效率，用户选好商品后，电子钱包帮助用户将所需信息（如送货和信用卡）自动输入到收款表中，从而大大加速了购物过程。

3. 电子现金

电子现金（E-Cash）又称为数字现金，是一种表示现金的加密序列数，可

以用来表示现实中各种金额的币值。它是一种以数据形式流通的，通过网络支付使用的现金。它具有货币价值、可交换性、可存储性、重复性等属性，并具有协议性、对软件的依赖性、灵活性、可鉴别性等特点。其优点包括匿名性、不可跟踪性、减少实物现金的使用量、支付灵活方便等；不足之处主要表现在目前的使用量小、成本较高、存在货币兑换问题、可丢失性、不排除出现电子伪钞的可能性等方面。

电子现金属于小额交易的支付工具，在国外已被广泛使用。目前有5种实用的电子现金系统使用，即数字现金（DigiCash）、Internet 信用卡（First Virtual Holdings）、网络现金（NetCash）、电子现金（CyberCash）及电子钱包（ElectronicWallet）。详情可以查看电子现金应用系统提供商 DigiCash（www.digicash.com）、CyberCash（www.cybercash.com）、Clickshare（www.clickshare.com）、eCoin（www.eCoin.net）的相关网站。

4. 银行卡

按性质与功能区分，银行卡可分为：借记卡（Debit Card）——先存款，后支用；贷记卡（Credit Card）——先消费，后还款；综合卡——结合两种功能的卡，偏重“借记”。银行卡支付是电子支付中最常用的工具，可采用刷卡记账、POS 结账、ATM 提取现金等方式进行支付。电子商务中当用户通过网络在该公司购物时，用户用银行卡号和公司交换信息。用户使用安全的 SET 协议进行网络支付，具体方式是用户网上发送银行卡号和密码，加密发送到银行进行支付。在网页传送过程中，为了保证安全可靠，使用 SSL 传输协议。

银行卡支付是当今网络支付最流行的支付方式。其支付形式有：

(1) 无安全措施的银行卡支付。买方通过网上从卖方订货，通过电话、传真等形式传送银行卡信息，或者在网上传送银行卡信息，但无安全措施；买卖双方使用各自拥有的银行商家专用网授权来检查银行卡的真伪。其特点是：由于卖方没有得到买方的签字，如果买方拒付或否认购买行为，卖方将承担一定的风险；银行卡信息在线传送，但无安全措施，买方将承担银行卡信息在传输过程中的被盗风险及卖方获得银行卡信息等风险。

(2) 通过第三方代理的银行卡支付。其过程是：用户在第三方代理人处开账号；第三方代理人持有用户账号和银行卡号；用户用账号从商家订货；商家将用户账号提供给第三方代理人；第三方代理人验证商家身份，给用户发送电子邮件，要求用户确认购买和支付后，将银行卡信息传给银行，完成支付过程。具体过程见图 6-1。

5. 电子支票

电子支票（Electronic Check）是一种借鉴纸张支票转移支付的优点，利用数字传递将钱款从一个账户转移到另一个账户的电子付款形式。其特点是：

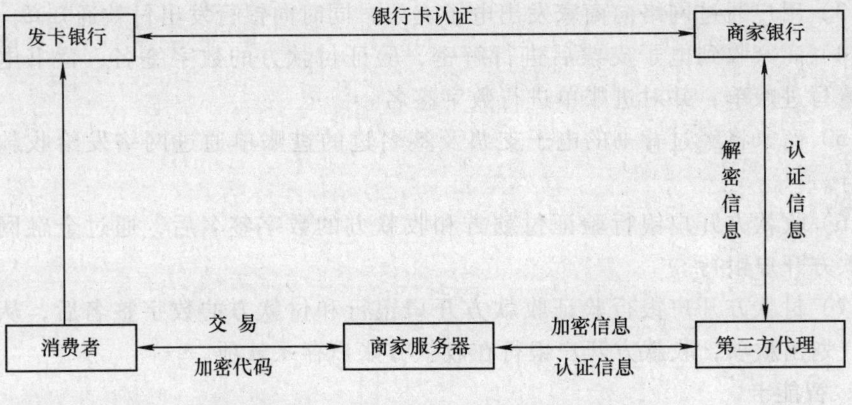

图 6-1　第三方代理的银行卡支付流程图

①电子支票与传统支票工作方式相同，易于理解和接受。②加密的电子支票使它们比数字现金更易于流通，买卖双方的银行只要用公开密钥认证确认支票即可，数字签名也可以被自动验证。③电子支票适于各种市场，可以很容易地与EDI应用结合，推动EDI基础上的电子订货和支付。④电子支票技术将公共网络连入金融支付和银行清算网络。

电子支票具有处理速度高、安全性能好、处理成本低、给金融机构带来了效益等优点。其付款过程为：

（1）用户和商家达成购销协议，选择用电子支票支付。

（2）用户在计算机上填写电子支票，电子支票上包含支付人姓名、支付人账户名、接收人姓名、支票金额等信息；用自己的私钥在电子支票上进行数字签名，用卖方的公钥加密电子支票，形成电子支票文档。电子支票的式样如图6-2所示。

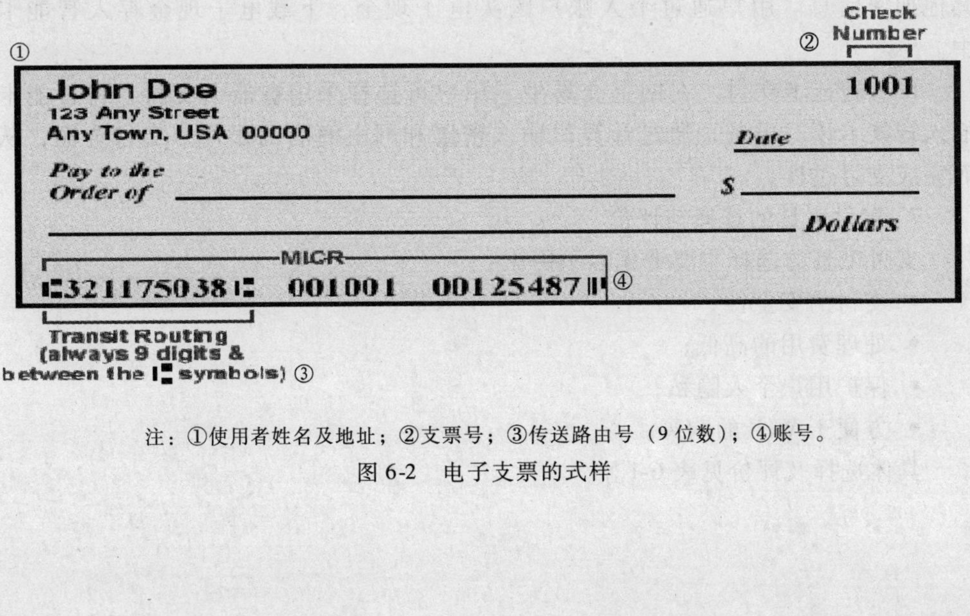

注：①使用者姓名及地址；②支票号；③传送路由号（9 位数）；④账号。

图 6-2　电子支票的式样

(3) 用户通过网络向商家发出电子支票，同时向银行发出付款通知单。

(4) 商家收到电子支票后进行解密，验证付款方的数字签名，背书电子支票，填写进账单，并对进账单进行数字签名。

(5) 商家将经过背书的电子支票及签名过的进账单通过网络发给收款方开户银行。

(6) 收款方开户银行验证付款方和收款方的数字签名后，通过金融网络发给付款方开户银行。

(7) 付款方开户银行验证收款方开户银行和付款方的数字签名后，从付款方账户划出款项，收款方开户银行在收款方账户存入款项。

6. 智能卡

智能卡（Smart Card）又称为集成电路卡（Integrated Circuit Card），是一种将具有微处理器及大容量存储器的集成电路芯片嵌装于塑料基片上而制成的卡片。

为了规范中国智能卡发展，推广智能卡的应用，中国人民银行先后组织开发和制定了《中国金融集成电路卡系列规范》、《中国金融 IC 卡卡片规范》、《中国金融 IC 卡应用规范》和 POS 设备的规范。另外，国家金卡工程办公室也相继制定了《全国 IC 卡应用发展规划》、《IC 卡管理条例》、《集成电路卡注册管理办法》及《IC 卡通用技术规范》等。

智能卡的使用过程为：

(1) 申请智能卡。用户向智能卡发行银行申请智能卡。申请时需要在银行开设账号，提供输入智能卡的个人信息。

(2) 下载电子现金。用户登录到发行智能卡银行的 Web 站点，按照提示将智能卡插入智能卡读写设备。智能卡会自动告知银行有关用户的账号、密码及其他加密信息。用户通过个人账户购买电子现金，下载电子现金存入智能卡中。

(3) 智能卡支付。在网上交易中，用户可选择采用智能卡支付，将智能卡插入智能卡读写设备，通过计算机输入密码和网上商店的账号、支付金额，从而完成支付过程。

7. 支付工具的选择与评价

支付工具的选择主要考虑以下因素：

- 支付的安全性；
- 处理费用的高低；
- 保护用户个人隐私；
- 方便于 Web 的购买。

具体选择及评价见表 6-1。

表 6-1　电子商务支付工具的选择

	e-Business 要求的性能				消费者要求性能	
支付工具	消费者类型	建设成本	安全性	处理成本	使用方便	隐私保护性
信用卡	老年人、公司	中～很高	低～中	高	是	低～中
借记卡	青年人、老年人	低～中	高	低	否	低
电子支票	老年人、公司	中～高	低～中	高	是	低
电子现金	老年人、青年人	中	低～中	低	是	中～高

四、基于 SET 协议的支付系统的功能需求分析

电子商务在提供机遇和便利的同时，也面临着一个最大的挑战，即交易的安全问题。在网上购物的环境中，持卡人希望在交易中保密自己的账户信息，使之不被人盗用；商家则希望客户的订单不可抵赖；在交易过程中，交易各方都希望验明其他方的身份，以防止被欺骗。针对这种情况，Visa 和 MasterCard 两大信用卡组织联合国际上多家科技机构，共同制定了应用于 Internet 上的以银行卡为基础进行在线交易的安全标准，这就是“安全电子交易”（Secure Electronic Transaction，SET）。它采用公钥密码体制和 X. 509 数字证书标准，主要应用于保障网上购物信息的安全性。

由于 SET 提供了消费者、商家和银行之间的认证，确保了交易数据的安全性、完整可靠性和交易的不可否认性，特别是保证不将消费者银行卡号暴露给商家等优点，因此成为了目前公认的信用卡/借记卡的网上交易的国际安全标准。

SET 是实现在开放的网络（Internet 或公众多媒体网）上使用付款卡（信用卡、借记卡和取款卡等）支付的安全事务处理协议。它的实现不需要对现有的银行支付网络进行大改造。该协议的 1.0 版本于 1997 年 5 月 31 日发布。SET 是以信用卡支付为基础的网上电子支付系统规范，为了满足用户、银行、商家和软件厂商的多方需求，它必须实现以下功能：①信息在 Internet 上安全传输，不能被窃听或篡改，对订单信息和付款信息提供机密性。②用户资料要妥善保护，商家只能看到订货信息，看不到用户的账户信息。③持卡人和商家相互认证，以确定对方身份。④软件遵循相同的协议和消息格式，具有兼容性和互操作性。

五、协议中所定义的消息流

SET 支付系统主要由持卡人（Cardholder）、商家（Merchant）、发卡行

(Issuing Bank)、收单行（Acquiring Bank)、支付网关（Payment Gateway)、认证中心（Certificate Authority）等6个部分组成。

参与SET协议支付系统的实体主要有持卡人、商家和支付网关。SET协议信息结构就是在一个完整的电子交易过程中，信息流和资金流在这三者之间是如何流动的。

SET协议信息结构共有6大部分：交易初始化请求、购置指令执行过程、授权检验过程、付款请求执行过程、持卡人查询过程及持卡人注册登录过程。这些过程构成了SET协议的消息流。

六、数据流程分析

SET规定了电子商务支付系统各方购买和支付消息传送的流程。交易流程为：

(1) 客户通过网络浏览器浏览在线商家的商品目录。

(2) 选择要购买的商品。

(3) 填写订单，包括欲购商品的名称、规格、数量、交货时间及地点等信息。订单通过因特网发送给商家，商家进行应答，并告知以上订单货物单价、应付款数额和交货方式。

(4) 消费者选择付款方式。此时，SET开始介入。

(5) 消费者发送给商家一个完整的订单及其要求付款的指令。在SET中，订单和付款指令由消费者进行数字签名；同时利用双重身份签名技术，保证商家看不到消费者的账号信息。

(6) 在线商家接受订单后，向客户开户银行请求支付。此信息通过支付网关送达收单银行，并进一步提交发卡银行确认。确认批准后，发卡银行返回确认信息，经收单银行通过支付网关发给在线商家。

(7) 在线商家发送订单确认信息给客户，客户端记录交易日志，以备日后查考。

(8) 在线商家发送商品或提供服务，并通知收单银行将货款从客户账号转移到商家账号，或通知发卡银行请求支付。

SET1.0版自1997年推出以来推广应用较慢，没有达到预期的效果。其最大的挑战在于定期进行网上购物的消费者极少，原因主要是SET协议为了保证安全性而牺牲了简便性、操作过于复杂、成本较高、具有较大竞争力的SSL协议的广泛应用，以及部分经济发达国家的法律规定了持卡人承担较低的信用卡风险等。SET协议提供了多层次安全保障，复杂程度显著增加；用户必须下载或从光盘上安装一个电子钱包，以便在浏览器上加入付款功能；用户还必须向金融机构或信赖的认证中心付费申请数字证书，以供持卡人和商家之间互相确认。

这些安全环节在一定程度上增加了交易的复杂性。

另外，SET协议目前只局限于银行卡的网上支付，对其他方式的支付没有给出很好的解决方案。SET协议只支持B2C模式的电子商务，而不支持目前最具有前途和影响力的B2B电子商务交易。

七、确定电子商务支付系统的安全需求

电子商务安全问题的核心和关键是电子交易的安全性，因此，下面首先讨论在Internet上进行商务交易过程中的安全问题。由于Internet本身的开放性以及目前网络技术发展的局限性，使网上交易面临着种种安全性威胁，也由此提出了相应的安全控制要求。

1. 身份的可认证性

身份的可认证性是指交易双方在进行交易前应能鉴别和确认对方的身份。在传统的交易中，交易双方往往是面对面进行活动的，这样很容易确认对方的身份。即使开始不熟悉、不能确信对方，也可以通过对方的签名、印章、证书等一系列有形的身份凭证来鉴别他的身份。另外，在传统的交易中如果是采用电话进行通信，也可以通过声音信号来识别对方身份。然而，参与网上交易的双方往往素不相识甚至远隔万里，并且在整个交易过程中都可能不见一面。因此，如果不采取任何新的保护措施，就要比传统的商务更容易引起假冒、诈骗等违法活动。

因此，电子交易的首要安全需求就是要保证身份的可认证性。这就意味着，在双方进行交易前，首先要能确认对方的身份，要求交易双方的身份不能被假冒或伪装。

2. 信息的保密性

电子商务中，需要对交换的信息进行加密保护，使其在传输过程或存储过程中不被他人所识别。在传统的贸易中，一般都是通过面对面的信息交换，或者通过邮寄封装的信件或可靠的通信渠道发送商业报文，达到保守商业机密的目的。而电子商务建立在一个开放的网络环境中，当交易双方通过Internet交换信息时，如果不采取适当的保密措施，那么其他人就有可能知道他们的通信内容；另外，存储在网络服务器中的文件信息如果不加密的话，也有可能被黑客窃取。上述种种情况都有可能造成敏感商业信息的泄露，导致商业上的巨大损失。例如，如果客户的信用卡的账号和用户名被人知悉，就可能被盗用；如果企业的订货和付款的信息被竞争对手获悉，就可能丧失商机。

因此，电子商务另一个重要的安全需求就是信息的保密性。这意味着，一定要对敏感重要的商业信息进行加密，即使别人截获或窃取了数据，也无法识别信息的真实内容。

3. 信息的完整性

信息的完整性是指信息在传输过程中的一致性，即不被未经授权者所篡改，也称不可修改性。上面所讨论的信息保密性，是针对网络面临的被动攻击而提出的安全需求，但它不能避免针对网络所采用的主动攻击。所谓被动攻击，就是不修改任何交易信息，但通过截获、窃取、观察、监听、分析数据流和数据流式获得有价值的情报。而主动攻击就是篡改交易信息，破坏信息的完整性和有效性，以达到非法的目的。

因此，保证信息的完整性也是电子商务活动中的一个重要的安全需求。这意味着，交易各方能够验证收到的信息是否完整，即信息是否被人篡改过，或者在数据传输过程中是否出现信息丢失、信息重复等差错。

4. 不可抵赖性

交易的不可抵赖性是指交易双方在网上交易过程的每个环节都不可否认其所发送和收到的交易信息，又称不可否认性。由于商情千变万化，交易合同一旦达成就不能抵赖。在传统的贸易中，贸易双方通过在交易合同、契约或贸易单据等书面文件上手写签名或印章，确定合同、契约、单据的可靠性并预防抵赖行为的发生，这也就是人们常说的“白纸黑字”。但在无纸化的电子交易中，就不可能再通过传统的手写签名和印章来预防抵赖行为的发生。因此，必须采用新的技术，防止电子商务中的抵赖行为，否则就会引起商业纠纷，使电子商务无法顺利进行。

因此，保证交易过程中的不可抵赖性也是电子商务安全需求中的一个重要方面。这意味着，在电子交易通信过程的各个环节中都必须是不可否认的，即交易一旦达成，发送方不能否认他发送的信息，接收方则不能否认他所收到的信息。

5. 不可伪造性

在传统的贸易中，可以通过合同字迹的技术鉴定等措施来防止交易过程中出现的伪造行为，但在电子交易中，由于没有书面的合同，因而无法采用传统手段来裁决是否发生了伪造行为。

因此，保证交易过程中的不可伪造性也是电子商务安全需求中的一个方面。这意味着，电子交易文件也要能做到不可修改，以保障交易的严肃和公正。

第二节 电子商务支付系统的设计

一、总体设计

电子商务支付系统的结构见图 6-3。

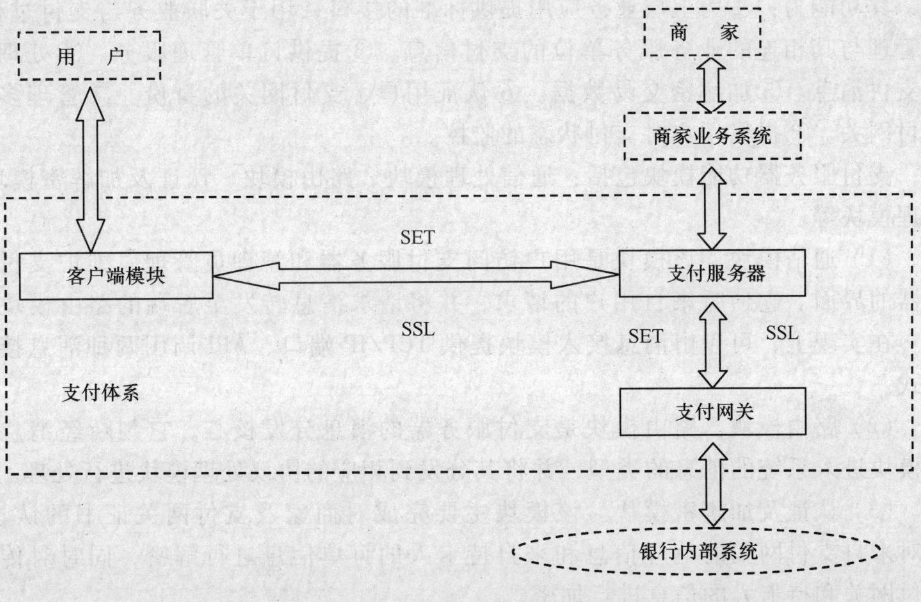

图 6-3　电子商务支付系统的结构

其核心模块包括：客户端支付软件、支付服务器、支付网关。

1. 客户端软件

客户端软件是与用户交互的界面。根据安全模式的不同，客户端软件有两种选择，一种是 SSL 代理，适用于 SSL 协议；另一种是电子钱包，适用于 SET 协议。

（1）SSL 安全模式。当用户访问机密的业务数据，或在用户提交支付信息时，服务器端将激活客户端的 SSL 安全代理模块。该模块获取用户的证书、私钥等信息，在客户与服务器之间建立基于数字证书认证的传输层数据安全链路，保障数据在点对点通信时的安全性和完整性。

（2）SET 安全模式。当支付过程被唤醒后，客户端的电子钱包会自动被浏览器中 Plug-in 模块触发运行。

电子钱包是一种提供安全支付服务的软件模块。它在 SET 支付过程中对所有与支付相关的 SET 数据进行加密、解密，以及对商家身份进行认证。

2. 支付服务器

支付服务器是与业务服务相关联的支付模块，也叫电子柜员机系统。它通过提供一组标准的与具体业务不相关的支付控制 API 接口来实现对多种业务模块的支持。在支付服务器上通常可以采用 3 种付款方式：①银行卡（信用卡与银行储蓄卡）、电子支票和电子现金。②客户持有的信用卡，可以用来购买各种货物。③顾客利用电子货币、电子支票和电子现金等购买虚拟货物。

其功能为：①为上层业务应用提供标准的接口，用于关联业务与支付过程。②管理与其相连的业务服务单位的支付信息。③提供订单管理服务。④处理各种支付消息。⑤加解密交易数据。⑥认证用户、支付网关的身份。⑦管理多个支付网关。⑧提供用户对支付状态的监控。

支付服务器功能模块包括：通信处理模块、路由模块、认证及加解密模块、管理模块等。

（1）通信模块。该模块是用户访问支付服务器和管理员管理、维护支付服务器的界面。它侦听来自用户的请求，并将请求消息转发至后端的路由模块处理。在实现上，可以由消息接入模块提供 TCP/IP 端口、API 调用两种消息接入模式。

（2）路由模块。路由模块是支付服务器的消息分发核心，它判断经消息接入模块进入系统的消息的类型，并将其分发到相应的协议处理模块进行处理。

（3）认证及加解密模块。该模块主要完成对商家及支付网关证书的认证，并对来自支付网关的响应信息和来自持卡人的订单信息进行解密，同时对传给支付网关和持卡人的信息进行加密。

（4）管理模块。该模块包括：系统管理，包括证书管理、私钥管理和监控管理；交易管理，包括日志管理、批次管理和统计分析。

3. 支付网关

支付网关在整个电子商务活动中起着非常关键的作用，它在整个支付系统中所处的位置如图 6-4 所示。

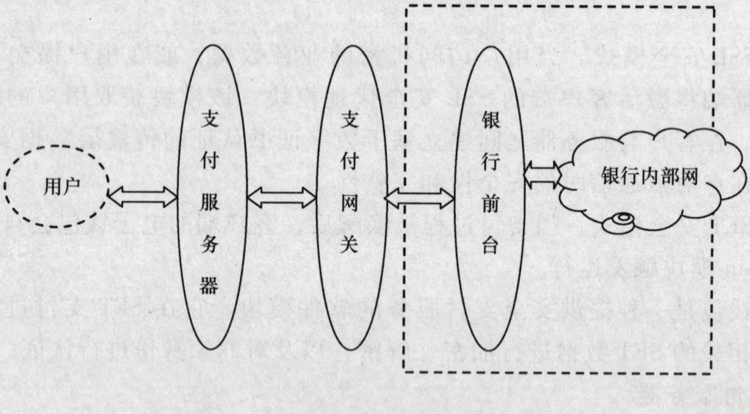

图 6-4　支付网关在支付系统中的地位

它一方面支持业务单位和商家通过互联网进行安全的网上交易，另一方面又通过安全通道保证与银行金融网络的工作安全，是连接商家和金融网络的通信和交易桥梁。

支付网关的功能是：①提供银行数据格式 ISO8583 与支付体系特定数据格

式的相互转换。②判断支付服务器提交的支付数据的完整性。③管理证书、私钥。④认证用户与业务单位的证书。⑤对支付数据进行加解密。⑥提供用户对支付状态的监控。⑦提供交易类型的动态配置。

支付网关的结构见图 6-5，主要由通信模块、路由模块、管理模块、协议转换模块、加解密模块 5 大功能模块组成。

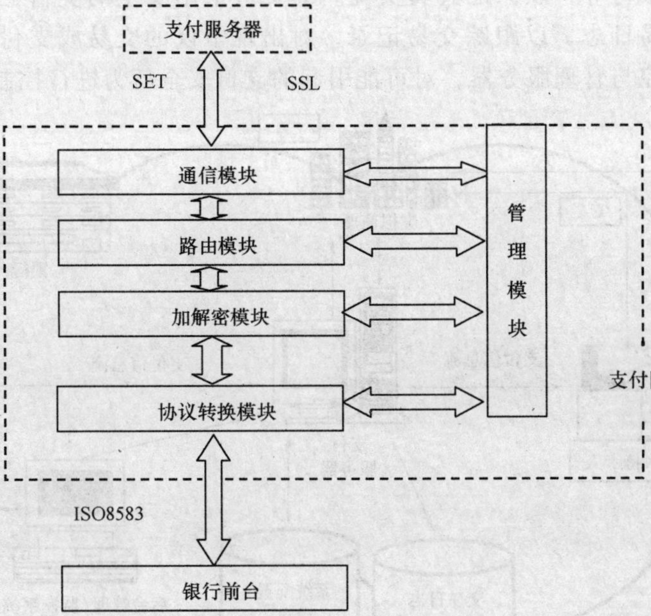

图 6-5　支付网关结构

（1）通信模块。通信模块主要是侦听来自另一方的请求，并将请求消息转发至后端的路由模块处理。

（2）路由模块。路由模块是支付服务器的消息分发核心，它判断经消息接入模块进入系统的消息的类型，并将其分发到相应的协议转换模块进行处理。

（3）协议转换模块。它一方面将支付服务器传送来的数据格式转换成 ISO8583 数据格式后发给银行前台；一方面将银行传送来的数据格式转换成 Internet 上的格式，并转发给支付服务器。

（4）加解密模块。该模块主要完成对商家及持卡人证书的身份认证，并对商家授权请求等信息和来自持卡人的支付信息进行解密，同时对要传给商家的信息进行加密。

（5）管理模块。该模块的功能包括：系统管理，包括证书管理、私钥管理和监控管理；交易管理，包括日志管理、批次管理和统计分析。

二、电子支付系统的安全结构

电子支付系统的安全结构见图 6-6。支付系统涉及的主体包括消费者、商城、银行、支付网关、支付服务器等。

此安全结构有以下特点：①对参与交易与支付的实体进行 CA 认证，包括消费者、商城、银行等，以保证其真实性。②支付采用安全的支付工具。③支付服务器设有交易日志，以跟踪交易记录，对出现争议的交易或支付事项进行证明。④设有监控与管理服务器，对可能引起的支付安全行为进行控制。

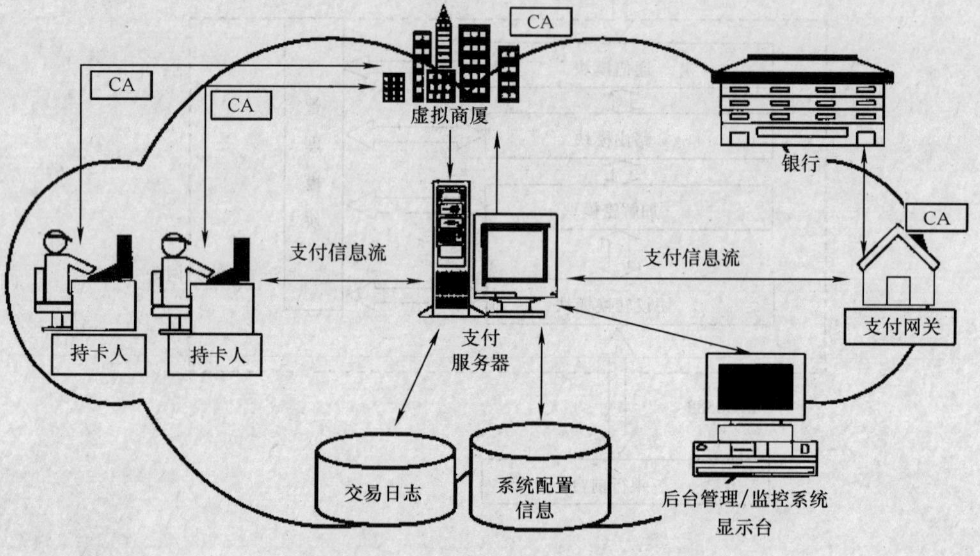

图 6-6 电子支付系统的安全结构

其中涉及的安全问题包括：

(1) 用户到商家的信息安全。一般采用数字信封和数字签名技术来保证这方面的安全。

(2) 商家与银行间的信息安全。商家与银行之间的交易同样采用了数字信封和数字签名技术，当信息到达银行或商家后，通过验证签名以确定数据的正确性和完整性。其信息的加密和解密过程与用户和商家的通信是一样的。

(3) 用户与银行间的信息安全。用户与银行之间采用数字信封和数字签名安全技术。其消息的加密和解密过程，与用户和商家的也是一样的。

(4) 用户、商家、银行间的信息安全。当涉及三方的交易时，采用双签名技术，即在用户端对订单信息和支付信息分别进行加密；消息到达商家系统时，商家只能取得相应的订单信息，并将加密的支付信息连同订单一起发给银行支付网关。支付网关实时验证用户证书有效性及相应签名，验证通过后才将解密后的支付指令送往银行后台。

三、功能设计

虽然货币的不同形式会导致不同的支付方式，但安全、有效、便捷是各种支付方式追求的共同目标。对于一个支付系统而言（可能专门针对一种支付方式，也可能兼容几种支付方式），它应有以下的功能：

(1) 实现交易各方的身份认证，防止支付欺诈。为了实现安全交易，对参与贸易的各方身份的有效性进行认证，通过认证机构或注册机构向参与各方发放数字证书，以证实其身份的合法性。

(2) 使用可靠的加密技术，对业务数据进行加密。可以采用单钥体制或双钥体制来进行消息加密，并采用数字信封、数字签字等技术来加强数据传输的保密性，以防止未被授权的第三者获取消息的真正含义。

(3) 使用消息摘要算法以确认业务的完整性。为保护数据不被未授权者建立、嵌入、删除、篡改、重放，而是完整无缺地到达接收者，可以采用数据杂凑技术；通过对原文的杂凑生成消息摘要一并传送给接收者，接收者就可以通过摘要来判断所接收的消息是否完整。若发现接收的消息不完整，要求发送端重发以保证其完整性。

(4) 当交易双方出现纠纷时，保证对业务的不可否认性。这用于帮助通信用户应付来自其他合法用户的威胁，如发送用户否认他所发的消息，接收者否认他已接收的消息等。支付系统必须在交易的过程中生成或提供足够充分的证据来迅速辨别纠纷中的是非，可以用仲裁签名、不可否认签名等技术来实现。

(5) 能够处理贸易业务的多边支付问题。由于网上贸易的支付要牵涉到客户、商家和银行等多方，其中传送的购货信息与支付指令必须连接在一起，因为商家只有确认了支付指令后才会继续交易，银行也只有确认了支付指令后才会提供支付。但同时，商家不能读取客户的支付指令，银行不能读取商家的购货信息，这种多边支付的关系就可以通过双重签名等技术来实现。

(6) 简单易用的支付过程，高效可靠的支付手段。支付结算过程对交易各方，特别是对一般消费者，支付过程应用方便、快捷，大多数支付过程对客户与商家应该是透明的。同时，应该能够保证支付结算速度，能够体现网络支付结算的优点。

四、交易流程设计

1. 银行卡网上支付系统的交易流程设计

如图 6-7 所示，银行卡网上支付系统的交易流程具体如下：

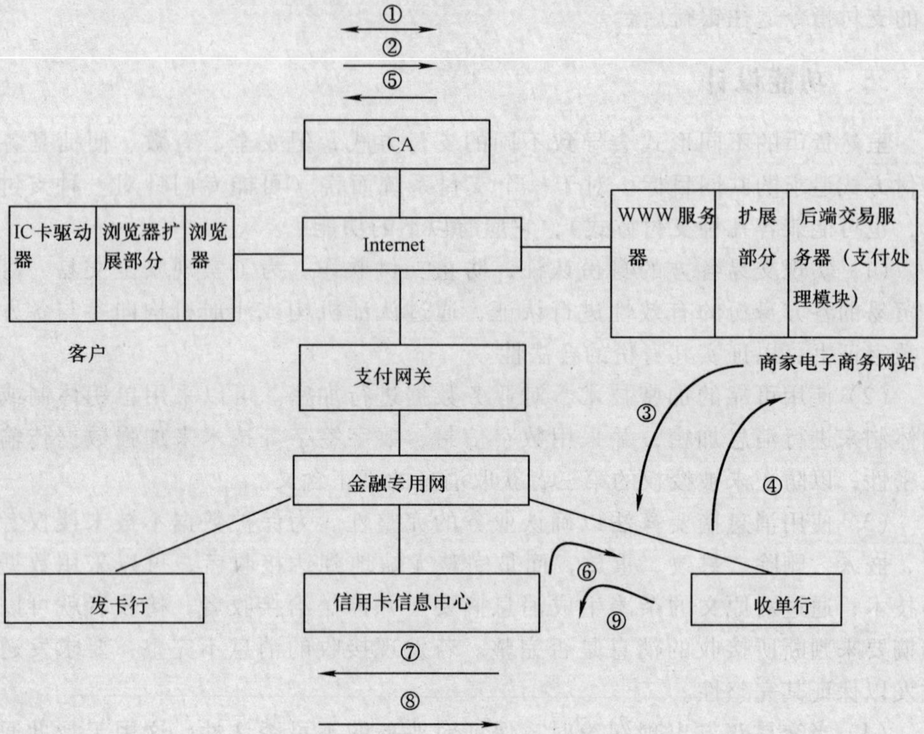

图 6-7　银行卡网上支付系统交易流程

（1）客户访问主页，浏览商品，验证商家 CA 证书，申请空白订货单。

（2）客户挑选商品，填写订单，同时插入信用卡，输入身份识别码 PIN，由浏览器扩展部分进行验证，如果符合就打开信用卡，读取卡中数据，并由用户形成支付指令，与订单同时发往商家。

（3）商家后端服务器中的支付处理模块在收到订单信息和支付信息之后，初步确认客户的交易意图，在对客户身份认证完成之后，将两种信息发往信用卡信息中心进行确认并申请授权。

（4）经支付网关检查过的合法支付指令被传送到信用卡信息中心进行联机实时处理，经过对卡的真实性、持卡人身份合法性以及信用额度的确认后，信用卡信息中心决定是否授权，并产生结果传回商家服务器。

（5）接到信用卡授权之后，商家便可继续交易，向客户发送货物，并向客户索取交易完成的标志。这样，客户用信用卡实现了“先消费，后付款”的功能，其中银行提供的信用是交易顺利进行的保障。

（6）信用卡信息中心将信用卡授权产生的转账结算数据传往收单行进行账务处理。时间可在当日、次日，或约定的一定时间间隔内。

(7) 收单行将转账数据及相关信息传往发卡行进行认证，在信用卡信息中心认证的基础之上进行再认证，充分保证支付系统的安全。

(8) 转账业务经发卡行认证传回收单行。同时，发卡行将客户的消费金额记入其消费信贷账户中，并开始计息；收单行把商家的货款收入记入其存款账户中。至此，转账过程结束。

(9) 转账结果再分别由发卡行和收单行传往信用卡信息中心，以便它更新数据库，从而方便商家和客户的查询。

信用卡网上支付系统的这种结构和业务流程十分适合 BTOC 式，小额的 BTOB 模式也比较适用。

2. 电子转账网上支付的业务流程设计

电子转账网上支付的业务流程见图 6-8。

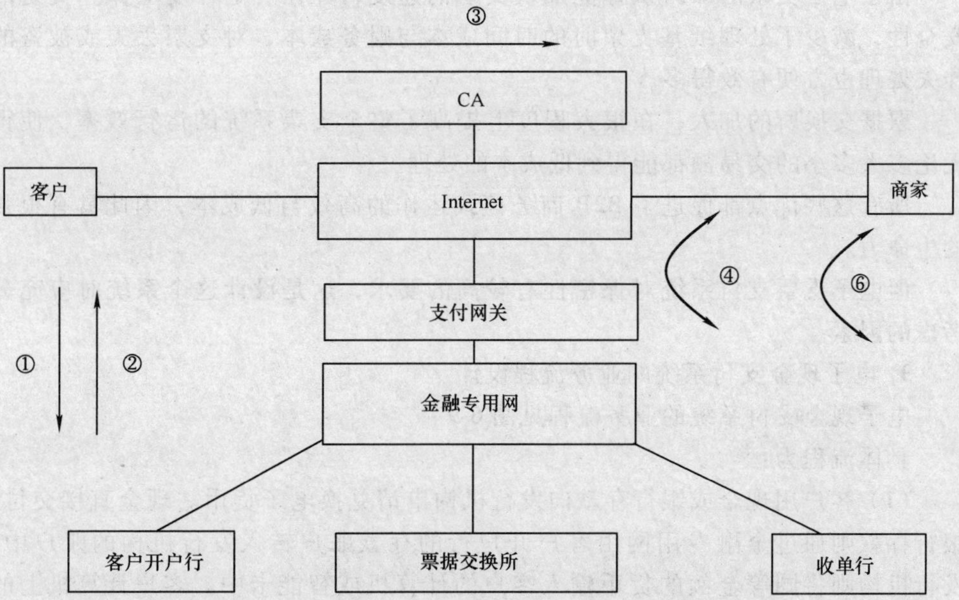

图 6-8　电子转账网上支付业务流程

具体流程为：

(1) 客户到银行开设支票存款账户，存入存款，申请电子支票的使用权。

(2) 客户开户行审核申请人的资信状况、存款是否充足和有无欺诈记录等，决定是否给予使用电子支票的权利。可以通过发放开户行电子支票生成软件来标志使用权的赋予。电子支票的生成软件可以是多家银行通用的，其中某个开户行的授权信息只是作为电子支票生成的一个参数。这种系统对消息的认证性、安全性的要求也更高，是一种较为成熟的电子支票支付体系。

(3) 顾客网上购物，填写订单完毕，使用电子支票生成器和开户行发放的授权证明文件生成此笔支付的电子支票，一同发往商家。

(4) 商家将电子支票信息通过支付网关发往收单行请求验证，收单行将通过金融网络验证后的信息传回商家。其中，收单行作验证记录以便为商家入账，客户开户行作出确认记录以便转账。

(5) 如果支票有效，商家则确认客户的购货行为，并组织送货。

(6) 在支票到期日前，商家将支票向收单行背书提示，请求兑付。商家可以积累一定数量的电子支票进行批量处理。背书的过程中生成“数字时间戳”以及其他背书标志，以防止商家多次背书欺诈。收单行根据上一步的验证信息确定是否接受背书，背书成功则发送完成消息返回商家。

电子支票支付系统十分适合 B2B 模式中的货款支付。

由于电子支票的即时认证能加快交易的速度，并在一定程度上保障交易的安全性，减少了处理纸基支票时的时间成本与财务成本，对支票丢失或被盗的挂失处理也方便有效得多。

票据交换所的加入，在很大程度上提高了整个支票系统的运行效率，使得无论多大多小的交易额都能得到低成本的处理。

所有这些优点都促进了 B2B 商务模式运作的高效与低成本，因此具有很强的生命力。

但电子支票支付系统对保密性有较高的要求，这是设计这个系统时应充分考虑的因素。

3. 电子现金支付系统的业务流程设计

电子现金支付系统的业务流程见图 6-9。

具体流程为：

(1) 客户用现金或银行存款向发行机构申请兑换电子货币。现金直接交付，银行存款则通过金融专用网由客户开户行的存款账户转入发行机构的账户中。发行机构则将同等金额的货币输入客户的计算机或智能卡中。客户计算机上的电子钱包是管理电子现金的软件或硬件设备。

(2) 客户持电子现金进行网上购物，转移货款金额到商户的电子钱包中。

(3) 商户验证电子现金的数量及真伪，若为硬盘数据文件型电子钱包，则通过与发行机构的连线进行联机操作验证；若为智能卡型电子现金，则由电子钱包验证。这一步可完全脱离银行的介入，向客户组织发货。至此，交易与支付都告完成，交易效率很高。

(4) 客户将一定量的电子现金向发行机构申请兑换成存款账户。

(5) 发行机构验证并收回电子现金，同时将等额的货币由自己的银行账户中转移到商家的银行账户中。

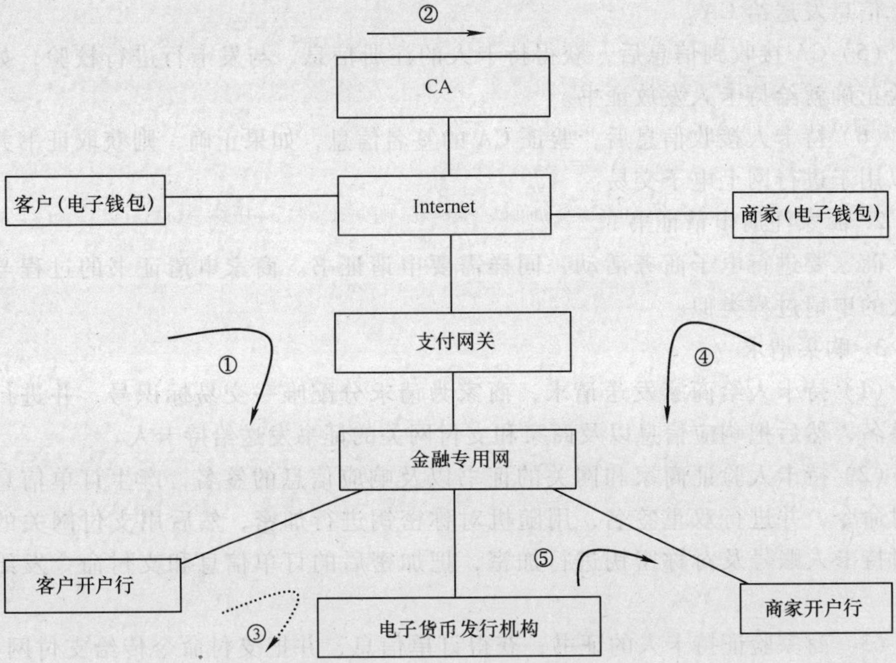

图 6-9　电子现金支付系统业务流程

五、SET 支付系统的安全设计

一个完整的 SET 交易包括持卡人注册申请证书、商家注册申请证书、购买请求、支付授权、获取付款等 5 个步骤。

1. 持卡人注册申请证书

持卡人在参加安全电子交易前，必须向 CA 申请数字证书来证明持卡人合法且可信赖的身份。申请过程如下：

(1) 持卡人启动拥有的电子钱包，向 CA 发送请求，CA 收到请求后，把自己的证书发给持卡人。

(2) 持卡人收到 CA 的响应后，检验 CA 的有效性，然后保存有效的 CA 的证书。电子钱包产生注册表请求信息，用随机产生的对称加密密钥加密后，连同包含对称密钥以及持卡人账号信息的数字信封发送给 CA。

(3) CA 获得对称密钥以及账号信息后，解密注册表请求信息，把请求的发卡行注册表信息以及 CA 证书发送给持卡人。

(4) 持卡人验证 CA 的有效性，然后进行以下工作：生成一对签名密钥，填写注册表；生成一个 CA 产生证书用的随机数；对注册表进行签名；产生 CA 加密响应信息用的对称密钥和加密注册信息用的对称密钥，并制作数字信封。把以上信息发送给 CA。

（5）CA 接收到信息后，获得持卡人的注册信息，与发卡行进行校验，如果校验正确就给持卡人发放证书。

（6）持卡人接收信息后，验证 CA 的签名信息，如果正确，则获取证书并保存以用于进行网上电子交易。

2. 商家注册申请证书

商家要进行电子商务活动，同样需要申请证书。商家申请证书的过程与持卡人的申请过程类似。

3. 购买请求

（1）持卡人给商家发送请求，商家为请求分配唯一交易标识号，并进行数字签名，然后把响应信息以及商家和支付网关的证书发送给持卡人。

（2）持卡人验证商家和网关的证书以及响应信息的签名，产生订单信息和支付命令，并进行双重签名，用随机对称密钥进行加密，然后用支付网关的公钥对持卡人账号及对称密钥进行加密，把加密后的订单信息和支付命令发给商家。

（3）商家验证持卡人的证书，获得订单信息，并把支付命令传给支付网关。商家给持卡人响应信息，并处理订单服务。

（4）持卡人确认响应信息并保存。

4. 支付认证

商家获取订单信息后，向支付网关确认持卡人具有支付能力后，向持卡人发货。确认过程如下：

（1）商家产生授权请求，加密后连同持卡人的支付命令发送给支付网关。

（2）网关确认商家授权请求以及持卡人支付命令的有效性，再检验授权请求的交易号是否与支付命令中的一致，然后向发卡行发授权请求。网关给商家返回响应信息。

（3）商家确认网关身份，获取响应信息，保存付款标志和授权响应，处理订单。

5. 获取付款

（1）商家给持卡人送货，处理完订单后，向支付网关发出支付请求，把来自网关授权响应信息中的付款标志加密后发送给支付网关。

（2）网关确认商家身份，确认付款请求和付款标志，并通过金融网络向发卡行发出支付请求。金融网络把货款转入收单行的商家账户。网关给商家返回付款响应。

（3）商家确认响应来源，保存响应信息以备对账用。

从 SET 交易流程可以看到，SET 在交易的每一个步骤都对信息的来源进行验证，并进行加密保护，所以SET能够很好地保证电子交易的真实性、保密性、防抵赖性和不可更改性。

六、支付系统设计中的重要技术

1. 电子支付涉及的标准

（1）PKI标准：公共密钥体系（Public Key Infrastructure）。

（2）SSL标准：Secure Sockets Layer。

（3）SET标准：安全电子交易标准（Secure Electronic Transactions）。

（4）X5.95标准：账户数字签名工业标准（Account Authority Digital Signatures，AADS），提供了标准化信用卡处理和账户管理方法。

（5）X.509标准：电子商务证书发放标准（ISO/IEC/ITUX.509，基于PKL，简称PKIX）。

（6）X.500标准：电子出版目录查询标准（目录服务协议LDAP-X.500协议）。

2. 电子支付涉及的主要密码算法

在电子商务交易过程中需要用到密码算法技术，其中主要的有对称密钥算法、公钥算法和HASH算法。

（1）对称算法。对称算法是用同一个密钥进行加、解密的算法。SET默认使用的是分组算法中的DES算法。DES算法加解密速度快，但是不能实现密钥的安全传递。

（2）公钥算法。公钥算法使用两个不同的密钥对数据进行加、解密。在这两个密钥中，一个是对外公布的，称为公钥；另外一个是需要持有人安全保护的，称为私钥。用公钥加密的数据只能用私钥解密，而用私钥加密的数据只能用公钥进行解密。

公钥算法的优点是密钥的分发不用加密，但是其加解密速度慢，不适合大数据量的加解密。

（3）HASH算法。HASH算法的主要目的是生成文件、消息等数据的摘要，以进行消息的身份验证，保证数据的完整性。HASH函数需具有实用、不可预见和不可逆等特点。SET使用的HASH函数是SHA-1。

3. 电子支付的主要技术

在以上3种关键技术的应用过程中，要用到数字签名、数字信封和数字证书3种技术。

（1）数字签名。数字签名是把要发送的信息生成的摘要，用发送者的私钥进行加密后形成数字签名信息。发送者把数字签名附在信息后面发送给对方，接收方得到原始信息后，用同样的方法生成摘要，与使用发送者的公钥解密后的摘要进行比较，如果一致，则可以确定信息是对方发送的，而且并没有被篡改。

（2）数字信封：使用数字信封的主要目的是为了传递对称算法的密钥。当一方生成了随机的对称算法的密钥后，用对方的公钥进行加密，形成数字信封。接收方收到数字信封后，用自己的私钥解密后得到对称算法的密钥，就可以用它进行数据的加解密运算。

（3）数字证书：数字证书是由可信赖的第三方机构——CA 颁发的，可以提供足够的信息证明公钥持有者身份的合法性的电子文件。数字证书内包含持有者的公钥、详细个人信息的摘要，以及颁发机构的数字签名。

第三节 电子商务系统的安全要求

一、电子商务的安全要求

电子商务发展的核心问题是交易的安全性问题，这也是企业应用电子商务最担心的问题。因此如何在开放的公用网上构筑安全的交易模式，一直是人们研究的热点和大家关注的话题。要构筑一个安全的电子交易模式，应满足以下 5 个方面，这也是 OSI 规定的 5 种标准的安全服务：

- 数据保密：防止信息被截获或非法存取而泄密。
- 对象认证：通信双方对各自通信对象的合法性、真实性进行确认，以防第三者假冒。
- 数据完整性：阻止非法实体对交换数据的修改、插入、删除及防止数据丢失。
- 防抗抵赖：用于证实已发生过的操作，防止交易双方对发生的行为抵赖。
- 访问控制：防止非授权用户非法使用系统资源。

电子商务系统作为一种信息系统，同样具有信息安全的一般需求。信息安全的 3 个阶段是：

1. 数据安全

数据安全是计算机网络时代基本的安全需求，最基本的是“CIA”。C 是 Confidentiality（机密性、私密性），I 是 Integrity（完整性），A 是 Access Control（访问控制）或 Accountability（负责性）。数据安全以机密性为主，依赖的基本技术是密码技术。

2. 网络安全

网络安全是开放的互联网时代最基本的安全要求，最基本的安全构件是

“PDR”。P 是 protect（保护），D 是 detection（检测），R 是 response（响应）。所用的基本技术是防火墙、VPN 加密隧道、IDS 入侵检测、病毒防护等。网络安全依赖的最基本的技术是各种防护技术。

3. 交易安全

网络交易时代的最基本的安全要求是可信性，为交易（事务）提供可信的计算机环境、可信的网络连接、交易的可信证明。

交易安全（Transaction Security）与信息安全（Information Security）的内涵不完全相同，因此有人将其称为第三代安全（3rd Generation Security）。交易安全以可信性为主，采取自愿型安全策略。

二、电子商务系统的安全隐患与防范技术

1. 电子商务的安全隐患

与现实商务不同，参与电子商务的各方不需要面对面地进行商务活动，信息流和资金流都可以通过 Internet 来传输。而 Internet 是一个向全球用户开放的巨大网络，其技术上的缺陷和用户使用中的不良习惯，使得电子商务中的信息流和资金流在通过 Internet 传输时，存在着许多安全隐患，这就是电子商务的安全问题。

(1) 中断系统——破坏系统的有效性。网络故障、操作错误、应用程序错误、硬件故障、系统软件错误及计算机病毒都能导致系统不能正常工作，因而要对由此所产生的潜在威胁加以控制和预防，以保证贸易数据在确定的时刻、确定的地点是有效的。

(2) 窃听信息——破坏系统的机密性。电子商务作为贸易的一种手段，其信息直接代表着个人、企业或国家的商业机密。传统的纸面贸易都是通过邮寄封装的信件或通过可靠的通信渠道发送商业报文来达到保守机密的目的。电子商务是建立在一个较为开放的网络环境上的，维护商业机密是电子商务全面推广应用的重要保障。因此，要预防通过搭线和电磁泄露等手段造成的信息泄露，或对业务流量进行分析从而获取有价值的商业情报等一切损害系统机密性的行为。

(3) 篡改信息——破坏系统的完整性。电子商务简化了贸易过程，减少了人为的干预，同时也带来维护贸易各方商业信息的完整、统一的问题。由于数据输入时的意外差错或欺诈行为，可能导致贸易各方信息的差异。此外，数据传输过程中信息的丢失、信息重复或信息传送的次序差异也会导致贸易各方信息的不同。贸易各方信息的完整性将影响到贸易各方的交易和经营策略，保持贸易各方信息的完整性是电子商务应用的基础。因此，要预防对信息的随意生成、修改和删除，同时要防止数据传送过程中信息的丢失和重复并保证信息传

送次序的统一。

(4) 伪造信息——破坏系统的可靠性、真实性。不管是在传统交易还是电子商务中，信息的可靠性、真实性都是交易的前提和保证。在电子商务中，要首先确认收到的信息是真实的，并来自于可靠的发送方。

(5) 一个网络的用户未经授权访问了另一个网络。目前许多企业的内部网(Intranet) 通常与Internet连在一起的，但如果没有经过企业的许可，外面的用户不能够进入企业网进行访问。但是，在安全措施不得力的情况下，有的未经授权的非法用户会想办法窜入企业内部网，这就是所谓的“黑客”侵扰。有的“黑客”甚至会登录企业内部的核心服务器，给企业的信息系统安全造成极大的危害。为了防止“黑客”的入侵，目前技术上一般采用设置防火墙的办法，在企业内部网和Internet之间设置一道“有孔的墙”，只有那些经过授权的合法用户才能进入企业内部网络。

(6) 计算机病毒。计算机技术发展到今天，新的计算机病毒层出不穷。Internet的出现，更是刺激了计算机病毒的传播。而且，计算机病毒的危害性也越来越严重。电子商务是一种依赖于计算机和计算机网络的新的商务模式，危害计算机和计算机网络的计算机病毒自然对电子商务造成了很大的危害。今天，在技术上有各种各样的计算机病毒防治措施。

2. 电子商务给交易双方带来的安全威胁

在传统交易过程中，买卖双方是面对面的，因此很容易保证交易过程的安全性和建立起信任关系。但在电子商务过程中，电子商务交易双方（销售者和购买者）都面临不同的安全威胁。

(1) 销售者面临威胁。销售者面临的安全威胁主要有：

1) 中央系统安全性被破坏：入侵者假冒成合法用户来改变用户数据（如商品送达地址）、解除用户订单或生成虚假订单。

2) 竞争者检索商品递送状况：恶意竞争者以他人的名义来订购商品，从而了解有关商品的递送状况和货物的库存情况。

3) 客户资料被竞争者获悉。

4) 被他人假冒而损害公司的信誉：他人建立与销售者服务器名字相同的另一个服务器来假冒销售者。

5) 消费者提交订单后不付款。

6) 虚假订单。

7) 获取他人的机密数据：比如，某人想要了解另一人在销售商处的信誉时，他以另一人的名字向销售商订购昂贵的商品，然后观察销售商的行动。假如销售商认可该订单，则说明被观察者的信誉高，否则，则说明被观察者的信誉不高。

（2）购买者面临威胁。购买者面临的安全威胁主要有：

1）虚假订单：一个假冒者可能会以客户的名字来订购商品，而且有可能收到商品，而此时客户却被要求付款或返还商品。

2）付款后不能收到商品：在要求客户付款后，销售商中的内部人员不将订单和钱转发给执行部门，因而使客户不能收到商品。

3）机密性丧失：客户有可能将秘密的个人数据或自己的身份数据（如账号、口令等）发送给冒充销售商的机构，这些信息也可能会在传递过程中被窃取。

4）拒绝服务：攻击者可能向销售商的服务器发送大量的虚假订单来穷竭它的资源，从而使合法用户不能得到正常的服务。

3. 防范技术

要降低电子商务的安全风险，有两个方面的因素需要考虑，一是构建安全的电子商务环境，二是要采取适当的安全防范技术。

常用的安全防范技术有：网络安全检测（SAFTsuite）、设备访问控制（安全认证卡）、浏览器/服务器软件（支持 SSL）、证书（PKI-CA、公钥秘钥加密算法）、商业软件（支持电子支付）、防火墙（RSA 的 BSAFE：支持 RSA，DES，TripleDES，RC2，RC4 等）、保护传输线路安全（电磁辐射屏蔽等）、防入侵措施、IDS、DIDS（入侵检测系统、分布式入侵检测系统）、数据加密（最基本的安全技术，如链路、节点、端对端加密等）、访问控制（根据角色访问等控制）、鉴别机制（报文鉴别、数字签名、终端识别等）、路由选择机制（阻止不合适的 IP 访问、DoS 攻击防范）、通信流控制（掩盖通信频度、报文长度、报文形式、报文地址等）、数据完整性控制（来自正确的发送方、数据传送到正确的接收方）、端口保护（反端口扫描等）、病毒木马防范技术等。

第四节　电子商务系统安全体系的设计

一、识别企业信息资产

企业信息资产，也称网络资产，构成了最重要的电子商务系统资源。进行电子商务安全体系的设计，必须首先识别企业信息资产。

1. 资产类型

企业信息资产类型包括硬件、软件、数据、人员、文档等，具体见表 6-2。其中的数据资产最为重要。

2. 资产价值

企业资产价值评定是一个很主观的过程。

表 6-2 企业信息资产

资产类型	说明
硬件	包括服务器、工作站、路由器、交换机、防火墙、入侵检测系统、终端、打印机等整件设备，也包括主板、CPU、硬盘、显示器等散件设备
软件	包括源代码、应用程序、工具、分析测试软件、操作系统等
数据	包括软硬件运行中的中间数据、备份资料、系统状态、审计日志、数据库资料等
人员	包括用户、管理品、维护人员等
文档	包括软件程序、硬件设备、系统状态、本地管理过程的资料
消耗品	包括纸张、软盘、磁带等

对于无形资产（通常是一些软件、数据或文档）用重要程度或关键程度来评价其价值可能是很有用处的。在这种方式下，资产的相对损失变得比财产的“精确”价值更为重要。

有形资产的价值可以根据更新的价值或损失的即时影响和损失的结果来确定。

更新价值（Replacement Value）可以包括购买安全硬件（如防火墙和加密设备）和软件（如一次性口令生成器和审核工具）的费用，以及对安全责任人进行再教育的花费。因数据不可访问或被破坏而导致的即时影响可能是错过最后的交货期限，其最终结果可能是导致客户的流失。

3. 企业中的数据分类

- 行政数据：来往信函以及诸如属性记录和个人信息等可以公开的信息。
- 财务数据：与商业操作有关的预算和开支信息。
- 客户数据：客户本人的自然属性信息，或者是测试、观察或咨询得到的信息。
- 研究数据：商业研究活动得到或用于支持商业研究活动的信息。
- 私人数据：未经所有者同意就不能公开的信息。

二、电子商务系统风险识别、分析和评估

1. 资产面临的威胁及脆弱性

确定了网络资产后，就应该确定对资产的潜在威胁和资产受此威胁攻击的可能性。威胁可以是任何可能对网络或网络设备造成损害的个人、对象或事件。威胁可能是刻意的（如故意修改敏感信息）或偶然的（如计算错误或意外删除文件）。

脆弱性是网络中存在的可能被威胁利用的缺陷。例如外部人员猜出口令而对网络进行未经授权访问（威胁）的事件。这种情况下，被利用的脆弱性是用

户所选择的口令不高明。

减少或消除网络的脆弱性就可以减少或消除网络被威胁的风险。

威胁通常有如下几种形式：①偷听与信息窃取。②网络资源不能访问。③对资源进行未经授权的访问。④数据操作。

2. 风险评估

定量风险评估采用经验数据和已知的可能性及统计结果来进行评定。定性风险分析则根据直觉进行评价。

不论采用哪种机制，重要的是如何将损失及损失发生的可能性进行量化，且保证量化结果对于负责风险决策的人是一致的和有意义的。

3. 风险缓解和安全成本

(1) 风险缓解。风险缓解是选择适当的控制方式将风险降低到可接受水平的过程。这需要估计损失的价值，不要花比实际损失还要高的钱来提供安全性保护。

(2) 安全成本。安全成本包括以下 3 方面：

1) 性能成本。因为加密和解密都需要消耗时间和处理能力，如果唐突地决定把所有通信数据都加密，就会导致严重的性能退化。

2) 机会成本。如果由于通信阻塞和执行安全策略（这里不涉及安全审核）所需的系统开销增大，使公司的反应比竞争对手缓慢，那么损失的机会又是什么呢？

(3) 成本与利益的权衡。实施和管理安全程序的花费必须与潜在利益进行比较。需要弄清楚的是，安全措施并不能保证未授权用户一定不能访问系统信息，也不能保证未授权用户一定不能对网络计算机系统执行未授权任务。安全措施只是使未授权的访问更难发生而已。

三、电子商务系统的安全需求分析

安全需求分析就是在明确网络的开放性要求的同时还要明确安全性要求，然后寻找两者的均衡点。安全需求主要从以下几方面考虑：①界定内部网络边界的安全性。②保证网络内部的安全，保证系统和数据的安全。③建立全网统一、有效的身份识别系统，实现用户的统一管理，并在此基础实行统一的授权管理，实现用户和资源之间的严格访问控制。④信息输入时需要保证数据完整性和保密性。⑤需要全面的审计、记录的机制，能对网络中发生的与安全有关的事件进行记录，以便事后处理。

四、定义电子商务系统安全规划的范围

从业务和信息两方面定义电子商务系统安全规划的范围，通过范围确定，

为安全策略与安全方案的制定打好基础。

1. 业务角度

(1) 网络安全。网络应用过程中相关的安全包括网络设备安全、服务器安全及系统安全等。一般通过防火墙技术、入侵检测技术来保证网络安全。

(2) 交易安全。电子交易与资料交换时所牵涉的安全，可采用安全电子商务交易协议、构建可信安全平台来解决。

(3) 管理安全。这是指应用程序使用管理、人员安全管理、口令安全等方面的安全问题。

2. 信息角度

(1) 信息泄露。一般采用加密技术与管理制度防止信息泄露。

(2) 信息篡改。采用数字摘要、数字信封等方式防止信息篡改。

(3) 信息假冒。采用身份认证技术解决此问题。

(4) 信息破坏。信息丢失、错误的问题可通过网络数据传输一致性检查，以及数字摘要等方式来防范。

五、电子商务系统安全策略的制定

电子商务安全策略是由个人或组织针对其电子商务安全而制定的一整套规则和决策。对电子商务服务提供者来说，安全策略通常规定哪些人可以访问系统的哪些资源，明确与系统相关的每个人的权利、责任以及一些相关的管理问题。

制定安全策略的目的就是决定一个组织机构怎样来保护自己。适当的、完备的电子商务安全策略是实现网络安全的前提。安全策略的制定可以避免电子商务系统建设和管理过程中安全工作的盲目性。

一般来说，策略包括两个部分：总体的策略和具体的规则。总体的策略用于阐明安全策略的总体思想。具体的规则用于说明什么活动是被允许的，什么活动是被禁止的。

网络安全概念中有一个“木桶”理论：一个桶能装的水量不取决于桶有多高，而取决于组成该桶的最短的那块木条的高度。应用在网络安全领域就是：网络安全系统的强度取决于其中最薄弱的一环。

总体安全策略的内容有：

(1) 开放的服务及其分担组合。常见的服务包括电子邮件（SMTP 和 POP3）、TELNET、FTP、TFTP、DNS、HTTP、RADIUS、TACACS、计费、NT 文件和打印机共享等。一般来说，一个主机上面开放的服务越多，其暴露和被攻击的可能性就越大。但是各种服务的安全性威胁是不一样的。解决的办法是对各种服务根据网络实力进行服务分担，并且分别使用防火墙等手段进行隔离。

（2）各种服务的安全运行级别。对于不同的网络来说，不同服务的重要性并不一样。安全策略应该正确描述和划定安全等级，这样有利于资金的分配，并便于在发生故障、攻击及灾难时正确确定事故的等级等。

（3）根据服务功能区分，确定网络结构、隔离手段、依赖和信任关系。前面两项确定以后，企业应根据企业的地理分布和部门功能分布等确认网络的物理和逻辑结构、相互间的业务依赖信任关系以及相互之间采取的隔离手段。

（4）物理安全。物理安全的目的是保护计算机系统、网络服务器、打印机等硬件实体和通信链路免受自然灾害、人为破坏和搭线攻击；验证用户的身份和使用权限、防止用户越权操作；确保计算机系统有一个良好的电磁兼容工作环境；建立完备的安全管理制度，防止非法进入计算机控制室和各种偷窃、破坏活动的发生。

（5）网络安全管理职能的分割与责任分担。责任明确化、具体化永远是有力的实施手段。如果人力资源允许，可以将网络的安全维护、系统和数据备份、软件配置和升级等责任具体到网管人员，实行包机制度（每台计算机的责任落实到人）和机历本制度（记录每台计算机的使用过程、人员与状态）等，保证责任人之间的备份和替换关系。

（6）用户的权利分级和责任。这包括：各种用户应该享受的服务种类；用户在享受服务的同时应该承担的义务范围；对发现有恶意使用网络、利用网络骚扰攻击其他网络或用户的使用者应该采取的处理办法。

（7）攻击和入侵应急处理流程和灾难恢复计划。发现黑客入侵后的处理流程问题与安全运行级别和安全故障等级的划分直接相关。流程应该保证发现入侵后不使入侵造成的损失扩大，不会造成运行的混乱，及时得到安全技术人员的支持，某种等级的安全故障必须向上级主管部门汇报等。

（8）口令安全管理。口令是进入电子商务系统的钥匙，正确设置和妥善保管口令是非常重要的。应掌握一定的设置技巧，如：不使用名字的英文缩写或汉语拼音缩写作口令、不用生日数字作口令、定期改变口令等。

具体策略见表 6-3。

表 6-3 电子商务安全之具体策略

安全策略	安全策略内容
物理安全策略	包括环境安全、设备安全、媒体安全、信息资产的物理分布、人员的访问控制、审计记录和异常情况的追查等
网络安全策略	包括网络拓扑结构、网络设备的管理、网络安全访问措施、安全扫描、远程访问、不同级别网络的访问控制方式和识别认证机制等
数据安全策略	包括数字摘要、加密算法、适用范围、密钥交换和管理

（续）

安全策略	安全策略内容
数据备份策略	包括适用范围、备份方式、备份数据的安全存储、备份周期和负责人等
病毒防护策略	包括防病毒软件的安装、配置、对软盘使用和网络下载的规定等
系统安全策略	包括WWW访问策略、数据库系统安全策略、邮件系统安全策略、应用服务器系统安全策略、个人桌面系统安全策略，以及其他业务相关系统安全策略等
身份认证及授权策略	包括认证及授权机制、方式和审计记录等
灾难恢复策略	包括负责人员、恢复机制、方式、归档管理、硬件和软件等
事故处理、紧急响应策略	包括响应小组、联系方式、事故处理计划和控制过程等
安全教育策略	包括安全策略的发布宣传、执行效果的监督、安全技能的培训、安全意识教育等
口令管理策略	包括口令管理方式、口令设置规则和口令适应规则等
系统变更控制策略	包括设备、软件配置、控制措施、数据变更管理和一致性管理等
商业伙伴、客户关系策略	包括合同条款安全策略、客户服务安全建议等
复查审计策略	包括对安全策略的定期复查、对安全控制及过程的重新评估、对系统日志记录的审计、对安全技术发展的跟踪等

六、制定安全方案

1. 原则

1）“木桶原则”：对信息均衡、全面地进行安全保护。寻找最薄弱环节进行着重加强。

2）“整体性原则”：安全防护、监测和应急恢复。

3）“有效性与实用性”原则：不能影响系统的正常运行和合法用户的操作活动。

4）“安全性评价”原则：实用安全性与用户需求和应用环境紧密相关。

5）“等级性”原则：安全层次和安全级别。

6）“动态化”原则：整个系统内尽可能引入更多的可变因素，并具有良好的扩展性。

7）设计为本原则：安全与保密系统的设计应与网络设计相结合。

8）自主和可控性原则。

9）权限分割、互相制约、最小化原则。

2. 内容

电子商务系统安全方案的内容主要分技术、组织机构、管理体系 3 个方面。

技术体系方面：技术体系是对电子商务系统全面提供安全保护的技术保障体系。

组织机构方面：企业应有和电子商务安全策略相配套的人员安排，包括人员配备、岗位设计、职责责任设计、业绩考核设计、技能及培训教育设计等。

管理体系方面：安全方案中还需制定配套的管理体系，从法律和规章制度方面来确定安全技术体系的执行，主要包括安全管理制度的制定、实施和监督。

具体可以参考以下详细内容：

- 确定企业内部网内部信息的安全级别，明确安全防范的重点；
- 确定企业在安全防范上能有多大的投入；
- 确定重点防范内部信息的防范方式；
- 确定企业内部网类型及相关的安全机制及技术措施；
- 确定内部信息对外开发的种类及发布的方式和访问方式；
- 根据信息的发布量级及性质确定是否采用容错计算机系统及异种操作系统备份；
- 确定企业内各部门可获得的网络服务；
- 确定选用的防火墙的类型；
- 根据企业内部网应用的要求、业务流程和管理水平确定集中管理运作机制的具体模式及手段等。

七、评估安全方案

安全方案可以从以下 4 个方面进行评估：

1）基本防护能力：包括网络安全等级及安全水平。

2）实时监控和审计：内外网访问、交易日志、入侵检测能力。

3）攻击响应：对各种攻击的检测与反映能力。

4）恢复：当威胁、攻击或破坏产生后的恢复能力，包括恢复时间、恢复程度，以及事务一致性保障等。

方案的评估可以采取测试方法，也可以采取专家咨询打分的方法。

八、实施安全方案

根据已确定的安全策略，制定安全实施方案，并进行实施，以实现安全策略。安全方案的实施过程，也是对所制定的安全策略与实施方案的验证过程。

1. 实施方案的主要内容

在实施方案中要提出具体的安全保护措施，如系统标识与认证、资源存取控制、加密措施、数字签名与认证、完整性控制、多层防御措施、网络防火墙、信息隐藏、系统平台安全、数据库安全、防杀病毒、紧急恢复措施、安全监控、备份等。

2. 选择安全技术

正确评价、选择安全技术对于安全方案的实施非常重要。可以就以下几方面展开：①内部网络与外部网络的连接关系。②内部网络的类型。③内部网络的用户访问权限规定，及外网用户对内网访问控制。④是否有加密需求，及密级确定。

3. 实施管理

必须组织一个有项目经理负责、技术专家与咨询顾问形成的团队来实施安全方案。实施团队可以外请，也可以自组。

第五节　电子商务系统安全技术

一、防火墙与网络安全设计

网络安全是电子商务安全的基础，一个完整的电子商务系统应建立在安全的网络基础设施之上。网络安全技术非常多，如防火墙技术、虚拟专用网（VPN）技术，以及各种反黑客技术和漏洞检测技术等，其中最重要的就是防火墙技术。

1. 防火墙原理

防火墙（Firewall）是一种隔离控制技术，在某个机构的网络和不安全的网络（如 Internet）之间设置屏障，阻止对信息资源的非法访问、非法输出。防火墙是一种被动防卫技术，由于它假设了网络的边界和服务，因此对内部的非法访问难以有效地控制。因此，防火墙最适合于相对独立的与外部网络互连途径有限、网络服务种类相对集中的单一网络。

在逻辑上，防火墙是一个分离器、限制器，也是一个分析器，能有效地监控内部网和 Internet 之间的任何活动，从而保证内部网络的安全。

防火墙是在内部网与外部网之间实施安全防范的系统，可被认为是一种访问控制机制，基于两种准则进行设计：

一切未被允许的就是禁止的。基于该准则，防火墙应封锁所有信息流，然后对希望提供的服务逐项开放。这种方法可以创造十分安全的环境，但用户使用的方便性、服务范围受到限制。

一切未被禁止的就是允许的。基于该准则，防火墙转发所有信息流，然后逐项屏蔽有害的服务。这种方法构成了更为灵活的应用环境，可为用户提供更多的服务。但在日益增多的网络服务面前，网管人员的疲于奔命可能很难提供可靠的安全防护。

2. 防火墙的种类

真正意义下的防火墙有两类：一类被称为标准防火墙，一类叫双家网关（Dual Home Gateway）。标准防火墙系统包括一个 UNIX 工作站，该工作站的两端各安一个路由器进行缓冲。其中一个路由器的接口是外部世界，即公用网；而另一个则连接内部网。标准防火墙使用专门的软件，并要求较高的管理水平，而且在信息传输上有一定的延迟。双家网关则是对标准防火墙的扩充。双家网关又称堡垒主机（Bastion Host）或应用层网关（Applications Layer Gateway），它是一个单个的系统，但却能同时完成标准防火墙的所有功能。其优点是能运行更复杂的应用，同时防止在互联网和内部系统之间建立的任何直接的连接，可以确保数据包不能直接从外部网络到达内部网络，反之亦然。

随着防火墙技术的进步，在双家网关的基础上又演化出两种防火墙配置：一种是隐蔽主机网关；另一种是隐蔽智能网关（隐蔽子网）。隐蔽主机网关是一种常见的防火墙配置。顾名思义，这种配置一方面将路由器进行隐蔽，另一方面在互联网和内部网之间安装堡垒主机。堡垒主机装在内部网上，通过路由器的配置，使该堡垒主机成为内部网与互联网进行通信的唯一系统。目前技术最为复杂而且安全级别最高的防火墙当属隐蔽智能网关。所谓隐蔽智能网关，是将网关隐藏在公共系统之后，它是互联网用户唯一能见到的系统。所有互联网功能则是经过这个隐藏在公共系统之上的保护软件来进行的。一般来说，这种防火墙是最不容易被破坏的。

从实现原理上分，防火墙的技术包括四大类：网络级防火墙（也叫包过滤型防火墙）、应用级网关、电路级网关和规则检查防火墙。它们之间各有所长，具体使用哪一种或是否混合使用，要看具体需要。

（1）网络级防火墙。网络级防火墙一般是基于源地址和目的地址、应用或协议以及每个 IP 包的端口来作出通过与否的判断。一个路由器便是一个“传统”的网络级防火墙，大多数的路由器都能通过检查这些信息来决定是否将所收到的包转发。但它不能判断出一个 IP 包来自何方，去向何处。

防火墙检查每一条规则直至发现包中的信息与某规则相符。如果没有一条规则能符合，防火墙就会使用默认规则，一般情况下，默认规则就是要求防火墙丢弃该包。其次，通过定义基于 TCP 或 UDP 数据包的端口号，防火墙能够判断是否允许建立特定的连接，如 Telnet、FTP 连接。

（2）应用级网关。应用级网关能够检查进出的数据包，通过网关复制传递数据，防止在受信任服务器和客户机与不受信任的主机间直接建立联系。应用级网关能够理解应用层上的协议，能够作复杂一些的访问控制和精细的注册和稽核。它针对特别的网络应用服务协议即数据过滤协议，并且能够对数据包分析并形成相关的报告。应用网关对某些易于登录和控制所有输出输入的通信的环境给予严格的控制，以防有价值的程序和数据被窃取。在实际工作中，应用网关一般由专用工作站系统来完成。但每一种协议需要相应的代理软件，使用时工作量大，效率不如网络级防火墙。

应用级网关有较好的访问控制，是目前最安全的防火墙技术，但实现困难，而且有的应用级网关缺乏“透明度”。在实际使用中，用户在受信任的网络上通过防火墙访问 Internet 时，经常会发现存在延迟并且必须进行多次登录（Login）才能访问 Internet 或 Intranet。

（3）电路级网关。电路级网关用来监控受信任的客户或服务器与不受信任的主机间的 TCP 握手信息，这样来决定该会话（Session）是否合法。电路级网关是在 OSI 模型中会话层上来过滤数据包，这样比包过滤防火墙要高二层。

电路级网关还提供一个重要的安全功能：代理服务器（Proxy Server）。代理服务器是设置在 Internet 防火墙网关的专用应用级代码。这种代理服务准许网管员允许或拒绝特定的应用程序或一个应用的特定功能。包过滤技术和应用网关是通过特定的逻辑判断来决定是否允许特定的数据包通过，一旦判断条件满足，防火墙内部网络的结构和运行状态便“暴露”在外来用户面前。这就引入了代理服务的概念，即防火墙内外计算机系统应用层的“链接”由两个终止于代理服务的“链接”来实现，这就成功地实现了防火墙内外计算机系统的隔离。同时，代理服务还可用于实施较强的数据流监控、过滤、记录和报告等功能。代理服务主要由专用计算机硬件（如工作站）来承担。

（4）规则检查防火墙。该防火墙结合了包过滤防火墙、电路级网关和应用级网关的特点。同包过滤防火墙一样，规则检查防火墙能够在 OSI 网络层上通过 IP 地址和端口号，过滤进出的数据包。它也像电路级网关一样，能够检查 SYN 和 ACK 标记和序列数字是否逻辑有序。当然它也像应用级网关一样，可以在 OSI 应用层上检查数据包的内容，查看这些内容是否符合企业网络的安全规则。

规则检查防火墙虽然集成前三者的特点，但是不同于应用级网关的是，它并不打破客户机/服务器模式来分析应用层的数据，它允许受信任的客户机和不受信任的主机建立直接连接。规则检查防火墙不依靠与应用层有关的代理，而是依靠某种算法来识别进出的应用层数据，这些算法通过已知合法数据包的模式来比较进出数据包，这样从理论上就能比应用级代理在过滤数据包上更有效。

3. 防火墙的部署与使用

防火墙一般在跨越不同组织时需要，或者在重要的设备与资源访问保护时需要，如商家与认证机构间、商家与银行间、银行与其他组织、银行前后端等均要部署防火墙，见图 6-10。

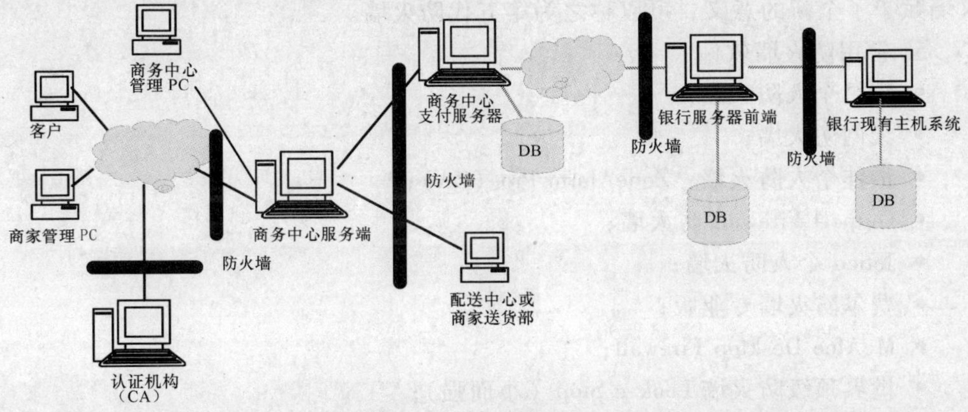

图 6-10　防火墙部署方案

防火墙是企业网安全问题的流行方案，即把公共数据和服务置于防火墙外，使其对防火墙内部资源的访问受到限制。一般说来，防火墙是不能防病毒的，尽管有不少的防火墙产品声称其具有这个功能。防火墙技术的另外一个弱点在于数据在防火墙之间的更新是一个难题，如果延迟太大将无法支持实时服务请求。此外，防火墙采用滤波技术，滤波通常使网络的性能降低 50% 以上，如果为了改善网络性能而购置高速路由器，又会大大增加经济预算。

作为一种网络安全技术，防火墙具有简单实用的特点，并且透明度高，可以在不修改原有网络应用系统的情况下达到一定的安全要求。但是，防火墙不能对付来自内部的攻击、直接的 Internet 数据流、病毒等 3 方面的威胁，如果防火墙系统被攻破，则被保护的网络处于无保护状态。如果一个企业希望在 Internet 上开展商业活动，与众多的客户进行通信，只是防火墙还不能满足要求。

4. 防火墙的发展

（1）第一代防火墙。第一代防火墙技术几乎与路由器同时出现，采用了包过滤技术。

（2）第二、三代防火墙。1989 年，贝尔实验室的 Dave Presotto 和 Howard Trickey 推出了第二代防火墙，即电路层防火墙，同时提出了第三代防火墙——应用层防火墙（代理防火墙）的初步结构。

（3）第四代防火墙。1992 年，USC 信息科学院的 BobBraden 开发出了基于动态包过滤（Dynamic Packet Filter）技术的第四代防火墙，后来演变为目前所说的状态监视（Stateful Inspection）技术。1994 年，以色列的 CheckPoint 公司开发出了第一个基于这种技术的商业化的产品。

（4）第五代防火墙。1998 年，NAI 公司推出了一种自适应代理（Adaptive

Proxy）技术，并在其产品 Gauntlet Firewall for NT 中得以实现，给代理类型的防火墙赋予了全新的意义，可以称之为第五代防火墙。

5. 常用防火墙软件

- 瑞星个人防火墙；
- 天网防火墙；
- 最佳个人防火墙：ZoneAlarm Pro（ZA）；
- Outpost Firewall 防火墙；
- Jetico 个人防火墙；
- 费尔防火墙专业版；
- McAfee Desktop Firewall；
- 世界顶级防火墙 Look n Stop（小而强）；
- eTrust Personal Firewall；
- 卡巴斯基反黑客防火墙；
- Norton Personal Firewall；
- F-Secure 防火墙。

二、信息加密

1. 加密技术概述

加密技术是电子商务采取的主要安全技术手段。采用加密技术可以满足信息保密性的安全需求，避免敏感信息的泄露。通常，信息加密是通过密码技术实现的。密码技术是保护信息的保密性、完整性、可用性的有力手段。它可以在一种潜在不安全的环境中保证通信及存储数据的安全，密码技术还可以有效地用于报文认证、数字签名等，以防止电子欺骗。可以说，加密技术是认证技术及其他许多安全技术的基础，也是信息安全的核心技术。

密码技术包括密码设计、密码分析、密钥管理、验证技术等内容。密码设计的基本思想是伪装信息，使局外人不能理解信息的真正含义，而局内人却能够理解伪装信息的本来含义。其中，密码设计的中心内容就是数据加密和解密的方法。所谓“加密”，简单地说，就是使用数学的方法将原始信息（明文）重新组织与变换成只有授权用户才能解读的密码形式（密文），而“解密”就是将密文重新恢复成明文。密码的出现可以追溯到远古时代，密码学也和其他学科一样随着社会的发展而发展，先后经历了手工阶段、机械阶段、电子阶段，而现在则进入了计算机和网络时代。目前，密码学已发展成一门系统的技术科学，是集数学、计算机科学、电子与通信等诸多学科于一身的交叉学科。根据不同的标准，密码体制的分类方法很多，其中常用的主要有对称密码体制（也叫做单钥密码体制、秘密密钥密码体制、对称密钥密码体制）、非对称密码体制（也叫做双钥密码体制、公开密钥密码体制、非对称密钥密码体制）等。

在对称密码体制中，加密密钥与解密密钥是相同的。早期使用的加密算法大多是对称密码体制，所以对称密码体制通常也称作传统密码体制，或常规密码体制。在这种密码体制下，有加密（或解密）的能力就意味着必然也有解密（或加密）的能力。对称密码体制的优点是具有很高的保密强度，可以经受国家级破译力量的分析和攻击，但它的密钥必须通过安全可靠的途径传递。由于密钥管理成为影响系统安全的关键性因素，使它难以满足系统的开放性要求。

为了解决对称密码体制的密钥分配问题，以及满足对数字签名的需求，20世纪70年代产生了非对称密码体制。在这种密码体制下，人们把加密过程和解密过程设计成不同的途径，当算法公开时，在计算上不可能由加密密钥求得解密密钥，因而加密密钥可以公开，而只需秘密保存解密密钥即可。在非对称密码体制中，最具代表性的算法当数RSA，它从1978年公布至今，一直是加密算法中的主要算法之一。尽管该算法吸引了无数研究者，但在数学上还未找到最佳破译方法。

非对称加密技术（公开密钥算法）是在1976年由当时在美国斯坦福大学的迪菲（Diffie）和赫尔曼（Hellman）两人首先发明的。目前最流行的非对称加密技术RSA算法是由R. Rivest、A. Shamir和L. Adleman于1977年提出的。RSA的取名就是来自于这3位发明者的姓的第一个字母，它既能用于加密也能用于数字签名。

2. RSA的算法原理

RSA的演算方法是：

① 用户选择2个够大的保密质数 q、p（一般为100位以上十进制数）。

② 令 $n=pq$，n 是公开的，从 n 分解出 q、p 是极其困难的。n 的欧拉函数为：

$$\Phi(n) = (p-1)(q-1)$$

$\Phi(n)$ 小于等于 n，并与 n 互质。

③ 选择一个相对大的整数 e 作为加密指数，使 e 与 $\Phi(n)$ 互质。

④ 解同等方程：

$$ed = 1 \bmod \Phi(n)$$

求出解密指数 d。

⑤ 设 M、C 分别为要加密的明文和被加密的密文（M、C 小于 n），则加密运算为：

$$C = M^e \bmod n$$

解密运算为：

$$M = C^d \bmod n$$

⑥ 每个用户都有一组密钥（e、d、n）。（e，n）叫公开密钥（Public Key，PK），可以公开在手册上，e 为加密指数，公开密钥可以公开给任何需要知道的人。

（d，n）为私人密钥（Private Key，SK），由个人所有，保密。

将 p、q 销毁。

⑦ 要求明文 $M < n$。

现在，用一个简单的例子来说明 RSA 公开密钥密码系统的工作原理。选两个质数：$p=3$、$q=5$，计算出 $n=pq=15$ 和 $\Phi(n) = (3-1)(5-1) = 8$；选 $e=11$（e 必须与 $\Phi(n)$ 互质），可以通过 $ed = 1\bmod\Phi(n) = 1\bmod(8)$，计算出 $d=3$，其实 $ed = 11\times3 = 33 \div 8$ 确实余 1。将 e、n 公布，d 保密，p、q 销毁。

如果田女士要发送机密信息 $M=13$ 给子君小姐，她已经查到子君小姐的公开密钥是（n，e）=（15，11），于是田女士算出加密值 $C = M^e \bmod n = 13^{11} \bmod 15 = 1,792,160,394,037 \bmod 15 = 7$ 并发给子君小姐。子君小姐收到密文 $C=7$ 后，利用只有她知道的私人密钥（n，d）=（15，3）计算 $M = C^d \bmod n = 7^3 \bmod 15 = 343 \bmod 15 = 13$。

3. 非对称加密技术 RSA 的安全性

数学上的单向陷门函数的特点是一个方向求值很容易，但其逆向计算却很困难。许多形式为 $Y=f(x)$ 的函数，对于给定的自变量 x 值，很容易计算出函数 Y 的值；而由给定的 Y 值，在很多情况下依照函数关系 $f(x)$ 计算 x 值十分困难。例如，两个大素数 p 和 q 相乘得到乘积 n 比较容易计算，但从它们的乘积 n 分解为两个大素数 p 和 q 则十分困难。如果 n 为足够大，当前的算法不可能在有效的时间内实现。

RSA 公开密钥密码体制的安全性取决于从公开密钥（n，e）计算出秘密密钥（n，d）的困难程度，而这等同于从 n 找出它的两个质因数 p 和 q。目前认为寻求有效的因数分解的算法就是破解 RSA 公开密钥密码系统的最佳方法。由于 n 的长度是控制非对称加密技术 RSA 算法的安全可靠性的重要因素，因此可以通过增加 n 的长度来保证其安全性。

1977 年，《科学的美国人》杂志悬赏征求分解一个 129 位十进数（426 比特），直至 1994 年 3 月，才由 Atkins 等人在因特网上动用了 1600 台计算机，前后花了 8 个月的时间，才找出了答案。现在，在技术上还无法预测攻破具有 2048 位密钥的 RSA 加密算法需要多少时间。美国 Lotus 公司悬赏 1 亿美元，奖励能破译其 Domino 产品中 1024 位密钥的 RSA 算法的人。从这个意义上说，目前 1024 位以上密钥的 RSA 算法是绝对安全的。

总之，随着硬件资源的迅速发展和因数分解算法的不断改进，为保证 RSA 公开密钥密码体制的安全性，最实际的做法是不断增加 n 的位数。

4. 非对称加密技术 RSA 的不足之处

RSA 的缺点主要有：①产生密钥很麻烦。受到素数产生技术的限制，因而难以做到一次一密。②分组长度太大。为保证安全性，n 至少也要 600bit 以上，运算代价很高。且随着大数分解技术的发展，这个长度还在增加，不利于数据格式的标准化。③速度较慢，由于进行的都是大数计算，使得非对称加密技术 RSA 最快的情况也比对称加密技术 DES 慢上几个数量级，无论是软件还是硬件实现，速度一直是 RSA 的缺陷。因此，RSA 一般来说只用于少量数据加密。

三、数字签名

安全认证技术是为了满足电子商务系统的安全性要求而采取的一种常用的、必须的安全技术。安全认证的主要作用是进行信息认证。信息认证的目的有两个：①确认信息的发送者的身份；②验证信息的完整性，即确认信息在传送或存储过程中未被篡改过。

安全认证技术主要有数字摘要（Digital Digest）、数字信封（Digital Envelop）、数字签名（Digital Signature）、数字时间戳（Digital Time-Stamp）、数字证书（Digital Certificate，Digital ID）等。

1. 数字摘要

数字摘要是采用单向 Hash 函数对文件中若干重要元素进行某种变换运算得到固定长度的摘要码，在传输信息时将之加入文件一同送给接收方。接收方收到文件后，用相同的方法进行变换运算，若得到的结果与发送来的摘要码相同，则可断定文件未被篡改，反之亦然。

2. 数字信封

数字信封是用加密技术来保证只有规定的特定收信人才能阅读信的内容。在数字信封中，信息发送方采用对称密钥来加密信息，然后将此对称密钥用接收方的公开密钥来加密（这部分称为数字信封）之后，将它和信息一起发送给接收方，接收方先用相应的私有密钥打开数字信封，得到对称密钥，然后使用对称密钥解开信息。这种技术的安全性相当高。

3. 数字签名

日常生活中，通常通过对某一文档进行签名来保证文档的真实有效性，可以对签字方进行约束，防止其抵赖行为，并把文档与签名同时发送以作为日后查证的依据。在网络环境中，可以用电子数字签名作为模拟，从而为电子商务提供不可否认服务。

把 HASH 函数和公钥算法结合起来，可以在提供数据完整性的同时，也可以保证数据的真实性。完整性保证传输的数据没有被修改，而真实性则保证是由确定的合法者产生的 HASH，而不是由其他人假冒的。而把这两种机制结合起来就可以产生所谓的数字签名（Digital Signature）。其原理为：①被发送文件用安全 Hash 编码法 SHA（Secure Hash Algorithm）编码加密产生 128bit 的数字摘要；②发送方用自己的私用密钥对摘要再加密，这就形成了数字签名；③将原文和加密的摘要同时传给对方；④对方用发送方的公共密钥对摘要解密，同时对收到的文件用 SHA 编码加密产生又一摘要；⑤将解密后的摘要和收到的文件在接收方重新加密产生的摘要相互对比。如两者一致，则说明传送过程中信息没有被破坏或篡改过。否则不然。

数字签名是通过 Hash 函数与公开密钥算法来实现的，其工作过程如图 6-11 所示。

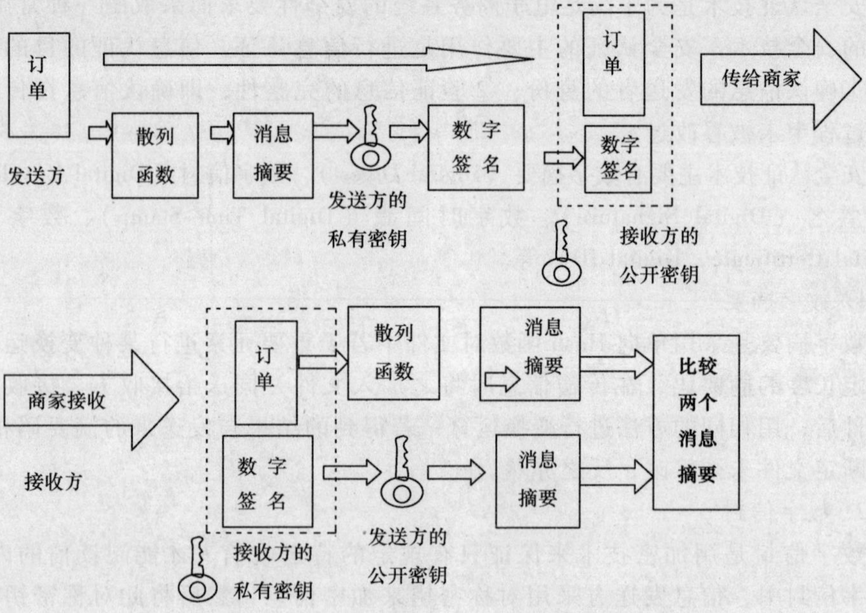

图 6-11　用非对称加密实现数字签名

如果第三方冒充发送方发送了一个文件，因为接收方在对数字签名进行解密时使用的是发送方的公开密钥，只要第三方不知道发送方的私用密钥，解密出来的数字摘要与计算机计算出来的新摘要必然是不同的。这就提供了一个安全的确认发送方身份的方法。

一个签名体制一般包含两个组成部分：签名算法和验证算法。签名算法或签名密钥是秘密的，只有签名人掌握。验证算法应当是公开的，以便于他人进行验证。

数字签名相对于手写签名在安全性方面具有如下好处：数字签名不仅与签名者的私有密钥有关，而且与报文的内容有关，因此不能将签名者对一份报文的签名复制到另一份报文上，同时也能防止篡改报文的内容。

4. 数字时间戳（Digital Time-Stamp）

在书面合同中，文件签署的日期和签名一样均是十分重要的，是防止文件被伪造和篡改的关键性内容。而在电子交易中，同样需对交易文件的日期和时间信息采取安全措施。数字时间戳服务（Digital Time-Stamp Service，DTS）能提供电子文件发表时间的安全保护。数字时间戳服务是网络安全服务项目，由专门的机构提供。

时间戳是一个经加密后形成的凭证文档，它包括3个部分：①需加时间戳的文件的摘要；②DTS收到文件的日期和时间；③DTS的数字签名。

时间戳产生的过程为：用户首先将需要加时间戳的文件用Hash编码加密形成摘要，然后将该摘要发送到DTS，DTS在加入了收到文件摘要的日期和时间信息后再对该文件加密（数字签名），然后送回用户。由Bellcore创造的DTS采用如下的过程：加密时将摘要信息归并到二叉树的数据结构；再将二叉树的根值发表在报纸上，这样更有效地为文件发表时间提供了佐证。

注意，书面签署文件的时间是由签署人自己写上的，而数字时间戳则不然，它是由认证单位DTS来加的，以DTS收到文件的时间为依据。因此，时间戳也可作为科学家的科学发明文献的时间认证。

在电子交易中，无论是数字时间戳服务（DTS）还是数字证书（Digital ID）的发放，都不是靠交易的双方自己能完成的，而需要有一个具有权威性和公正性的第三方来完成。认证中心（CA）就是承担网上安全电子交易认证服务，能签发数字证书，并能确认用户身份的服务机构。

四、PKI技术与认证

数字签名是基于非对称加密技术的，存在两个明显的问题：第一，如何保证公开密钥的持有者是真实的；第二，大规模网络环境下公开密钥的产生、分发和管理。由此，证书签发机构（Certificate Authority，CA）应运而生。它是提供身份验证的第三方机构，由一个或多个用户信任的组织实体构成。CA核实某个用户的真实身份以后，签发一份报文给该用户，以此作为网上证明身份的依据。这个报文称为数字证书（Digital Certificate，Digital ID）。数字证书能够起到标识贸易方的作用，是目前电子商务广泛采用的技术之一。

1. 数字证书

在交易支付过程中，参与各方必须利用认证中心签发的数字证书来证明各自的身份。所谓数字证书，就是用电子手段来证实一个用户的身份及用户对网络资源的访问权限。在网上电子交易中，如果双方出示了各自的数字证书，并用它来进行交易操作，那么双方都可不必为对方身份的真伪担心。

数字证书是用来唯一确认安全电子商务交易双方身份的工具。由于它由证书管理中心作了数字签名，因此任何第三方都无法修改证书的内容。任何信用卡持有人只有申请到相应的数字证书，才能参加安全电子商务的网上交易。

数字证书的内部格式是由 CCITT X.509 国际标准所规定的，它必须包含以下几点：证书的版本号；数字证书的序列号；证书拥有者的姓名；证书拥有者的公开密钥；公开密钥的有效期；签名算法；办理数字证书的单位；办理数字证书单位的数字签名。

在电子商务中，数字证书一般有 4 种类型：客户证书，商家证书，网关证书及 CA 系统证书。

2. 认证机构

认证机构（CA）也称为认证中心（Certificate Authority）。在电子交易中，无论是数字时间戳服务还是数字证书的发放，都不是靠交易的双方自己能完成的，而需要有一个具有权威性和公正性的第三方来完成。认证中心（CA）就是承担网上安全电子交易认证服务，能签发数字证书，并能确认用户身份的服务机构。认证中心通常是企业性的服务机构，主要任务是受理数字证书的申请、签发及对数字证书的管理。

在交易时，先向对方提交一个由 CA 签发的包含个人身份的证书，以使对方相信自己的身份。交易者向 CA 申请证书时，可提交自己的驾驶执照、身份证或护照，经验证后，发放证书，证书包含了顾客的名字和他的公钥。以此作为网上证明自己身份的依据。

认证机构的核心职能是发放和管理用户的数字证书。认证机构在整个电子商务环境中处于至关重要的位置，它是整个信任链的起点。认证机构是开展电子商务的基础，如果认证机构不安全或发放的证书不具权威性，那么网上电子交易就根本无从谈起。

认证机构发放的证书一般分为持卡人证书、支付网关证书、商家证书、银行证书、发卡机构证书。

CA 有四大职能：证书发放、证书更新、证书撤销和证书验证。下面具体阐述各职能要完成的工作。

（1）证书发放。对于 SET 的用户，可以有多种方法向申请者发放证书：可以发放给最终用户签名的或加密的证书，向持卡人只能发放签名的证书，向商户和支付网关可以发放签名并加密的证书。

（2）证书更新。持卡人证书、商户和支付网关证书应定期更新，更新过程与证书发放的过程是一样的。

（3）证书撤销。证书的撤销可以有许多理由，如私有密钥被泄露，身份信息的更新或终止使用等。对持卡人而言，他需要确认他的账户信息不会发往一个未被授权的支付网关。因此，被撤销的支付网关证书需包含在撤销清单中并散发给持卡人；由于持卡人不会将任何敏感的支付信息发给商家，所以，持卡人只需商户证书的有效性即可。对商户而言，需检查持卡人不在撤销清单中，并需与发卡行验证信息的合法性；同样，支付网关需检查商户证书不在撤销清单中，并需与收单行验证信息的合法性。

（4）证书验证。SET 证书是通过信任分级体系来验证的，每一种证书与签发它的单位相联系，沿着该信任树直接到一个认可信赖的组织，就可以确定证书的有效性。信任树“根”的公用密钥对所有 SET 软件来说都是已知的，因而可以按次序检验每一个证书。

2003 年 9 月 13 日 8 点，中国第一份在互联网使用安全可信数字认证形式的合同正式诞生。签约的三方是中国电子商务协会、公安部物证鉴定中心和中国国际电子商务认证中心。国内主要的电子商务认证中心主要有以下一些。

- 北京数字证书认证中心：http：//www. bjca. org. cn
- 深圳市电子商务认证中心：http：//www. szca. gov. cn
- 广东省电子商务认证中心：http：//www. cnca. net
- 海南省电子商务认证中心：http：//www. hnca. net
- 湖北省电子商务认证中心：http：//www. hbeca. com. cn
- 上海电子商务安全证书管理中心：http：//www. sheca. com
- 中国数字认证网：http：//www. ca365. com
- 山西省电子商务安全认证中心：http：//www. sxca. com. cn
- 中国金融认证中心：http：//www. cfca. com. cn
- 天津电子商务运作中心：http：//www. ectj. net/ca
- 天威诚信 CA 认证中心：http：//www. itrus. com. cn

3. 公开密钥框架 PKI

密钥管理是电子商务安全业务中共同存在的问题，为解决在 Internet 上开展电子商务的安全问题，世界各国在经多年研究后，初步形成了一套完整的解决方案，即目前被广泛应用的公钥基础设施（Public Key Infrastructure，PKI）。

PKI 是一种网络基础设施，其目标是向网络用户和应用程序提供公开密钥的管理服务。为了使用户在不可靠的网络环境中获得真实的公开密钥，PKI 引入公认可信的第三方；同时，为了避免在线查询集中存放的公开密钥产生的性能瓶颈，PKI 引入电子证书。可信的第三方是 PKI 的核心部件，正是由于它的中继，系统中任意两个实体才能建立安全联系。

电子证书中第三方的数字签名，使用户可以在离线状态确认一个公开密钥的真实性。当证书中认可的事实发生变化时，证书发布者必须使用某种机制来撤销以前发出但现在失效的证书。除了证书的有效期外，证书撤销列表（CRL）

是另一种证书有效期控制机制。证书发布者定期发布 CRL，列出所有曾发布但当前已被撤销的证书号。证书的使用者依据 CRL 即可验证某证书是否已被撤销。

（1）PKI 结构模型。PKI 框架有 3 类实体：管理实体、端实体和证书库。管理实体是 PKI 的核心，是 PKI 服务的提供者；端实体是 PKI 的用户，是 PKI 服务的使用者；证书库是一个分布式数据库，用于证书和 CRL 的存放和检索。

证书签发机构（CA）和注册机构（RA）是两种管理实体。CA 是 PKI 框架中唯一能够发布/撤销证书的实体，维护证书的生命周期；RA 负责处理用户请求，在验证了请求的有效性后，代替用户向 CA 提交。RA 可以单独实现，也可以合并在 CA 中实现。作为管理实体，CA/RA 以证书方式向端实体提供公开密钥的分发服务。

持有者和验证者是两种端实体。持有者是证书的拥有者，是证书所声明事实的主体。持有者向管理实体申请并获得证书，也可以在需要时请求撤销或更新证书。持有者使用证书鉴别自己的身份，从而获得相应的权力。验证者通常是授权方，确认持有者所提供的证书的有效性和对方是否为该证书的真正拥有者，只有在成功鉴别之后才可授权对方。

证书库可由 Web、FTP 或 X. 500 目录来实现。由于证书库中存取对象是证书和 CRL，其完整性由数字签名保证，因此对证书库的操作可在无特殊安全保护的信道上传输。

不同的实体间通过 PKI 操作完成证书的请求、确认、发布、撤销、更新和获取等过程。PKI 操作分成存取操作和管理操作两类。前者涉及管理实体/端实体与证书库之间的交互，操作的目的是向/从证书库存放/读取证书和 CRL，后者涉及管理实体与端实体之间或管理实体内部的交互，操作的目的是完成证书的各项管理任务和建立证书链。

（2）PKI 层次模型。PKI 框架描述为 3 个层次。最低层是传输层，向上提供 PKI 操作报文的可靠传输，可以是运输层协议（如 TCP）或应用层协议（如 HTTP、SMTP、FTP）。中间层是密码学服务层，向上提供加解密、数字签名和报文摘要等基本密码服务，可由 RSA、MD5 和智能卡接口等模块实现。最高层是证书服务层，使用下两层提供的加密和传输服务，向用户提供证书的请求、签证、发布、撤销和更新等服务。

PKI 的 3 类实体使用了 3 层服务。证书库无需特殊的安全交互措施，所以仅使用传输层服务分发证书和 CRL；管理实体和端实体使用证书服务层构造 PKI 证书操作报文，使用密码学服务层作鉴别和保护交互信息，使用传输层服务传送报文。

五、IPSec 的电子商务安全体系

为了加强互联网的安全性，从 1995 年开始，IETF 着手研究制定了一套用于保护 IP 通信的安全（IP Security，IPSec）协议。IPSec 提供既可用于 IPv4 也可用于 IPv6 的安全性机制，它是 IPv6 的一个组成部分，也是 IPv4 的一个可选扩展协议。

IPSec 协议不是一个单独的协议，它给出了应用于 IP 层上网络数据安全的一整套体系结构，包括网络认证协议 Authentication Header（AH）、封装安全载荷协议 Encapsulating Security Payload（ESP）、密钥管理协议 Internet Key Exchange（IKE）和用于网络认证及加密的一些算法等。IPSec 规定了如何在对等层之间选择安全协议、确定安全算法和密钥交换，向上提供了访问控制、数据源认证、数据加密等网络安全服务。

1. 安全特性

IPSec 的安全特性主要有：

（1）不可否认性。“不可否认性”可以证实消息发送方是唯一可能的发送者，发送者不能否认发送过消息。“不可否认性”是采用公钥技术的一个特征，当使用公钥技术时，发送方用私钥产生一个数字签名随消息一起发送，接收方用发送者的公钥来验证数字签名。由于在理论上只有发送者才唯一拥有私钥，也只有发送者才可能产生该数字签名，所以只要数字签名通过验证，发送者就不能否认曾发送过该消息。但“不可否认性”不是基于认证的共享密钥技术的特征，因为在基于认证的共享密钥技术中，发送方和接收方掌握相同的密钥。

（2）反重播性。“反重播”确保每个 IP 包的唯一性，保证信息万一被截取复制后，不能再被重新利用、重新传输回目的地址。该特性可以防止攻击者截取破译信息后，再用相同的信息包冒取非法访问权。

（3）数据完整性。这是指防止传输过程中数据被篡改，确保发出数据和接收数据的一致性。IPSec 利用 Hash 函数为每个数据包产生一个加密检查和，接收方在打开包前先计算检查和。若数据包遭篡改导致检查和不相符，数据包即被丢弃。

（4）数据可靠性（加密）。在传输前，对数据进行加密，可以保证在传输过程中即使数据包遭截取，信息也无法被读。该特性在 IPSec 中为可选项，与 IPSec 策略的具体设置相关。

（5）认证。数据源发送信任状，由接收方验证信任状的合法性，只有通过认证的系统才可以建立通信连接。

2. 基于电子证书的公钥认证

一个架构良好的公钥体系，在信任状的传递中不造成任何信息外泄，能解

决很多安全问题。IPSec 与特定的公钥体系相结合，可以提供基于电子证书的认证。公钥证书认证在 Windows 2000 中，适用于对非 Windows 2000 主机、独立主机、非信任域成员的客户机或者不运行 Kerberos v5 认证协议的主机进行身份认证。

3. 预置共享密钥认证

IPSec 也可以使用预置共享密钥进行认证。预置共享意味着通信双方必须在 IPSec 策略设置中就共享的密钥达成一致。之后在安全协商过程中，信息在传输前使用共享密钥加密，接收端使用同样的密钥解密，如果接收方能够解密，即被认为可以通过认证。但在 Windows 2000 IPSec 策略中，这种认证方式被认为不够安全而一般不推荐使用。

4. 公钥加密

IPSec 的公钥加密用于身份认证和密钥交换。公钥加密，也被称为“不对称加密法”，即加解密过程需要两把不同的密钥，一把用来产生数字签名和加密数据，另一把用来验证数字签名和对数据进行解密。

使用公钥加密法，每个用户拥有一个密钥对，其中私钥仅为其个人所知，公钥则可分发给任意需要与之进行加密通信的人。例如：A 想要发送加密信息给 B，则 A 需要用 B 的公钥加密信息，之后只有 B 才能用他的私钥对该加密信息进行解密。虽然密钥对中两把钥匙彼此相关，但要想从其中一把来推导出另一把，以目前计算机的运算能力来看几乎不现实。因此，在这种加密法中，公钥可以广为分发，而私钥则需要仔细地妥善保管。

5. Hash 函数和数据完整性

Hash 信息验证码 HMAC（Hash Message Authentication Codes）验证接收消息和发送消息的完全一致性（完整性）。这在数据交换中非常关键，尤其是当传输媒介如公共网络中不提供安全保证时更显得重要。

HMAC 结合 Hash 算法和共享密钥提供完整性。Hash 散列通常也被当成是数字签名，但这种说法不够准确，两者的区别在于：Hash 散列使用共享密钥，而数字签名基于公钥技术。Hash 算法也称为消息摘要或单向转换。称它为单向转换是因为：①双方必须在通信的两个端头处各自执行 Hash 函数计算；②使用 Hash 函数很容易从消息计算出消息摘要，但其逆向反演过程以目前计算机的运算能力几乎不可实现。

Hash 散列本身就是所谓加密检查和消息完整性编码 MIC（Message Integrity Code），通信双方必须各自执行函数计算来验证消息。举例来说，发送方首先使用 HMAC 算法和共享密钥计算消息检查和，然后将计算结果 A 封装进数据包中一起发送；接收方再对所接收的消息执行 HMAC 计算得出结果 B，并将 B 与 A 进行比较。如果消息在传输中遭篡改致使 B 与 A 不一致，接收方丢弃该数据包。

有两种最常用的 Hash 函数：

HMAC-MD5 MD5（消息摘要 5）基于 RFC1321。MD5 对 MD4 作了改进，计算速度比 MD4 稍慢，但安全性能得到了进一步改善。MD5 在计算中使用了 64 个 32 位常数，最终生成一个 128 位的完整性校验和。

HMAC-SHA 安全 Hash 算法定义在 NIST FIPS 180-1 上，以 MD5 为原型。SHA 在计算中使用了 79 个 32 位常数，最终产生一个 160 位完整性校验和。SHA 检查和长度比 MD5 更长，因此安全性也更高。

6. 加密和数据可靠性

IPSec 使用的数据加密算法是 DES——Data Encryption Standard（数据加密标准）。DES 密钥长度为 56 位，在形式上是一个 64 位数。DES 以 64 位（8 字节）为分组对数据加密，每 64 位明文，经过 16 轮置换生成 64 位密文，其中每字节有 1 位用于奇偶校验，所以实际有效密钥长度是 56 位。IPSec 还支持 3DES 算法，3DES 可提供更高的安全性，但相应地，计算速度更慢。

7. 密钥管理

（1）动态密钥更新。IPSec 策略使用“动态密钥更新”法来决定在一次通信中新密钥产生的频率。动态密钥指在通信过程中，数据流被划分成一个个“数据块”，每一个“数据块”都使用不同的密钥加密，这可以保证万一攻击者中途截取了部分通信数据流和相应的密钥后，也不会危及到其余的通信信息的安全。

IPSec 策略允许专家级用户自定义密钥生命周期。如果该值没有设置，则按默认时间间隔自动生成新密钥。

（2）密钥长度。密钥长度每增加一位，可能的密钥数就会增加一倍，相应地，破解密钥的难度也会随之成指数级加大。IPSec 策略提供多种加密算法，可生成多种长度不等的密钥，用户可根据不同的安全需求加以选择。

（3）Diffie-Hellman 算法。要启动安全通信，通信两端必须首先得到相同的共享密钥（主密钥），但共享密钥不能通过网络相互发送，因为这种做法极易泄密。

Diffie-Hellman（DH）算法是用于密钥交换的最早最安全的算法之一。DH 算法的基本工作原理是：通信双方公开或半公开交换一些准备用来生成密钥的“材料数据”，在彼此交换过密钥生成“材料”后，两端可以各自生成出完全一样的共享密钥。在任何时候，双方都绝不交换真正的密钥。

通信双方交换的密钥生成“材料”长度不等，“材料”长度越长，所生成的密钥强度也就越高，密钥破译就越困难。除进行密钥交换外，IPSec 还使用 DH 算法生成所有其他加密密钥。

8. IPSec 协议的体系结构

IPSec 由一系列协议组成：RFC2401，RFC2402（验证头）、RFC2406（封装安全载荷）、RFC2407（用于 Internet 安全联盟和密钥管理协议 ISAKMP 的 Internet IP 安全解释域）、RFC2408（ISAKMP）、RFC2409（Internet 密钥交换，IKE）、RFC2411（IP 安全文档指南）、RFC2412（OAKLEY 密钥确定协议）等。

思考题

1. 电子商务主要面临哪些方面的安全问题？相应的技术上的对策是什么？
2. 简述什么是防火墙、其类型有哪些、如何部署。
3. 为什么说使用非对称加密可以防止赖账行为？
4. 试述电子签名的过程。
5. 简述什么是认证机构，其功能有哪些。
6. 什么是数字证书？为什么要使用数字证书？
7. 简述数字认证原理。数字证书是如何颁发的？
8. 试比较 SET 协议和 SSL 协议。
9. 简述 PKI 与 IPSec 的基本概念。

案例分析

中铝网络安全整体解决案例

（资料来源：软件前线，http：//www. soft88. com）

为了全面提升中铝股份在国内外市场的竞争能力，降低运营成本，减少经营风险，加速资金周转，实现信息的实时共享和动态管理，为领导科学决策提供及时、准确、全面的经营信息，提高现代化管理水平，尽快与国际先进的管理模式接轨，将建立丰富的网络信息系统，实现信息流、物流、资金流和控制流的四流合一，同时实现数据、音频、视频三网合一。中铝股份下属的分公司已经完成了分公司内部信息化建设，各家分公司分别通过当地 ISP 接入 Internet。

1. 原则

在进行网络系统安全方案设计、规划时，应遵循以下原则：

(1) 需求、风险、代价平衡分析的原则。对任一网络，绝对安全难以达到，也不一定是必要的。要进行实际的研究（包括任务、性能、结构、可靠性、可维护性等），并对网络面临的威胁及可能承担的风险进行定性与定量相结合的分析，然后制定规范和措施，确定系统的安全策略。

(2) 综合性、整体性原则。计算机网络的各个环节，包括个人（使用、维护、管理）、设备（含设施）、软件（含应用系统）、数据等，在网络安全中的地位和影响作用，也只有从系统整体的角度去看待、分析，才可能得到有效、可行的措施。不同的安全措施其代价、效果对不同网络并不完全相同。计算机网络安全应遵循整体安全性原则，根据确定的安全策略制定出合理的网络体系结构及网络安全体系结构。

(3) 易操作性原则。安全措施需要人去完成，如果措施过于复杂，对人的要求过高，本身就降低了安全性；其次，措施的采用不能影响系统的正常运行。

(4) 适应性及灵活性原则。安全措施必须能随着网络性能及安全需求的变化而变化，要容易适应、容易修改和升级。

(5) 多重保护原则。任何安全措施都不是绝对安全的，都可能被攻破。但是建立一个多重保护系统，各层保护相互补充，当一层保护被攻破时，其他层保护仍可保护信息的安全。

(6) 可评价性原则。如何预先评价一个安全设计并验证其网络的安全性，这需要通过国家有关网络信息安全测评认证机构的评估来实现。

2. 部署

(1) 防火墙 HundWALL。两台 M80 双机热备是企业内的重点部分，因此安装一台防火墙加以防护。中铝选用了 HundWALL-400，其流量可达到 400M，系统带宽 4.27G，内存带宽 4.3G，完全可以满足大数据量的需要。另外，HundWALL 中还自带防病毒功能，可在网上自动更新病毒库。

(2) 入侵检测系统 HundIDS。在整个网络中部署两台入侵检测系统——HundIDS：在整个网络出口处的 HundIDS 监测由外网到内网的入侵活动；服务器群前面的 HundIDS 不仅可以监测来自外网的入侵，还可以监测来自企业内部的非法操作及入侵。为了应对北京总部与 8 个分支机构间的大流量数据传递，这两台 IDS 系统均选用 HundIDS-400，其流量可达到 400M，系统带宽 4.27G，内存带宽 4.3G，完全可以满足整个网络的需要。HundIDS 可以对流经的数据包进行数据分析，过滤掉含有攻击指令和操作的数据包，保护网络的安全，提供对内部攻击、外部攻击和误操作的实时保护。它利用高效的智能检测算法，并配置过滤规则知识库，从而能够快速地对通过系统的信息包进行分析检测，在保障正常网络通信的同时能够有效地阻止黑客的攻击行为或用户的非法操作。入侵检测系统在发现入侵后，会及时作出响应，包括切断网络连接、记录事件、自动修改防火墙的配置和报警等。

(3) 漏洞扫描系统 HundSCAN。网络安全应该防患于未然，在系统没有受到攻击之前及时地发现漏洞并进行修补。HundSCAN 即可以扫描一般 UNIX、Windows 系列操作系统的安全漏洞和路由器等网络设备，防火墙和入侵检测系统（IDS）等安全设备的安全漏洞。

HundSCAN 安装简单，建议使用一台操作系统为 Win2000/NT 的便携机安装 HundSCAN 系统，定期对各服务器及网络设备进行漏洞扫描。

(4) 上网行为管理 HundNET。在整个网络的出口处部署一台 HundNET，对流入、流出的数据包进行监控，并根据系统的设定采取相应的控制行为，记录相应的数据，并进行分析统计，生成相应的数据报表。这样对内部员工的上网行为可以进行良好的控制监督，而且不会影响网络的性能。

(5) 网络防病毒。HundIDS 与 HundWALL 中带有网络防病毒功能，可在网上自动升级更新病毒库，为免费项目。

(6) 虚拟专用网 HundVPN。当内部员工出差在外或者在家办公时，如果想访问企业内部的资源或者和企业进行数据交互只能是通过 Internet 在公网上传输，很容易造成数据的丢失和机密的泄露。现在为了解决这个问题，中铝在企业内部的网络入口处架设一台神爽 VPN 网关（HundVPN），移动办公人员无论通过何种方式上网，均能通过神爽 VPN 客户端软件及 USB 认证加密卡登录总部的神爽 VPN 网关，有如在移动办公人员和总部之间借助 Internet 架设了一条虚拟的专用隧道。在此隧道内传输的数据都是经过认证加密的，并且管理员可以为每个用户设定不同的访问权限，登录的用户根据自己的访问策略访问相应的服务器及各种应用服务（不用考虑企业内部资源的 IP 地址是私网地址还是公网地址）。根据网络的现状，中铝选用 HundVPN-E200，最大并发数为 120 000，完全可以满足用户的需要。神爽 VPN 的使用，方便了移动用户共享企业的内部资源，同时也保证了数据传输的完整性、保密性和安全性，满足了企业移动办公的需要。

3. 方案优势

巨龙公司网络安全整体解决方案的理念是“技术 + 策略 + 管理”的有机结合。全方位地考虑网络系统的各个层面：从静态的访问控制到动态的入侵检测；从事前的漏洞扫描和系统加固、事中的入侵检测以及响应报警到事后采取相应处理措施等，有效地排除网络中存在的种种隐患，提高网络的整体安全性能，最大限度地满足了客户对网络安全的需求，为客户提供了一个高性能价格比的超级网络安全防御体系。

案例思考题

1. 中铝股份的网络案例原则中，如何考虑风险与代价的平衡？
2. 一般在什么位置需要多重保护？
3. 在什么位置部署入侵检测系统（IDS）？
4. 利用公网如何实现案例访问？
5. “技术 + 策略 + 管理”的安全理念如何得以保证？
6. 除了防病毒外，在目前网络使用中，还需要防止什么？
7. 如何控制企业内部用户的上网行为？

第七章

电子商务系统开发技术与模式

学习目标

本章主要介绍 HTML、JavaScript、Ajax、Java Applet 等电子商务网站建设客户端技术、JDBC 等主要服务器端技术、基于 Java 语言的两种基本模式及 Struts2 框架。通过本章学习，初步掌握 HTML、JavaScript、Ajax、Java Applet 等电子商务网站客户端技术；能正确应用基于 JAVA 的常见开发模式；掌握 JDBC 数据库访问技术。

第一节　电子商务网站开发技术

电子商务网站建设是电子商务系统开发过程中的一个重要环节。在一个电子商务系统中，主要的业务逻辑处理是在服务器端完成的。这部分工作对于大多数普通用户而言是不可见的。他们在使用电子商务系统的过程中直接接触的实际是电子商务网站所提供的用户界面。因此，经过精心设计、界面友好、操作方便的电子商务网站在整个电子商务系统中有着非常重要的地位。

开发电子商务网站的技术可分为客户端技术和服务器端技术两类。客户端技术主要包括 HTML、JavaScript、Ajax、Java Applet，这些技术为电子商务网站开发提供了基本的网页制作功能以及增强的交互式和动态效果。服务器端技术主要是数据库访问技术。

一、HTML 语言

1. HTML 概述

WWW 上的信息，大部分是通过 HTML 发布的。HTML 是 HyperText Markup Language（超文本标记语言）的缩写，它是由 Web 页面的发明者 TimBerners-Lee 和同事 Daniel W. Connolly 于 1990 年创立的一种新颖的表示网上信息的符号标记式语言，是 SGML 的应用。在 WWW 上，发布信息通常使用 HTML，它是 Web

页面的基础，任何一个 Web 页面都离不开 HTML，而且 HTML 也是 Web 应用开发的基础。对于基于 Web 的应用程序而言，Web 页面就相当于“包装”。HTML 语言是大多数浏览器都能识别的语言，使用 HTML 语法规则建立的文本可以运行在不同的操作系统平台上，而且被大多数用户所接受。使用 XML 规则的严格的 XHTML 是 W3C 计划中 HTML 的接替者，但目前两者同时存在。W3C 目前建议使用 XHTML1.1、XHTML1.0 或者 HTML4.01 进行网页设计。

2. HTML 文档的结构

HTML 文件的扩展名是 .html. 或 .htm，文档的基本结构为：

```
<HTML>
  <HEAD>
  头部信息
  </HEAD>
  <BODY>
  正文部分
  </BODY>
</HTML>
```


HTML 文件的开头、结尾分别由 <HTML> 和 </HTML> 来标记。所有 HTML 文件都可以分为两个部分：头部和正文，每一部分用特定的标记标出。在 HTML 语言中规定 <HEAD> 和 </HEAD> 标记头部，用来包含文件的基本信息；<BODY> 和 </BODY> 标记正文部分，也就是整个文件的主体部分。

3. HTML 标记

HTML 语言定义了一系列的标记，只要明白了各种标记的用法便算学懂了 HTML。标记是由尖括号及其中独立的元素构成的，如 <HTML>。按照格式特征可以把标记分为两类：包容标记和空标记。包容标记是由一个开始标记和一个结束标记构成的：<标记名>内容</标记名>，例如 <HTML> 和 </HTML>；空标记只有一个开始标记，如：
、<IMAGE src = globe.gif>。包容标记和空标记均可以含有属性，但包容标记的属性应该放在开始标记中。

HTML 标记从功能上分有以下几种类型：

（1）结构性标记。它用于描述 HTML 文档中文本的意图，如：<HTML>…</HTML>标记 HTML 内容的开始和结束，<h1>…</h1>标记以二级标题显示内容。

（2）外观性标记。它描述文字的外观，如：<b>…</b>标记以粗体显示文字。

（3）超文本标记。它将文档的一部分关联到其他文档，如 <a href = "">…</a>。

(4) 注释标记。它将在文档中的一部分内容标记为注释，浏览器不解释。

(5) 框架标记。它将整个网页描述为包括多个部分的框架，如：<frameset></frameset>。

注：接收用户输入并提交给服务器处理页面必须含有<form>…</form>标记。

4. HTML 编辑工具

任何一个文档编辑器都可以编辑 HTML 文档，只要在保存时把文件的扩展名设为 .html 或者 .htm 就行。

专用的网页编辑器可以让设计师减少对标记的记忆、同时加快编辑工作。流行的专用编辑器有 Dreamweaver、Firework、Flash、Editplus、FrontPage 等，它们一般都提供所见即所得的功能。各种编程语言的开发平台一般也都提供网页制作工具。

二、客户端脚本语言 Java Script

JavaScript 是一种基于对象的脚本语言。在电子商务系统开发中，它被用于开发客户端应用程序，以增加网页互动性。JavaScript 由 Netscape 公司开发用于 Web 页面编程，与 Java 语言没什么关系。

1. JavaScript 的功能

- 增加网页交互性、改善用户界面，提高用户操作的便利性。
- 简化有规律地重复的内容、减少下载时间。
- 进行客户端验证，节约带宽及服务端时间。

注意：对于涉及系统业务逻辑的部分，尽可能少用或不用客户端代码来实现。

2. 怎样插入 JavaScript

JavaScript 可以出现在 HTML 的任意地方。使用标记<script>…</script>，可以在 HTML 文档的任意地方插入 JavaScript，甚至在<HTML>之前插入也可以。不过如果要在声明框架的网页（框架网页）中插入，就一定要在<frameset>之前插入，否则不会运行。

其基本格式为：

```
<script>
<! --...
(JavaScript 代码)
...//
-->
</script>
```

第二行和第四行的作用是让不懂<script>标记的浏览器忽略 JavaScript 代

码。第四行前边的双反斜杠“//”是 JavaScript 里的注释标号。

另外一种插入 JavaScript 的方法，是把 JavaScript 代码写到另一个文件当中（此文件通常应该用“.js”作扩展名），然后用格式为“<script src ="javascript.js"></script>”的标记把它嵌入到文档中。注意，一定要用“</script>”标记。<script>标记有一个属性：language（缩写 lang），说明脚本使用的语言。对于 JavaScript，要用 language ="JavaScript"。相对于<script>标记，还有一个<server>标记。<server>标记所包含的是服务器端（Server Side）的脚本。

3. 运行 Javascript 脚本

Web 页面中 Javascript 脚本在页面被浏览时由浏览器解释执行。如果想在浏览器的“地址”栏中执行 JavaScript 语句，用这样的格式：

javascript：<JavaScript 语句>

这样的格式也可以用在连接中：<a href =" javascript：<JavaScript 语句>">...</a>。

4. JavaScript 的特点

（1）JavaScript 是脚本语言。这意味着用 JavaScript 编写的程序通常都是小程序，也就是脚本。用 JavaScript 编写的客户端脚本在 Web 页中与 HTML 混杂在一起，由浏览器解释执行。

（2）JavaScript 是基于对象的语言。基于对象一方面是指 JavaScript 语言本身包含一些已创建完成的对象，可以直接使用；另一方面是指用这种语言编写程序会力图把程序表达为一个个对象的组合体。

（3）JavaScript 是事件驱动的语言。这意味着用这种语言编写程序常常是在响应用户操作，用户操作产生事件。

（4）JavaScript 是安全的语言。用 JavaScript 编写的客户端脚本既不能改变服务器端的数据，也不能修改客户文件。

（5）JavaScript 是平台无关语言。只要浏览器支持 JavaScript，无论用户使用的软硬件平台是什么，脚本都能执行。

5. JavaScript 的两大缺陷

（1）缺乏清晰而统一的编程模型。JavaScript 用到了许多对象，但它没有关键字 class，只有一个个的函数，这就使所有的代码难于以类的方式清晰界定；同时，它又不是结构化的（结构化编程的基本单元是函数）。一些 JavaScript 代码被放在函数之外，在解析 HTML 文档时直接执行，而另一部分放到函数中的代码，则多采用事件驱动的方式运行，这就带来了复杂的程序执行流程，远不如纯结构化编程中统一采用函数调用的编程方式简洁。这样看来，JavaScript 兼具面向对象、结构化、非结构化三种编程方式的特点，但却弄得不伦不类，没有一个清晰而统一的编程模型，难于写出结构清晰易于维护的代码。

（2）JavaScript 的另一硬伤是它的浏览器运行环境。由于历史的原因，不同的浏览器，甚至同一浏览器的不同版本，其编程模型都有或多或少的差别，因而不得不写代码检测浏览器类型，比如需要为 IE 写一套代码，又为 FireFox 写另一套。这实在是一件麻烦事。

上述这些问题，几乎是 B/S 架构系统“与生俱来”的“缺陷”。先天不足后天补，人们想出了许多招数来解决这些问题。Ajax 是众人看好的希望之星。

三、Ajax

Ajax（Asynchronous JavaScript and XML）是 Web 应用程序开发手段，它采用客户端脚本与 Web 服务器交换数据，所以，不必刷新整个页面，可动态地局部的刷新 Web 页面，因而 Ajax 程序的实用性与可用性几乎接近与桌面应用程序。

1. 定义

Ajax 这个概念的最早提出者 Adaptive Path 公司的 Jesse James Garrett 这样定义 Ajax：Ajax 并不是一门新的语言或技术，它实际上是几项技术按一定的方式组合在一起协同地发挥各自的作用。它包括：使用 XHTML 和 CSS 标准化呈现；使用 DOM 实现动态显示和交互；使用 XML 和 XSLT 进行数据交换与处理；使用 XMLHttpRequest 进行异步数据读取；最后用 JavaScript 绑定和处理所有数据。

2. Ajax 的工作原理

Ajax 的工作原理相当于在用户和服务器之间加了一个中间层，使用户操作与服务器响应异步化。并不是所有的用户请求都提交给服务器，像一些数据验证和数据处理等都交给 Ajax 引擎自己来做，只有确定需要从服务器读取新数据时再由 Ajax 引擎代为向服务器提交请求。

在旧的交互方式中，由用户触发一个 HTTP 请求到服务器，服务器对其进行处理后再返回一个新的 HTML 页到客户端，每当服务器处理客户端提交的请求时，客户都只能空闲等待，并且哪怕只是一次很小的交互、只需从服务器端得到很简单的一个数据，都要返回一个完整的 HTML 页，用户每次都要浪费时间和带宽去重新读取整个页面。而使用 Ajax 后，用户从感觉上几乎所有的操作都会很快响应，没有页面重载（白屏）的等待。

3. Ajax 的核心技术

Ajax 的核心技术是 JavaScript 对象 XMLHttpRequest。

（1）XMLHttpRequest。Ajax 的一个最大的特点是无需刷新页面便可向服务器传输或读写数据（又称无刷新更新页面），这一特点主要得益于 XMLHTTP 组件 XMLHttpRequest 对象。这样就可以向模仿桌面应用程序只同服务器进行数据层面的交换，而不用每次都刷新界面，也不用每次将数据处理的工作提交给服务器来做，这样既减轻了服务器的负担又加快了响应速度、缩短了用户等候时间。

最早应用 XMLHTTP 的是微软。IE（IE5 以上）通过允许开发人员在 Web 页面内部使用 XMLHTTP ActiveX 组件扩展自身的功能，开发人员可以不用从当前的 Web 页面导航而直接传输数据到服务器上或者从服务器取数据。这个功能是很重要的，因为它帮助减少了无状态连接的痛苦，它还可以排除下载冗余 HTML 的需要，从而提高进程的速度。Mozilla（Mozilla1.0 以上及 NetScape7 以上）作出的回应是创建它自己的继承 XML 代理类：XMLHttpRequest 类。Konqueror（和 Safari v1.2，同样也是基于 HTML 的浏览器）也支持 XMLHttpRequest 对象，而 Opera 也在其 v7.6x + 以后的版本中支持 XMLHttpRequest 对象。对于大多数情况，XMLHttpRequest 对象和 XMLHTTP 组件很相似，方法和属性也类似，只是有一小部分属性不支持。

（2）JavaScript。JavaScript 是一在浏览器中大量使用的编程语言，Ajax 开发手段使用它作为编程语言。

（3）DOM。DOM（Document Object Model）是给 HTML 和 XML 文件使用的一组 API。它提供了文件的结构表述，让你可以改变其中的内容及可见物。其本质是建立网页与 Script 或程序语言沟通的桥梁。

所有 Web 开发人员可操作及建立文件的属性、方法及事件都以对象来展现（例如，document 就代表“文件本身”这个对像，table 对象则代表 HTML 的表格对象等）。这些对象可以由当今大多数的浏览器以 Script 来取用。

一个用 HTML 或 XHTML 构建的网页也可以看作是一组结构化的数据，这些数据被封在 DOM 中，DOM 提供了网页中各个对象的读写支持。

（4）XML。可扩展的标记语言（Extensible Markup Language）具有一种开放的、可扩展的、可自描述的语言结构，已经成为网上数据和文档传输的标准。它是用来描述数据结构的一种语言，就正如他的名字一样。它使对某些结构化数据的定义更加容易，并且可以实现和其他应用程序交换数据。

4. Ajax 的应用

Ajax 理念的出现，揭开了无刷新更新页面时代的序幕，并有代替传统 Web 开发中采用 form（表单）递交方式更新 Web 页面的趋势，可以算是一个里程碑。但 Ajax 并不适用于所有地方，它的适用范围是由它的特性所决定的。

举个应用的例子，是关于级联菜单方面的 Ajax 应用：在初始化页面时只读出它的第一级的所有数据并显示，在用户操作一级菜单其中一项时，会通过 Ajax 向后台请求当前一级项目所属的二级子菜单的所有数据，如果再继续请求已经呈现的二级菜单中的一项时，再向后请求所操作二级菜单项对应的所有三级菜单的所有数据，以此类推……这样，用什么就取什么、用多少就取多少，就不会有数据的冗余和浪费，减少了数据下载总量，而且更新页面时不用重载全部内容，只更新需要更新的那部分即可，相对于后台处理并重载的方式缩短了用户等待时间，也把对资源的浪费降到最低。

此外，Ajax 由于可以调用外部数据，也可以实现数据聚合的功能（当然要有相应授权），比如微软发布的在线 RSS 阅读器 BETA 版；还可以利于一些开放的数据，开发自己的一些应用程序，比如用 Amazon 的数据作的一些新颖的图书搜索应用。

总之，Ajax 适用于交互较多，频繁读数据，数据分类良好的 Web 应用。

5. Ajax 的优势

（1）通过异步模式，无刷新更新页面，减少用户实际和心理等待时间，提升了用户体验。

（2）优化了浏览器和服务器之间的传输，减少不必要的数据往返，减少了带宽占用。

（3）Ajax 引擎在客户端运行，承担了一部分本来由服务器承担的工作，从而减少了大用户量下的服务器负载。

（4）Ajax 使 Web 中的界面与应用分离（也可以说是数据与呈现分离），Web 应用更易开发和维护。

6. Ajax 的问题

（1）一些手持设备（如手机、PDA 等）现在还不能很好地支持 Ajax。

（2）Ajax 引擎是 JavaScript，JavaScript 的兼容性和 DeBug 都是让人头痛的事。

（3）Ajax 的无刷新重载，由于页面的变化没有刷新重载那么明显，所以容易给用户带来困扰——用户不太清楚现在的数据是新的还是已经更新过的。现有的解决方案有：在相关位置提示、数据更新的区域设计得比较明显、数据更新后给用户提示等。

（4）对流媒体的支持没有 FLASH、Java Applet 好。

四、Java Applet

Java Applet 就是用 Java 语言编写的一些小应用程序，它们可以直接嵌入到网页中，并能够产生特殊的效果。使用 Java Applet 可以实现图形绘制、网页字体和颜色控制、动画和声音的插入、人机交互以及网络交流等功能。Applet 还提供了名为抽象窗口工具箱（Abstract Window Toolkit，AWT）的窗口环境开发工具。AWT 利用用户计算机的 GUI 元素，可以建立标准的图形用户界面，如窗口、按钮和滚动条等。

每个含有 Applet 的网页的 HTML 源代码中都带有 <applet> </applet> 标

记。当用户访问包含 Applet 的网页时，如果使用的是支持 JavaApplet 的浏览器，那么 Applet 会被下载到用户的计算机上并执行。由于 Applet 是在用户的计算机上执行的，因此它的执行速度不受网络带宽的限制。例 7-1 是一个包含了 Java Applet 的网页。

[例 7-1]　包含 Java Applet 的网页

```
<html>
  <head><title>JavaApplet 示例</title>
  <body>
    <p><applet code=HelloWord.class width=150 height=100></ap-
    plet>
  </body>
</html>
```

示例中 <applet> 标记的 code 属性定义了编译后的 Applet 文件名。HelloWorld. class 对应的源文件见例 7-2。

[例 7-2]　HelloWorld. java


```
import java.awt.Graphics; //引入图形类 Graphics
import java.applet.Applet; //引入 Applet 类

public class HelloWorld extends Applet{
  String str;
  str="Hello World!";
  public void paint(Graphics g){
    g.drawString(str,40,40);
  }
}
```

目前在电子商务系统中，Applet 没有得到太广泛的应用。

第二节　基于 Java 语言的基本开发模式

随着 Web 应用的规模和复杂度日益增加，Web 已经成为各种应用，特别是电子商务应用的主要平台。

传统软件工程方法和技术应用到基于 Web 的系统开发中显得力不从心，迫切需要一个严格的步骤和新方法、新工具。

在使用 Java 语言开发基于 Web 的电子商务应用时，有两种常用的开发模式，分别被称作模式 1(Model 1)和模式 2(Model 2)。

一、模式 1

模式 1 的基础是 JSP 文件。在模式 1 下,客户端向服务器发送请求,服务器把所有请求,包括验证数据的合法性和处理业务的逻辑等交给 JSP 或 Servlet 处理,最后服务器把生成结果返回给客户端。图 7-1 给出了模式 1 的结构示意图。

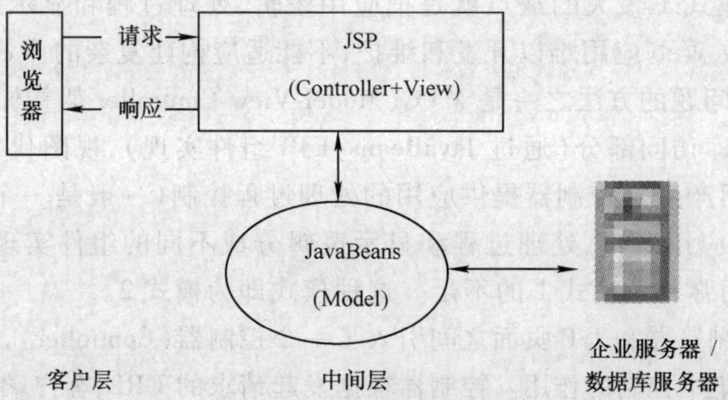

图 7-1　模式 1 示意图

从图中可以看出,模式 1 架构中的 Web 浏览器直接访问位于 Web 服务器上的 JSP 页面,然后由 JSP 页面去访问 JavaBeans。这些 JavaBeans 实际上就是可重用 Java 组件,它们实现了主要的应用模型和业务逻辑。在用户提交的请求完成后,接下来要显示的页面由用户点击的超链接或请求参数决定。这意味着当前正在显示的页面决定了将要显示的页面,因此模式 1 对于整个应用程序的控制是非集中式的。另外,在模式 1 中,每个 JSP 页面或 Servlet 处理各自接受的客户请求,并且有时候还会通过脚本代码(JaveScript 脚本)来决定下一个将要显示的页面,这被认为是一种不好的形式。

虽然模式 1 在概念上比较简单,但是在该模式下开发的 Web 应用中,应用模型和业务逻辑代码与用于页面显示的 HTML 代码混杂在一起使得原本应该十分完整的 Java 代码被分割在页面多处并且还非常可能在整个系统的多个页面中反复出现,这一方面导致了重复代码,另一方面也为维护代码的一致性带来了困难,因此该架构模式并不适用大型的 Web 应用软件的开发。另外,模式 1 不必要地把系统的业务逻辑和表示逻辑联系在一起,这种做法使得当页面布局发生变化时,常常会影响到系统的业务实现。例如,在一个已有的电子商务系统中,已经采用模式 1 的架构开发了整个系统,该系统中业务逻辑代码和表示界面的 HTML 代码混杂在一起。现在,需要为无线用户增加用无线标记语言(Wireless Markup Language,WML)开发新的界面。在这种情况下由于使用了模式 1,就必须在新的界面中编写重复的代码，实现重复的业务逻辑功能。

总之，模式1的优点是简单、容易学习和掌握，但是它把业务逻辑和表现形式混在一起编码，这对于大型应用来说是个难以接受的缺点。

二、模式2

体系结构和模式的选择直接关系到目标电子商务系统是否可能具有良好功能和性能，而模式1最大的缺点就是把应用逻辑、处理过程和显示逻辑的代码混杂在一起，导致Web应用难以开发和维护，不能适应构建复杂的Web应用。

解决这个问题的方法之一是MVC（Model-View-Controller架构）。模型代表业务处理或数据库访问部分（通过JavaBeans、EJB组件实现），视图代表页面表示部分（由JSP页面产生），控制器提供应用的处理过程控制（一般是一个Servlet）。这种设计模型把应用逻辑、处理过程和显示逻辑分成不同的组件实现，可以进行交互和重用，从而弥补了模式1的不足。这种模式即为模式2。

模式2在浏览器和JSP页面之间引入了一个控制器（Controller），它在整个Web应用中起到了集中控制的作用。控制器根据发起请求的URL、客户端提交的参数还有应用程序的状态来决定应该把客户端的请求交给系统的哪一部分去处理。控制器还可以决定什么时候显示什么页面，这使得JSP页面和业务逻辑在最大程度上分离。由于模式2架构的页面表示和业务逻辑之间的耦合度很低，因此采用该模式开发的Web应用程序易于维护及扩展。图7-2给出了模式2的结构示意图。

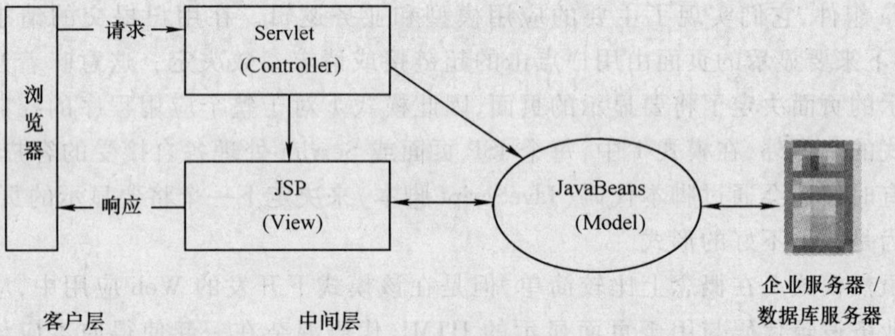

图7-2　模式2示意图

从图7-2可以看出，模式2中作为控制器的Servlet为整个应用系统的安全、日志提供了集中控制。在实际应用中，控制器还常常把来自客户端的数据封装成合适的形式供后台的业务逻辑对象使用。

模式2具有的组件化的优点使得它更易于实现对大规模系统的开发和管理，但是开发基于模式2的Web应用系统比开发简单的模式1系统要复杂得多。它需要更多的时间学习和掌握。总之，对于越复杂的Web应用系统就越适合使用模式2结构，因此，在开发电子商务应用的时候，模式2是首选的开发模式。

第三节　Struts 开发基础

上一节介绍的模式 1 和模式 2 分别适用于不同类型的 Web 应用系统的开发。模式 2 作为开发电子商务系统的首选模式,不同的开发人员有着不同的实现方式。采用 MVC 应用程序框架可以极大地简化基于模式 2 的 Web 应用的实现。本节介绍的 Apache Struts 就是一种得到广泛应用的 Web 应用程序开发框架。学习并且理解 Struts 框架,十分有助于读者深入了解典型的 Web 应用的开发过程,为开发出高质量的电子商务应用提供保证。

一、Struts 简介

Apache Struts 就是一个由著名的软件组织 Apache 提供的、开放源代码的、用于帮助开发人员创建基于 Java 的 Web 应用程序的开发框架。它实现了 MVC (Model-View-Controller)架构,在电子商务系统的开发中已经得到广泛的应用。目前,Apache 的 Struts 项目提供了两种不同版本的 Struts 框架:Struts 1 和 Struts 2。Struts 2 以前被称为 WebWork 2。在分头工作了若干年后,WebWork 团队和 Struts 团队决定联合起来推出 Struts 2。Struts 2. x 框架适合于需要用一种优良的风格来解决复杂问题的开发团队。本书介绍的是 Struts 2。

图 7-3 描述了 Struts 2 的结构,包含了模型、视图和控制器。控制器是一个实现了 Struts 2 里分派 Servlet 过滤器、拦截器以及模型实现的 Actions,视图则是由结

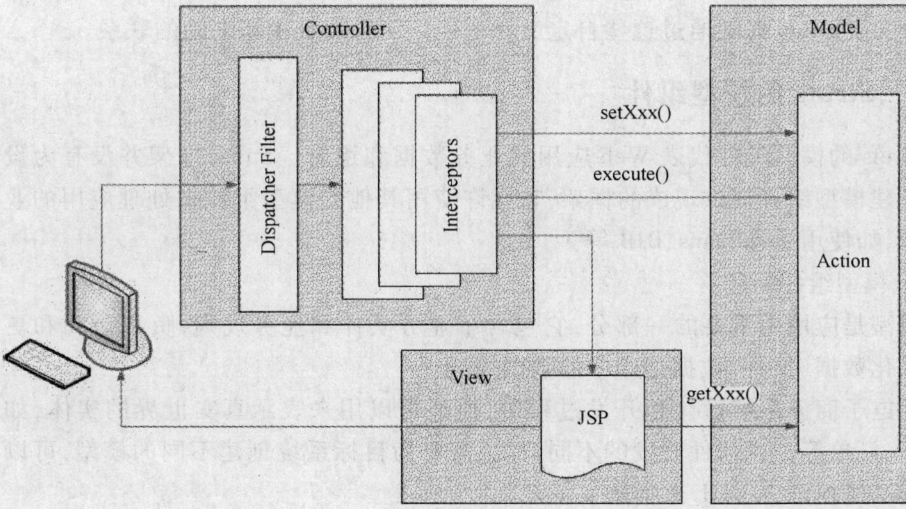

图 7-3　The MVC/Struts 2 框架

果类型和结果组成。值栈和 ONGL 提供了一个通用的路线,链接和集成其他组件。

由于 Struts 已经为开发人员提供了一个非常好的 MVC 框架,利用 Struts 开发电子商务系统时可以大大加快开发的速度。在开发时可以采用如下所述的一个开发流程:

- 收集和定义应用需求;
- 为每一个"用户显示界面"定义访问路径;
- 定义 Interceptor,建立到应用业务逻辑之间的联系;
- 开发满足"用户显示界面"需求的所有视图对象(JSP 页面);
- 开发应用业务逻辑对象(Action 对象);
- 建立合适的配置文件 web. xml 和 struts. xml;
- 测试和部署开发好的应用系统。

在具体使用 Struts 开发框架时,对应各个部分的开发工作主要包括:

模型部分:采用 JavaBeans 或 EJB 组件,设计和实现系统的业务逻辑,根据不同的请求从 ActionSupport 类派生出具体的 Action 处理对象;调用由 JavaBeans 构成的业务组件以完成"做什么"的任务。

控制器部分:Struts 提供了核心控制部分的实现,因此开发人员只需要配置 web. xml 和 struts. xml,通过它们来配置基于 Struts 的 Web 应用系统中的各个模块之间的交互;

视图部分:为了使用模型中的 Action,我们必须用 Struts 提供的自定义标记创建 HTML 表单,利用 Struts 提供的自定义标记库编写用户界面,把应用逻辑和显示逻辑分离。Struts 框架通过这些自定义标记建立了视图和模型之间的联系。

二、Struts 的模型组件

Struts 的模型组件代表 Web 应用的业务数据和逻辑。Struts 框架并没有为设计和创建模型组件提供现成的框架,它允许使用其他的模型组件来处理应用的业务领城,如使用 JavaBeans、BJB 等。

1. 模型组件简述

模型是应用中重要的一部分,它包含了业务实体和业务规则,负责访问和更新持久化数据(文件、数据据库中的数据等)。

在电子商务系统设计和开发过程中,模型可以用来表示真实世界的实体,如购物车、订单等。在软件开发的不同阶段,需要为目标系统创建不同的模型,可以采用统一建模语言 UML 来描述。

通常,开发人员在开发模型组件时,其主要工作就是创建用于实现系统业务功能的 JavaBeans。

2. Struts 2 的主要模型组件 Action

在基于 Struts 2 框架的 Web 应用中,数据和业务逻辑通过模型组件 Action 实现。Struts 2 的 Action 类实现了一个 Action 接口,连同其他接口一起来实现可选择和自定义的服务。Struts 2 提供一个名叫 ActionSupport 的基类来实现一般使用的接口,开发人员需要重载其 Excecute 方法。对于数据传送,Struts 2 无须继承任何类型或实现任何接口,表单数据包含在 Action 中,通过 Getter 和 Setter 获取。

[例 7-3]　ActionForStruts2 的代码示例

```
package ActionDiffer;
import java.text.DateFormat;
import java.util.Date;
import com.opensymphony.xwork2.ActionSupport;

public class ActionForStruts2 extends ActionSupport {
  private String message;
  public String getMessage() {
  return message;
  }
  @ Override
  public String execute() {
  message = " This is hello from strtuts2. Now is: " + DateFor-
  mat.getInstance().format( new Date());
   return SUCCESS;
  }
}
```

Struts2 支持通过拦截器堆栈（Interceptor Stacks）为每一个 Action 创建不同的生命周期。堆栈能够根据需要和不同的 Action 一起使用。

Struts2 处理 Action 过程中调用的方法（execute 方法）是不带参数的，那如何获取所需要的对象呢？答案是使用 IoC（反转控制，Inversion of Control）。

任何声明为 public String methodName（）的方法，都能通过配置来调用 Action。

Action 返回的对象是 String。如果不喜欢以字符串的形式出现在代码中，Helper 接口 Action 可以以常量方式提供常见结果，如“success”、“none”、“error”、“input” 和“login”。

三、Struts 的视图组件

Struts 框架提供了对视图组件的支持，但是它自身并没有提供实际的视图组件。因此，在 Struts 框架下开发系统的视图部分时，可以使用各种流行的表示层技术，如 JSP、XSLT、Cocoon 等。本节内容是基于 JSP 技术的。Struts 框架对这些视图组件的支持包括页面资源的国际化和动态数据引用与验证等，其中页面资源国际化目前用得并不多。

视图中的表单是电子商务系统与用户进行交互的重要途径。Sruts 框架主要通过自定义标记、合法验证和模版技术来对表单及相关的 Action 进行支持。标记的一个典型应用是表单内容的重写，它能帮助用户在数据填写错误时回到初始页面进行修改而不是重新填写整个页面。Struts 框架的开发人员首先在页面开头添加语句

```
<%@ taglib prefix="s" uri="/struts-tags"%>
```

然后使用语句

```
<s:text property="username"/>
```


来实现这个功能。

四、Struts 的控制器组件

Struts 2 的控制器组件是 Struts 2 框架的核心，事实上，所有 MVC 框架都是以控制器组件为核心的。正如前面提到的，Struts 2 的控制器由两个部分组成：FilterDispatcher 和拦截器（Interceptor）。拦截器实际上是 Action 对象代理，但该 Action 代理以用户定义的 Action 为目标。对于控制器，用户要做的主要工作是进行一系列的配置。

最常用的过滤器是 org. apache. struts2. dispatcher. FilterDispatcher。过滤器在 web. xml 中这样配置：

```
<filter>
    <filter-name>struts2</filter-name>
    <filter-class>org.apache.struts2.dispatcher.FilterDispatcher
    </filter-class>
</filter>
<filter-mapping>
    <filter-name>struts2</filter-name>
    <url-pattern>/* </url-pattern>
</filter-mapping>
```

拦截器在 struts. xml 中配置。拦截器实际是 Action 代理，它在 struts. xml 表

现为一条条的对应关系，如下：

```
< package name = " example" namespace = "/example" extends =
"struts - default" >
    < action name = "HelloWorld" class = "example. HelloWorld" >
        < result > /example/HelloWorld. jsp < /result >
    < /action >
    < ! - - Add actions here - - >
< /package >
```

Web 应用运行时，由拦截器控制生成模型组件实例。

五、Struts 标记库

能够进行动态响应的 Web 应用不同于传统的网站。为了使得从页面引用动态数据更为容易，Struts 框架提供了一套标记。一些标记与提供值的 HTML 标记极为相似，另外一些标记创建非标准的但有用的控件。

1. Struts2 的标记——非 UI 标记和 UI 标记

（1）UI 标记。UI 标记又可以分为表单 UI 和非表单 UI 两部分。表单 UI 部分基本与 Struts 1. x 相同，都是对 HTML 表单元素的包装。不过，Struts 2. 0 加了几个经常在项目中用到的控件，如 datepicker、doubleselect、timepicker、optiontransferselect 等。

例 7-4 是可以上传文件的 form 示例。

［例 7-4］　form 标记示例

```
< s:form action = "exampleSubmit" method = "post" enctype = "mul-
tipart/form - data" >
< s:submit / >
< s:reset / >
< /s:form >
```

（2）非 UI 标记。这类标记包括 if、elseif 和 else 标记，执行基本的条件流转。

在 JSP 页面中使用标记库，需要在页面的起始处用 Taglib 指令加以引用，语句为：

```
<% @ taglib prefix = "s" uri = "struts - tags" % >
```

2. Struts 标记库的重要性

在电子商务系统开发中，Struts 标记库的重要性体现在：能够提供比普通的 HTML 表单标记更加强大的表单功能；能够消除在 JSP 页面中出现的 Java 代码，降低页面开发难度；与 Struts 框架紧密结合，能够充分利用 Struts 框架的优势和特点。

第四节　基于 Struts 架构的 Web 开发实例

本节将通过一个简单的开发实例——文件上传（Web 应用名称“fu”），比较完整地介绍 Struts2 框架 Web 应用开发的基本过程。在本实例中，Web 应用的上下文路径都是 fu，如果在 Web 根目录有一个 index. jsp 文件，则访问路径如下：

http：//localhost：8080/fu/index. jsp

开发本实例使用的工具和程序库的版本如下：

- Java 环境：JDK5. 0（http：//www. javasoft. com）；
- 应用服务器：Tomcat6（http：//tomcat. apahce. org）；
- Struts 版本：Struts2. 0. 11. 1（http：//struts. apache. org）；
- 其他组件：commons - fileupload - 1. 1. 1. jar、commons - io - 1. 1. jar。

开发前应当首先依次安装 Jdk、Tomcat。开发平台建立后，将下载的压缩文件中的 struts - blank. war 复制到 Tomcat 安装目录下一个名为 webapps 的文件夹中，并重命名为 fu。这意味着从一个空的模板 Struts 框架 Web 应用开始构建自己的应用。然后需要将文件包 commons - fileupload - 1. 1. 1. jar 和 commons - io - 1. 1. jar 复制到应用程序目录 fu 的 \ web - inf \ lib 目录下。

一、Struts 应用程序结构

文件上传应用程序首先为用户显示接受用户输入的页面，控制器接受用户请求后选择执行相应的动作，然后将执行后结果信息展示给用户。本例包含需要实现或修改的文件一共 6 个：

- FilePpload. jsp（实现）；
- FileUploadAction. java（实现）；
- ShowUpload. jsp（实现）；
- Struts. xml（修改）；
- Fu. xml（实现）；
- Web. xml（修改）。

展示给用户的各个界面对应的 JSP 页统一放在文件夹 JSP 下，控制器、模型对应的各种类编译前源代码放在 WEB - INF \ src 下、编译后类放在文件夹 WEB - INF \ classes 下。fu 应用的目录结构如图 7-4 所示。

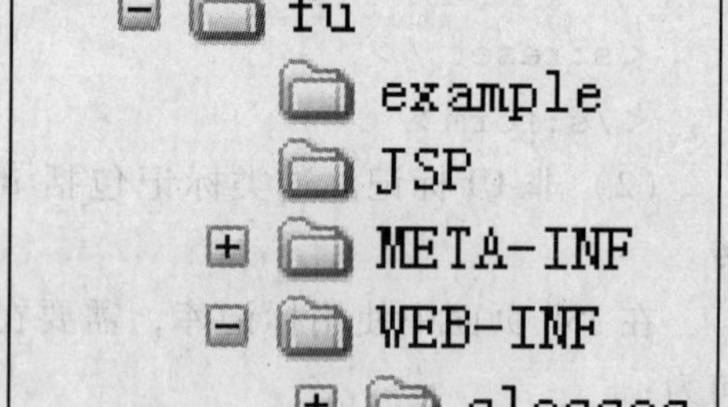

图 7-4　FU 应用程序结构

二、建立应用 Struts 的 Web 模块

在 Struts 框架 Web 应用中，视图部分一般采用 JSP 技术构建。除了极少量纯静态的网页制作为 HTML 页外，一般均制作为 JSP 页。在本例中均使用模板应用的 index. html，将其中转向目标页修改为第一个 JSP 页即可。

三、建立 Struts 应用的 JSP 程序

本例需要建立 2 个 JSP 页面：FileUpload. jsp、ShowUpload. jsp。出错页面没有制作，Struts 提供默认出错页面。为了更好地利用 Struts 的功能，页面内的表单元素均由 Struts 标记实现。

图 7-5 是本应用运行时返回给用户的第一个视图 FileUpload. jsp 页面，此页面接受用户输入。例 7-5 是其源代码文件。

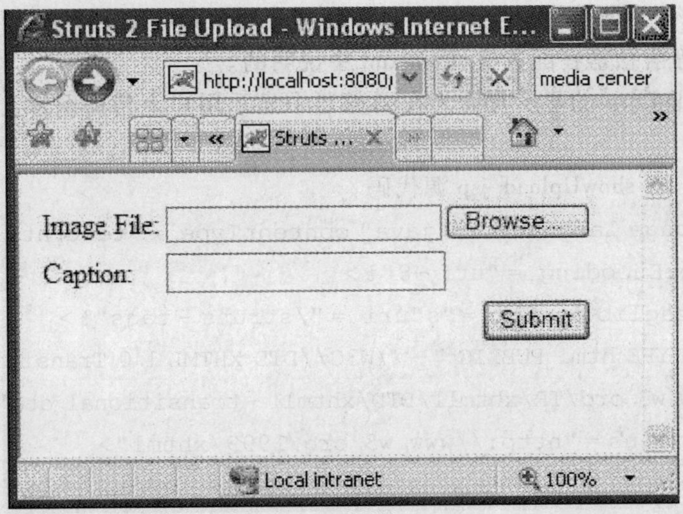

图 7-5　fileupload. jsp 页面

［例 7-5］　fileupload. jsp 源代码

```
<% @page language = "java" contentType = "text/html; charset =
utf - 8" pageEncoding = "utf - 8" %>
<% @taglib prefix = "s" uri = "/struts - tags" %>
<!DOCTYPE html PUBLIC " - //W3C//DTD XHTML 1.0 Transitional//EN"
"http://www.w3.org/TR/xhtml1/DTD/xhtml1 - transitional.dtd">
<html xmlns = "http://www.w3.org/1999/xhtml">
<head>
```

```
<title> Struts 2 File Upload </title>
</head>
<body>
<s:form action = "fileUpload" method = "POST" enctype = "mul-
tipart/form - data" >
<s:file name = "myFile" label = "Image File" />
<s:textfield name = "caption" label = "Caption" />
<s:submit/>
</s:form>
</body>
</html>
```

注意：该页面被交由“fileUpload”处理，而“fileUpload”在什么地方、是怎样一个类等信息是在配置文件 fu. xml 中说明的。

showUpload. jsp 的显示页面为在浏览器中显示用户上传的图片，例 7-6 为源代码。

[例 7-6]　showUpload. jsp 源代码

```
<% @ page language = "java" contentType = "text/html; charset
=utf-8"pageEncoding = "utf - 8"%>
<% @ taglib prefix = "s"uri = "/struts - tags"%>
<! DOCTYPE html PUBLIC " -//W3C//DTD XHTML 1.0 Transitional//EN"
"http://www. w3. org/TR/xhtml1/DTD/xhtml1 - transitional. dtd">
<html xmlns = "http://www. w3. org/1999/xhtml">
<head>
<title > Struts 2 File Upload </title>
</head>
<body>
<div style = "padding: 3px; border: solid 1px #cccccc; text - align:
center">
<img src = 'UploadImages/ < s:property value = "imageFileName"
/ >'/ >
<br/>
<s:property value = "caption" / >
</div >
</body >
```

</html>

四、建立 Action

本例的业务逻辑由 FileUploadAction. java 实现。FileUploadAction 的作用是将浏览器上传的文件复制到 Web 应用程序的 UploadImages 文件夹下。新文件的名称由系统时间与上传文件的后缀组成，该名称将被赋给 imageFileName 属性，以便上传成功的跳转页面使用。例 7-7 为其源代码。

[例 7-7]　FileUploadAction. jav

```
package tutorial;
import java.io.BufferedInputStream;
import java.io.BufferedOutputStream;
import java.io.File;
import java.io.FileInputStream;
import java.io.FileOutputStream;
import java.io.InputStream;
import java.io.OutputStream;
import java.util.Date;
import org.apache.struts2.ServletActionContext;
import com.opensymphony.xwork2.ActionSupport;
public class FileUploadAction extends ActionSupport {
private static final long serialVersionUID = 5721468124541 ;
private static final int BUFFER_SIZE = 16*1024 ;
private File myFile;
private String contentType;
private String fileName;
private String imageFileName;
private String caption;
public void setMyFileContentType(String contentType) {
this.contentType = contentType;
}
public void setMyFileFileName(String fileName) {
this.fileName = fileName;
}
public void setMyFile(File myFile) {
this.myFile = myFile;
```

```
}
public String getImageFileName() {
return imageFileName;
}
public String getCaption() {
return caption;
}
public void setCaption(String caption) {
this.caption = caption;
}
private static void copy(File src, File dst) {
try {
InputStream in = null ;
OutputStream out = null ;
try {
in = new BufferedInputStream( new FileInputStream(src), BUFF-
ER_SIZE);
out = new BufferedOutputStream( new FileOutputStream(dst),
BUFFER_SIZE);
byte[] buffer = new byte[BUFFER_SIZE];
while (in.read(buffer) > 0 ) {
out.write(buffer);
}
} finally {
if ( null!= in) {
in.close();
}
if ( null!= out) {
out.close();
}
}
} catch (Exception e) {
e.printStackTrace();
}
}
```

```
private static String getExtention(String fileName) {
int pos = fileName.lastIndexOf(".");
return fileName.substring(pos);
}
@Override
public String execute()      {
imageFileName = new Date().getTime() + getExtention(fileName);
File imageFile = new File(ServletActionContext.getServletContext
().getRealPath("/UploadImages") + "/" + imageFileName);
copy(myFile, imageFile);
return SUCCESS;
}
}
```

五、应用配置（web.xml、struts.xml）

应用配置实际上是实现控制器部分。在 Struts 框架提供的组件的支持下，很多时候都只需要对 Web.xml 和 Struts.xml 进行配置即可。这两个文件的配置实际上完成整个应用的组装，它指明整个应用从何处开始运行，在用户进行不同的操作时执行哪个动作，然后将哪个视图返回给用户。本例在资源文件（properties 文件）方面需要配置上传文件的临时文件的默认目录。

1. Web.xml

Web.xml 配置过滤器，同时指明了用户访问这个应用时首先看到的第一个页面 index.html。这个页面向用户提示应用正在加载中，很快转向到第一个页面 filUpload.jsp。例 7-8 为 Web.xml 源文件。

［例 7-8］　Web.xml

```
<?xml version="1.0" encoding="UTF-8"?>
<web-app id="WebApp_9" version="2.4" xmlns="http://java.sun.com/xml/ns/j2ee" xmlns:xsi="http://www.w3.org/2001/XMLSchema-instance" xsi:schemaLocation="http://java.sun.com/xml/ns/j2ee http://java.sun.com/xml/ns/j2ee/web-app_2_4.xsd">

<display-name> Struts 2 Fileupload </display-name>
<filter>
<filter-name> struts-cleanup </filter-name>
<filter-class>
```

```
org.apache.struts2.dispatcher.ActionContextCleanUp
</filter-class>
</filter>
<filter>
<filter-name> struts2 </filter-name>
<filter-class>
org.apache.struts2.dispatcher.FilterDispatcher
</filter-class>
</filter>
<filter-mapping>
<filter-name> struts-cleanup </filter-name>
<url-pattern> /*  </url-pattern>
</filter-mapping>
<filter-mapping>
<filter-name> struts2 </filter-name>
<url-pattern> /*  </url-pattern>
</filter-mapping>
<welcome-file-list>
<welcome-file> index.html </welcome-file>
</welcome-file-list>
</web-app>
```


2. Struts.xml

在 Struts.xml 中要配置的内容是用户操作后执行哪个动作，根据动作的结果向用户返回哪个 JSP 视图。例 7-9 为 Struts.xml 源文件。

[例 7-9] Struts.xml

```
<?xml version="1.0" encoding="UTF-8" ?>
<!DOCTYPE struts PUBLIC
"-//Apache Software Foundation//DTD Struts Configuration 2.0//EN"
"http://struts.apache.org/dtds/struts-2.0.dtd">
<struts>
<package name ="fileUploadDemo" extends ="struts-default">
<action name ="fileUpload" class ="tutorial.FileUploadAction">
<interceptor-ref name ="fileUpload">
```

```
<param name ="allowedTypes">
image/bmp,image/png,image/gif,image/jpeg
</ param>
</ interceptor - ref>
<interceptor - ref name ="defaultStack"/>
<result name ="input"> /FileUpload.jsp </ result>
<result name ="success"> /ShowUpload.jsp </ result>
</ action> </ package>
</ struts>
```

3. Porperties 文件

在本例中，需要指定存放临时文件的文件夹，这需要在 struts. properties 文件加入代码：struts. multipart. saveDir = /tmp。

4. 应用程序的工作流程

①用户通过浏览器输入地址 http：//localhost：8080/fu 向服务器发出访问请求；

②控制器根据 Web. xml 中的配置首先将视图页面 index. html 展现给用户，index. html 随后将视图页面 FileUpload. jsp 展现给用户；

③用户在视图页面 FileUpload. jsp 中选择图形文件后提交（产生 FileUpload 动作），控制器根据 Struts. xml 中配置将业务转给模型组件 tutorial. FileUploadAction；

④模型组件 tutorial. FileUploadAction 进行相应业务处理，完成文件上传后返回“SUCCESS”给控制器；

⑤控制器根据 Struts. xml 中的配置将视图文件 ShowUpload. jsp 展现给用户。

从中可以看出，整个应用是由控制器根据配置文件来集中控制的。

六、Sturts 的可视化设计工具

可用于 Struts 框架 Web 应用开发的可视化 IDE 很多，Myeclipse 和 Jbuilder 是很典型的两种。这里对 Myeclipse 作简单介绍。由于 MyEclipse 是 Eclipse 的插件，所以也对 Eclipse 进行简要描述。

1. Eclipse

Eclipse 是一个开放源代码的、基于 Java 的可扩展开发平台。就其本身而言，它只是一个框架和一组服务，用于通过插件组件构建开发环境。

虽然大多数用户很乐于将 Eclipse 当作 Java IDE 来使用，但 Eclipse 还包括插件开发环境（Plug-in Development Environment，PDE）。这个组件主要针对希望扩展 Eclipse 的软件开发人员，因为它允许他们构建与 Eclipse 环境无缝集成

的工具。由于 Eclipse 中的每样东西都是插件，对于给 Eclipse 提供插件以及给用户提供一致和统一的集成开发环境而言，所有工具开发人员都具有同等的发挥场所。

2. MyEclipse

简单而言，MyEclipse 是 Eclipse 的插件，也是一款功能强大的 J2EE 集成开发环境，支持代码编写、配置、测试以及除错。

Genuitec 发布了 MyEclipse Enterprise Workbench 5.0，更智能、快捷、简单和便宜的 J2EE 工具的新版本诞生。整个产品包括了 UML 双向建模工具、WYSIWYG 的 JSP/Strutsdesigner、可视化的 Hibernate/ORM 工具、hibernate/Spring 和 Web services 支持，以及新的 Oracle 数据库开发，Ajax/Web2.0 支持等。

第五节 JDBC 数据库访问技术

Java 语言提供了一套访问关系数据库的应用程序接口，即 JDBC API。JDBC 是 Java DataBase Connectivity 首字母的缩写，其含义为 Java 数据库互连。它包含一组与访问数据库有关的 Java 类和接口，是 Java 程序访问数据库的基础。只要应用程序利用 JDBC 就可以用统一的形式访问各种不同的关系数据库。

一、JDBC 简介

JDBC（Java DataBase Connectivity）是 Java 与许多数据库实现数据库连接的工业标准，为基于 SQL 数据库访问提供调用级用户编程接口。与当前存在的多种数据库访问技术相比，JDBC 具有平台无关性和数据库访问一致性两大优点。JDBC 与 ODBC 结构相似，同属于 SQL 调用级的接口，其核心在于执行基本的 SQL 命令并取回结果。JDBC 接口分为以下两个层次：

- 面向程序开发人员的 JDBC API；
- 底层的 JDBC Driver API。

前者是开发人员用来编写前端应用程序的，后者由数据库厂商开发。无论访问什么数据库，提供给用户的应用程序接口 JDBC API 都是一样的，用户可以使用标准的 SQL 查询语句进行查询，而不用考虑数据库之间的差别。这些查询语句经驱动程序管理器处理，变成适应于某一种数据库的查询语言，然后向下传递给响应的驱动程序，再由驱动程序与数据库管理系统进行通信，实现数据库的读取和操作。

JDBC 是用于执行 SQL 语句的 Java 应用程序接口，由一组 Java 语言编写的类与接口组成，在 JSP 中也可以使用 JDBC 来访问数据库。JDBC 是一种规范，它让各数据库厂商为 Java 程序员提供标准的数据库访问类和接口，这样就使得独立于 DBMS 的 Java 应用程序的开发工具和产品成为可能。

JDBC API 对于基本的 SQL 抽象和概念是一种自然的 Java 接口。它建立在 ODBC 上，因此，熟悉 ODBC 的程序员将发现 JDBC 很容易使用。JDBC 保留了 ODBC 的基本实际特征。事实上，两种接口都基于 X/OpenSQL CLI（调用级接口）。它们之间最大的区别在于：JDBC 以 Java 风格与优点为基础并进行优化，因此更加易于使用。

JavaSoft 的 JDBC-ODBC 桥产品利用 ODBC 驱动程序提供 JDBC 访问。一般的 Java 开发工具都带有 JDBC－ODBC 桥驱动程序。这样一来，只要是能够使用 ODBC 访问的数据库系统，也就能够使用 JDBC 访问了。

JDBC 框架结构如图 7-6 所示。

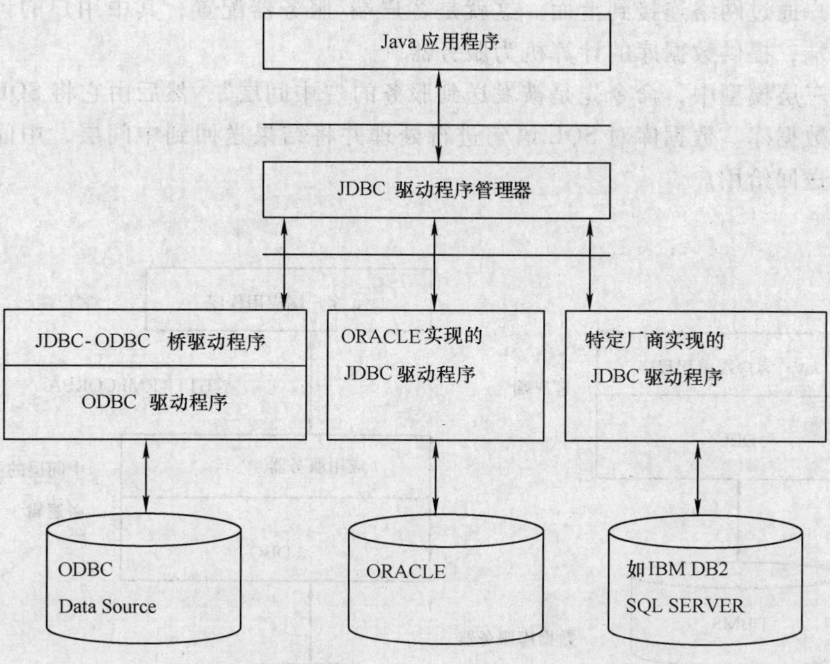

图 7-6　JDBC 框架结构

简单地说，JDBC 可做 3 件事：与数据库建立连接，发送 SQL 语句、处理结果。下列代码段给出了以上 3 步的基本示例：

```
Connection con = DriverManager.getConnection ("jdbc:odbc:my-
DB","user", "password");
Statement stmt = con.createStatement();
```

```
ResultSet rs = stmt.executeQuery("SELECT a,b,c FROM Table1");
while (rs.next())
System.out.println(rs.getString("a") + "" + rs.getString("b")
+ "" + rs.getString("c"));
```

二、JDBC 访问数据库的应用模型

通过 JDBC 访问数据库有两种应用模型：一种是两层应用模型，另一种是三层应用模型，如图 7-7 所示。

在两层模型中，Java applet 或应用程序将直接与数据库进行对话。这将需要一个 JDBC 驱动程序来与所访问的特定数据库管理系统进行通信。用户的 SQL 语句被送往数据库中，而其结果将被送回给用户。数据库可以位于另一台计算机上，用户通过网络连接到上面。这就是客户端/服务器配置，其中用户的计算机为客户端，提供数据库的计算机为服务器。

在三层模型中，命令先是被发送到服务的“中间层”，然后由它将 SQL 语句发送给数据库。数据库对 SQL 语句进行处理并将结果送回到中间层，中间层再将结果送回给用户。

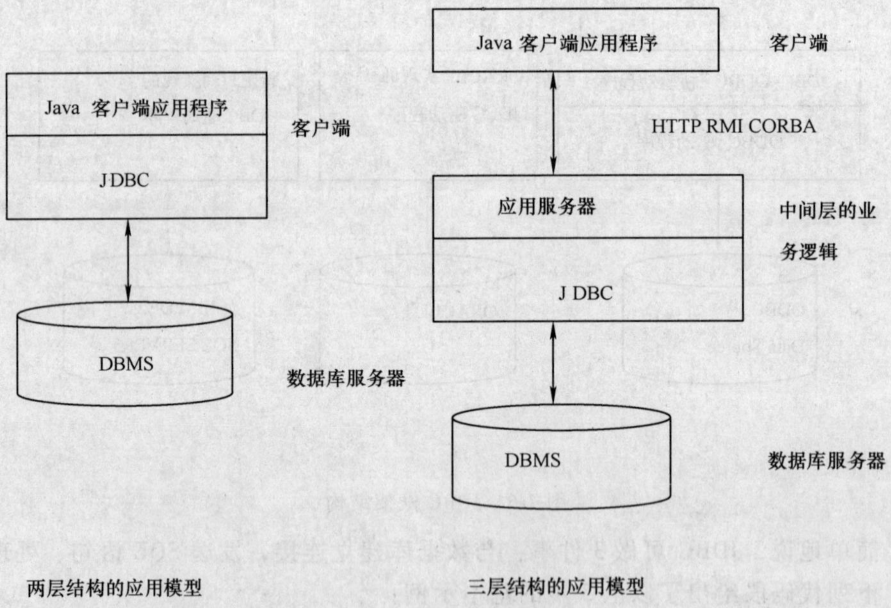

图 7-7　JDBC 访问数据库的应用模型

三、JDBC 中的主要类和接口

1. java. sql. Connection

Connection 对象代表与数据库的连接。连接过程包括执行 SQL 语句和在该连接上所返回的结果。一个应用程序可与单个数据库有一个或多个连接，或者可与许多数据库有连接。打开连接与数据库建立连接的标准方法是调用 DriverManager. getConnection。该方法接受含有某个 URL 的字符串。DriverManager 类将尝试找到可与那个 URL 所代表的数据库进行连接的驱动程序。

下述代码显示如何打开一个与位于 URL“jdbc：odbc：myDB”的数据库的连接。所用的用户名为 "user" ，口令为 "password"：

```
String url = "jdbc:odbc:myDB";
Connection con = DriverManager.getConnection (url," user ",
"password");
```

SQL 语句连接一旦建立，就可用来向它所涉及的数据库传送 SQL 语句。JDBC 提供了 3 个类，用于向数据库发送 SQL 语句。Connection 接口中的 3 个方法可用于创建这些类的实例。下面列出这些类及其创建方法：

Statement——由方法 createStatement 所创建。Statement 对象用于发送简单的 SQL 语句。

PreparedStatement——由方法 prepareStatement 创建。PreparedStatement 对象用于发送带有一个或多个输入参数的 SQL 语句。PreparedStatement 拥有一组方法，用于设置参数的值。执行语句时，这些参数将被送到数据库中。PreparedStatement 的实例扩展了 Statement ，因此它们都包括了 Statement 的方法。PreparedStatement 对象有可能比 Statement 对象的效率更高，因为它已被预编译过。

CallableStatement——由方法 prepareCall 所创建。CallableStatement 对象用于执行 SQL 存储过程。

2. java. sql. DriverManager

DriverManager 类是 JDBC 的管理层，作用于用户和驱动程序之间。它跟踪可用的驱动程序，并在数据库和相应驱动程序之间建立连接。另外，DriverManager 类也处理诸如驱动程序登录时间限制及登录和跟踪消息的显示等事务。

对于简单的应用程序，一般程序员需要在此类中直接使用的方法是 DriverManager. getConnection。该方法将建立与数据库的连接。

DriverManager 类包含一系列 Driver 类，它们已通过调用方法 DriverManager. registerDriver 对自己进行了注册。所有 Driver 类都必须包含有一个静态方法。它创建该类的实例，然后在加载该实例时对 DriverManager 类进行注册。用户正常情况下将不会直接调用 DriverManager. registerDriver，而是在加载驱动程序时由驱动程序自动调用。加载 Driver 类，然后自动在 DriverManager 中注册的方式有两种：通过调用方法 Class. forName。这将显式地加载驱动程序类。如果将 acme. db. Driver 编写为加载时创建实例，并调用以该实例为参数的 DriverManager. registerDriver，则它在 DriverManager 的驱动程序列表中，并可用于创建连接。

通过将驱动程序添加到 java. lang. System 的属性 jdbc. drivers 中。这是一个由 DriverManager 类加载的驱动程序类名的列表，由冒号分隔。初始化 DriverManager 类时，它搜索系统属性 jdbc. drivers，如果用户已输入了一个或多个驱动程序，则 DriverManager 类将试图加载它们。以下代码说明程序员如何输入 3 个驱动程序类（启动时，将把它加载到系统属性列表中）：

```
jdbc.drivers = foo.bah.Driver:wombat.sql.Driver:bad.test.ourDriver;
```

对 DriverManager 方法的第一次调用将自动加载这些驱动程序类。

以下代码是通常情况下用驱动程序（例如 JDBC－ODBC 桥驱动程序）建立连接所需所有步骤的示例：

```
Class.forName("sun.jdbc.odbc.JdbcOdbcDriver"); //加载驱动程序
String url = "jdbc:odbc:fred";
DriverManager.getConnection(url, "userID", "passwd");
```


3. java. sql. Statement

Statement 对象用于将 SQL 语句发送到数据库中。实际上有 3 种 Statement 对象，它们都能在给定连接上执行 SQL 语句：Statement、PreparedStatement 和 CallableStatement。它们都专用于发送特定类型的 SQL 语句。Statement 对象用于执行不带参数的简单 SQL 语句；PreparedStatement 对象用于执行带或不带参数的预编译 SQL 语句；CallableStatement 对象用于执行对数据库存储过程的调用。

（1）创建 Statement 对象。建立了到特定数据库的连接之后，就可用该连接发送 SQL 语句。Statement 对象用 Connection 的方法 createStatement 创建，如下列代码段中所示：

```
Connection con = DriverManager.getConnection(url, "sunny", "");
Statement stmt = con.createStatement();
```

为了执行 Statement 对象，被发送到数据库的 SQL 语句将被作为参数提供给 Statement 的方法：

```
ResultSet rs = stmt.executeQuery("SELECT a, b, c FROM Table2");
```

（2）使用 Statement 对象执行语句。Statement 接口提供了 3 种执行 SQL 语句的方法：executeQuery、executeUpdate 和 execute。executeQuery 用于产生单个结果集的语句，例如 SELECT 语句。executeUpdate 用于执行 INSERT、UPDATE 或 DELETE 语句以及 SQL DDL（数据定义语言）语句，例如 CREATE TABLE 和 DROP

TABLE。execute 用于执行返回多个结果集、多个更新计数或二者组合的语句。

(3) 关闭 Statement 对象。Statement 对象将由 Java 垃圾收集程序自动关闭。而作为一种好的编程风格，应在不需要 Statement 对象时显式地关闭它们。这将立即释放 DBMS 资源，有助于避免潜在的内存问题。

4. java. sql. ResultSet

ResultSet 包含符合 SQL 语句中条件的所有行，并且通过一套 get 方法（这些 get 方法可以访问当前行中的不同列）提供了对这些行中数据的访问。ResultSet. next 方法用于移动到 ResultSet 中的下一行，使下一行成为当前行。

结果集一般是一个表，其中有查询所返回的列标题及相应的值。

下面的代码段是执行 SQL 语句的示例。该 SQL 语句将返回行集合，其中列 1 为 int，列 2 为 String，而列 3 则为字节数组：

```
java.sql.Statement stmt = conn.createStatement();
ResultSet r = stmt.executeQuery("SELECT a, b, c FROM Table1");
while (r.next()){
// 打印当前行的值。
int i = r.getInt("a");
String s = r.getString("b");
float f = r.getFloat("c");
System.out.println("ROW = " + i + "" + s + "" + f);
}
```

ResultSet 维护指向其当前数据行的游标。每调用一次 next 方法，游标向下移动一行。最初它位于第一行之前，因此第一次调用 next 将把游标置于第一行上，使它成为当前行。随着每次调用 next 导致游标向下移动一行，按照从上至下的次序获取 ResultSet 行。

在 ResultSet 对象或其父类 Statement 对象关闭之前，游标一直保持有效。

方法 getXXX（XXX 是与该列值的相应类型）提供了获取当前行中某列值的途径。在每一行内，可按任何次序获取列值。但为了保证可移植性，应该从左至右获取列值，并且一次性地读取列值。列名或列号可用于标识要从中获取数据的列。例如，如果 ResultSet 对象 rs 的第二列名为“title”，并将值存储为字符串，则下列任一代码将获取存储在该列中的值：

```
String s = rs.getString("title");
String s = rs.getString(2);
```

注意列是从左至右编号的，并且从列 1 开始。同时，用作 getXXX 方法的输入的列名不区分大小写。

提供使用列名这个选项的目的是为了让在查询中指定列名的用户可使用相

同的名字作为 getXXX 方法的参数。另一方面，如果 select 语句未指定列名（例如在“select * from table1”中），则应该使用列号。这些情况下，用户将无法确切知道列名。

对于 getXXX 方法，JDBC 驱动程序试图将基本数据转换成指定 Java 类型，然后返回适合的 Java 值。例如，如果 getXXX 方法为 getString，而基本数据库中数据类型为 VARCHAR，则 JDBC 驱动程序将把 VARCHAR 转换成 Java String。getString 的返回值将为 Java String 对象。

通常使用 executeQuery（它返回单个 ResultSet）或 executeUpdate（它可用于任何数据库修改语句，并返回更新行数）执行 SQL 语句。

用户不必关闭 ResultSet，当产生它的 Statement 关闭、重新执行或用于从多结果序列中获取下一个结果时，该 ResultSet 将被 Statement 自动关闭。

5. java. sql. PreparedStatement

PreparedStatement 实例包含已编译的 SQL 语句。包含于 PreparedStatement 对象中的 SQL 语句可具有一个或多个参数。参数的值在 SQL 语句创建时未被指定，相反，该语句为每个参数保留一个问号（“?”）作为占位符。每个问号的值必须在该语句执行之前，通过适当的 setXXX 方法来提供。

由于 PreparedStatement 对象已预编译过，所以其执行速度要快于 Statement 对象。

作为 Statement 的子类，PreparedStatement 继承了 Statement 的所有功能。另外它还添加了一整套方法，用于设置发送给数据库以取代参数占位符的值。

（1）创建 PreparedStatement 对象。以下的代码段（其中 con 是 Connection 对象）创建包含带两个参数占位符的 SQL 语句的 PreparedStatement 对象：

```
PreparedStatement pstmt = con.prepareStatement("UPDATE table4
SET m = ? WHERE x = ?");
```

（2）传递参数。在执行 PreparedStatement 对象之前，必须设置每个参数的值。这可通过调用 setXXX 方法来完成，其中 XXX 是与该参数相应的类型。例如，如果参数具有 Java 类型 long，则使用的方法就是 setLong。setXXX 方法的第一个参数是要设置的参数的序数位置，第二个参数是设置给该参数的值。例如，以下代码将第一个参数设为 123456789，第二个参数设为 100000000：

```
pstmt.setLong(1, 123456789);
pstmt.setLong(2, 100000000);
```

四、JDBC 访问数据库的基本步骤

JDBC 所有的类和接口都集中在 java. sql 和 javax. sql 这两个包中。java. sql 包中包含的类和接口采用的是传统的 C/S 体系结构。其功能主要针对的是基本数

据库编程服务，如生成连接、执行语句，以及准备语句和运行批处理查询，也有一些其他的高级功能。

一般编写 JDBC 程序与编写 ODBC 程序类似，大体上遵循如图 7-8 所示的模型。

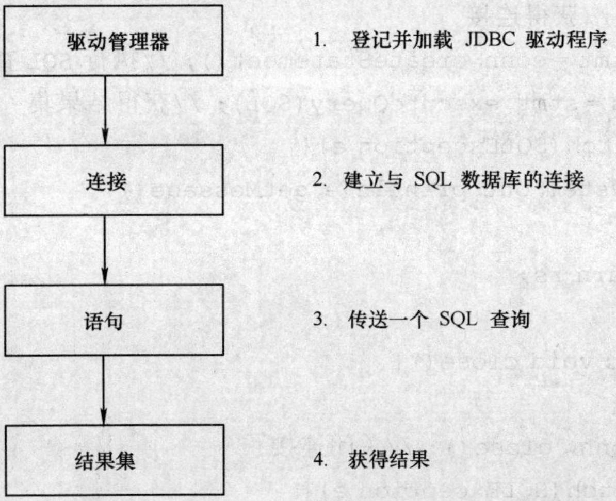

图 7-8　编写一个 JDBC 程序的模型

下面以在 MYSQL 数据库系统中建立的 myDB 数据库为例，说明如何使用 JDBC 连接数据库以及执行 SQL 查询。以下是连接 myDB 数据库，以及执行 SQL 查询的类 DBConnect。

```
import java. sql. * ;
public class DBConnect{
    String DBDRiver = "com. mysql. jdbc. Driver";
      //定义要加载的驱动程序名称
    String DBUrl = "jdbc:mysql://localhost/myDB";
      //定义要连接的数据库的 URL
    public connection conn = null; //获得的数据库连接
    Statement stmt = null; //要执行的 SQL 查询语句
    ResultSet rs = null; //执行完 SQL 查询后返回的结果集。
    public DBConnect(){
      try{
        Class. forName(DBDriver); //加载 JDBC 驱动程序
      }catch(ClassNotFoundException e){
        System. out. println(e. getMessage());
      }
```

```
    }
    public ResultSet executeQuery(String sql){
      try{
        conn = DriverManager. getConnection(DBUrl,"root","");
          //获得连接
        stmt = conn. createStatement(); //执行 SQL 查询
        rs = stmt. executeQuery(SQL); //获得结果集
      } catch(SQLException e){
        System. out. println(e. getMessage());
      }
      return rs;
    }
    Public void close(){
      try{
        conn . close(); //关闭连接
      } catch(SQLException e){
        System. out. println(e. getMessage());
      }
    }
  }
```


五、JDBC 访问数据库的实例

在执行下面程序之前，SQL Server 中应该存在一个名为 Friends 的表，如表 7-1 所示。

表 7-1　Friends 表的结构

列名称	数据类型
名称	Varchar（50）
地址	Varchar（50）
电话	Numeric
入职日期	Datetime
工资	Numeric

```
import java. sql. SQLException;
import java. sql. Connection;
import java. sql. DriverManager;
import java. sql. Statement;
```

```
import java.sql.ResultSet;
/** 这个类演示访问数据库需遵循的各个步骤
*/
class Jdbctest {
/** 构造方法 */
    protected Jdbctest() {
    }

/** 这是 main 方法 */
public static void main(String[] args) {
    try {
        Class.forName("sun.jdbc.odbc.JdbcOdbcDriver");
    } catch (ClassNotFoundException ce) {
        System.out.println(ce);
    }
    try {
        String url = "jdbc:odbc:test";
        Connection con = DriverManager.getConnection(url);
        Statement s = con.createStatement();
        ResultSet rs = s.executeQuery("select *  from friends");
        while (rs.next()) {
            System.out.print(rs.getString(1) + "\t");
            System.out.print(rs.getString(2) + "\t");
            System.out.print(rs.getInt(3) + "\t");
            System.out.print(rs.getDate(4) + "\t");
            System.out.println(" ");
        }
        rs.close();
        s.close();
        con.close();
    } catch (SQLException ce) {
        System.out.println(ce);
    }
    }
}
```

思考题

1. Ajax 的工作原理是什么？它适合哪些 Web 应用的开发？
2. 简述 Struts2 的 MVC 框架。
3. 简述什么是 Struts2 的控制器。
4. Struts2 的标记库的作用是什么？
5. 简述 Struts2 框架 Web 应用开发流程。
6. Struts2 框架 Web 应用是怎样运行的？
7. 如何理解 JDBC 的概念？
8. Class. forName（）方法的功能是什么？
9. DriverManager 类的 getConnection（）方法和 Connection 对象的 createStatement（）方法的功能是什么？
10. executeQuery（）方法的功能是什么？
11. 为什么要使用 PreparedStatement 接口？

第八章

电子商务系统运行、维护与评价

学习目标

通过本章的学习，初步掌握电子商务系统实施需要的条件和要进行的活动；对电子商务系统运营的任务、内容有一定的认识；正确理解电子商务系统集成的作用和意义，初步掌握集成的主要方法；了解电子商务系统维护的基本知识和内容；能正确理解电子商务系统评价的作用，初步掌握评价指标体系设计的思路。

第一节　电子商务系统实施的条件和主要活动

一、电子商务系统实施的基本概念

在电子商务系统的建设过程中，经过了系统规划、系统分析和系统设计等阶段以后，便进入了系统实施阶段。在系统分析和设计阶段，系统开发工作主要是集中在逻辑、功能和技术设计上，工作成果是以各种系统分析与设计文档来体现的。系统实施阶段要继承此前各阶段的工作成果，将技术设计转化成为物理实现。

由于系统实施是在系统详细设计以后才开始的，是以系统分析和设计工作为基础的，必须按照系统设计的文档进行，因此在电子商务系统的整个建设过程中，相对来讲，系统分析与设计比系统实施要重要得多。只有在系统分析和设计工作完成以后，才能开始系统实施工作，切忌在系统开发工作中提前开展这部分工作。因为有些开发者，特别是程序编制人员往往把开发的重点放在编程上，在没有完全了解系统的需求和缺乏总体设计的条件下，就匆匆开始程序编制工作，这必然会给系统开发工作带来巨大的挫折。

同时，系统实施作为系统生命周期中的后期阶段，是把系统设计转化为可实际运行的物理系统的必然步骤。再好的系统设计，不通过系统实施也是不能带来现实效益的空中楼阁。系统实施作为系统的最后物理实现阶段，对于系统的质量、可靠性和可维护性等有着十分重要的影响。

二、系统实施的前提条件

系统实施工作必须在系统分析和系统设计工作完成后，严格按照系统开发文档进行。系统开发者只有通过系统开发文档，对系统目标、系统总体结构、系统代码设计、输入/输出设计、数据库设计、处理过程设计以及系统运行环境等有了明确的理解和认识以后，才能开始系统实施活动。这里特别强调一点，系统开发人员不仅要了解本人所承担的部分，还要了解系统总体结构、彼此接口、数据交换等相互联系部分的内容，以保证在系统实施工作中局部分散实施与系统整体的协调一致性。

三、电子商务系统实施的主要活动

系统开发工作沿着系统的生命周期逐渐推进，经过详细设计阶段后便进入系统实施阶段，这一阶段由编码、系统测试和系统安装等主要活动构成。

编码又称程序设计或编写程序，按照详细设计阶段产生的程序设计说明书，用选定的程序设计语言书写源程序。电子商务系统中的编码与传统的信息系统有所不同，由于电子商务系统的活动主要是在网络上实现的，所以编码的重点也是放在编写网页上。

系统测试是系统质量可靠性保证的关键，也是对需求分析、系统设计和编码的最终评审。系统测试就是运用一定的测试技术与方法，通过模块测试、组装测试、确认测试和系统测试几个步骤，目的是发现系统可能存在的问题。

系统安装主要是指各种软、硬件设备的选型、购置、安装，域名的申请以及整个系统最后的实际运行。

系统试运行是指系统在一个与真实环境相似的情况下运行，便于对系统的性能、指标进行全面的测试，以尽早发现和排除系统潜在的问题，也可使业务人员尽快熟悉新的操作流程和业务流程。

系统发布即在系统切换完成后，开展宣传、推广活动，使更多用户了解企业提供的新的电子商务业务和服务，扩大企业影响。

第二节 电子商务系统的运行

电子商务系统建设完成并不说明全部工作的结束，相反，企业刚刚开始进入更为繁杂而重要的运行阶段。

一、电子商务系统运行的任务和内容

电子商务系统建设完成后，通过新旧系统的切换，新的电子商务系统和新的商务模式便投入使用。运行阶段的到来，意味着企业将要在新的商务平台上以新的商务模式来运作。在这个阶段，主要工作已经从技术的角度转到管理与营销的角度，工作的重点将更多地放在吸引并留住顾客，为顾客提供更为全面、周到的服务上来。这一阶段的主要任务与内容如下：

1. 将新系统更好地融入系统环境

一个系统能否生存与发展在很大程度上取决于系统和环境的融合程度。企业电子商务的运行环境和老系统运行环境有较大的区别，必须让电子商务系统更好地融入新的商务环境之中。具体任务主要有：

（1）和原有的老客户、合作伙伴继续保持良好的业务关系。对其中的还不习惯应用电子商务或者还没有条件应用电子商务系统的客户和合作伙伴继续使用传统方式开展业务与合作；对有条件开展电子商务的老客户和合作伙伴进行充分的交流，协调新的业务关系与流程，共同应用电子商务系统进行合作。

（2）发展新客户与新的合作伙伴。新的电子商务系统将为企业提供了更广泛的商务空间，企业必须充分应用电子商务系统带来的商务优势，发展新客户与新合作伙伴，扩大企业的业务范围，降低企业的运作成本，提高企业的市场竞争力。

2. 实现企业内外信息系统的一体化和信息共享

电子商务系统主要是企业对外的信息系统，为了让其充分发挥应有的作用，应该和企业内部的管理与生产信息系统融为一体，进行无缝的连接与信息交流，最终实现企业内外业务活动连接的流畅，保证企业内外信息资源的及时共享，为企业的所有客户与合作伙伴提供不分内外的一体化服务。

3. 提供更全面与及时的客户服务

（1）与用户的实时、全时段的交互。电子商务系统应为用户提供每天 24 小时、每周 7 天、每年 365 天的实时自动回复服务，最大程度地保证和顾客之间的沟通，并在充分为用户提供全面服务的同时运用客户信息提炼与获取所有可能的商机。

为达到这一目的，可以采取以下措施：

1）自动回复。系统可以事先确定常见问题与答案，一旦访问者提出问题，无需人工操作，系统就会自动回复访问者。这是一种很强的功能，能完成以下工作：①感谢访问者提出问题；②对客户提出的新问题，明确回复时间（应在 24 小时内回复）；③回答常规性问题，30 秒之内就给出回答；④提供公司的电话号码、主要联系人和联系方式。

自动回复电子邮件的应用是网络营销战略的重要组成部分，应用很广。它帮助企业实现 3 个关键目标：增加销售、降低成本和增强同目标市场的沟通（目标市场是指顾客、潜在顾客、业务伙伴、顾问、新闻出版等）。

2）检索工具。在电子商务系统中安装检索工具，可以帮助访问者迅速找到相关的 Web 页面，这对于顾客来说是非常有用的。

3）实时 Web 对话区。实现与顾客交互的另一个战略是运用实时对话区，也就是通常所说的聊天区。它与前面几种方法有所不同，是一个实时的非自动化的过程。为了保证对话的质量，它要求参与讨论的每个人同时都在对话区。企业方面应该有专业人员在该区全天候值守，及时回答或者安排处理用户提出的问题，也可以组织集中的研讨与答疑。例如，企业的有关专家定期光临对话区，同时将此信息公布给所有的顾客，以保证参与人员的完整性和对话效果，为客户提供权威的咨询与指导服务；也可以让企业的营销主管向客户和新闻界介绍企业新产品开发，回答客户与记者的提问。

如果参与者由于特殊原因不能按时到场，对话区就可能变成无聊的谈天场所，无法实现预期的目的。与其相比，电子邮件讨论组则允许参与者在方便的时候阅读讨论内。

（2）不断更新系统的内容。实时的信息是电子商务系统运营的基本保障，这就要求电子商务系统需要不断地更新系统的信息，包括新闻信息、产品信息、服务信息等。为了保证电子商务系统信息的及时更新，可以采取以下措施：①建立信息及时更新的管理机制，保证信息的及时发送；②协调不同电子商务系统之间的关系，实现相互的信息共享和业务共享，达到双赢和多赢的目的；③与企业的内部信息系统连接，直接向用户提供企业的实时生产与管理信息，向企业生产与管理部门提供用户需求信息。

4. 更积极地吸引潜在客户

尽管电子商务系统能吸引来成千上万次的访问，但这并不意味着访问者都会成为顾客。吸引与挖掘潜在客户就成为了电子商务系统应该做的首要工作。前面讲述的一些内容都是帮助企业吸引客户的，只要有了客户的访问量，再加上相应的电子商务营销方案的实施，以及现代数据挖掘技术与数据仓库的应用，企业就可能从这些访问者中发掘出潜在客户并通过实施相应的营销策略留住客户。

二、电子商务系统运行的主要活动

为了完成电子商务系统的任务，企业必须开展一系列的活动，这些活动涉及企业电子商务项目的方方面面，具体包括：

- 电子商务项目的创意与整体策划；

- 制定营销方案，组织电子商务产品；
- 电子商务网站的设计与建设；
- 电子商务项目与产品运行与推广；
- 网站信息的及时处理与信息更新；
- 建立运营的各项制度，完善运营管理。

三、电子商务网站推广与销售

电子商务网站推广与销售是运营的主要活动内容之一，结合专业技术实现的电子商务网站将通过运行实现企业的主要商务活动并完成企业的主要产品销售任务。

1. 企业电子商务网站推广

电子商务网站建立后，人们无论身处何地，都可以通过网络直接看到企业网站的内容，从网上与企业开展商务活动。全球有数以亿计的企业网站，需要企业在建成电子商务网站后通过多种途径与方式千方百计地宣传和推广企业网站。

目前，常见的电子商务网站推广主要有以下几种形式：

（1）搜索引擎推广。据统计，除电子邮件以外，信息搜索已成为互联网第二大应用。搜索引擎（Search Engine）的出现，极大地方便了人们查找信息，同时也给企业推广自己的产品和服务创造了绝佳的机会。一般的用户都是通过搜索引擎发现并访问企业电子商务网站的。随着搜索引擎搜索效率的不断提高，用户在查询资料时不仅越来越依赖于搜索引擎，而且对搜索引擎的信任度也日渐提高。这正是利用搜索引擎宣传企业形象和产品服务的基础。

另外，搜索引擎上的信息针对性都很强。用搜索引擎查找资料的人都是对某一特定领域感兴趣的群体，很有可能成为企业的客户。企业不用强迫别人接受信息，相反，如果客户确实有某方面的需求，他就会主动找上门来。

搜索引擎优化（SEO）是一项非常重要的基础性网站推广工作。它的原理是将网站按照搜索引擎自动收录的规则进行相关技术处理，以便于网站能够快速有效地被搜索引擎收录。有统计表明，大多数网站的访问量有70%是通过搜索引擎得来的，所以网站在搜索引擎上“表现”如何，直接影响到了网站的推广程度。搜索引擎优化既是一项技术性较强的工作，也是一项需要经常分析和寻求外部合作的工作。实践证明，搜索引擎优化工作不仅能让网站在搜索引擎上有良好的表现，而且能让整个网站看上去轻松明快，页面高效简洁，有助于发挥沟通企业与客户的最佳效果。

（2）电子邮件推广。电子邮件推广是利用收集到的邮件地址列表，将信息通过E-mail发送到对方邮箱，以期达到电子商务网站宣传推广的目的。电子邮件是目前使用最广泛的互联网应用。其特点是主动信息发布，方便快捷，成本低廉，但带有一定的强制性和盲目性。因为很难保证邮件接受方就是当前需要企业产品和服务的客户，如果被用户认为是垃圾邮件，甚至有可能被用户反感与排斥。

(3) 专业广告。专业广告有传统广告和网络广告。传统广告，如电视广告、户外广告、移动广告、报纸杂志广告等推广面与效果较好，但广告费用非常昂贵；网络广告本质上还是属于传统宣传模式，只不过载体不同而已。网络收费比传统广告相对便宜，虽然用户面仅针对网络用户，不过对电子商务网站推广来说已经足够。

(4) 交换链接/广告互换。网站之间互相交换链接和旗帜广告有助于增加双方的访问量，扩大网站的推广面。这种方式比较适合个人主页或非商业性的以提供信息为主的网站。在链接与广告互换时应该选择有产品和业务互补的网站而不是竞争网站作为自己的合作对象。

此外还可考虑与有影响的门户或专业站点建立链接，实现内容上的互补、利益上的双赢。

(5) 在 B2B 网站上发布信息或进行企业注册。B2B 网站是借助网络的便利条件，在买方和卖方之间搭起的一座沟通的桥梁，买卖双方可以同时在上面发布和查找供求信息。如国内 B2B 网站的阿里巴巴（Alibaba)、美商网（MeetChina. com）等，在上面发布商品服务信息或进行企业登记的效果也很好。

(6) 在新闻组和论坛上发布网站信息。在新闻组和论坛上发布信息也是企业推广电子商务网站的有效途径之一。但是，由于多数新闻组和论坛是开放性的，几乎任何人都能在上面随意发布消息，所以其信息质量比起搜索引擎来要逊色一些。而且在将信息提交到这些网站时，一般都被要求提供电子邮件地址，这往往会给垃圾邮件提供可乘之机。当然，在确定能够有效控制垃圾邮件前提下，企业不妨也可以考虑利用新闻组和论坛来扩大宣传面。

(7) 企业现实行为推广。在日常行为中，企业也可以宣传电子商务网站，如通过企业员工的行为对外的介绍，通过企业产品和服务的传播，通过企业宣传刊物的传播来推广。这种方式需要良好的企业理念和文化作为基础，通过长期坚持不懈的努力才能达到一定的效果。但是这种方式带来的用户很大一部分都会是质量较高的客户或合作伙伴。

(8) 其他网站推广方式。除上面几种主要的电子商务方式外，还有诸如制造事件（比如开展有奖活动）、提供免费资源等其他推广手段。但这些宣传手段一般不是成本高昂，就是影响力有限，尤其像制造事件这类方式，比较适合有资金技术实力的大企业，而相对于对于外向型和中、小企业来说没有多少采用价值。

2. 企业电子商务网站销售

企业电子商务网站推广实际上是企业开展电子商务活动的前奏，销售活动将随之展开。网上销售和一般传统销售基本一致，只是进行的平台不一样而已，网上销售采用的是网络平台，所有销售活动都在网络上完成，但物流除外。即使是物流，在网络营销中，和传统物流还是有一定的区别，至少物流信息的处理与应用上和传统物流不同。

网上销售活动的首先应该保证和传统的销售方式基本一致，这样一般的用户才能不用改变什么就能方便地适应网上销售；其次，网上销售活动应该充分利用和发挥网站销售的特点，扩大用户面，为用户提供更加方便、快捷、全面的销售服务；最后，网上销售过程的安全必须得到全面的保证，既保证销售过程的完整执行，又保护用户和销售商的信息安全和合法利益。实现了上述 3 个基本内容，网上销售活动就可以顺利开展。当然，网上销售活动能否开展好，还与产品、销售价格、市场细分、销售策略等因素有关。只有销售涉及的各个环节与因素都协调好了，才可能将网上销售活动开展好。

第三节　电子商务系统集成的方法和技术

一、电子商务系统集成概述

1. 系统集成的含义

系统集成是为了达到系统目标将可利用的资源有效地组织起来的过程和结果。由此可见，它是系统之上的更复杂的系统。例如，把多台计算机接成一个计算机网络，将 CAD、CAM 和 MIS 结合为一个整体 CIMS，这些都是系统集成，而且 CIMS 是比计算机联网更高级的集成。可以从以下几点认识和体会系统集成：

第一，单台计算机不能算是系统集成；

第二，系统集成不只是各部件、系统之间的联通，而是有效地组织，即各部件系统得到有效利用；

第三，系统集成是要达到系统的总目标，这个目标要达到 1 + 1 > 2，即系统的总效益大于各部件系统效益之总和；

第四，系统集成的效益是每个分系统单独工作无法完成的；

第五，系统集成不存在唯一恰当的程度。

有效的组织意味着系统中每个组成部分能够有效地联系起来，并发挥更多的作用或者产生新的功能。系统集成通过有效地组织不同的资源达到新的系统目标。集成的系统所获得的整体效益是每个分系统单独工作时所无法实现的，因而新系统的性能远大于部分的性能之和。

组织不是一次就能够建立所有的系统，那样做需要大量的资源，而且难以处理管理上的问题。大多数的系统都是一个个相互独立地建立起来的。这种情形造成关键经营活动上的瓶颈和低效率，组织必须去集成这些系统。例如，美国通用汽车公司为了保持其全球竞争性，收购了电子数据系统公司（EDS），来开发一套互联的系统，集成原来分散的制造、订货和发货系统。

2. 信息系统集成的目的

许多组织的信息系统未能达到其目标，是因为组织被支离破碎的、互不兼容的计算机硬件、软件、电信网络和信息系统所拖累。把这些“信息孤岛”集成为一个完整的体系是当务之急。信息系统集成的主要目的包括两方面：

（1）在更大范围实现资源的集成利用。建立一个组织间信息系统，实际上是在所有使用该系统的组织之间建立起一个基于信息系统的战略联盟。为此，就要求在一定标准的协议下，开发组织间信息系统并将它与组织内部的信息系统集成起来，与上、下游企业之间的集成。

（2）能够利用现有的资源和保护原有的投资。信息系统一般要求用户大量投资于硬件、软件、职员培训和组织的重组上，当用户决定升级或扩展系统或新建与之相关的系统时，系统集成能够利用现有的资源和保护原有的投资。

系统集成强调的是系统，是系统的内在联系，是系统各部分的一致与协调。企业的信息系统应以数据为中心，企业内部各层次、各部门的信息交流主要通过联机存取共享数据库来实现，这是以结构良好的数据库为基础的。所以，系统集成的核心和关键是数据集成。

3. 电子商务系统集成的特性

在电子商务系统的集成过程中，需要充分考虑电子商务的特性，以指导电子商务系统集成，使集成后的系统真正符合电子商务事务处理的内在属性。电子商务系统的特性可归结为以下几点：商务性、服务性、集成性、可扩展性、安全性和协调性。

（1）商务性。电子商务系统最基本的特性为商务性，即提供买、卖交易的服务、手段和机会。就商务性而言，电子商务可以扩展市场，增加客户数量；通过将因特网信息连至数据库，企业能记录下每次访问、销售、购买形式和购货的动态及客户对产品的偏爱，这样企业方就可以通过统计这些数据来获知客户最想购买的产品是什么。

（2）服务性。在电子商务环境中，客户不再受地域的限制也不再仅仅将目光集中在最低价格上，因而，服务质量在某种意义上成为商务活动的关键。因特网的应用使企业能自动处理商务过程，并不再像以往那样强调公司内部的分工。现在，Internet 上许多企业都能为客户提供完整服务，而因特网在这种服务的提高中充当了催化剂的角色。

企业通过将客户服务过程移至因特网，使客户能以一种比过去简捷的方式完成过去较为费事才能获得的服务，如将资金从一个存款户头移至一个支票户头，查看一张信用卡的收支，记录发货请示，乃至搜寻并购买稀有产品等。

（3）集成性。电子商务系统中用到了大量新技术，但并不是说新技术的出现就必须导致老设备的淘汰。电子商务的真实商业价值在于协调新老技术，使用户能更加行之有效地利用已有的资源和技术来完成任务。

电子商务的集成性，还在于事务处理的整体性和统一性。它能规范事务处理的工作流程，将人工操作和电子信息处理集成为一个不可分割的整体。这样不仅能提高人力和物力的利用，也提高了系统运行的严密性。

（4）可扩展性。要使电子商务正常运行，必须确保其可扩展性。因特网上有数以百万计的用户，传输过程中不时地出现高峰状况。倘若一家企业原来设计每天可受理40万人次访问，而事实上却有80万，就必须尽快配有一台扩展的服务器，否则客户访问速度将急剧下降，甚至还会拒绝数千次可能带来丰厚利润的客户的来访。

（5）实全性。对于客户而言，无论网上的物品如何具有吸引力，如果他们对交易安全性缺乏把握，他们根本就不敢在网上进行买卖。企业和企业间的交易更是如此。

在电子商务中，安全性是必须考虑的核心问题。欺骗、窃听、病毒和非法入侵都在威胁着电子商务，因此要求网络能提供一种端到端的安全解决方案，包括加密机制、签名机制、分布式安全管理、存取控制、防火墙、安全因特网服务器、防病毒保护等。

（6）协调性。商务活动是一种协调过程，它需要雇员和客户、生产方、供货方以及商务伙伴间的协调。为提高效率，许多组织都提供了交互式的协议，电子商务活动可以在这些协议的基础上进行。

4. 电子商务系统的集成原则

在仔细研究电子商务特性的基础上，进行电子商务系统集成时要遵守以下一些集成规则。

（1）通用性：可用于构建一般商业活动主体。集成后的系统要具有普遍可用性，可以处理不同行业、不同部门的标准交互过程，如身份认证、银行资金周转等，从而提高系统的复用性和标准性，减少重复劳动，提高工作效率，为系统进一步扩充和与其他电子商务系统的信息交流打下良好的基础。

（2）柔性化：采用多层结构模型，使用中间件（构件）对象技术进行系统搭建，通过开放性接口标准来解决系统的可扩充性、兼容性和可集成性。通过使用 DCOM，CORBA 等中间件技术，系统的面向对象特性更加突出，具有更好的内部封装性，高内聚、低耦合，修改维护也更加方便；用户也无需了解系统设计实现的细节性问题，可以将注意力集中在系统功能需求上。采用中间件对象技术后，系统的安全性也有了更好的保证。

（3）个性化：通过模板编辑或对象属性向导来定制商业主体的个性化内容。个性化服务是当前数字信息服务的热点问题之一。在满足用户普通需求的同时，需要根据用户的行业特征和个人兴趣为用户度身定制既具有标准功能，又可以实现特定功能目标的电子商务集成系统。个性化和通用性并不矛盾。个性化建立在通用性基础之上，任何系统都要实现一些标准化的操作，只有实现这些标准操作的功能模块运行良好，整个具有个性化特征的电子商务集成系统才会更加健壮。

（4）产业化：基于电子商务集成框架的软件产品不但可以作为各类独立商业主体的电子商务平台，也可以作为应用服务提供商 ASP（Application Service Provide）的电子商务平台，满足以应用为核心、以销售对应用的访问为运营模式的新型商务运作模式。产业化是建立在通用性的基础之上的。

（5）开放性：采用相关的国家标准与国际标准，遵循国内外电子商务系统的接口标准，考虑与国内外主要行业电子商务系统的信息交流、交换和商务活动。电子商务系统集成的目的就是通过因特网络实现商务事务的交互过程，所以集成的产品必须遵循国内外通用的接口标推，才会有更强的生命力。

二、电子商务系统的集成方案

按计算机技术的层次分类，电子商务系统集成包括硬件及网络集成、数据集成、软件集成和应用系统集成。

1. 硬件及网络集成

电子商务的集成建立在硬件工作平台的基础之上，硬件网络的搭建是电子商务集成的第一步。通信网络平台同样是电子商务的基础，电子商务对企业通信网络平台建设提出的技术需求大体上包括以下方面：

- 能够容纳多种网络技术；
- 多元融合、一体化和多服务；
- 支持多种协议；
- 多层次交换能力；
- 高度的可靠性和安全性；
- 灵活性、简单性、可扩展性和高性价比；
- 通信网络平台管理能力强、界面友好。

目前局域网技术已经比较成熟，各种同构或异构的局域网普遍存在于社会生产与生活的各个部门。如以 FDDI（光纤令牌网）、100Base-T 快速以太网、交换式局域网和吉比特以太网等高速局域网技术构建的各 Intranet 子网，构成了现有网络应用的基础，也就成为电子商务集成的硬件平台基石。由各局域网构成的电子商务网络平台如图 8-1 所示。

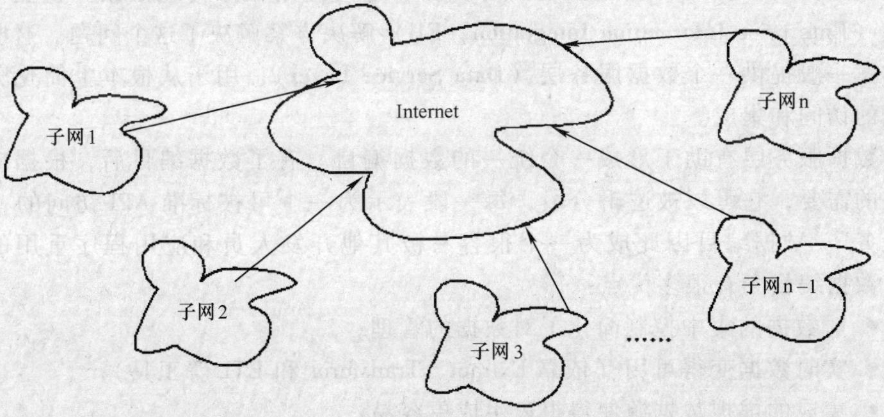

图 8-1　电子商务网络平台示意图

在图 8-1 中，各子网使用自身的协议标准接日和因特网进行数据交换，但在各子网的基础之上进行集成时，网与网的同构关系成了系统集成面临的问题之一。总的说来，基于 Intranet 干网的电子商务集成可以概括为如下 3 类：

（1）同构网集成。如果参与电子商务集成的各 Intranet 子网属于同构网，那么它们必然具有类似的网络硬件标准、网络协议、网关接口和通信机制。子网间可以非常方便地进行电子商务数据通信和信息交换；

（2）异构网集成。如果参与电子商务集成的各 Intranet 子网不完全是同构网，那么它们的网络硬件标准和网络协议等会有较大的差异，不能直接进行通信。这时需要加入一些软、硬件的协议转换机制，协调利用各个 Intranet 子网的技术优势，更好地完成电子商务事务处理过程中的信息传输任务。

（3）专业网集成。电子商务集成过程中需要海关、税务和金融等多个职能部门的参与合作，那么这些职能部门的专业网络（例如金融专网、军网等）如何融入电子商务集成网络中就成为了一个急需解决的问题。问题的关键集中在专业网的信息安全交互，即在顺利完成电子商务事务活动过程中的数据交互的同时，保证专业网的相对独立性，保证国家或个人的重要经济、安全信息不被非法访问。

2．数据集成

数据集成要达到数据共享，要解决数据上的问题，信息共享又保证了组织中每个人都可以访问和使用任何需要的信息。

过去，开发人员必须用每种不同数据源可用的 API 编写自定义的代码，这样既增加了成本又不稳定，改变时需要修改自定义代码。

所有应用程序架构师和数据专家面临的挑战是，在确保为集成、聚集和转换数据所做的工作的可复用性的同时，容易地向应用程序传递数据。企业信息集成（Enterprise Information Integration，EII）解决方案解决了这个问题。这些解决方案一般提供一个数据服务层（Data Service Layer），用于从根本上简化分布数据的访问和集成。

数据服务层有助于形成一个统一的数据编目。有了数据编目后，根据应用程序的需要，它可以被逻辑分段，每一段表示为一个可被标准 API 访问的“数据服务”。数据编目因此成为一个很容易被其他开发人员和应用程序重用的接口。数据编目会有很多优点：

- 对数据的集中控制简化了对数据的管理；
- 实时数据变得可用（依靠 Extract、Transform 和 ETL 等工具）；
- 集成的虚拟数据源使得报表生成更容易；
- 简化了数据访问，因为现在一个统一的接口取代了在没有数据编目时需要使用的多个不同 API。

数据服务层封装了应用程序的业务逻辑。因而数据服务是一个自包含的模块，其中每个数据服务被认为是一个根据 E－R 图中的实体建模的基于 XML 的类。这些实体通过函数相关联。为使数据服务是自包含的，最理想的情况下它们应包含以下信息：数据源的元数据、连接信息、用于读取/导航和更新数据源的接口函数、数据服务间的关系信息、安全信息、数据服务的元数据。

因此，数据服务充当底层数据基础架构的逻辑接口。它可以称为虚拟视图。数据服务包含了足够的信息量，以便为客户应用程序查找、执行和转换有用格式的信息。

3. 软件集成

软件集成能够实现分布式计算，从而为以小组划分的人员（如团队、部门和单位）提供了特定信息处理任务的灵活性。

（1）软件集成的基本原理。软件集成主要是结合硬件和软件技术平台，以 TCP/IP 等广泛应用的网络协议为通信支撑，采用 Windows NT、UNIX/Linuix 等国际通用网络操作系统和各种应用软件，生成基于 B/S 模式的分布式网络环境下的电子商务应用。其中数据库服务器主要使用 Oracle、MS SQL Server 和Sybase SQL Server 等性能稳定的国际知名 DBMS（数据库管理系统），采用基于 CORBA&DCOM 和 Web 数据库技术的中间件（组件）技术，将数据库服务器中存储的海量商业数据通过中间件的衔接提供给 Web 服务器，而商业用户通过浏览器或其他专业应用软件通过 Web 服务器提供的多种服务，如 WWW 超文本服务、FTP 文件传输服务或 Telent 远程登录访问等来获取 Web 服务器上提供的数据服务，并应用人工智能领域的 DSS（决策支持系统）、ES（专家系统）和数据仓库技术等分析获取的大量商业数据之间隐含的复杂关系，从而帮助制定商业决策。

（2）电子商务软件模型集成。

1）体系模型：综合概括了电子商务软件系统的通用控制流总线技术（如 CORBA、DCOM 等基于分布式处理的组件和中间件技术，负责协调管理软件体系中各模块的通信，保持协同工作）和通用数据流总线技术（如基于 XML 的数据定义、描述、访问和交互处理技术）。

2）数据模型：在电子商务系统中，数据是系统的核心内容，包括数据逻辑表示、存储。交换和转换等技术在内的多种技术，构成了数据模型的中心技术。

3）软件结构模型：采用分布式处理技术、软件接口技术、中间件（构件）服务技术和构件对象技术，使集成的电子商务软件结构良好，具有开放性、通用性、可重用性和透明性，最终实现电子商务软件的产业化。

4）系统表现模型：涉及用户界面技术（软件产品的外在属性，要求界面美观、交互操作方便和较好的容错性）和个性化定制技术（根据用户的个人需求定制相应的电子商务应用软件，实现个性化服务）。

5）应用模型：电子商务应用中的智能化技术是在现有电子商务应用环境下，配合原有智能决策系统，提供商业决策。它主要包括信息搜索技术、智能交易技术、市场活动分析技术和数据仓库及数据挖掘技术。

4. 应用集成

应用集成使组织和系统无缝结合，各种功能得到综合与发展，并且实现系统对企业管理方式的改变，改进企业运营过程，改善企业生产率。

应用集成是组织集成、人员集成的主要阶段，通过这个阶段做到组织和系统的无缝结合。应用集成一般要规定一些评价指标，通过这些指标可以检验是否达到集成。这些指标涉及系统、用户、环境和问题，例如：系统对企业管理观念的改变，系统对企业运营过程的改变，系统对企业生产率的改善，以及系统本身的一些指标，如响应时间、运行成本的改善等。

三、电子商务应用系统集成的模式

电子商务系统集成主要是通过应用系统软件环境来实现的。将供应商、伙伴、客户应用程序完美地与企业商务流程集成在一起，这在商业上的优势是不言而喻的。速度和响应能力的提高，可降低运作成本、减少错误率，尽量减少存货，可增加竞争优势。最初，公司间的自动联系主要着眼于相对较少的主要伙伴，或在交易所制定好的标准交易类型上。但是，将 Internet 用于这种自动联系的主要原因之一，应该是扩大到以前的技术无法满足的范围，比如电子数据交换（EDI）。

不过，在扩大信息受众范围的尝试中，许多用户很快就发现，新的 Internet 和可扩展标记语言（XML）虽然能简化建立这种集成中的许多技术任务，但总体复杂性增加了，而对变化进行管理也变得非常困难。在采用自动化流程集成的初期，其实变动频率远比每年一次高，因此，变动管理的负担也相应加重了。管理这一复杂问题的费用和时间将迫使许多机构向第三方专业服务提供商寻求帮助，由它们来管理电子商务集成系统。

1. 基于 C/S 模式的集成

C/S 模式定义了台式机如何和服务器相连，以实现数据和应用的共享，并利用台式机的处理能力将数据和应用分布到多个处理机上。该模式第一章已作了介绍，这里简要阐述它在系统集成中的基本方式。C/S 模式的集成有 3 个主要部件：数据库服务器、客户应用程序和网络。

（1）数据库服务器负责有效地管理系统的资源。其任务集中于：数据库安全性的要求，数据库访问并发性的控制，数据库前端的客户应用程序的全局数据完整性规则，数据库的备份与恢复。

（2）应用程序。在应用程序集成的过程中，通常的做法是按照服务器与客户端任务的不同，将不同的应用程序分别安装到服务器和客户端，当然对于相应的应用程序的运行环境的安装也要包括在内。

（3）网络。对于网络的集成前面已经介绍过了，这里不再讨论。

2. 基于 B/S 模式的集成

B/S 模式使整个系统的能力有很大的提高，但是仍然会随着用户需求的发展变化采用更新的技术。因此，在集成的过程中要注意以下几点：

多层结构在前端的接入服务层应该实现设备功能单一化、系统标准化、设备小型化，并且在前端实现负载均衡。ISP、ASP 可以用很多的机架式服务器来代替传统的塔式服务器，而每一个服务器所负担的任务非常简单，比如做成一个 Web 服务器，而这个 Web 服务器可以是一种标准的设备，它可以不带显示器，不带键盘，完全可以像现在大家常见的网络设备一样工作。

在中间应用服务层，采用标准化的开发工具可以实现多种应用结构上的统一，通过模块化结构设计，实现高可用的应用系统。一般采用双机集群系统，在不重新改写应用程序的前提下，保证在中间应用服务层不会产生单点失效。

后端数据支持服务层是数据库系统和数据集中存储系统。数据集中存储实现多种数据集中在一个数据存储设备当中，多台服务器同时读写并保证数据一致性。后端这个数据库需要采用高性能的数据库平台，实现用户数据的高速处理和中央存储以及集中备份等需求。

3. 基于中间件的集成方式

中间件是一种独立的系统软件或服务程序。借助分布式应用软件可实现不同技术之间共享资源。它是在计算机硬件和操作系统之上，支持应用软件开发和运行的系统软件，如图 8-2 所示。它能够使应用软件相对独立于计算机硬件和操作系统平台，为当今的大型分布式应用搭起了一个标准的平台，把大型企业分散的系统和技术组合在一起，实现大型企业应用软件系统的集成。

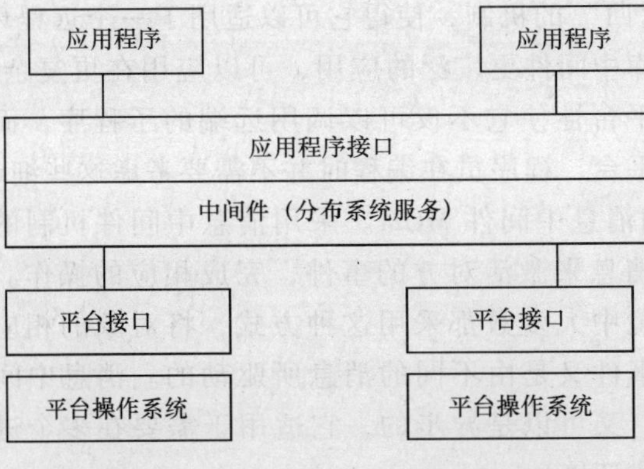

图 8-2　中间件与应用系统集成的模型

（1）中间件集成的优点。中间件以其开发规模小、开发成本低、可靠性高、交互性强、接口界面好的特点适用于解决电子商务中正确性、可靠性、伸缩性、传输效率和管理维护方便等方面的要求。可把中间件技术的优越性归纳如下：缩短应用的开发周期，节约开发成本；减少系统初期的建设成本；降低应用开发的失败率，提高应用的开发质量；保护已有投资；简化应用集成，减少维护费用；保证技术进步的连续性；增强应用的生命力。

由此可以看出，中间件是电子商务应用集成的关键技术之一。不管电子商务应用分布在什么硬件平台上，使用了什么数据库系统，有什么复杂的网络，电子商务应用的互连和互操作是电子商务中间件首先要解决的问题。在通信方面，电子商务中间件要支持各种通信协议和通信服务模式，传输各种数据内容、数据格式翻译、流量控制、数据加密、数据压缩等。电子商务中间件要解决名字服务、安全控制、并发控制、可靠性和效率保证等。在电子商务应用开发方面，要能提供基于不同平台的丰富的开发接口，支持流行的开发工具和异构互连接口标准等；在管理方面，解决电子商务中间件本身的配置、监控、调谐，为电子商务应用的易用易管理提供保证。

（2）中间件的分类。中间件的产品种类很多，根据中间件在系统中所起的作用和采用的技术不同，大致划分为以下 5 种：

1）数据库中间件。它在所有的中间件中是应用最广泛、技术最成熟的一种。它位于数据库管理系统和应用程序之间，实现了应用程序和异构数据库之间的统一接口，有效地解决了应用系统在不同后台数据之间的移植问题。当前比较流行的基于中间件技术的访问网络数据库的方案有：CGI 通用网关技术、ASP 技术和 JDBC 技术。

2）基于远程过程调用方式的中间件。RPC 即远程过程调用，是早期开发分布式应用时经常采用的一种同步式的请求应答协议。RPC 扩展了过程语言中的“功能/调用/结果返回”的机制，使得它可以适用于一个远程环境。它的灵活特性使得它有比数据库中间件更广泛的应用，可以应用在更复杂的客户/服务器计算环境中；它的跨平台性使它不仅可以调用远端的子程序，而且这种调用可以跨不同的操作系统平台，程序员在编程时并不需要考虑这些细节。

3）基于事件的消息中间件 MOM。采用消息中间件机制的系统中，不同的对象之间通过传递消息来激活对方的事件，完成相应的操作。目前流行的面向对象的编程开发环境中大多数都采用这种方式，将对象的相应动作封装在不同的事件中，而这些事件又是由不同的消息所驱动的。消息中间件技术的工作模式既可以是同步的，又可以是异步的，它适用于需要在多个进程之间进行可靠的数据传送的分布式环境。

4）基于对象请求代理的中间件 ORB。面向对象的中间件技术的基本思想是在对象与对象之间提供一种统一的接口，使对象之间的调用和数据共享不再关心对象的位置、实现语言及所驻留的操作系统。目前有两种对象请求代理的标准，分别是 CORBA 和 DCOM。

5）事务处理中间件 TPM。事务处理中间件是一种复杂的中间件产品，是针对复杂环境下分布式应用的速度和可靠性要求而实现的。它给程序员提供了一个事务处理的 API，程序员可以使用这个程序接口编写高速而且可靠的分布式应用程序——基于事务处理的应用程序。常见的功能包括全局事务协调、事务的分布式两段提交、资源管理器支持、故障恢复、高可靠性、网络负载平衡等。

第四节 电子商务系统的维护与管理

电子商务系统运行之后，系统维护工作将随之而来。系统维护的目的是保证电子商务系统正常而可靠地运行，不断改善和提高系统，以充分发挥其作用。

一、电子商务系统维护的内容

电子商务系统维护的内容较杂，归纳起来主要有以下几点：

1. 系统设备维护

系统设备维护主要是指对主机及外设的日常维护和管理。设备的维护分为两种，一种是定期性的设备保养性维护，保养周期是固定的，维护的主要内容是进行例行的设备检查与保养；另一种是对突发性的设备故障排除维修，即当设备出现突发性故障时，由专业的维修人员或请厂商来排除故障。

2. 数据维护

数据维护是指对文件、数据库系统、电子邮件系统等的维护。其中，数据库中的数据维护是工作重点之一。当数据库中的数据类型、长度等发生变化，或者需要添加某个数据项时，数据库管理员要负责修改相关的数据库、数据字典，并通知有关人员。数据库管理员要负责数据库的安全性和完整性，以及进行并发性控制和日志管理。当用户提出数据操作请求时，数据库管理员要负责审核用户身份，定义其操作权限，并依此负责监督用户的各项操作。另外，除系统主体业务数据定期正常更新维护外，还要随环境或业务的变化而进行数据的增加、数据结构调整。当系统出现硬件故障并得到排除后要进行数据库的恢复工作。

3. 系统应用程序维护

系统的业务处理是通过应用程序来实现的，开发的应用程序不可避免地存在问题和缺陷，有的需要运行之后才能发现。随着条件的变化，用户会产生新的需求，这时需要对软件增加功能，即需要对应用程序进行完善性维护；系统软件版本的改变和升级也要求维护原有的应用程序，以适应系统环境的变化。所以，应用程序的维护是系统维护的主要工作之一。

4. 安全维护管理

电子商务系统的安全是电子商务系统可靠运行并有效开展电子商务活动的基础和保证，也是消除客户安全顾虑、扩大系统客户群的重要手段。一般地，系统安全管理主要包括分析系统安全威胁的来源，进行存取控制管理，对系统资源的访问权限进行限制，保护特定内容的安全并采取相应的措施等。为了确保系统的安全性，除了采用上述技术手段外，还必须建立严格的内部安全机制：对于所有接触系统的人员，按其职责设定其访问系统的最小权限；按照分级管理原则，严格管理内部用户账号和密码，进入系统内部必须通过严格的身份确认，防止非法占用、冒用合法用户账号和密码；建立网络安全维护日志，记录与安全性相关的信息及事件，有情况出现时便于跟踪查询；定期检查日志，以便及时发现潜在的安全威胁；对于重要数据要及时进行备份，且对数据库中存放的数据，数据库系统应视其重要性提供不同级别的数据加密。

安全实际上就是一种风险管理。任何技术手段都不能保证100%的安全。但是，安全技术可以降低系统遭到破坏、攻击的风险。决定采用什么安全策略取决于系统的风险需要控制在什么程度范围内。

5. 电子商务网站维护

网站是企业电子商务系统的门户，网站管理维护就成了一项重要的工作。企业的情况在不断变化，网站的内容也需要随之调整，这就不可避免地涉及网站管理维护的问题。网站管理维护的内容包括网站改造、行业信息更新、企业信息更新、产品与服务更新、日常数据维护。

(1) 网站改造。因为网络技术的发展以及网站服务器环境的改变，企业原有网站可能会出现兼容性、整体视觉、功能实现等方面的缺陷。网站改造服务将迅速弥补以上不足。

(2) 行业信息更新。企业要有专业的技术与服务商资源，及时获取相关行业的行业信息，从市场、宏观、法律、企业、商机、科技等方面为网站提供行业动态。

(3) 企业信息更新。企业网站应该成为企业的信息发布平台，利用这个已经建立的工具为自身树立良好而持续的互联网形象，从而也提高自身在互联网用户心中的可信度。

(4) 产品与服务更新。在企业运营过程中，总会有产品或者服务更新、价格及其他变动的情况出现，将这些信息及时发布于自己的网站上，可以创造和掌握更多的互联网商机。

(5) 日常数据维护。本项服务特别针对具在线交互性的企业网站。应定期监控站点论坛、留言板及专题评论等交互区域的信息回馈，删除无用信息，提醒有用信息的出现。

除此以外，还要负责网站平常的正常运营，例如设备和网络的管理，信息处理、反馈，营销创意的实施等。

二、电子商务系统维护的组织与管理

系统维护工作并不仅仅是技术性工作，为了保证系统维护工作的质量，还需要做大量的管理工作。系统投入运行后，事实上在一项具体的维护要求提出之前，系统维护工作就已经开始了。

1. 建立维护组织

开展系统维护工作，首先必须建立一个维护组织，确定维护工作所应遵循的原则和规范，此外还应建立一套适用于具体系统维护过程的文档及管理措施，以及进行复审的标准。

电子商务系统投入运行后，应设系统维护管理员，专门负责整个系统维护的管理工作；针对每个子系统或功能模块，应配备系统管理人员。他们的任务是熟悉并仔细研究所负责的那一部分系统的功能实现过程，甚至对程序细节都应清楚，以便于完成具体维护工作。系统维护意味着对系统进行修改变更，这是直接与业务功能密切相关的，为了从全局上协调和审定维护工作的内容，每个维护要求都必须由一个维护控制部门和系统管理部门共同完成。这个维护控制部门，应该由业务管理部门和系统管理部门共同组成，以便于从业务功能和技术实现两个角度控制维护内容的合理性和可行性。

2. 建立维护管理制度

每个维护请求都应该以书面形式的“维护申请报告”向维护管理员提出。对于纠错性维护，报告中必须完整描述导致出现错误的环境，包括输入数据、输出数据以及其他系统状态信息；对于适应性和完善性维护，应在报告中提出简要的需求规格说明书。维护管理员根据用户提交的申请，召集相关的系统管理员对维护申请报告的内容进行核实和评价。对于情况属实并合理的维护要求，应根据维护的性质、内容、预计工作量、缓急程度或优先级以及修改所产生的变化结果等，编制维护报告，提交维护控制部门审批。维护控制部门从整个系统出发，从业务功能合理性和技术可行性两个方面对维护要求进行分析和审查，并对修改所产生的影响作充分估计。对于不妥的维护，在与管理部门协商的条件下予以修改或撤销。通过审批的维护报告，由维护管理员根据具体情况制定维护计划。对于纠错性维护，估计其缓急程度，如果维护要求十分紧急，严重影响系统的运行，则应立即安排修改工作；如果问题不是很严重，可与其他维护项目从维护开发资源上统筹安排。对于适应性或完整性维护要求，高优先级的安排在维护计划中，优先级不高的可视为一个新的开发项目组织开发。维护管理员将维护计划下达给系统管理员，由系统管理员按计划进行具体的修改工作。修改后应经过严格的测试，以验证维护工作的质量。测试通过后，再由管理部门对其进行审核确认，不能完全满足维护要求的应返工修改。只有经过确认的维护成果才能对系统的相应文档进行更新，最后交付使用。

系统维护之所以要按照严格的步骤进行，是为了防止维护人员未经允许擅自修改系统，因为无论业务部门直接找程序人员还是程序人员自行修改，都将引起整个系统运行的混乱，例如不及时更新文档会造成程序与文档不一致，多个人修改的结果不一致，以及缺乏全局考虑的局部修改。当然，维护审批过程的环节多也可能带来反应速度慢的问题，因此当系统发生恶性或紧急故障时，也即出现所谓“救火”的维护要求时，需立即动用资源解决问题，以保证业务工作的连续进行。

3. 建立维护档案，明确维护人员的工作职责

为了评价维护的有效性、确定系统的质量、记载系统所经历过的维护内容，应将维护工作的全部内容以文档的规范化形式记录下来，建立相应的档案，包括维护对象、规模、语言，运行和错误发生的情况，维护所进行的修改情况，以及维护所付出的代价等，作为系统开发文档的一部分，形成历史资料，以便于日后备查。系统的维护工作应按照维护计划开展。当维护任务完成后，维护

人员应填写一份书面维护报告呈交给维护主管。维护主管应按照验收标准对维护结果进行验收，最后要将整个文档资料保存起来。

另外，在安排系统维护人员工作时应注意，不仅要使每个人员的维护职责明确，而且对每一个子系统或模块至少应安排两个人进行维护，这样可以避免系统维护工作对某个人的过分依赖或由于工作调动等原因，使维护工作受到影响。应尽量保持维护人员队伍的稳定性，在系统运行尚未暴露出问题时，维护人员应着重于熟悉掌握系统的有关文档，了解功能的程序实现过程，一旦维护要求提出后，他们就应快速、高质量地完成维护工作。

最后，我们应注意系统维护的限度问题。系统维护是在原有系统的基础上进行修改、调整和完善，使系统能够不断适应新环境、新需要。但一个系统总有生命周期结束的时候，当对系统的修改不再奏效，修改的困难很多且工作量很大，以及改进、完善的内容远远超出原系统的设计要求时，就应提出研制新系统的要求，从而开始新系统的开发。

4. 电子商务系统维护成本的控制和管理

维护成本主要是指电子商务系统建立并安全运行后，企业要对其进行不断维护所产生的费用。软件资源作为系统元素，在任意一个环节压低成本，都可能影响到系统的整体实施效果。在应用成本中，技术成本可适当调整，企业使用自己研发的技术，而不是租用或购买他人的技术，可有效降低费用。但当企业研发实力较弱，或管理效率不高时，采用自我研发的办法反而会增加成本。因此，在维护成本方面，加强管理、规范操作、强化安全设施，可减少维修费用。

第五节　电子商务系统评价

电子商务系统投入运营后，要知道系统建设的成效怎样、运行状况如何，都需要对电子商务系统建设进行评价。

一、电子商务系统评价概述

电子商务系统评价作为一种重要的学习和反馈工具，能够把评价的期望值或者是行业内电子商务应用领军企业的评价值反馈到企业内部，从而为实施电子商务系统的企业找到相应的改进方向。从长远来看，电子商务系统评价还可以帮助企业更好地理解电子商务技术的商业价值，为以后的电子商务系统建设提供必要的经验积累。评价研究对于学术界认识电子商务系统在企业中的作用以及电子商务系统在不同行业、不同企业所表现出来的不同特征，起了很大的作用。

信息系统是一种社会技术系统，对信息系统的评价不是一个简单的技术项目评估问题，而是一个复杂的社会过程。电子商务系统是电子商务环境下信息系统的新发展，其复杂性和对企业的影响程度超过了以往任何一种单一功能的信息系统。因此，对电子商务系统的评价也变得更加复杂和困难。电子商务系统具有以下特点：

（1）电子商务系统初始投资大。系统发挥作用的时间较长，有明显的滞后效应。因此，在评价电子商务系统时要考虑长远利益。

（2）它既可以产生直接利益，又可以产生间接利益；既可以产生有形利益，又可以产生无形利益；既可以产生战术利益，又可以产生战略利益。因此，在评价电子商务系统时要考虑管理效益、战略利益等效益。

（3）它影响企业生产经营的各个方面，可能对企业的生存发展产生根本性的影响。因此，在评价电子商务系统时要考虑对企业组织的影响。

（4）它的功能主要是面向企业外部的。因此，在评价电子商务系统时要从客户和供应商的角度进行考虑。这是电子商务系统与传统信息系统在评价时的重要差别。电子商务系统实施后对企业带来的利益很难确定和量化，在建立指标体系时需要考虑的范围更广。传统的信息系统评价体系已经不适合评价电子商务系统。

电子商务系统评价工作主要包括3个方面，即电子商务系统评价指标和权重的确定，以及评价方法的选择。

二、电子商务系统评价指标

电子商务应用系统建成后，项目的资源就转到维护和改善网站的运营上了，并允许内部团队、业务经理和项目经理通过事后审计来检查在项目计划阶段确立的目标、性能指标、预计成本和预计的完成日期，质疑项目的目标，了解和对比目标和实际结果的差异。由于技术项目有很多外部因素超出了经理的控制范围，所以评价的最终目的不是要找出超支或延期的责任人，而是要了解该企业电子商务系统应用的范围。

1．构建电子商务系统评价指标体系的原则

根据电子商务系统评价的特点，在构建电子商务系统成功评价指标体系时，应遵循如下原则：

（1）全面性原则。电子商务系统是一个完整的人机系统，系统各组成部分需要协调工作才能发挥作用，指标体系应能全面地反映所评电子商务系统的综合情况。选择评价指标，既要考虑正效益指标，也必须考虑负效益指标，才能保证评价内容的全面性。

（2）科学性原则。根据系统评估的目标，科学地制定系统评估方案和适用

方式，以使系统评估结果科学合理。评价指标体系应能客观、准确地反映电子商务系统的实际运行情况。指标体系的构建应注意结构合理、层次分明、概念清晰、内涵明确。层次的划分和指标的数量并非是越多越好，而要根据实际情况而定。如果指标体系层次和评价指标太多，评价过程就显得十分复杂，其评价精度反而会降低。

（3）客观性原则。要以详实的数据为依据进行系统评估，预测、推理和逻辑判断应当建立在现实的基础上。

（4）可测性原则。评价指标的含义必须明确，数据资料应收集方便、计算简单。如果评价指标的含义不清楚，就会影响评价结果，甚至使评价无法进行乃至失败。

（5）可比性原则。在评价指标确立时，要考虑到可比性。同类指标之间要能够比较，同一指标要具有历史可比性。评价指标应尽可能量化，对定性指标也要运用一定的算法和工具进行恰当的处理。

（6）独立性原则。系统评估机构和评估人员必须始终坚持独立的第三方原则，不能与被评估的电子商务系统有任何利益关系，要不受外界任何影响和干扰。另外，还要做到评价指标之间应尽可能避免显见的包含关系。对隐含的相关关系，要用适当的方法加以消除。

2. 电子商务系统评价关注的主要因素

（1）市场关注程度：分析企业目前乃至将来经营情况的基础性数据。

（2）经营情况分析：分析成本、盈利水平和投资回报是否达到规划的目标。

（3）市场份额和推广能力：市场份额的大小和推广能力的强弱是企业经营发展的重要数据。

（4）系统的安全性评价：系统的安全性是电子商务企业生存和发展的基础，系统安全性的高低是客户选择企业的重要依据之一。

3. 电子商务系统评价指标

电子商务系统评价指标可分为 4 类。

（1）技术性评价指标：①电子商务系统的设计评价，即对其内容的丰富性和创意进行评估。②技术应用评价，主要评价新技术应用的多少，以及技术应用是否合理。③性能评价，主要是考察系统在功能上是否能为客户提供各种服务；信息是否丰富，是否具有一定广度和深度；设计上客户是否可方便及时地得到充分的信息；结构划分是否合理清晰，是否突出了重点和层次；网页的视觉形象是否富有创意，有吸引力。④安全性评价，主要评价其能否保证电子商务的安全，包括考察顾客资金数据是否安全，顾客个人隐私是否得到保护。⑤创新技术评价，考察网页设计中是否不断采用新技术以增强吸引力并提供更多的服务内容，数据库设计及检查设置是否符合要求。⑥电子商务系统的可操作性评价，主要评价其操作是否简单、方便和快速。

（2）管理评价指标：电子商务应用系统对企业战略目标的影响；在Intranet上是否能很好地塑造企业形象；团队工作是否因电子商务应用系统而提高；管理者与员工、员工与员工之间的沟通是否因电子商务应用系统而改善；新产品研发与推广是否因电子商务应用系统而加快；生产能力是否因电子商务应用系统而提高；企业管理成本是否因电子商务应用系统而降低。将部分因素具体细化到各个可测量的指标，即Web页的访问率、基于Web的调研与基于传统纸面调研的对比、员工的主动反馈率（通过E-mail、虚拟社区等）、团队工作效率的提高率、生产能力的提高率、成本的降低率、产品市场占有率、客户的满意度等。其中，成本降低率还可以细化为节约各种文件、设计图纸等费用。其他各项指标基本上可以通过成本效益法定量化。

（3）经济影响评价指标：电子商务系统评价的经济性指标主要是指对系统所产生的直接经济效益和间接经济效益。直接经济效益可以借用工程项目的指标和财务指标来描述，如投入产出比率、存货周转天数、应收账款周转天数、总资产周转率、流动资产周转率、资产负债率、销售净利率和资产净利率等指标；而间接经济效益主要是应用战略实施、项目管理、信息经济学、软件工程评价等学科专业知识构建相应的指标体系。

（4）社会性影响指标：电子商务系统的社会影响评价主要是指项目对社会发展的有形和无形的效益和结果的一种反应。电子商务社会性评价指标主要包括注册量、点击率、访问量、客户的忠诚度、实际访问量、日均访问客流量、服务质量统计分析、日人均浏览时间等。

第六节　网上目标市场及信任评价模型

对于任何想开展电子商务和从事网上经营的企业来说，提前评估和预测自己产品的网上销售可能性、确定目标市场及评价消费者的信任是非常必要的。因此，下面介绍网上目标市场评测模型和网上信任评价模型。

一、网上目标市场评测模型

在这里我们引用曹建研究的网上目标市场评测模型，简要介绍目标市场评测的基本原理及模型功能（详见参考文献《电子商务与网上经营》）。

1. 网上目标市场评测模型的构建原理

构建该评测模型的基本思路是这样的：首先总结出若干种相关因素，然后制定一套评分原则对各因素评分，最后根据分值确定企业网上经营的可能性及希望。

这里从企业的产品、市场、成本、消费者、价格、销售等方面考虑，总结出影响企业网上经营的30种因素。对一个具体的企业来说，如果它的企业条件及产品不能满足相应因素的标准要求，则评0分；如果非常符合标准要求，则得10分：如果比较接近标准要求，得8分或9分：如果不能完全满足标准要求，则在2~7分之间评定。表8-1给出了具体的评分原则。

表8-1 网上目标市场评测模型的评分标准

满足标准的程度	得分
低（不符合）	0，1
中偏低	2，3，4
中偏高	5，6，7
高（非常符合）	8，9，10

评测时应当成立一个评分小组，对各因素打分。设第j项因素由第i人打分得分为X_{ij}（$i=1$，23，…，n；$j=1$，2，3，…，m），然后综合这个评分小组的评分结果，求出各因素的平均值作为该因素的得分X_j，即

$$X_j = \frac{1}{n}\sum_{i=1}^{n} X_{ij} \qquad j = 1,2,3,\cdots,m$$

最后，综合各因素得分，求出总分X：

$$X = \sum_{j=1}^{m} X_j$$

再以总分确定企业开展电子商务和从事网上经营的可能性及经营期望。

2. 网上目标市场评测模型的主要功能

网上目标市场评测模型不仅可以预测企业开展电子商务的可能性，而且还可以辅助企业进行互联网方面的市场营销与企业经营。其主要功能有：

(1) 预测Internet上企业产品销售成功的可能性。并不是所有的产品都可以在Internet上成功销售，利用网上目标市场评测模型，可以求出待评企业产品的得分，将该分数百分化以后，即可作为可能性的表示。分值越大，成功的可能性也就越大。

(2) 确定企业网上经营产品的优先级。企业可以运用网上目标市场评测模型分析多种产品，并以得分高低确定企业推出这些产品时的优先顺序，得分最高的产品最先在网上推广，而得分较低的产品可以推迟推出或者根本不推出。

(3) 辅助企业对网上经营产品的预算分配。由于通过网上目标市场评测模型可以确定多种产品的成功可能性及优先级，所以企业可以据此对各种产品进行网上销售预算及不同产品间的分配。

(4) 确定企业网上的市场经营目标。通常来讲，企业网上经营的目标是增

加产品的销售，但如果我们的评测模型所预测的结果是企业网上销售产品成功的可能性极小，是不是企业就没必要开发网上经营呢？这不绝对。有时企业适当调整一下网上经营的市场目标，还是可以开发网上经营这一新形式的。例如，如果预测中某一方面，比如促销手段的得分比较高，超过50分，这说明企业的网上经营对产品促销还是有利的，它可扩大宣传，吸引潜在的消费者等，因此这种情况下，企业还是可以从事网上经营的。当然，如果预测的各方面得分较低，那么企业只好放弃网上经营打算。

（5）帮助企业识别和修正网上目标市场规划的战略缺陷。

（6）有助于企业识别并利用竞争者的弱点。企业可以利用我们的评测模型来识别竞争者的弱点，并利用这些弱点来提高自己在网上目标市场的得分，从而提高企业网上经营成功的可能性。例如，如果企业发现某个竞争对手在某些地区或国家的分销渠道不畅通，即这方面得分比较低，那么企业就可以加强在这些地区的网上市场经营活动，从而增加成功的机会；或者，企业发现竞争者的市场份额在大城市很高，而在小城市和城镇很低，那么企业就可以分析其中的原因，一般是由于企业产品送达到这些小市场的成本比较高而被竞争对手放弃，然而，Internet 正好是将产品送达到这些市场的有效辅助工具，可以降低成本，据此企业便可以开发这些市场，提高自己的经营效绩。

3. 评测模型的因素分析及评分说明

下面从目标市场、企业产品和品牌、销售形式、价格、促销手段及市场经营环境6个方面考虑各相关因素并说明具体的评分方法，因素数量分别为7、10、2、2、1、8，共30种因素。其中：

（1）关于目标市场的7项因素：消费者定位、企业产品对消费者新技术适应水平的期望、企业产品所需的收入水平、企业产品所需的教育水平、企业产品的消费者性别、企业产品网上的识别和送达、Internet 用户是否属于目标市场。

（2）关于企业产品和品牌的10项因素：企业产品的计算机特性、用户购买决策前是否需要观察或“试用”产品、企业产品的配置与订货能否自动化、企业产品的物质特性、企业产品的技术特性、企业产名的商品特性、企业产品的独特功能与性能、企业产品销售的区域范围、企业产品是否具有全球化的小市场特性、企业产品的品牌。

（3）关于产品销售形式的2项因素：企业产品的传统销售渠道、企业产品的现有销售范围。

（4）关于价格的2项因素：企业产品的价格高低程度、企业产品的价格波动性。

（5）关于促销手段的因素：企业通过 Internet 和传统的宣传和广告媒体，宣传企业在 Internet 上的地址和产品性能或服务特色，以促销自己的产品或服务。

（6）关于市场经营环境的 8 项因素：包括企业产品的行业成本结构、企业产品的市场竞争环境、企业产品的法律环境和市场需求、企业产品的社会文化环境和市场需求、企业产品是否支持匿名购买、企业产品的政治环境、企业产品的经济环境、目标市场的技术环境。

4. 网上目标市场评测模型构建

根据前面的介绍，将企业网上目标市场评测模型总结出来，列在表 8-2 中，就可以进行市场评估与预测了。

表 8-2　企业网上经营的目标市场评测模型

评测因素	低（不符合）	中偏低	中偏高	高（非常符合）
1. 目标市场				
(1)消费者定位	0,1	2,3,4	5,6,7	8,9,10
(2)企业产品对消费者新技术适应水平的期望	0,1	2,3,4	5,6,7	8,9,10
(3)企业产品所需的收入水平	0,1	2,3,4	5,6,7	8,9,10
(4)企业产品所需的教育水平	0,1	2,3,4	5,6,7	8,9,10
(5)企业产品的消费者性别	0,1	2,3,4	5,6,7	8,9,10
(6)企业产品网上的识别和送达	0,1	2,3,4	5,6,7	8,9,10
(7)Internet 用户是否属于目标市场	0,1	2,3,4	5,6,7	8,9,10
得分小计：				
2. 企业产品和品牌				
(8)企业产品的计算机特性	0,1	2,3,4	5,6,7	8,9,10
(9)用户购买决策前是否需观察或“试用”	0,1	2,3,4	5,6,7	8,9,10
(10)企业产品的配置与订货能否自动化	0,1	2,3,4	5,6,7	8,9,10
(11)企业产品的物质特性	0,1	2,3,4	5,6,7	8,9,10
(12)企业产品的技术特性	0,1	2,3,4	5,6,7	8,9,10
(13)企业产品的独特功能与性能	0,1	2,3,4	5,6,7	8,9,10
(14)企业产品销售的区域范围	0,1	2,3,4	5,6,7	8,9,10
(15)企业产品是否具有全球化小市场特性	0,1	2,3,4	5,6,7	8,9,10
(16)企业产品的物质特性	0,1	2,3,4	5,6,7	8,9,10
(17)企业产品的品牌	0,1	2,3,4	5,6,7	8,9,10
得分小计：				
3. 销售形式				
（略）				
……				
6. 市场经营环境				
（略）				

5．实例计算

实例中，以6位电子商务专业学生为一组，对SONY电脑公司和海尔公司网上销售进行计算，从目标市场、企业产品和品牌、销售形式、价格、促销手段及市场经营环境等6个方面考虑各相关因素并说明具体的评分方法，因素数量分别为7、10、2、1、1、4，共25种因素。测评结果见表8-3、表8-4、表8-5（该结果仅供教学模拟参考）。

一般来说，若总分在50分以上或者其某一方面的得分超过50分，就说明该企业在网上经营成功的可能性不小于50%，即可以在网上开展经营活动。

表8-3　SONY和海尔网上经营的测评得分

指标大类	评测因素	得分	
		SONY	海尔
目标市场	消费者定位	7	8
	企业产品对消费者新技术适应水平的期望	6	6
	企业产品所需的收入水平	6	7
	企业产品所需的教育水平	8	4
	企业产品的消费者性别	7	7
	企业产品网上的识别和送达	7	7
	Internet用户是否属于目标市场	8	4
	得分小计	49	43
企业产品和品牌	企业产品的计算机特性	8	5
	用户购买决策前是否需观察	6	6
	企业产品的配置与订货能否自动化	7	7
	企业产品的物质特性	7	7
	企业产品的独特功能与性能	8	5
	企业产品的销售区域范围	6	8
	企业产品是否具有全球化小市场特性	8	8
	企业产品的物质特性	6	6
	企业产品的品牌	6	7
	企业产品的技术特性	8	6
	得分小计	70	65
销售形式	直销效果	8	6
	促销效果	8	8
	得分小计	16	14
价格	低价	8	8

（续）

指标大类	评测因素	得分	
		SONY	海尔
价格	高价	6	6
	得分小计	14	14
促销手段	得分小计	8	6
市场经营环境	企业产品的替代品市场规模	6	8
	企业产品的互补品市场规模	8	8
	上下游供销渠道的多寡	7	7
	合作伙伴的沟通协调是否紧密	5	8
	企业内部管理是否妥当	8	8
	市场份额	6	5
	经营模式的创新性	8	5
	人力资源与人才	8	8
	得分小计	56	57

表 8-4　SONY 公司网上经营评分处理

评测方面	满分	得分	百分制得分	名次
目标市场	70	49	70%	3
企业产品和品牌	100	70	70%	3
销售形式	20	16	80%	1
价格	20	14	70%	3
促销手段	10	8	80%	1
市场经营环境	80	56	70%	3
合计	300	213	71%	

表 8-5　海尔公司网上经营评分处理

评测方面	满分	得分	百分制得分	名次
目标市场	70	43	61%	5
企业产品和品牌	100	65	65%	4
销售形式	20	14	70%	2
价格	20	14	70%	2
促销手段	10	6	60%	6
市场经营环境	80	57	71%	1
合计	300	199	66%	

二、网上信任评价模型及其因素分析

20 世纪 50 年代以来，“信任”一直在多学科、多情境下被考察，是一个跨学科的概念，至今仍未形成一个统一的认识。直到 1995 年，Mayer 等提出的信任概念普遍被研究者所接受，成为当代电子商务信任研究中引用频繁的概念之一。

1. 信任的基本概念

信任是指在不确定（或风险）的环境下，一方愿意信赖另一方的能力、善意、诚实和行为可预见性的意愿。

网上信任就是在电子商务交易中，买方依赖卖方的能力、善意、诚实和行为可预见性的意愿。

2. 网上信任的研究内容

网上信任的研究建立在不同学科的信任研究和离线信任研究的基础之上，主要研究的是网上信任的前因、网上信任和网上信任产生的结果，及其之间的相互关系。前因是指对信任有影响的因素，不同的研究者采用不同的研究方法和不同的研究背景时，得到的信任前因有所不同；能力、慈善、诚实和可预见性是网上信任的表现因子，用来衡量信任的总体水平；信任产生的结果是指与信任相关的网上行为，有多种表现形式，包括信息共享、购买、消费者的满意度和重复购买等。

3. 网上信任的前因分析模型

很多学者从不同的角度对网上信任的影响因素进行了研究。可以将这些研究成果分为初始信任的前因、基于机构信任的前因、虚拟社区信任的前因、C2C 电子商务信任的前因、B2B 电子商务信任的前因以及 B2C 电子商务环境下消费者信任的前因研究等 6 个方面，如表 8-6 所示。

表 8-6 网上信任前因分析

研究类别	信任影响因素
初始信任研究	网上企业定制化服务的意愿 企业的声誉、企业的规模 客户的个人信任倾向 企业网站的有用性、易用性 安全控制 客户网上交易的愉悦感
基于机构信任的研究	反馈机制 第三方 escrow 服务 信用卡使用安全保证

(续)

研究类别	信任影响因素
虚拟社区信任研究	倾吐个人信息的意愿 个人的信任倾向 社区活动的愉悦感
C2C 电子商务网站信任	相似性 熟悉性 声誉系统
B2B 电子商务网站信任	安全问题、隐私问题 信息性、组织性、个性化、与交易相关的交互性
B2C 电子商务信任研究	技术安全性 隐私声明 第三方信任标志的使用
网站	网站的有用性、易用性 网站界面设计 网站的声誉、规模
消费者	个人信任倾向 过去的购物经验 个人知识基础 网上商务的态度
价格因素	商品种类不同时，价格对信任的影响 网上商店数量不同时，价格与信任之间的关系

4. 网上信任的表现因子及结果分析

信任的表现因子是指用于描述信任的因素。不同的研究者的信任表现因子不尽相同，有的可能只是表达方式上的差异。但是，这些差异给网上信任的研究带来了麻烦，尤其是给不熟悉信任概念的人带来了很多困惑。

(1) 网上信任的表现因子分析。信任表现因子的研究主要存在于组织间信任的研究、个人之间信任的研究以及个人与组织之间信任的研究中。在 B2B 电子商务中，信任的作用更明显。个人之间信任的应用范围较广，且信任水平由个体的特性决定。人与组织之间的信任的范围非常广泛，如个体与他所属组织之间的信任、个体与商家之间的信任、个体与政府之间的信任等。在 B2C 电子商务环境下，消费者与网上商家之间的信任直接影响了 B2C 电子商务的发展。

组织间信任的研究、个人间信任的研究，以及个人与组织之间信任的研究中普遍使用的用于描述信任的表现因子主要是能力、善意和诚实。

(2) 网上信任结果分析因素。网上信任结果研究和网上信任前因研究是分不开的，大多数研究者都是先讨论对信任的影响因素，再讨论信任将产生哪些结果。信任结果有很多种，可以归纳为 3 个方面：消费者行为意图（购买意图、风险预期等），消费者忠诚和满意（重复购买等），企业业绩（网站流量、股东利益等），如表 8-7 所示。

表 8-7 网上信任产生的结果分类

网上信任结果分类	网上信任结果的表现
消费者行为意图	风险预期——承担风险的意愿、风险的可预见性 购买预期——消费者的购买意图 信息共享（合作）——消费者提供个人隐私信息与商家共享；消费者推荐优秀网站与其他消费者共享
消费者忠诚和满意度	忠诚——重复购买、重复访问 满意——某一事项满足客户需求和期望的程度
企业业绩	网站流量、（商品）价格、（企业）收益、利润率和股东价值

思考题

1. 电子商务系统实施的主要活动有哪些？
2. 简述电子商务系统运营的任务和内容。
3. 电子商务网站推广主要有哪几种形式？
4. 什么叫电子商务系统集成？
5. 电子商务的集成特性有哪些？
6. 什么叫软件集成？什么叫应用集成？
7. 电子商务系统维护的内容有哪几部分？
8. 为什么要进行电子商务系统评价？评价指标有哪几类？

案例分析

阿里巴巴的电子商务系统实施

一、阿里巴巴的基本情况

阿里巴巴是全球著名的 B2B 电子商务服务公司，管理运营着全球最大的网上贸易市场和商人社区——阿里巴巴网站，为来自 220 个国家和地区的 200 多万企业和商人提供网上商务服务，是全球首家拥有百万商人的商务网站。其总部在香港，立足国际市场，服务器放在美国。

阿里巴巴网站由英文国际站、简体中文中国站、日文网站组成。

二、阿里巴巴的战略

做中小型企业的电子商务是阿里巴巴的目标，这也反映了阿里巴巴的目标市场就集中在广大中小型企业。全世界85%以上的企业都是中小型企业，尤其是亚洲更以中小型企业为主，只有帮助中小企业才是最大的希望。

亚洲是最大的出口基地，如果以出口为目标，帮助中小型企业出口将给阿里巴巴带来不断的业务。

阿里巴巴在中国提供的服务主要集中在以下3个方面：

(1) 中国供应商服务。阿里巴巴公司为中国优秀的出口型生产企业提供在全球市场的“中国供应商”专业推广服务，推荐中国优秀的出口商品供应商。

(2) 诚信通服务。2002年3月开始，阿里巴巴为全球注册会员提供进入诚信商务社区的通行证——“诚信通”服务。阿里巴巴积极倡导诚信电子商务，与邓白氏、ACP、华夏、新华信等国际网内著名的企业资信调查机构合作推出电子商务信用服务，帮助企业建立网上城信档案，通过认证、评价、记录、检索、反馈等信用体系，提高网上交易的效率和成功率。

(3) 淘宝网。淘宝网是阿里巴巴推出的个人交易网站。淘宝网的目标是成为中国最大的网上个人物品交易市场。

三、系统实施的成功经验

马云觉得技术就应该是傻瓜式的服务，技术应该为人服务，人不能为技术服务。

阿里巴巴定位于为世界上的商人建立一个综合信息交易服务平台，它是为商人和商人之间开展服务的网站，它的参与者大都是中小型企业。在现阶段，企业上网考虑的时间成本还是很少的，因此阿里巴巴的网站技术模式定位于系统运行的持续稳定性和安全性两方面。阿里巴巴作为信息中介服务平台，它的系统运行要求是严格的。阿里巴巴的通信系统在服务器的构建上要保证交易信息在通信网络上的安全传递，并且保证数据库服务器的绝对安全，防止网络黑客的闯入破坏。它的系统在抗侵入性、边界服务器、采用加密技术的信息完整性、用户和话路的鉴别服务等方面有严格的要求。阿里巴巴在身份验证和安全监控上也有一些大的作为。在系统应用软件方面，阿里巴巴采用了网上信用管理系统、身份认证管理系统、网络监控管理系统和网络安全管理系统等，最大限度地保证网站安全、数据安全、交易安全。

阿里巴巴网站一直进行着对电子商务需求的调查，不断地顺应要求改革网站的服务，不断引入新的发展竞争策略，加强区域联合和企业合作。电子商务网站的核心竞争力是人气，而并非资金和技术，资金和技术只是制造人气的基础资源。阿里巴巴在一开始也受到很多企业的怀疑和质问，于是它采取了曲线发展的经营策略：首先是免费使用，给商家免费的产品展示空间、免费电子邮件，并提供大量及时的免费供求信息；其次是制造人气和人脉，在此情况下阿里巴巴的金牌论坛“以商会友”新鲜出炉，多数是很放松的话题和会员们的信息交流，渐渐的人气开始提升，一些喜欢上论坛的商家成了阿里巴巴的人脉。人脉就是口碑，而口碑就是不折不扣的竞争力。然后又推出一系列的经营项目：推出旨在帮助中国企业打开国际市场的“中国供应商”栏目，并开始在中国站招商；推出“诚信通”网上信用管理系统，在中国网站全面推行“诚信通”计划，在全球率先打造网上诚信商务社区；投资一亿多元开发“淘宝”模式的中国个人网上交易平台；推出“企业风采”服务，下设“成功启示录”、“新品视窗”、“业界新秀”、“老板论道”4个子栏目，全方位地展示企业、企业的产品以及企业家的风貌；推出精确匹配关键问服务；组建社区商盟，交流从商经验，共享阿里巴巴百万商人资源，互补商务服务，寻求合作机会；推出商友通服务，成为阿里巴巴社区的通行证。这些经营项目保证了阿里巴巴立足于为全世界商人建立一个全球最大的网上商业机会信息交流站点的目标。

阿里巴巴首先在组织结构上实现扁平化，减少信息流通环节，达到快速高效的决策目标。阿里巴巴的业务机构权责清晰、职能明确，在“淘宝”网站研发过程时高度保密以至企业内部员工也只是在消息发布后才知晓的事例，可以看出阿里巴巴组织机构的严密性、高效性。阿里巴巴设立首席执行官、首席运营官、首席财务官和首席技术官，他们的职权和责任是明确的。

阿里巴巴在对网站进行管理时，起用了网上信用管理系统、身份认证管理系统、网络监控管理系统和网络安全管理系统等，最大限度上保证了网站安全、数据安全、交易安全。阿里巴巴在经营管理上，注重与优势企业的联合，在区域市场寻找合适的合作人，成立网络交易的地区板块，方便同地区的业务交易。比如在土耳其与知名网络交易平台企业的合作，使得两者能够进行业务上的交叉互补，沟通了中外商人的联系，创造了更多的企业价值。

案例思考题

1. 阿里巴巴的战略重点主要有哪些？
2. 阿里巴巴系统实施的成功经验有哪些值得学习？

第九章

电子商务系统解决方案

学习目标

通过学习，掌握电子商务解决方案的概念、基本构成及选择的知识和方法；了解 IBM 电子商务解决方案中 CRM、ERP、SCM、电子市场、e-Express、商业智能的功能和作用；了解 Oracle 电子商务解决方案中 CRM、Oracle. com 电子商务套件、电子交易平台、供应链管理、Internet Procurement 采购方案的功能和作用；了解爱科服装行业电子商务解决方案中供应链管理、网络营销、客户关系管理、网络化服务的功能和作用。

随着计算机技术和 Internet 的发展，电子商务理念、技术和应用正在发生改变，而电子商务系统在企业管理以及企业间的商务活动中的应用模式也正在向系统化、规范化、专业化的方向发展。在这种形势下，国内外知名公司都相继推出行业或企业的电子商务应用解决方案，为集成信息、共享资源、协调流程及网络营销等提供支持。因此，本章从管理和技术产品的角度介绍目前国内外主流的电子商务解决方案，从而从技术产品的角度介绍电子商务系统构造的整体方案。这些方案各具特色，可为各企业构建电子商务系统提供帮助。

第一节　电子商务解决方案概述

一、电子商务解决方案的概念

电子商务系统建设是一项涉及商务、技术等诸多因素，面向企业内外众多关系和业务流程构造的一项复杂的工作。面对未来商业按照互联网规则重新整合所带来的机遇，多数企业已经认识到开展电子商务的必然性、必要性和重要性。但电子商务作为一种新兴的商务模式，仍处于初级阶段，还在不断发展中。对许多企业来说，如何开展电子商务是一个摆在面前的新课题。另一方面，电子商务系统建设涉及计算机软硬件、通信、业务流程以及与其他企业、客户、银行等的关系，这其实是一项复杂、耗时、费钱的系统工程。对大多数电子商务应用企业来说，要自己完成从软硬件选择、流程再造、应用系统开发，到电子商务系统集成实施和运行的全部工作，既不可能也不合算。因此，根据企业各自的需求，寻求开展电子商务的多快好省的方法就成为必然。电子商务解决方案正是在这种情况下应运而生的。

所谓电子商务解决方案，是指用于特定类型的电子商务系统的全套技术方案，是一整套计算机应用技术的有机结合。它的基本功能是解决电子商务各环节的需求，以实现一定的商业经营活动为目的。也就是说，它关注解决企业电子商务活动中各种问题的应对之策，或者针对电子商务某方面需求给出一套做法和技术对策。电子商务解决方案的最大特点是专业化和标准化，是对应用需求和成功经验的通用化和规模化，是提高系统建设速度和质量的有效途径。电子商务解决方案是由非常专业的IT厂商和网络技术公司的专业人员研究、设计和开发出来的，它建立在对相关行业的专业要求及电子商务应用的分析研究基础之上。同一行业内的企业在组织、管理和业务流程上具有相当程度的一致性，这就使批量生产和提供标准化电子商务系统解决方案成为可能。标准化的批量生产降低了每套电子商务系统解决方案的成本，使得企业能够以远低于自行开发的成本获得电子商务系统。在这种标准化电子商务系统解决方案的基础上，还可以根据企业的实际状况和实际需求进行二次开发。这种二次开发可以由自己的技术人员完成，也可以委托电子商务系统解决方案提供商来完成。

一个好的电子商务解决方案对提供商有较高的要求。第一，解决方案要符合工业标准。符合工业标准不但是世界工业发展的一个潮流，更是IT产业解决方案最重要的一个发展趋势。解决方案应该以工业标准为基础，综合业界最优秀的产品、技术和服务。目前，还没有任何一个IT厂商声称自己可以向用户提供全系列的产品、技术、服务，而不需要其他公司的参与，因此符合工业标准是对其产品的必然要求，而且符合工业标准的解决方案具有较低的整体拥有成本。第二，解决方案应该包括硬件产品、操作系统、技术、中间件、应用软件和服务。从这一角度看，没有任何一个厂商可以全部提供这些产品。即使可以提供，其开放性、可扩展性和适应性等都将受到影响。第三，解决方案中的产品要求符合工业标准。产品在技术上领先，具有持续的产品发展策略，能满足用户的现实业务需求，并能保证用户顺利升级。第四，解决方案还应提供周到的服务和一流的技术。在服务上，应向用户提供全生命周期的服务、关键业务服务、多厂商服务，并和用户建立单一联系，提供很强的项目管理能力与集成能力。在技术上，应找到技术与应用的结合点，寻找到合适的切入点，企业应具有成熟的产品技术、应用软件，并加强方案的技术研发。

二、电子商务解决方案的基本构成

电子商务解决方案经常被误解为仅仅是建立一个网上店面，通过 Internet 来进行商品和服务的买卖。实际上，电子商务解决方案远不只是网上交易和资金转账。它定义了新的商务的模式，除了提供买卖服务外，它还能够提供一整套服务，能够支持企业全部业务过程和提供完整的管理手段。所以，电子商务解决方案所提供的内容不仅仅是技术方面的，而应该涉及为业务服务的企业管理的各个方面。一个基本的企业电子商务解决方案的架构应包括三个部分：基础框架、应用服务、咨询服务。

1. 基础框架

基础框架是企业为商务、运作服务的全部基础信息系统，是企业内部的电子商务。其中，办公自动化软件 OA、企业资源计划 ERP 等系统也和设备、网络一样，成为基础设施的必要组成部分。没有这些系统作基础，电子商务解决方案就成了空中楼阁。基础框架应包括的基本服务是：硬件及网络设备服务、操作系统服务、数据存储服务、开发环境服务、内部应用服务、内部管理服务、Web 服务、集成能力、可扩展性、分布性、安全通信等。电子商务解决方案的基础框架应该具有下面一些特性：

（1）集成能力：通过一个共同的接口为各类新旧应用提供接入系统的途径，并保持系统本身的一致性不受破坏。

（2）可扩展性：可随时根据企业业务扩展进行系统的升级和改造，以更好地为业务服务。

（3）分布性：能够为地理上分散的企业提供整体性的服务，使企业在逻辑上始终保持完整，为电子商务的外部应用打下良好的基础。

（4）安全通信：实现企业内部用户之间的快速、有效、可靠的通信。

2. 应用服务

应用服务是指企业对外的供应链服务和客户关系服务。电子商务要依靠它才能真正发挥效能。其主要内容包括：运销、采购、交易过程、支付、库存管理、物流管理、售前售后服务、客户关系管理等。

3. 咨询服务

咨询服务对企业提供一种引导，帮助企业高层制定有效的规划，决策出一个完整的、正确的电子商务策略。该服务通常分为三个主要阶段：第一阶段，集中在对企业内部进行一次评价和对整个行业的分析，帮助客户了解现在的总体业务状况，明确自己为什么要搞电子商务。第二阶段，帮助企业建立一个远景目标，让企业在了解自己现状的同时，设想自己的发展远景；设计改革现在的流程，包括价值链的改变；制定一些策略，以配合企业达到其确定的远景。

第三阶段，具体地看哪些项目可以做出来，然后定义项目的时间表，确定项目的高层工作计划，确定需要参与的高层领导并预订他们的时间，确定内部的交流计划等。

三、电子商务解决方案的选择

在电子商务应用需求的推动下，现在有许多IT厂商和网络技术公司都在提供电子商务系统解决方案。IBM、HP、Oracte、Sun、微软等IT跨国企业都有自己的电子商务系统解决方案，国内的联想、四通、东大阿尔派、长城等也开发和推出了电子商务系统解决方案。电子商务解决方案的种类非常多，从企业内部网到电子商务网站，从银行业、证券业到流通业、制造业，从信息、管理到交易、支付，无论进行什么行业、什么类型电子商务系统建设，几乎都能够找到相应的电子商务系统解决方案。

1. 选择的依据和标准

企业在茫茫的国内外软件供应商的海洋里，很难分清哪家的产品是适合自己企业的，那么在建设电子商务系统的时候，应该如何选择电子商务系统解决方案呢？什么样的数据库平台和硬件平台能与企业现在的业务流程相适应，并能满足企业将来发展需要？对于具体的电子商务解决方案，由于涉及的内容较繁杂，而且各厂商解释、分析的视角也各有不同，因此用户必须事先建立明确的选择标准，并根据本企业电子商务应用的技术需求特点选择相适应的电子商务解决方案，而不能照搬厂商的理论或他人的成功经验。电子商务系统解决方案选择没有一个公认的标准，根据有关企业的实践和经验，归纳起来主要有以下几点：

（1）满足企业自身需求是首要标准。电子商务系统方案选择最重要的是能够从企业的业务基础、资金、市场、渠道等情况进行深入分析与认真研究，根据实际需求来选择。另一方面，企业本身是有个性的，企业的电子商务解决方案必然是以客户为中心，量体定制的，但这种量体定制已经是超越了企业信息化初期的那种“以客户为中心”的概念。现在有成千上万的企业在期待着迅速实现电子商务，而如果再按部就班地派一批人马驻扎到企业去开发，一是时间上不允许，二是电子商务解决方案的提供商——软件公司也不允许。在一体化设计思想的指导下，将基本功能的模块细分，使得各个功能模块可以实现积木式的拆装。这样，针对不同的企业就可以具体地选择不同的功能模块，迅速地搭建起对应的电子商务平台。

（2）符合电子商务系统的规划设计的要求。选择电子商务系统解决方案的依据是电子商务系统的规划设计。无论多么完整、配套和现成可用的电子商务系统解决方案，都只是整个电子商务系统的一个部分——主要是技术部分。因此，电子商务系统解决方案的选择，一般是在商务分析阶段、规划设计阶段完成之后进行，需要什么样的解决方案才选择什么样的解决方案，一定不要本末倒置，让电子商务解决方案来决定电子商务系统的规划设计。

(3) 要能实现系统之间的数据共享。企业在构建自己的电子商务平台时要涉及许多具体的软件、硬件系统，比如信息门户、交易门户、OA、ERP、制造数据管理（PDM）、计算机辅助设计（CAD）、计算机辅助工艺（CAPP）等。这些软件有可能是一家公司提供的，也有可能是企业从多家公司选购的，但是作为企业电子商务体系的一部分，必须要能实现各个软件系统之间的数据共享和信息传递。因此，系统集成是企业最终能实现电子商务的保障。另外，企业的电子商务系统实施了以后，在后续的应用过程中仍然需要专家不断提出意见和建议，包括企业机构的调整，以及数据的分析、提炼等。

(4) 要听取专业机构的意见。电子商务系统实施的专业性很强，要争取得到专业机构的支持和帮助。咨询专家通过全面地分析企业的规模、行业特点、业务特点等，为企业量体裁衣，帮助企业选择合适的应用系统、数据库平台、硬件平台等技术架构。

2. 电子商务系统解决方案选择的注意事项

在选择电子商务系统解决方案时，应该注意以下事项：

(1) 对提供电子商务解决方案的服务商的合法地位进行考察。网络是虚拟的世界，与现实世界有相当大的差距。企业需要运用一切手段对服务商进行全方位考察，确定对方是否是可以信赖的法律实体，以保护自身的权益，将风险降到最小。

(2) 考察解决方案提供商在行业中的形象和声誉。需考察的问题包括：其言行是否为业内人士所关注；媒体是否有相关报道；是否在权威性的媒体中发表过指导性的、有价值的文章，以体现其专业性。

(3) 考察解决方案提供商是否有成功案例。这往往决定提供商是否具有足够的经验和资历来提供电子商务解决方案服务。如了解服务商自身是否实施了高层次的电子商务项目，是否成功，他们自身是否赢利等。对于电子商务，仅仅建网是绝对不够的。服务商还应能提供电子商务项目的论证报告，科学地告诉用户项目的成功机会有多少，如何提高成功概率，如何改进。服务商还应能为企业随后的网络营销提供进一步有效的服务。

(4) 对解决方案提供商之间的业务进行比较，考察其承诺的服务项目是否具有特色，是否体现出较强的专业性水平。

(5) 考察解决方案提供商是否能够为电子商务系统的运行、改进提供后续服务。服务商应具有以顾客为中心的服务态度，同时拥有足够的专业人员及通畅的服务渠道，如拥有商务顾问、行业顾问、软件开发团队、网络工程师等，这样才能确保顺畅实施电子商务解决方案。

（6）考察解决方案提供商是否有良好的沟通能力。电子商务系统建设是一项复杂的工作，对规划设计或解决方案作调整是常有的事情，因此，解决方案提供商与客户之间的良好沟通将为电子商务系统的成功建设提供有力保障。

（7）考察服务项目中是否有不同于其竞争对手的特色。这能体现出较强的技术性和专业性。

（8）了解服务商的服务收费在同行业中是否有竞争性。服务商如果收费高了，要知道其价值体现在何处，能为企业带来何种真正的好处。

第二节 IBM的电子商务解决方案

IBM根据当前的商务运作过程，将电子商务的基本结构描述为：在Internet条件下，客户关系管理（CRM）、企业资源规划（ERP）、供应链管理（SCM）3个环节紧密结合、均衡发展，具有同等重要的地位。

IBM的电子商务解决方案覆盖企业经营的各个过程。从供应链管理到企业资源计划，从客户关系管理到时下最流行的移动电子商务，IBM总能为企业提供恰到好处的支持，是企业电子商务成功的催化剂，令企业从内到外加速信息流、物流、资金流的循环，全面降低经营成本，开拓全新的市场。IBM的电子商务解决方案主要有以下几类：

一、IBM的CRM解决方案

IBM与Siebel合作，推广CRM技术，商定将Siebel的CRM软件与IBM的Websphere、Net-Commerce和MQ Series等电子商务解决方案实现集成，象征着IBM向CRM市场进军。IBM自身就是IT行业的巨头，如何吸引客户，如何提高客户满意度和忠诚度，如何挽留客户一向是他们研究的重点。以自身的经验为基础，IBM为上千个企业量身定做了CRM解决方案。

IBM的CRM方案以自助服务网站、Front-office CRM应用、系统集成和商业智能为主要特色。

（1）自助服务网站：IBM的自助服务方案可以帮助客户群巨大的企业建设网站。客户可以使用网站解决自己的问题，而不是去争夺那些有限的资源，如电话接线员和销售人员。

（2）Front-office CRM应用：提供与Siebel公司合作的Front-office方案。

（3）系统集成：IBM公司提供全球范围的咨询服务，有丰富的顾问经验，从设计到实施都可以帮助企业进行端到端的系统集成。同时，可以将企业的IT系统连接起来，简化所有业务渠道信息的访问。

(4) 商业智能：通过分析客户数据，谋求最大的有效性和盈利性，并据此调整营销计划。

2000年5月，IBM宣布与北电网络公司结盟，共同为全球的企业机构提供客户关系管理（CRM）解决方案。作为此项合作的一部分，IBM将建立一个全球咨询机构，专门部署北电网络的Clarify电子商务应用系统。该电子商务应用系统是第一套全面集成的CRM和电子商务套装软件，可以使用户通过他们选择的媒体与相关企业实现互动。2000年12月，IBM在中国发布了其《客户关系管理秘诀》，标志着IBM正式加入了中国CRM市场的竞争行列。

二、IBM的电子市场解决方案

虽然电子商务在过去的增长速度令人难以置信，但相对于电子商务新阶段所孕育的市场前景，则显得微不足道。在电子商务革命的初始阶段，企业的想象力和创新起着主导作用，即注重于B2C电子商务。现阶段的电子商务，则由B2B电子商务的领导者和市场中的成功者来定义和推动。它包括电子市场解决方案和电子交易解决方案两个部分。

IBM电子市场解决方案（e-Marketplace）是在IBM B2C/B2B解决方案的基础上开发的面向B2B的一种新的应用模式。其目的是通过建立市场集市来提供多个买方和卖方实现B2B交易的场所。该系统通过交易市场为其成员提供完整的产品目录和服务，并且提供这些产品的交易机制。这一解决方案将为快速发展的B2B电子交易市场提供特色丰富的、可定制的、可扩展的功能，从而大大缩短启动和建立客户市场所需要的时间。作为IBM在电子商务方面经验及技术的最新结晶，IBM电子市场解决方案必将带给有志于B2C/B2B电子商务的创新者们建立在IBM新技术上的新应用，以及新的思路、新的商机。

IBM电子化市场解决方案用于支持B2B电子化市场的5个关键方面是：

- 电子化市场提供的内容；
- 给电子化市场提供动力的商务引擎；
- 交易活动的协调；
- 它所培养的团体；
- 便于无缝隙的Web信息和交易的连接。

企业应根据所在行业的特征来适当整合这5个关键方面。

IBM电子化市场解决方案在所有这5个领域都提供了关键能力：

- 内容：汇集规范化和标准化的产品目录信息，搜索和过滤内容，会员概况，报告交易活动；
- 商务：动态定价，交易，支付，全球贸易；
- 协调：批准流通，谈判，交换、拍卖、反向拍卖（RFP/RFQ）；

- 社区：聊天，讨论，共享工作空间，电子邮件；
- 接续：与后端系统、交易合作伙伴系统、其他电子化市场的集成。

这些解决方案不仅是技术，而且是利用发展的技术和重新构筑的商业流程来开发不受时间、空间、组织机构范围和疆域限制的革命性应用程序。这些解决方案通过削减底线开支、降低所有权成本、提高效率、削减事项处理的成本、改善流程，来提供增加价值的新方法。这些解决方案还通过帮助企业迅速行动、占据新市场、拓展新的分销渠道、激发企业内部创造力，将企业增长的速度推至极限。

三、IBM 的 ERP 解决方案

企业资源规划（ERP）是一个以管理会计为核心的信息系统，识别和规划企业资源，从而获取客户订单，完成加工和交付，最后得到客户付款。ERP 将企业内部所有资源整合在一起，对采购、生产、成本、库存、分销、运输、财务、人力资源进行规划，从而达到最佳资源组合，取得最佳效益。

IBM 全球服务事业部业务管理部门（IBM Global Services Business Management Services，BMS）是全球最大的针对与 ERP 解决方案相关的基础业务管理环境和问题的专业服务组织之一。它提供在不同行业领域的专业经验和特殊的 ERP 补充和增强应用方案。

IBM 企业资源计划解决方案中与提高系统性能相关的服务如下：

（1）ERP 配置规划（ERP Capacity Planning）：根据客户现有的系统性能指标要求的资源负荷、负载模型以及未来扩展的计划和趋势，建议出一个可行的 ERP 系统能力的配置规划。

（2）系统性能监测和调整服务（Performance Monitoring and Tuning Service）：隔离和分析影响 ERP 系统性能的原因和因素，并调整和改善 ERP 整体解决方案和系统的性能。

（3）ERP 系统规模设计支持（World Wide Sizing Support）：对不同的 ERP 应用软件包所需的售前硬件平台配置的推荐和相关咨询。

（4）ERP 运行性能和负载测试（ERP Performance and Load Testing）：提供相关的硬件、软件、测试人员及设备来帮助测试新的 ERP 系统在投产运行状态下的负载。

四、IBM 的 SCM 解决方案

供应链是指围绕核心企业，通过对物流、信息流、资金流的控制，从采购原材料开始到制成中间产品以及最终产品，最后由销售网络将产品送到消费者手中的将供应商、分销商、零售商直到最终用户连成一个整体的基于功能的网链结构模式。

供应链管理（SCM）则是对供应链所涉及组织的集成和对物流、信息流、资金流的协同，以满足用户的需求和提高供应链整体竞争能力。

利用电子商务技术优化供应链管理，首先是完成企业内部业务流程一体化，然后再向企业外的合作伙伴延伸，实现信息共享，最终达到生产、采购、库存、销售以及财务和人力资源管理的全面集成，令物流、信息流、资金流发挥最大效能，把理想的供应链运作变为现实。IBM 供应链管理解决方案的模块主要包括：需求计划模块、生产计划和排序模块、分销计划模块、运输计划模块、企业或供应链分析模块等。

（1）需求计划模块：用统计工具、因果要素和层次分析等手段进行更为精确的预测，用 IT 技术帮助生成企业间的最新和实时的协作预测。

（2）生产计划和排序模块：分析企业内部和供应商生产设施的物料和能力的约束，编制满足物料和能力约束的生产进度计划，并且还可以按照给定条件进行优化。软件供应商根据不同的生产环境应用不同的算法和技术，提供各有特色的软件。

（3）分销计划模块：帮助管理分销中心并保证产品可订货、可盈利。分销计划帮助企业分析原始信息，使企业能够确定如何优化分销成本或者根据生产能力和成本提高客户服务水平。

（4）运输计划模块：帮助确定将产品送达客户的最好途径。运输计划模块的目标是短期的和战术的，运输计划模块对交付进行分组并充分利用运输能力。

（5）企业或供应链分析模块：一般是对整个企业或供应链建立一个图示模型，帮助企业从战略功能上对工厂和销售中心进行调整。可以对贯穿整个供应链的一个或多个产品进行分析，注意和发掘到问题的症结。

五、IBM 的 e-Express 解决方案

e-Express 提供适合制造型企业、流通型企业两种不同业务流程的网上采购/销售系统。

（1）制造型企业的网上采购/销售系统：该系统外与供应商及客户相通，内与企业生产制造系统（包括物料需求、生产计划、库存管理、成本管理等）相连。内外结合形成企业供应链，将原料采购、在制品生产、库存、营销、商品信息、配货、运输等业务过程数据高度集成，完成信息流、物流、工作流的“三流合一”，帮助企业实现真正的电子商务应用。

（2）流通型企业的网上采购/销售系统：适用于“多对多”的交易方式。它处于商品流通中转枢纽环节，与供需上下游均具有“多对多”的网上交易接口，支持全面的营销过程管理（商品信息、价格、订单及其进、销、存、配、运

等）。

六、IBM的商业智能解决方案

IBM拥有从数据库到最上层的挖掘工具的一整套商业智能解决方案，并推出了相应的产品，如数据仓库产品Visual Warhouse、在线分析服务器DB2 OLAP Server、数据库产品IBM DB UDB、数据挖掘工具IBM DB2 Intelligent Miner等。在这里只介绍Visual Warhouse和Intelligent Miner两个重要的部分。

1. Visual Warhouse

Visual Warhouse是IBM商业智能解决方案的重要组成部分。Visual Warhouse是一个功能强大的集成环境，既可用于数据仓库建模和元数据管理，又可用于数据抽取、转换、装载和调度。Visual Warhouse采用分布式的C/S体系结构，主要包括下列组件：服务器、管理客户端、代理程序、控制数据库、目标数据库。

上面这些组件既可分别安装在几个不同的服务器上，也可都安装在同一服务器上，并提供以下功能：数据访问，数据转换，数据分布，数据存储，基于元数据查找和理解数据，显示、分析和发掘数据，数据转换过程的自动化及其管理。IBM的Visual Warhouse为数据仓库的定义、建立、管理、监控和维护提供了强有力的工具。

Visual Warhouse服务器控制各种数据仓库组件间的交互，并通过调度工具提供了数据仓库处理的自动化。调度工具既支持基于时间的调度也支持基于事件的调度。服务器组件不仅监控和管理着所有的数据仓库的相关处理，还控制Visual Warhouse代理程序所进行的活动。

管理客户端为管理功能（如定义业务视图、注册数据源、筛选源数据、定义目标数据仓库的数据库、管理安全性、决定数据刷新调度方案、监控数据仓库过程的执行等）提供了用户界面。

代理程序在Visual Warhouse服务器的指示下处理源数据的访问、筛选、转换、构造子集和将已转换的数据传递到目标数据库等事务。因为多个代理程序可参与同一个数据仓库的生成过程，所以当多个代理程序同时运行时，可大大提高数据吞吐量。代理程序主要使用ODBC驱动程序与不同数据源和目标数据库交互。Visual Warhouse代理程序结构是实现可伸缩的商业智能方案的关键所在。

控制数据库中存储了构建和管理数据仓库所需的所有元数据。控制数据库中的信息包括源数据与目标数据之间的映射关系、数据刷新的调度方案、业务视图和操作日志。控制数据库由Visual Warhouse管理员管理，供Visual Warhouse代理程序使用。当Visual Warhouse服务器接收服务请求时，和该请求相关的控制信息便被从控制数据库中取出，并被送至适当的代理程序，由该代理程序提供所请求的服务。注意，不同的数据仓库可能会使用不同的控制数据库。

目标数据库用被称为业务视图的结构来存储 Visual Warhouse 数据。当 Visual Warhouse 发布业务视图时，从数据源中提取数据，并按照业务视图中定义的规则进行转换，然后存储到目标数据库中。在单个数据仓库中可以使用多个数据库作为目标数据库。

Visual Warhouse 提供了完整的 Web 支持功能，允许从任何 Web 浏览器访问任何数据。因为 Visual Warhouse 的信息目录完全支持 Web，用户可以浏览访问可用数据的详细信息，包括格式、通用性、拥有者和位置。

2. Intelligent Miner

Intelligent Miner 系列是 IBM 公司研发的主要数据挖掘工具，它提供了基于 DB2 的数据操作能力，可实现神经网络、决策树、聚类、关联和序列模式及时间序列等，可以运行在 Windows 和 IBM OS/2 上。

Intelligent Miner 系列中的 DB2 Intelligent Miner for Data 与 Siebel 电子商务应用的集成，允许用户将数据挖掘的结果应用于 Siebel 电子商务中，这使得 IBM 公司的 DB2 Intelligent Miner for Data 和 Siebel 系统的用户可以通过数据挖掘来分析、发现和利用市场数据，并将挖掘结果应用于对客户的排序、分类或打分等，从而以更个性化的方式为顾客服务。Intelligent Miner 系列数据挖掘工具特点如下：

- 具有最广泛的数据挖掘技术和算法集，使用各种各样的算法以支持大量分析，其中包括在交易中（市场分析）对关联模式的勘测、时间序列、顾客分类/剖析、聚类和预测值；
- 具有大量能被用来开发用户数据挖掘应用程序的编程接口；
- 所有的数据挖掘引擎和数据操纵函数能通过共享 C++ 库被访问；
- 在数据规模和计算性能方面有非常高的可伸缩性；
- 支持分类、预测、关联规则产生、聚类、顺序模式侦测和时间序列分析的算法，集成了大量复杂的数据挖掘操纵函数；
- 该工具是一个客户机服务器系统，客户机用于控制用户界面和数据可视化函数，而数据挖掘引擎和数据操纵函数在服务器上；
- 该工具采用复杂的可视化技术和健壮的基于 Java 的用户界面（主要面向有经验的用户），具有较强的可用性。

Intelligent Miner 专业性很强，这一方面标志着它的数据挖掘质量高，另一方面也要求使用者必须具备一定的技术水平和操作经验，才能驾驭这台大型的“挖掘机”。

第三节　Oracle 的电子商务解决方案

Oracle 公司的 CRM 客户关系管理、Oracle. com 电子商务套件、电子交易平台、电子商务套件供应链管理解决方案、Internet Procurement 采购方案为企业开展电子商务提供了解决方案。

一、Oracle 的 CRM 解决方案

作为世界最大的数据库公司和第二大软件制造商，20 世纪 70 年代晚期由 Larry Ellison、Bob Miner 和 Ed Oates 等创立的 Oracle，从 20 世纪 80 年代开始就已领导着数据库行业。Oracle 不断积极开创新市场，向电子商务和客户关系管理等领域进军。Oracle 的最新产品 Application 11i，提供了从 ERP、CRM 到电子商务的一体化的解决方案，在 CRM 市场上对 Siebel 形成了有力的挑战。

Oracle 是模块化的倡导者，将其 CRM 产品按不同的功能分为很细的模块，为用户提供了自由选择、二次开发和根据需要扩充的可能。对用户而言，在市场千变万化、产品更新换代迅速和各种新技术层出不穷的今天，选择一种模块化且灵活性好的 CRM 产品无疑是明智的。Oracle 有两个主要的“强项”：首先是销售、服务、财务、采购的整体流程自动化，而所有这些都依靠一个共享的中央数据库，这种方法把 ERP、CRM 和外围解决方案与经常容易忽略的领域进行了综合；其次是集成的商务智能。企业需要改善与客户的各种关系，而这又离不开为客户提供优良的服务。Oracle 就是帮助企业解决各种与客户相关的各种问题的供应商。

尽管 Oracle CRM 是一个具有 35 个模块的软件包，但从整个系统的功能来看它由 CRM 销售应用软件（Oracle Sales Applications）、CRM 市场营销应用软件（Oracle Markting Applications）、CRM 服务应用软件（Oracle Service Applications）、Oracle 呼叫中心应用软件（Oracle Call Center Applications）、Oracle 电子商务应用软件（Oracle e-Commerce Applications）5 个主要的模块构成。

1. 销售应用软件

这是一项全面的销售自动化解决方案，其设计目标是提高销售的有效性。它为现场销售人员、分销商、转销商和销售主管们提供了多种工具，使他们能够获得销售流程每个阶段中详细的客户信息，帮助公司实施灵活的、以客户为中心的销售过程，产生统一的、全球性的实时销售和预测视图，以提高销售活动的效率，并建立和加强与客户的长期合作关系。Oracle Sales 应用软件由 5 个组件构成，分别介绍如下。

(1) Oracle Sales。该组件是销售应用软件的基础，能够帮助决策者们管理其销售运作。它包含的关键功能为额度管理、销售队伍管理和地域管理。

(2) Oracle Field Sales。该组件是专为在现场工作的专业人员而设计的。它包含的功能有：联系和账户管理、销售机会管理、日程表、佣金预测、报价及报告和分析功能。

(3) Oracle Field Sales。这是 Oracle Sales 解决方案的新成员。它包含了许多与 Oracle Field Sales 组件相同的特性，不同的是，该组件使用的是掌上型计算设备。它同时也支持同步技术。

(4) Oracle Tele Sales。对于内部销售代表，Oracle Tele Sales 包含报价生成、订货单创建、联系与账户管理等特性。它还包含一些专门针对电话商务的特性，如电话路由、呼入电话屏幕提示、潜在客户管理以及回应管理等。

(5) Saks Compensation。它是 Oracle Sales 套装解决方案的最后一个组件，它允许销售经理创建和管理销售队伍的奖励和佣金计划。该组件的设计还可使销售代表形象地了解各自的销售业绩。

2. 市场营销组件

Oracle 市场营销组件利用最先进的技术，帮助公司规划、管理、实施、分析和细化市场营销活动，以便提高投资回报率（ROI），加强反响效果并增加销售额，赋予市场营销专业人员以更强大的能力。此组件的设计目标是使市场营销专业人员能够对直接市场营销活动的有效性加以计划、执行、监视和分析。Oracle 还在该组件中使用了工作流技术，以便使一些共同的任务和商业流程自动化。此外，Oracle Marketing 还可向市场营销专业人员提供分析其市场营销行动有效性的功能。Oracle Marketing 套装应用软件包括以下几个部分：

(1) Oracle Marketing。这些应用软件使市场营销部门能执行和管理通过多种渠道进行的多个市场营销活动，同时还能对活动的有效性进行实时跟踪。其功能有：帮助市场营销机构管理其市场营销材料库存的宣传品；列表生成和管理；授权和许可；预算；回应管理等。

(2) Oracle Marketing for Telecommunications。该组件利用了 Oracle Marketing 的基本功能，可提供特别针对电信公司的额外功能。

3. 服务应用软件

该组件包含 4 个集成的应用软件。它们集中在与客户支持、现场服务和仓库修理相关的商业流程的自动化和优化上，用于实现可盈利的端到端服务交付和客户管理，包括技术支持、现场服务、备件管理和库房维护等功能，能够协调 Internet、交互中心以及客户现场等多个交互渠道的服务。这些应用软件通常通过电话中心或 Web 布署，并且可实现自助服务。它们使企业能够以更快的速度和更高的效率来满足其客户的独特需求。其应用套装软件包括以下几部分：

（1）Oracle Service。它是 Oracle 服务应用系统的核心。该应用可执行 CTI 功能，包含现场服务派遣、现有客户管理、客户产品全生命周期管理、服务技师档案和地域管理等特性。此外，它与 Oracle ERP 应用系统的集成可提供管理和运行期间服务机构所必需的功能，其中包括集中式的雇员定义、订单管理、物流、部件管理、采购、质量管理、成本跟踪、会计管理。

（2）Oracle Contracts。该组件的设计目标是帮助创建和管理客户服务合同，从而确保客户能获得与他的花费相当的服务水平和质量。Oracle Contracts 使各企业能够跟踪保修单和合同的续订日期，并且利用 Oracle Contracts 提供的事件功能表安排预防性的维护行动。

（3）Oracle Customer Care。该组件可执行 CTI，是客户与其供应商机构联系的通路。它的设计目标是使客户能够对自己的问题加以日志式的记录并予以解决。其特性有：联系人管理，动态客户档案管理，任务管理以及基于规则解决关键问题的方案。

（4）Oracle Mobile Field Service。这一无线组件可使在现场的服务技师或工程师实时访问服务、产品和客户信息。同时，他们还可使用该组件与派遣他们的办公室进行通信。

4. 呼叫中心组件

呼叫中心组件用于处理所有的呼叫中心活动，包括入站/出站呼叫选路、电子邮件分配以及代理脚本。

（1）Oracle Telephony Manager。该组件是一个 CTI 服务器，能够提供与自动电话分配器（PBXIACD）和集成式语音回应（IVR）平台的集成。此外，Oracle Telephony Manager 还提供智能电话路由、动态代理屏幕提示、警告传送（语音电话和代理屏幕数据传送），以及一些先进的管理特性。在该组件中包含的是行动管理和预测拨号功能。

（2）Oracle Call Center Intelligence。这是 CRM 商业智能中的第一个版本，该组件提供专门针对电话中心活动的关键性能指标。

（3）Oracle Tele Business for Financial Services。该组件是一个代理桌面软件，可提供电子市场营销、电子销售和电子服务功能，特别适用于金融服务企业，并支持呼入和呼出电话处理。

5. 电子商务组件

作为 Oracle CRM 的一个关键组件，Oracle 的电子商务组件使企业能够将其业务扩展到 Web 上，以便充分地利用电子商务带来的便利。Oracle 的集成电子商务应用套件包括以下几个部分：

（1）Oracle iStore。该组件使企业能够建立和维护基于 Web 的页面，以便通过 Web 销售产品和服务帮助企业部署从配置到订货的个人化的电子商务解决方案。

(2) Oracle iMarketing。它使企业能够创建个性化的促销和产品建议，并通过 Web 发出。

(3) Oracle iPayment。它使企业能够对其支付处理解决方案进行配置和部署。

(4) Oracle iBill & Pay。它使企业客户能通过网络查看和支付账单。

(5) Oracle iSupport。它允许客户提出和查看服务请求、查阅常见问题的答案、订货并检查供货状况，与 Oracle Call Center 集成后具有电话回呼能力。

二、Oracle. com 电子商务套件

Oracle. com 套件是 Oracle 公司向中档市场和新创业的 Internet 公司提供的能在 Internet 上开发和部署应用程序的强大综合平台，也是一种帮助企业将自己的业务迅速升级到电子商务领域的综合性开发和部署平台。

该套件可提供无限的灵活性，并可随着企业一起发展。这是因为它建立在开放的 Internet 和行业标准之上，支持 Internet Java 语言，并可部署于包括 Linux 在内的几乎任何操作系统上，可以得到在该套件上建立业务的 17000 多家独立软件公司的支持。Oracle. com 主要包括以下产品：

- Oracle 9i 标准版；
- Oracle Jserver；
- Oracle Application Server（应用服务器）；
- Oracle Jdeveloper；
- Oracle WebDB。

下面对这几个产品作简要介绍。

1. Oracle Jserver 的 Oracle 9i 标准版

适用于 Internet 计算的 Oracle 9i 数据库借助直接嵌入数据库的若干突破性 Internet 功能，强化了全球领先的数据库管理系统。这些功能对于利用 Web 浏览器的简便性来高效地以在线方式运行业务，提供了完整的 Internet 开发环境和低成本部署平台。

2. Oracle Jserver

Oracle Jserver 是 Oracle 9i 数据库中的高性能的 Java 引擎。其中包括一台 100% 纯 Java 虚拟计算机，一个 CORBA 2. 0 对象请求代理程序（Object Request Broker），一个企业 JavaBeans 服务器，以及针对 JDBC、SQLJ 和 XML 的内置支持。所有这些附加的服务器功能均在 Oracle 9i 内部提供，并针对易于安装和易于管理的服务器端 Java 应用程序提供了一个数据库平台。Oracle Jserver 引擎与业内领先的 Oracle 数据库的紧密集成表明了可以极大地简化创建和部署 Web 应

用程序的技术性突破。只有配备了 Oracle Jserver 的 Oracle 9i 单一的易于管理的服务器才能具备这些优点。

3. Oracle Application Server

作为 Oracle Internet 平台的组成部分，Oracle 应用服务器的可扩展且基于标准体系的结构和卓越数据库集成，成为支持任何规模企业和电子商务环境下真正全球应用程序的基础。作为单一设备安装并从单一控制台管理的 Oracle 应用服务器集成了一系列中间件产品，如 Web 服务器、数据库访问中间件对象、请求代理、交易处理监视器、面向信息的中间件以及对安全和交易等网络服务的支持等。Oracle 应用服务器可支持 Enterprise、JavaBeans（EJBs）、Java Server Pages（JSPs）和 Java Servlets 等在内的 Java 标准，是当今应用服务器市场中提供 Java 支持最完整的产品。

4. Oracle Jdeveloper

Oracle Jdeveloper 3.0 是一个完整的 Java IDE，可帮助用户在 Internet 上开发、调试和部署基于组件的多层 Java 应用程序。它可为多种 Java 标准提供全面支持。借助直观且易于使用的可视向导，就能利用 Enterprise Java Beans、CORBA、Servlet、JDBC、SQLJ InfoBus 和 JFC/Swing 等标准 API 快速创建 Java 应用程序。此外，它也是在数据库中创建和部署 Java 存储程序的最佳 JavaIDE。

5. Oracle WebDB

Oracle WebDB 是一种基于浏览器的自助式内容发布和开发解决方案，可使最终用户和 Web 开发人员马上创建由数据驱动的动态网站。借助于 WebDB，使随时随地、简便快捷地对相关信息的访问变成了现实。

三、Oracle 电子交易平台

企业在全球贸易市场的持续成功很大程度上依赖于是否能在最短的时间里开发出最强有力的平台。Oracle 电子交易平台（Oracle Exchange Platform，OEP）通过利用 Oracle 的 Internet 型应用，实现了这个目标。它提供一个 B2B 的 Internet 交易平台，包括电子市场功能和供应链协调网络功能。对于一个企业，应用一套实用的电子交易平台可以使企业能够快速把他们的交易行为推向 Internet 市场。系统中行业交易市场部分可以为特定行业的贸易市场提供联机服务，使该行业的供应商和买家可以在该市场上进行直接或间接的供应链管理、产品数据管理和其他协调活动，把该行业主要的 B2B 业务和交易用电子化的方式实现。使用 Oracle 的交易解决方案可以实现诸如邮电、航空航天、石油、电子、高科技、零售业、化工、公共事业、医疗、建筑等行业的电子交易。

OEP 能实现开放的 B2B 在线市场。它支持任何一家公司利用任何购买方式完成购买商品和服务。购买者和供应商能借助 Internet 访问 OEP，而无需安装专用软件。

除支持基于目录和合同的传统购买外，OEP 还支持新的 Internet 采购和反向购买模式。供应商可以利用 OEP 注册并上传其目录内容，也可以简单地等待业务机会通知。购买者能借助 Oracle 业界领先的目录引导搜索技术方便地检索目录并快速订货。如果目录中没有此种产品或需要超出了现有数量，购买者可以启动拍卖程序确定新的货源或定义新的购买条款。

OEP 使用户无需增加投资，就能通过 Internet 与客户和供应商实现 B2B 商务。OEP 拥有实现电子市场的所有如下重要特性：

(1) 向所有买方和卖方开放。随着市场上买方数量的增加，供应商数量也会增加。OEP 是完全开放的，允许任何企业参与。

(2) 注册和简要特征管理。市场中的参与者可以假定为买方、卖方或双重身份。一般情况下，在市场中提供商品或服务的机构本身是其他商品或服务的买方。通过 OEP 进行的成员注册和简要特征服务使参与者能显示其能力和喜好。

(3) 买方和供应商的自助式访问。买方和供应商可以对市场进行自助式访问，他们可以拥有个性化市场视图，该视图得到保护并根据自身喜好而加以设置。

(4) 使买方和卖方相匹配的能力。为了将买方和卖方相匹配，基于目录和合同的传统购买模式正在补充新的 Internet 匹配功能。事实上，许多购买都只发生一次，这种情况下，用户只需迅速获得商品或者服务即可。OEP 完全支持现场购买，允许买方从在线目录中搜索供应商的各种产品，然后快速订货。

(5) 灵活的目录管理。OEP 能实现快速搜索。买方可以从搜索其站点上的目录内容开始，如果发现目录中有相应产品，且价格合适，只要单击此款商品就能从供应商处订货。

(6) 支持所有商品和服务。OEP 拥有所有类型商品和服务的电子目录，注册的供应商能将其目录内容上传到市场目录中。

(7) 交易途径。OEP 为参与的买方和卖方提供全面的端到端交易服务。从内容加载到下订单，这些交易信息都可以从买方快速、方便地流动到卖方。对于横跨公司原有系统和市场的交易，参与者只需一套映射就能与整个社区有效交流。

(8) 支持多种标准。目前，针对目录内容和交易信息交换的工业标准有很多，它们的成熟程度各异。在越来越多的企业上网的过程中，每个企业都建立并采用了最适合其需求的解决方案。因此，从近期来看，任何标准都不可能成为业界权威。为此，Oracle 与所有主要标准实体密切合作，利用开放基础设施支持新兴协议，如 XML、EDI 和 OBI 等，以便交换目录内容和提供交易。

(9) 业务协作。除建立电子市场外，Oracle Exchange 还用于支持扩展了的供应链上不同的协作业务过程，包括需求规划、供应链规划、订单承诺和产品开发。提供这些新业务实践可获得的好处包括改进客户服务，减少库存、循环周期以及新品上市时间等。

（10）增值服务。除上述核心服务外，OEP 还支持若干其他增值商业服务，包括广告促销、集团购买、市场基准测试和性能指示、运输和物流支持。

四、Oracle 电子商务套件供应链管理解决方案

Oracle 电子商务套件（EBS）供应链管理解决方案可以满足企业采购、订单管理、制造、产品生命周期管理、维护、物流，以及供应链计划和执行等方面的各种需求。它适用于制造、分销、零售（MRD）行业内的所有细分行业，包括航空航天、汽车、家电、制衣、制药、建筑和房地产、电子、计算机、食品和饮料、医药、交通等。

1. 系统功能

Oracle 供应链解决方案秉承了 Oracle 产品全面、集成、标准、开放的特点，具有很强的可靠性和可扩展性，能很顺利地向下一代产品演进。实际上，Oracle 非常重视供应链解决方案的改进与升级。

由于 Oracle 电子商务套件本身就包括客户关系管理、人力资源管理和供应链管理，这是一个实施整体，因此 Oracle 电子商务套件供应链管理解决方案和 CRM、ERP 解决方案能够很好地兼容，客户以及合作伙伴也很容易在上面进行二次开发。这就极大地降低了客户的实施成本和实施风险，能让客户的 IT 投资获得最大程度的回报。

Oracle SCM 是 Oracle 电子商务套件中一个重要的组成部分，是一套全方位的企业管理应用软件，可以为企业提供智能化的决策支持信息，帮助管理人员对任何规模、任何形式的企业进行有效管理。这一高度集成化的解决方案有助于发展企业业务，使企业的各个业务环节实现全面自动化。就如同跨越企业的围墙一样，Oracle SCM 可以在企业本身、供应商和客户之间建立起跨企业的协作。它不仅提供了使业务流程自动化的管理工具，而且能够通过互联网为企业职员、供应商和客户提供方便快捷的信息访问，最终达到降低运营成本、提高产品质量的管理目标。

2. 特点

Oracle 供应链管理解决方案有如下特点：

（1）与客户关系管理系统集成，推动需求驱动的制造。Oracle 供应链管理解决方案使企业能够根据实时需求信息来开展供应链活动，并为客户提供准确的定价和可用信息，企业在不断提高收入和客户满意度的同时，最大化了供应链的价值。

(2) 获得主要的、行业特定的功能。每个行业都面临着独特的供应链挑战。Oracle 供应链管理解决方案为多个行业提供了全面的解决方案，如航空、汽车、通信、消费品、高科技、工业制造、生命科学以及公共部门。

(3) 支持全球网络和外包服务。随着外包服务发挥重要作用，供应链运营变得日益全球化。Oracle 供应链管理解决方案使企业能够与全球范围内的合作伙伴协作，借助实时信息管理复杂的供应商网络。

综上所述，Oracle 电子商务套件供应链管理系列应用产品将所有关键的供应链活动（从设计、计划、采购到制造和实施）整合在一起，并使之自动化。统一的数据模型为企业提供了整个供应链准确的单一视图，使企业能够在日益复杂的全球供应链上实施精益原则。当基于 Oracle 技术运行 Oracle 供应链管理系统时，企业能够加速实施、优化绩效、简化支持，并使投资回报最大化。

五、Oracle Internet Procurement 采购解决方案

Oracle 的 Internet Procurement 解决方案使各公司能以最低的总成本购买商品和服务，原因是它能消除文书工作、合同漏洞等，自动完成从采购到支付的购买周期，并提供全球采购分析。Oracle Internet Procurement 的功能有以下 9 点：

(1) 综合购买智能化：综合分析应用程序能分析采购趋势，包括合同利用、机构花费和供应商性能等。

(2) 自助式采购：提供通过在线商品和服务目录对“搜索并订货”的访问以及对购买团体的访问。

(3) 自引导目录：提供强大的搜索功能，保证成功的系统部署和合同利用。Oracle 的自引导目录技术使用户能借助其强大的上下文搜索机制快速查找目录项，而不是迫使用户一级一级查询，最后走入死胡同。

(4) 100% 生命周期自动化：在整个业务过程中嵌入工作流功能，以便协调灵活性和控制矛盾。

(5) 供应商关系管理：用于让供应链伙伴访问信息的基于 Web 上的应用程序，包括从业务细节到性能统计数字。

(6) 全球解决方案：支持各种规模公司的多种语言和货币，在全球范围内开展 7 × 24 小时的实施、培训和支持服务。

(7) 所有产品和服务：管理任何类型的商品或服务。

(8) 增强的自助式购物：自助式购物是电子采购用户界面设计的一种全新方法，提供的新用户界面模仿领先的电子商务 Web 站点，能为企业或个人访问者提供方便。

(9) 内容管理：支持 3 种内容管理方法——基于内部网的由买方控制的统

一目录；利用 OBI 直接到供应商；参加基于 Internet 的电子市场。因此，参与企业可以根据独特的业务要求应用最适当的方法。Oracle 的目录编写工具使用户能灵活地建立和维护自己的目录数据。这些目录数据可以作为目录内容的独立源，也可以与其他内容目录管理方法配合使用。根据情况，可以使用一种或多种内容管理方法来满足企业的要求。

第四节　爱科服装电子商务系统

由杭州爱科电脑技术有限公司开发的爱科服装电子商务系统（ECHO 服装E-Bussines 系统）是一套服装行业的电子商务解决方案。爱科服装电子商务系统的主要特点是在互联网环境下为服装企业构建电子商务平台，把服装设计、生产、销售各个环节的活动作为一个集成的过程，从全局优化的角度出发，以信息技术及网络技术为基础，包括与之相配套的 CAx 技术和 ERP 系统，形成支持服装制造业信息化的应用平台，可实现服装企业商务链中由供应链管理、网络营销到客户关系管理过程中的数据的管理和控制。

爱科服装电子商务系统以丰富的服装款式、版型数据库为基础，提供基于互联网的服装 CAD 系统、服装 ERP 系统和服装 CRM 系统，建立支持互联网的款式设计和试衣系统；支持多种形式款式配置方案，以结构化的 XML 形式提供用户交互式服装定制设计；利用电子商务技术实现服装网络营销；在款式样板建模、推档建模、排料建模系统支持下，实现面向定制服装的大规模生产。

爱科服装电子商务系统采用基于 Web 的通信连接，通过计算机网络、图形处理和数据库技术，把服装企业的设计、生产与销售及管理有机地结合起来，同时也把服装企业与最终的消费者紧密地结合起来。其内容包括：基于 Web 的交互性的个性化设计定制、3D 动态服装展示、分销业务及管理等。其目的是提升企业的快速反应能力，满足客户的个性化需求，实时掌握和控制企业产品的销售情况，使企业能更好地适应市场变化，以加强企业、代理商与消费者之间的交流与互动，为服装企业找到一条能真正实现信息化管理的技术道路，从而提高服装企业的生命力和市场竞争力。爱科服装电子商务系统在服装业中的位置如图 9-1 所示。

爱科通过许多成功的企业电子商务实践发现，主要应在市场、服务、物流和在此基础上的信息整合、知识发现等方面，提出了电子商务运作模式。服装行业电子商务应用主要面向服装企业的商务链，包括采购、市场营销、销售、服务等业务环节，涉及企业内部、企业上下游的合作伙伴和最终客户，是一个集成物流、资金流、信息流和商流的协作环境。该解决方案将服装行业的电子

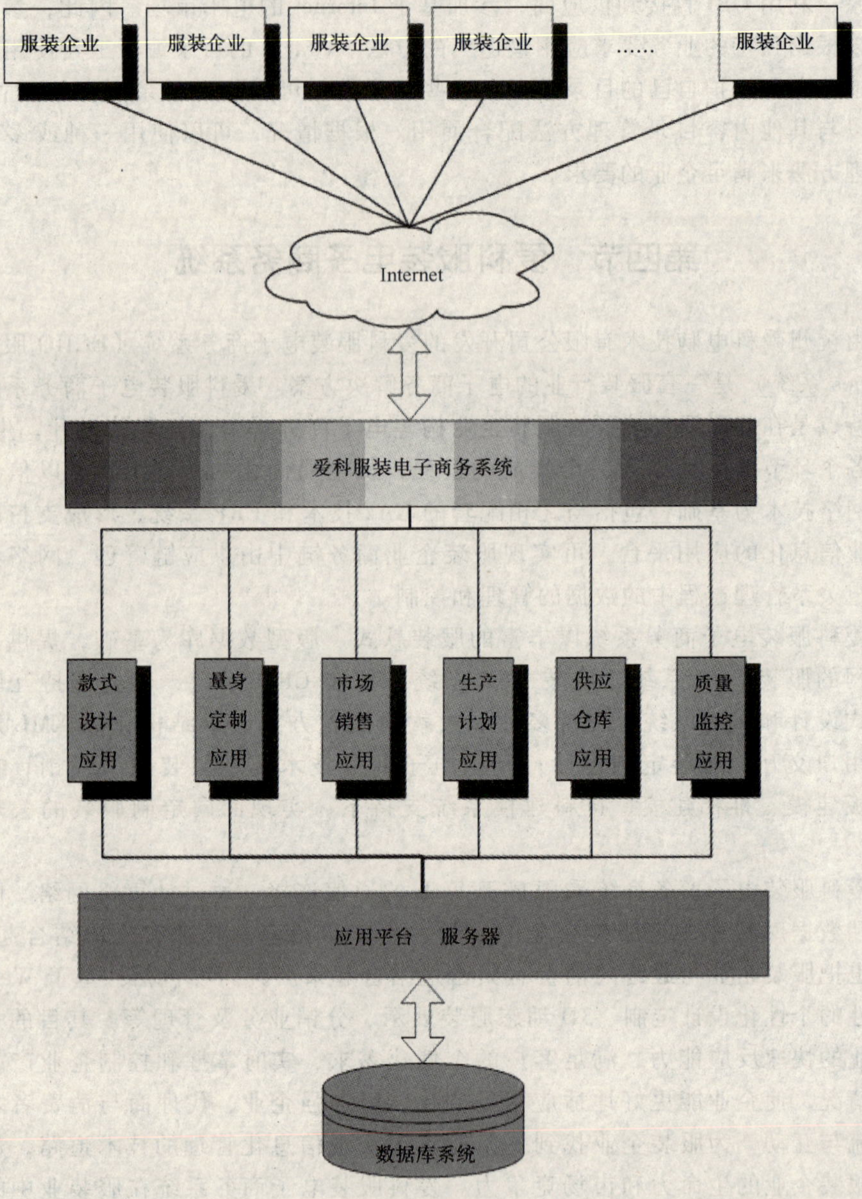

图 9-1　爱科服装电子商务系统

商务应用归纳为供应链管理、网络营销、客户关系管理和网络化服务几方面。该系统框架如图 9-2 所示。

下面就解决方案中的具体内容环节进行阐述。

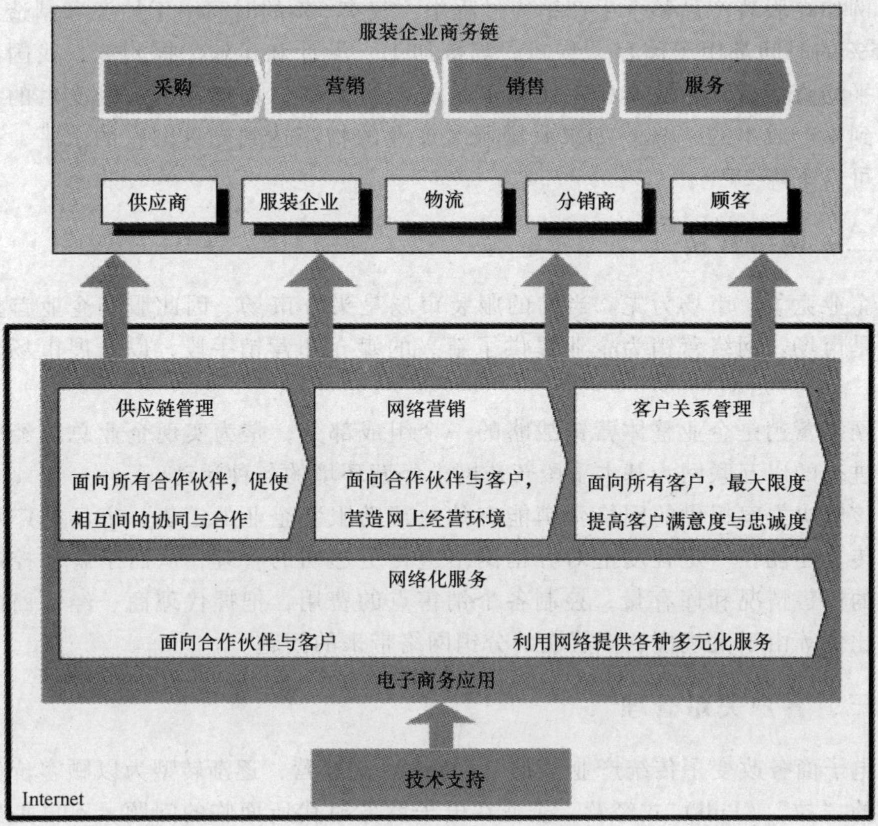

图 9-2　服装电子商务应用的框架

一、供应链管理

目前的大多数传统的企业管理系统都不约而同地注重了企业内部管理的改革和理论变迁，而没有考虑到整个市场“价值链”给企业带来的影响和冲击，尤其是电子商务应用的革命性变化。事实上，企业越来越认识到他们的利益其实是与客户和供应商及合作伙伴紧密联系在一起而形成了不可分开的价值链。

服装企业作为一个核心企业，与上游的面料生产商、面料批发商，以及下游的服装批发商、服装零售商等一起，构成了一条面向最终消费者的服装供应链。服装所固有的流行性和季节性导致服装企业经营具有很大的不确定性。这种不确定性带来的风险可以借助有效完善的供应链管理的支持来最大限度地规避。该解决方案提供有效的供应链管理，可以把服装生产销售过程中的物流、信息流和资金流贯穿起来，确保信息的透明和及时传递，从而大大缩减运营成本，提高物流的效率。

例如在服装产品整个生产销售过程中，仅有5%的时间用于加工和制造，其余95%的时间都用于储存、装卸、等待加工、设计和运输。据测算，我国服装产品平均直接劳动力成本所占比例不足成本的10%，而储存、运输支付的费用却占到生产成本的40%。如果我国服装产业的物流达到先进国家的水平，平均成本可以下降28%。

二、网络营销

企业竞争，市场为先。当前的服装市场是买方市场，因此服装企业首先关心的是市场。网络营销为企业提供了新兴的媒介和营销手段，以开展市场营销活动。

网络营销是企业整体营销战略的一个组成部分，是为实现企业总体经营目标而进行的以互联网为基本手段营造网上经营环境的各种活动。

该解决方案提供的网络营销能有效地帮助服装企业的销售、市场推广和品牌宣传，还能在一定程度上对分销网络进行更透明的管理，从而了解和控制各层次的销售情况和库存量，控制各个销售点的费用，把握代理商、经销商的退换货比例等由于大规模、多层次的分销网络带来的问题。

三、客户关系管理

电子商务改变了传统产业“推”（Push）式经营，逐渐转型为以顾客价值为主体的“拉”（Pull）式经营。企业在电子商务时代所面临的问题，不再是如何估算出市场的供给与需求量进而制造出合适的产品，而是如何在最短的时间内针对不同的顾客对于不同产品所需的价值为前提，以最低的成本制造出满足顾客需求的产品，并提供最佳服务。

电子商务与传统商务一样，都是要大力开拓市场，赢得更多的客户。因此，该解决方案把客户关系管理创新与电子商务经营整合，成为企业商务模式创新的核心内容。著名管理专家科特勒说：“在这个新的变化的世界里，企业唯一可以持续的竞争优势是它与消费者、商业伙伴及公司员工的良好关系”。这一经营理念将顾客上升为企业营销关系中的主要关系，处于核心位置。顾客满意成为企业营销创新的最高目标，企业一切经营活动必须紧紧围绕顾客进行。

我国的服装业属于劳动密集型行业，进入门槛低，同时服装市场的需求瞬息万变，顾客的品牌忠诚度呈不断下降的趋势。如何准确把握客户需求，提高企业品牌知名度，留住老客户，发展新客户，是服装企业生存和发展的关键。

四、网络化服务

企业电子商务的一个重要方面是通过网络整合市场需求，为消费者提供网络服务，这是网络对产品和服务概念的延伸。在网络经济社会，企业活动的基本准则是使顾客满意。靠服务的优势来争取顾客，已经成为越来越多企业的共识。网络的交互性和时空压缩性为服装企业向服务业拓展提供了巨大的空间和强有力的手段。该解决方案提出的网络空间是一个全新的空间，在网络空间中可以提供各种创新服务，以赢得客户和扩展市场。与服装相关的网络服务，除了为顾客提供各种产品和信息之外，更主要的是通过网络手段，为顾客带来个性化的体验。

思考题

1. 什么叫电子商务解决方案？
2. 电子商务解决方案与电子商务系统有何区别？
3. 为什么说电子商务解决方案对服务商有较高的要求？
4. 试述电子商务解决方案的基本构成。
5. 电子商务解决方案选择的依据和标准主要有哪些？
6. IBM 电子商务解决方案主要包含哪几部分？
7. 试述 IBM 电子市场解决方案的基本功能。
8. 试述 Oracle 电子商务解决方案中 Oracle. com 电子商务套件、电子交易平台的基本功能。

案例分析

奥迪选用 IBM 电子商务解决方案的应用案例

为人们所熟知的由 4 个圆环组成的奥迪（Audi）标志代表着 1932 年 4 家德国汽车公司的合并。而对奥迪车主而言，这一品牌还是他们生活方式的标志——个性至上、卓而不凡。拥有如此显赫的品牌资产，奥迪公司很快就发现自己可以通过向市场推出印有奥迪标志的夹克、帽子、衬衣、钥匙链和珠宝等周边产品来进一步满足顾客的需求，提高他们对奥迪品牌的忠诚度，同时也创造更多的利润。在 1983 年，奥迪公司成立了一家名为 Quattro GmbH 的子公司，负责销售奥迪的周边产品。后来，这家公司开始根据顾客需要利用自己生产的一系列汽车附属用品对车辆进行装饰。

一、实施过程概述

奥迪公司在 1999 年基于 Intershop Enfinity 和 Sybase 尝试建立一个在线商店，销售自己的周边产品，但是并没有将这个前端业务过程与公司的订单执行过程进行整合。“如果没有业务过程的整合，那么试点工作不仅代价昂贵，而且效率低下。”电子商务经理 Martin Bayer 说，“但是，在决定投资整合之前，我们需要一种证明有强大后劲的、行之有效的电子商务平台。”

为找到适合销售周边产品的电子商务平台，Bayer 向奥迪公司的 Web 中心寻求帮助。奥迪公司建立该中心的目的是为其基于 Web 的不同企业建立一个标准的基础设施，提供一个汽车附属品在线目录。IBM WebSphere Application Server 为奥迪公司的这些网站提供了共同的标准。Bayer 说：“WebSphere 软件与 Java 和其他标准技术的兼容性使整合过程变得很容易。”

由于奥迪公司已经决定基于 WebSphere 平台建立其内部技术，从发展的角度来看，新的企业将会获得规模经济性。Bayer 说：“而 WebSphere 就是我们最好的选择。”

二、IBM 电子商务解决方案软件选择与环境集成

在商务引擎方面，奥迪公司选择了 IBM WebSphere Commerce for Sun Solaris 专业版。作为 WebSphere Commerce 的组成部分，IBM WebSphere Application Server 高级版用于管理 Java 业务逻辑；IBM WebSphere Studio Application Developer（以前的 IBM VisualAge® for JavaTM），用来创建和测试 Java 对象。IBM 的业务伙伴 Divine GmbH 负责实现该网站，并创建了一个编辑工具，为奥迪公司提供一个更改网站的产品信息和收集用于营销决策的有用信息的界面。集成的 Java 开发环境，使 Divine GmbH 能有效地定制 WebSphere Commerce 以满足其需求。利用 WebSphere Studio Application Developer 创建 Enterprise JavaBeans（EJB）、JavaServer Pages 和其他 Java 类，可以创建帮助奥迪加速获得投资回报的定制工具。

三、应用效果

利用 WebSphere Commerce，能够在销售周边产品获得收益的同时，又向顾客展示奥迪所代表的卓越服务和领先科技。在没有进行任何广告或促销宣传的情况下，奥迪在线精品店在开业以后每月接受 30 000 人次的访问。Bayer 说：“我们拥有一个巨大的追随奥迪品牌产品的顾客群。”

集成解决方案带来了轻松的购物体验。购买一件奥迪牌的夹克可能不像购买一辆奥迪汽车那样重要，但顾客同样可以享受为他们精心细致设计的购物体验。他们可以通过一个纯文本搜索引擎浏览包含 300 种产品的集合，或者也可以选择浏览 4 个产品目录中的一个目录：艺术品、体育用品、传统和真品。

利用 WebSphere Commerce 的购物篮功能，顾客可以选择自己喜欢的商品，然后付账离开。EJB 利用奥迪公司的商务数据库执行业务逻辑，将订单数据通过一种以奥迪公司的订单执行架构 ServicelogiQ 的 ERP 文件系统为模型的格式储存起来。ServicelogiQ 与呼叫中心客户服务一起为奥迪公司所有基于网络和电话的渠道提供仓储和运输服务。为了确保整个销售过程自动化，ServicelogiQ 的订单执行过程也与奥迪公司的后端存货和财务系统集成到一起，而信用卡验证也由

ServicelogiQ 的 ERP 系统提供的支付处理应用程序来处理。

每隔两个小时安全文件传输协议（SFTP）就会把订单传送到 ServicelogiQ 的专用 ERP 系统，然后启动订单执行过程。为触发立即进行支付处理，Divine 创建了一系列数据文件，将信用卡信息显示在 ERP 界面。ERP 支付处理应用程序从这些文件中读取数据并把交易提交银行核准，然后发送经过核准的数据。

对奥迪公司而言，给顾客带来便利的电子商务体验非常重要，而同样不可忽视的是能够让业务经理们在不需要 IT 人员帮助的情况下，利用有关新产品的信息和图片对网站进行更新和编辑。为提供这一功能，Divine 创建了一种能让非技术人员对网站进行随意编辑的文本编辑工具。

网站编辑人员利用密码和用户名登录到基于网络的界面，进行任何所需要的修改，然后预览修改，最后单击鼠标即可把修改发布到网站上。编辑工具很简单，完全不需要任何训练，就能够给营销专家提供一个保持网站不断更新的方法。

Divine GmbH 的高级技术顾问 Thorsten Kuehl 说："IBM WebSphere 软件帮助奥迪提高了管理效率并建立了牢固的客户关系。"

（资料来源：IBM 官方网站，有改动。）

案例思考题

1. 奥迪公司选用了 IBM 电子商务解决方案中哪些组件？为什么要这样选择？
2. 奥迪公司在实施过程中有哪些方面做得好？取得的成效体现在哪几方面？

第　十　章

电子商务系统设计实现实例

学习目标

通过本章学习，使学生初步掌握基于 JavaEE1.5 技术的电子商务系统的设计与开发过程；了解 JSF、EJB3.0、JPA 技术，以及 NetBeans5.5.1 开发平台的功能及应用范围；掌握在 B/S 模式下，采用 JavaEE 的 MVC 多层分布式应用程序模型；初步掌握系统分析、系统设计和系统的实现的具体操作过程。

第一节　系统的目标和需求分析

一、系统的目标

NetShop 系统的目标是实现一个用 JavaEE 技术实现的网上书店，实现如下主要功能：图书浏览、用户注册、存放选购书籍的购物车。

二、系统的功能需求

系统要完成的功能主要有 3 部分：图书浏览、用户注册登录、存放选购书籍的购物车。图 10-1 显示了系统的用例图。

这里用 UML 的用例图描述了系统的功能需求。用例描述了系统提供的一个功能单元。用例图的主要目的是帮助开发人员以一种可视化的方式理解系统的功能需求，包括基于基本流程的“角色”（Actors，也就是与系统交互的其他实体）关系，以及系统内用例之间的关系。

1. 图书浏览

浏览时可以看到书名、价格等大概内容。如果需要购买，就可以把它放进购物车。

2. 用户注册和登录

用户注册和登录就是实现一个新的用户注册和老用户的登录，这两个功能基本上每个电子商务网站都需要。用户注册就是新用户可以在NetShop进行信息注册，这是购物的前提。用户必需先注册并登录后才能进行购物。注册时系统会对注册信息进行验证，以确保注册信息的正确性。用户登录就是用户可以在登录页面进行登录，在购物结账时需要用户的信息。登录时，如果用户名或密码错误，系统会提示错误。

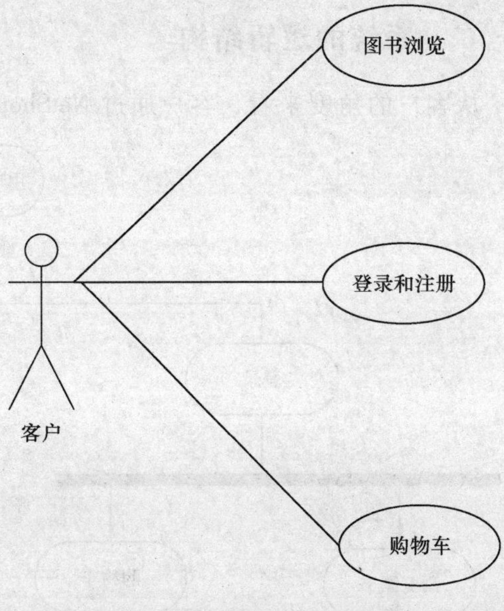

图 10-1　NetShop 系统用例图

3. 存放选购书籍的购物车

找到满意的书籍后，可放入“购物车”中；选择“继续购物”可回到书籍列表中；在浏览书籍过程中，可单击“购物车”按钮查看已选中的书籍；在查看“购物车”时，可删去不想要的书籍或修改购买数量。

第二节　系统分析

系统分析是从软件系统的整体出发，对软件的结构、采用的技术进行规定。本节主要介绍如下内容：NetShop的体系结构，包括模块的划分、软件的实现环境和运行环境以及软件的基本模块。

一、系统采用的技术

系统采用的主要技术如下：

- 系统结构：B/S 结构；
- 应用平台：JavaEE，表示层采用 JSF，应用层采用 EJB3.0，持久化层采用 JPA；
- IDE：NetBeans 5.5.1；
- 数据库：采用 NetBeans 5.5.1 集成的数据库 JavaDB；
- 操作系统：Windows 系列操作系统；
- 应用服务器软件：Sun Java Application Server PE 9.0 Update Release 1（或更高版本）。

二、系统的逻辑结构

从客户的角度来看，客户通过 NetShop 网站进行的活动如图 10-2 所示。

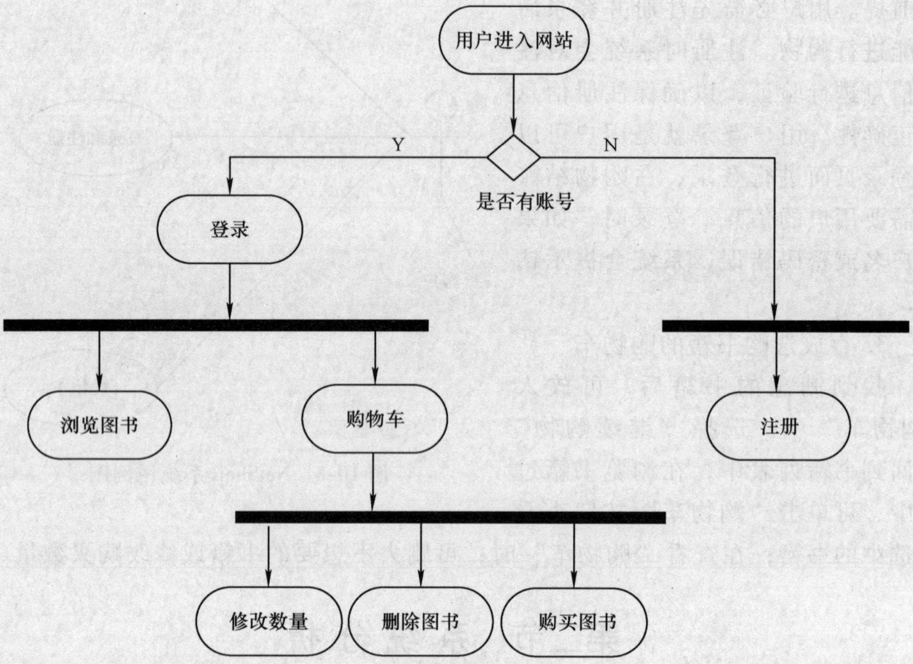

图 10-2 NetShop 系统活动图

活动图（Activity Diagram，又称动态图）用来阐明业务用例实现的工作流程。

工作流程活动图用于研究实现业务目标时所要执行的各项任务或活动的顺序安排。这里用活动图来描述 NetShop 系统的总体结构，即软件的基本模块以及模块的划分。

第三节　数据库设计

一个系统的业务实体在内存中表现为实体域对象，在数据库中表现为关系数据。实现业务实体包括以下内容：设计域模型，创建域模型实体对象；设计关系数据模型；创建对象—关系映射文件。

在 NetShop 中有以下的业务实体：用户、商品、购物车和购物车中具体的商品。下面对这些业务实体作一个简单的解释。

用户：代表一个用户实体，主要包括用户的详细信息，如用户名、密码等。

商品：代表每一个具体的商品信息，主要包括商品的名字、价格等。

购物车：代表用户的购物车，是一个虚拟的概念。

购物车中的具体商品：代表购物车中每一个具体的购物项。

根据上面的业务实体设计，数据库的设计见表 10-1 和表 10-2。

表 10-1　用户表 CUSTOMER

字段名称	数据类型	字段说明
CUSTOMER _ ID	Int	用户 ID，主键
LOGIN _ NAME	Varchar	用户登录名
PASSWORD	Varchar	密码
CUSTOMER _ NAME	Varchar	用户实名
EMAIL	Varchar	电子邮件地址

表 10-2　图书表 PRODUCT

字段名称	数据类型	字段说明
PRODUCT _ ID	Int	ID，主键
PRODUCT _ NAME	Varchar	图书名称
PURCHASE _ COST	Decimal	图书价格

第四节　NetShop 开发有关的准备工作

一、NetShop 使用的开发环境

在继续学习之前，需要安装如下软件：JDK1. 5（或更高版本），NetBeans IDE 5. 5. 1 中文版，NetBeans IDE 5. 5. 1 Visual Web Pack 中文版，Sun Java Application Server PE 9. 0 Update Release 1（或更高版本）。

上述软件均为开源软件，可在网上下载。下载完成后先安装 JDK 1. 5（可以安装更高的版本），再安装 NetBeans 5. 5. 1 + Sun Application Server Pack，最后安装 NetBeans Visual Web Pack 5. 5. 1。安装过程很简单，全部采用默认配置就可以了。下载地址如下：

JDK 1. 5：

http://java. sun. com/j2se/1. 5. 0/download. jsp

NetBeans 5. 5. 1 + Sun Application Server Pack ：

http://www. netbeans. info/downloads/start. php? f _ id = 20414&lang _ id = 3

NetBeans Visual Web Pack 5. 5. 1 ：

http://www. netbeans. info/downloads/start. php? f _ id = 20309&lang _ id = 3

NetBeans 是目前非常流行的 Java IDE。NetBeans 的安装相当集成，还集成了 Tomcat Web 服务器，几乎可满足所有 Java SE 和 Java EE 开发的需要。若需要应用服务器，可下载 NetBeans 5.5.1 + Sun Application Server Pack。Sun Application Server 是一个实用级的服务器，已被很多大公司用在真实的生产环境中。若要进行可视化的网络应用开发，可下载 NetBeans Visual Web Pack。全国计算机等级考试也把 NetBeans 作为指定的 Java IDE，可见其流行程度。

二、创建数据库的相关操作

在这部分使用 Sun Java System Application Server 捆绑的 JavaDB 数据库，完成创建数据库，创建表，建立数据库连接池，建立数据库资源等。

1. 创建数据库

Step 1：启动 NetBeans IDE 后，如果尚未启动数据库服务器，请选择“工具”>“Java DB 数据库”>“启动 Java DB 服务器”。

Step 2：选择“工具”>“Java DB 数据库”>“创建 Java DB 数据库”。

Step 3：在“创建 Java DB 数据库”输入如下信息：数据库名称：netshop；用户名：admin；口令：admin。如图 10-3 所示。

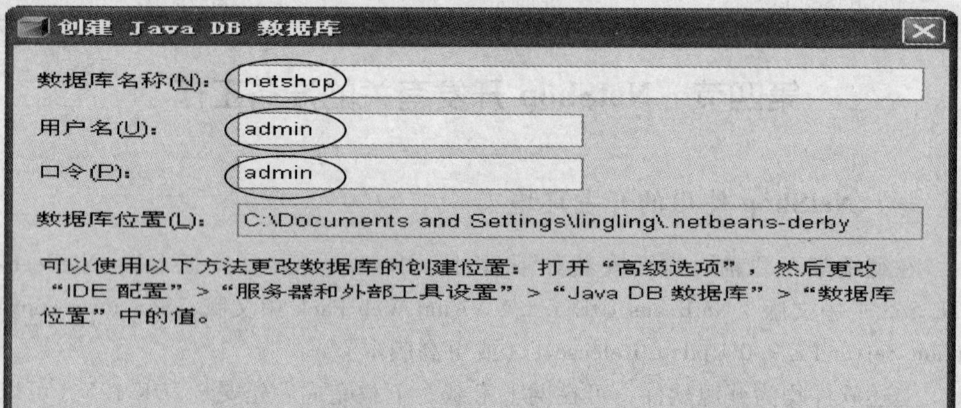

图 10-3　创建 netshop 数据库

2. 创建表

到这一步，netshop 数据库是全新的，因此它是空的。现在，开始添加表和数据。NetBeans IDE 可以使用表向导来逐个创建表，这里使用 SQL 脚本。使用 SQL 脚本创建表的操作步骤如下：

Step 1：右键单击 netshop 数据库下的表节点，然后从弹出式菜单中选择“执行命令”。如图 10-4 所示。

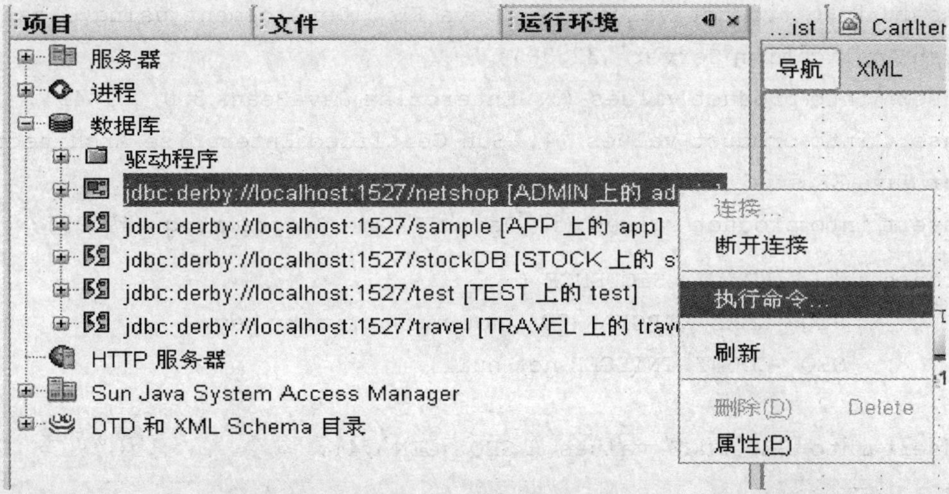

图 10-4　打开 SQL 命令窗口

Step 2：如图 10-5 所示，在新打开的“SQL 命令 1”窗口中，输入以下 SQL 脚本：


```
create table "ADMIN". "CUSTOMER" (
        "CUSTOMER _ ID" INTEGER not null primary key,
        "LOGIN _ NAME" VARCHAR(30),
        "PASSWORD" VARCHAR(30),
        "CUSTOMER _ NAME" VARCHAR(30),
        "EMAIL" VARCHAR(40)
);
insert into customer values (1,' zhangsan ',' zhangsan ',' Zhang San','zhangsan@ cdut. cn');
insert into customer values (2,' lisi ',' lisi ',' Li Si ',' lisi @ cdut. cn');
insert into customer values (3,'wangwu','wangwu','Wang Wu','wangwu@ cdut. cn');
create table "ADMIN". "PRODUCT" (
        "PRODUCT _ ID" INTEGER not null primary key,
        "PRODUCT _ NAME" VARCHAR(100),
        "PURCHASE _ COST" DECIMAL(12,2)
);
insert into product values (1,'Java(TM) EE 5 Tutorial',34.64);
```

```
insert into product values (2,'Java EE 5 Development using Glass-
fish Application Server',32.50);
insert into product values (3,'Enterprise JavaBeans 3.0',31.49);
insert into product values (4,'Sun Certified Enterprise Architect
for Java EE study Guide',32.99);
insert into product values (5,'Java ME Game Programming',49.99);

create table "ADMIN"."SEQUENCE"(
        "SEQ_NAME" VARCHAR(30),not null primary key,
        "SEQ_COUNT" INTEGER not null,
);
insert into "SEQUENCE" values ('SEQ_GEN',4);
```

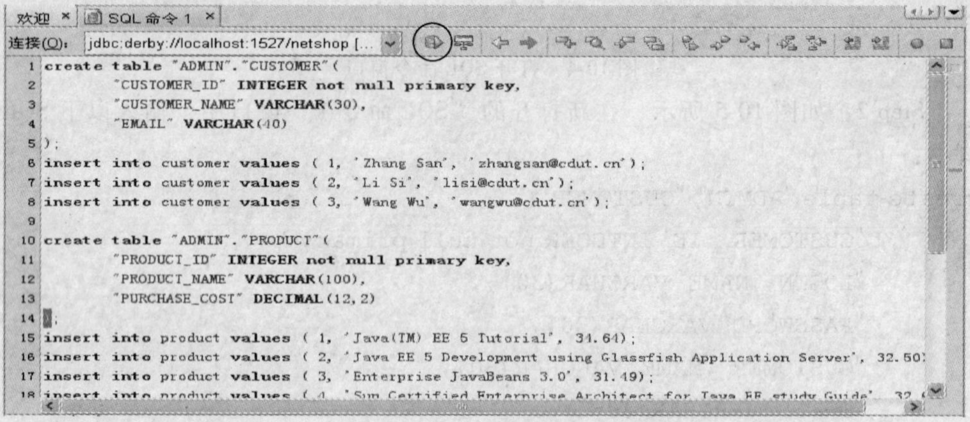

图 10-5 在“SQL 命令 1”窗口中编辑 SQL 脚本

Step 3：点击图 10-5 所示窗口中的“运行 SQL”按钮，运行成功的话，可以在 netshop 数据库连接的“表”节点，看到新生成 3 个表：CUSTOMER 、PRODUCT 和 SEQUENCE。

右键单击表或列，然后从弹出式菜单中选择“查看数据”，可以查看表和列中的数据。

3. 配置 JDBC 连接池和 JDBC 资源

数据库连接池是服务器为特定的数据库提供的一组可重用的连接。请求数据库连接的应用程序将从该池中获取连接。当应用程序关闭某个连接后，该连接将会返回到连接池中。连接池属性可能随数据库供应商的不同而有所不同。一些公共属性包括数据库名称的 URL、用户名和口令等。

建立数据库连接池时，还将创建 JDBC 资源（也称为数据源）。JDBC 资源为应用程序提供了数据库连接。通常，应用程序所访问的每个数据库都至少有一个 JDBC 资源。一个数据库可以有多个 JDBC 资源。

下面介绍如何在 Sun Java System Application 上配置 JDBC 连接池和 JDBC 资源。

Step 1：启动 Sun Java System Application Server，在 NetBeans IDE 的“运行环境”窗口中的“服务器”节点下，右键单击“Sun Java System Application Server”，选择“启动”，如图 10-6 所示。

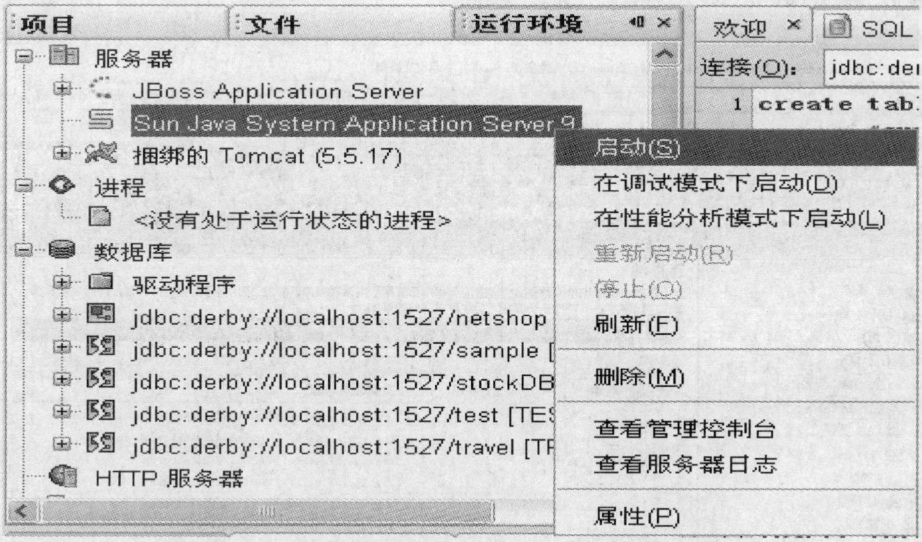

图 10-6　启动 Sun Java System Application Server

Step 2：在浏览器地址窗口中，输入“http：//localhost：4848”，出现管理控制台登录界面。管理员的用户名/密码为：admin/adminadmin，如图 10-7 所示。

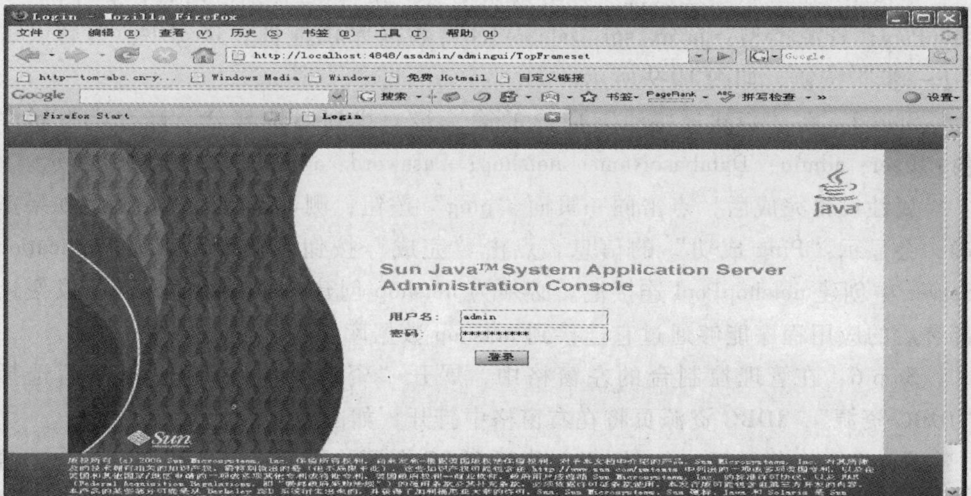

图 10-7　Sun Java System Application Server 登录界面

接下来，将为 netshop 数据库创建一个 JDBC 连接池，并定义数据库连接的特性。

Step 3：在管理控制台的左窗格中，展开“资源”>“JDBC”，然后选择“连接池”。在“连接池”页中，单击“新建”以创建新的连接池，如图 10-8 所示。

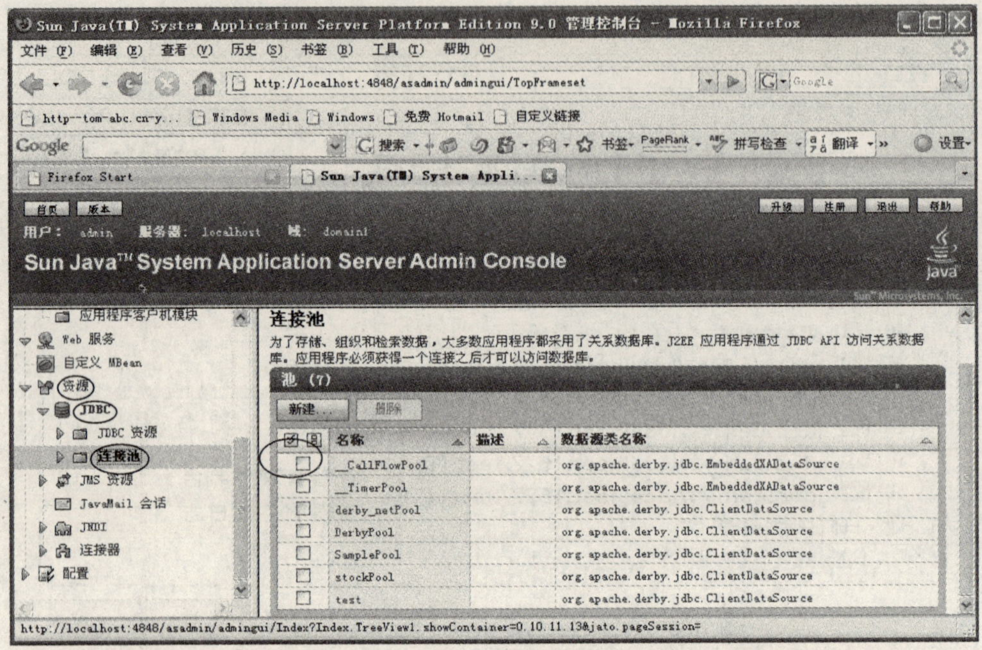

图 10-8 创建新的连接池

Step 4：在“新建连接池”向导的第一步，输入/选择如下内容：名称：netshopPool；资源类型：javax. sql. DataSource；数据库供应商：JavaDB。然后点击“下一步”按钮，如图 10-9 所示。

Step 5：在“新建连接池”向导的第二步，找到属性部分，修改以下属性值：User：admin；DatabaseName：netshop；Password：admin。如图 10-10 所示。

属性设置完成后，点击同一页面“ping”按钮，测试设置是否正确。如果正确，会显示“Ping 成功”的信息。点击“完成”按钮，在 Sun Java Application Server 中创建 netshopPool 连接池。必须为 netshop 创建一个 JDBC 资源，以便让部署后的应用程序能够通过它连接到 netshop 数据库。

Step 6：在管理控制台的左窗格中，展开“资源”>“JDBC”，然后选择“JDBC 资源”，JDBC 资源页将在右窗格中打开，如图 10-11 所示。

Step 7：单击“新建”。用于创建新 JDBC 资源的页面将出现在右窗格中，输入/选择如下内容：JNDI 名称：jdbc/netshopDS；池名称：netshopPool。如图 10-12所示。

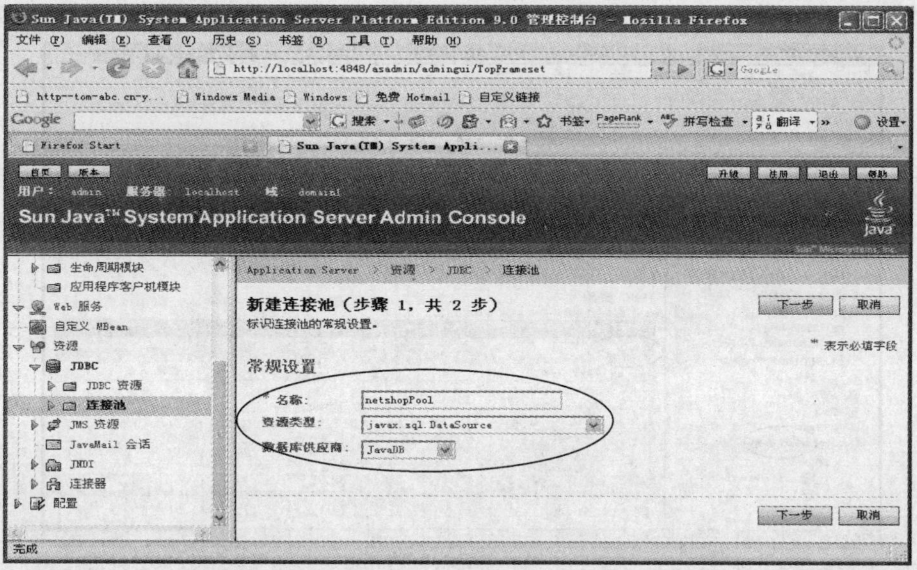

图 10-9　新建连接池第一步

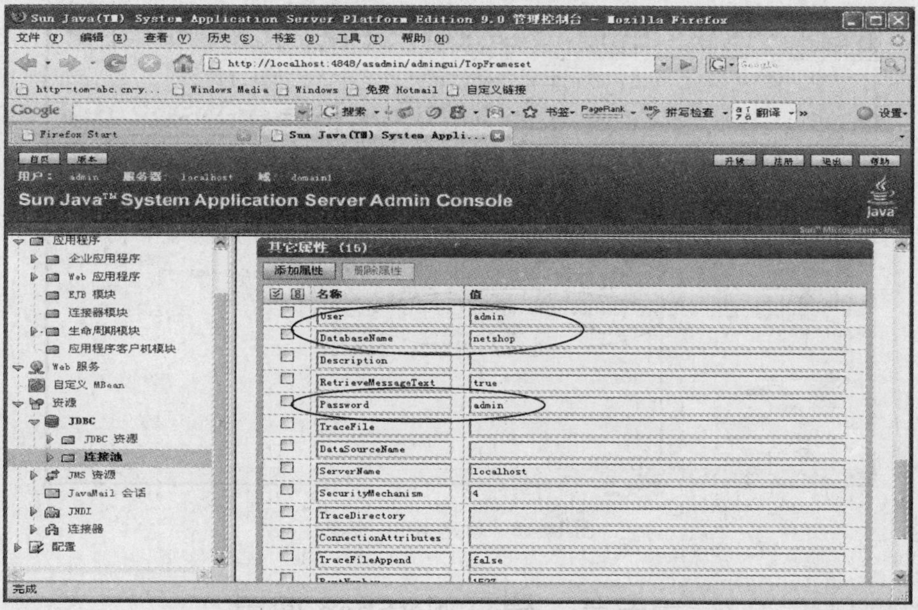

图 10-10　新建连接池第二步

点击“确定”按钮，在 Sun Java Application Server 中创建 JDBC 资源 jdbc/netshopDS。

到此数据库建立完毕，在程序里就可通过“jdbc/netshopDS”数据源来对 netshop 数据库进行操作。

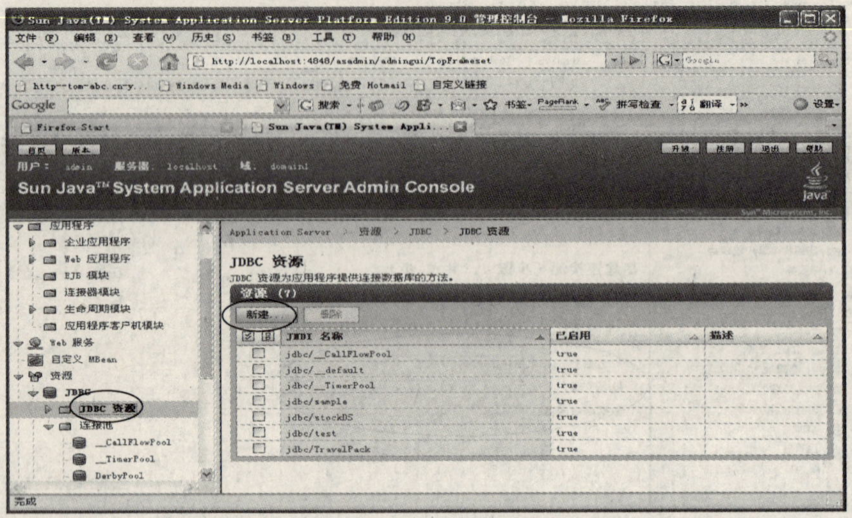

图 10-11　打开 JDBC 资源

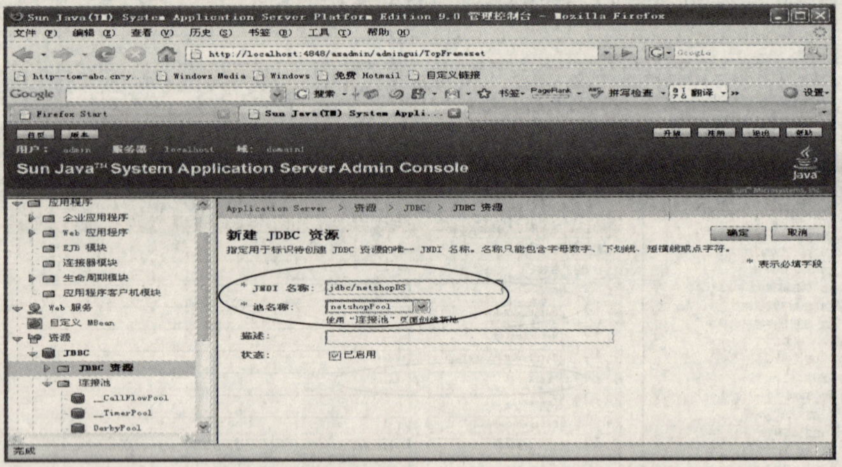

图 10-12　新建 JDBC 资源

第五节　建立 NetShop 项目

一、创建企业项目

NetBeans IDE 中，选择“文件” > “新建项目”，从“企业”类别中选择“企业应用程序”，然后单击“下一步”，如图 10-13 所示。

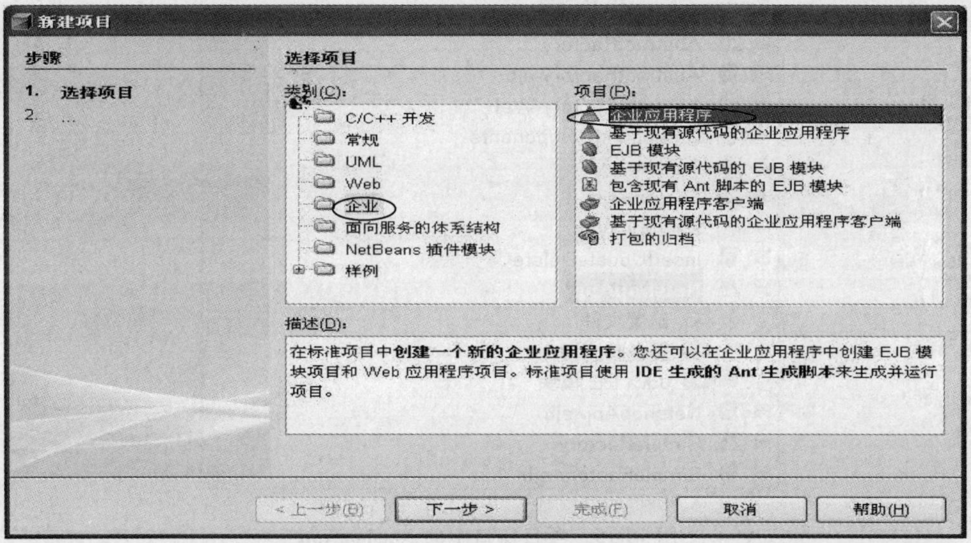

图 10-13　选择“企业应用程序”

在对话框里输入以下信息：项目名称：NetshopApp；去掉“创建 Web 应用程序模块”的选项。这个项目里我们用 NetBeans Visual Web Pack 来做 Web 页面，会在后面加入，不需要默认的 Web 模块。点击“完成”，如图 10-14 所示。

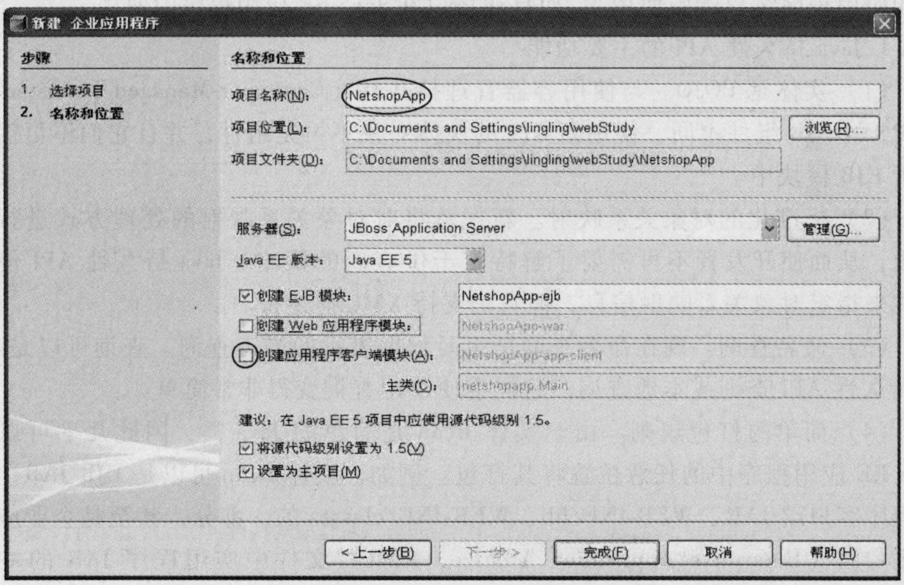

图 10-14　输入创建企业项目的信息

NetBeans 创建项目 NetshopApp 并将其打开，如图 10-15 所示。

图 10-15 项目窗口中的 NetshopApp

二、建立持久层

Java EE 5 平台引入了新的 Java 持久性 API（它是作为 JSR-220 的一部分开发的）。Java 持久性 API 不但可以在 EJB 组件外部使用（例如，在 Web 应用程序和应用程序客户端中使用），而且还可以在 Java SE 应用程序中使用。

1. Java 持久性 API 的主要功能

（1）实体是 POJO。与使用容器管理持久性（Container-Managed Persistence，CMP）的 EJB 组件不同，使用新 API 的实体对象不再是组件，并且它们不再需要位于 EJB 模块中。

（2）标准化的对象关系映射。新规范将对对象关系映射的处理方式进行标准化，从而使开发者不再需要了解特定于供应商的策略。Java 持久性 API 使用标注来指定对象关系映射信息，但它仍支持 XML 描述符。

（3）命名查询。现在命名查询是用元数据表示的静态查询。查询可以是 Java 持久性 API 查询或本地查询。这样会使重用查询变得非常简单。

（4）简单的打包规则。由于实体 Bean 是简单的 Java 类，因此几乎可以在 Java EE 应用程序中的任意位置将其打包。例如，实体 Bean 可以是 EJB JAR、应用程序客户端 JAR、WEB-INF/lib、WEB-INF/classes 的一部分，甚至是企业应用程序归档（Enterprise Application Archive，EAR）文件中实用程序 JAR 的一部分。通过这些简单的打包规则，不再需要创建 EAR 文件以使用来自 Web 应用程序或应用程序客户端的实体 Bean。

（5）分离的实体。由于实体 Bean 是 POJO，因此可以对它们执行序列化，通过网络将其发送到其他地址空间，并在不识别持久性的环境中使用它们。这样就不再需要使用数据传输对象（Data Transfer Object，DTO）。

（6）EntityManager API。应用程序编程人员可以使用标准 EntityManager API 来执行涉及实体的创建、读取、更新和删除（Create，Read，Update，Delete，CRUD）操作。

NetBeans 提供了处理新 Java 持久性 API 的工具，可以通过数据库自动生成实体类，或手动对实体类进行编码。NetBeans 还提供了用于创建和维护持久性单元的模板和图形编辑器。

2. 创建持久性单元

持久性单元的目的在于通知容器哪些实体类需要由实体管理器进行管理，以及这些实体需要使用哪些数据源信息。

Step 1：在“项目”窗口中右键单击“NetshopApp-ejb”项目节点，然后选择“新建”>“文件/文件夹”，以打开“新建文件”向导，如图 10-16 所示。

图 10-16　新建文件/文件夹

Step 2：从“持久性”类别中选择“持久性单元”，然后单击“下一步”，如图 10-17 所示。

Step 3：输入如下配置信息：持久性单元名称：NetshopApp-ejbPU；持久性提供程序：TopLink（默认）；数据源：jdbc/netshopDS；使用 Java 事务 API：是；表生成策略：无。如图 10-18 所示。

单击“完成”，最后生成 NetshopApp-ejb 项目下生成 persistence. xml，这个文件中定义了持久性单元的属性，如图 10-19 所示。

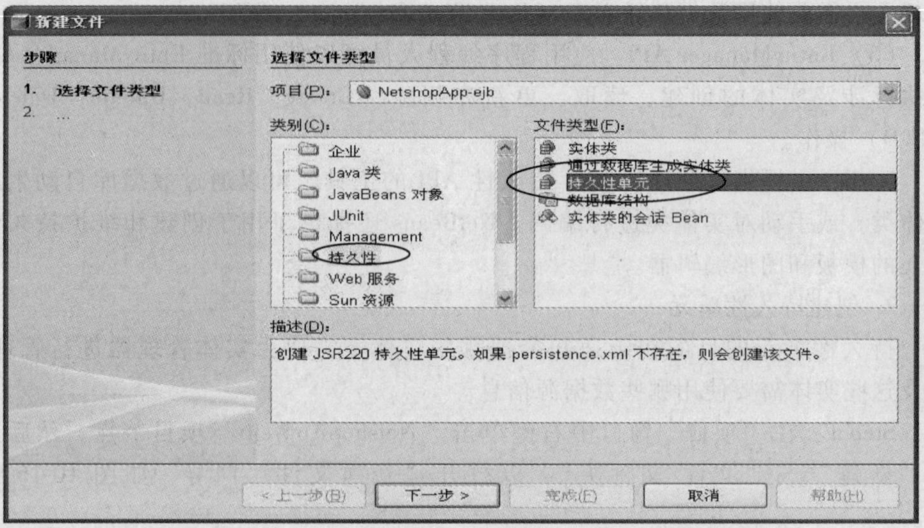

图 10-17　新建持久性单元

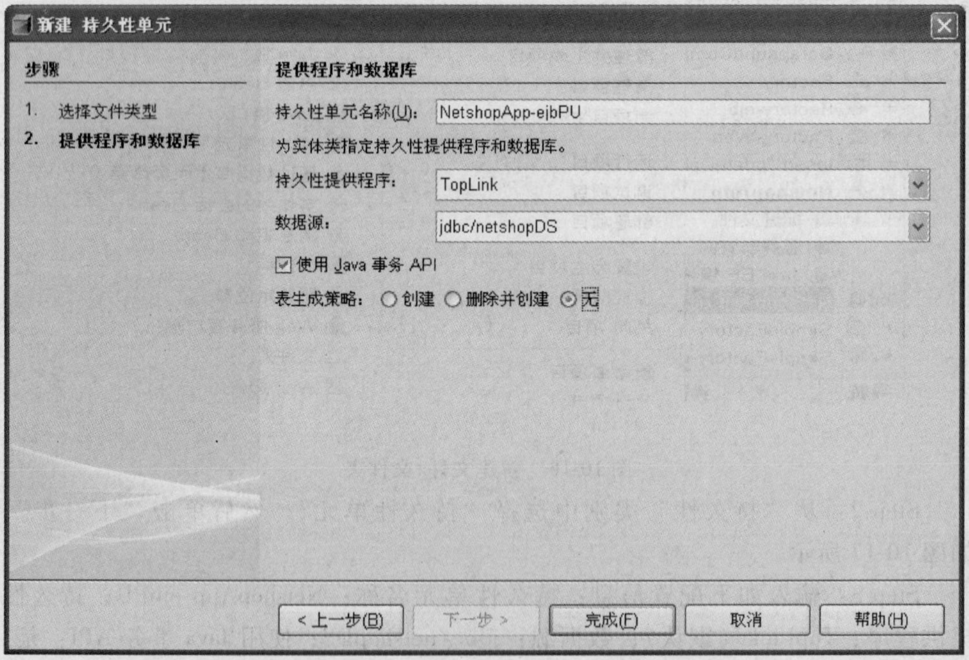

图 10-18　输入持久性单元的配置信息

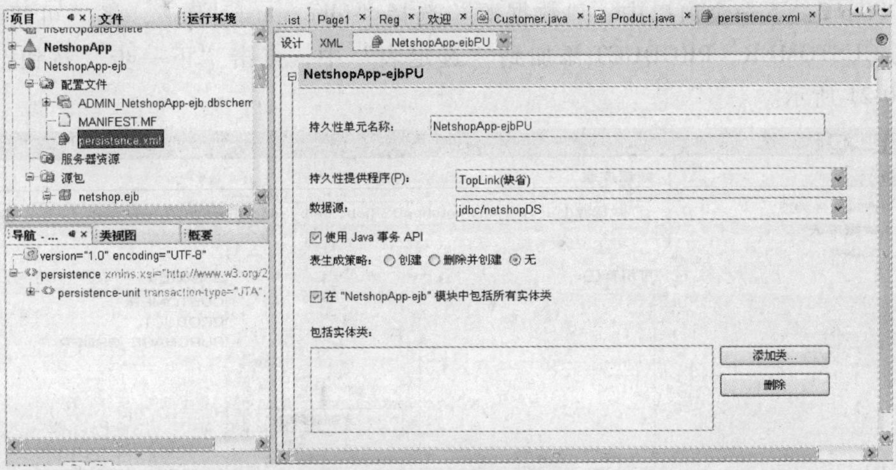

图 10-19　持久性单元的配置文件

3. 创建实体类

实体类用于表示要创建的关系数据库中的表。下面为 netshop 数据库中的表创建实体类，实体类包括命名的查询标注、表示列的字段以及表示外键的关系。

Step 1：右键单击“NetshopApp-ejb”项目节点，然后选择“新建” > “文件/文件夹”。从“持久性”类别中，选择“通过数据库生成实体类”，然后单击“下一步”，如图 10-20 所示。

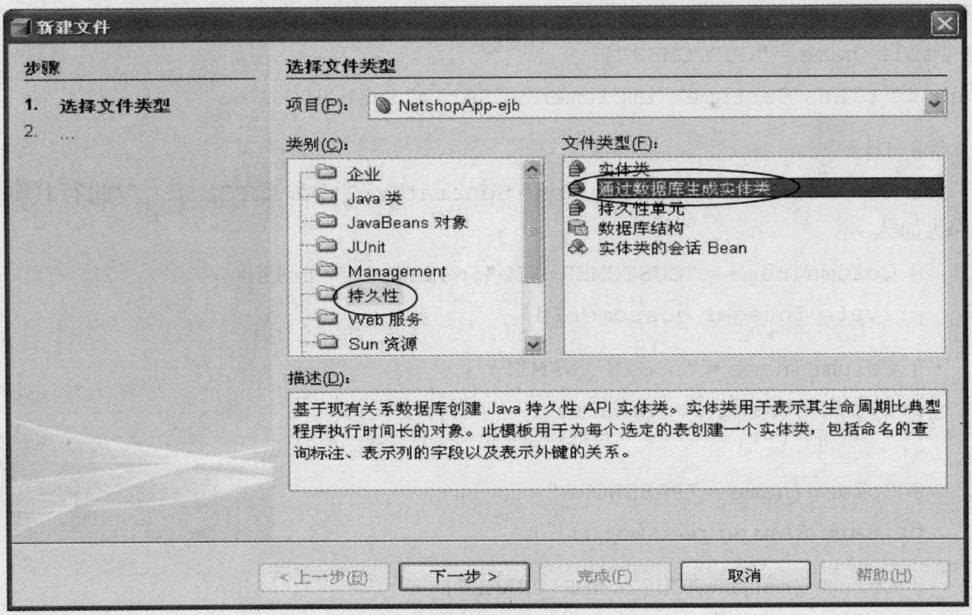

图 10-20　通过数据库生成实体类

Step 2：下一个窗口中，“数据源”选择“jdbc/netshopDS”，将“可用表”中的CUSTOMER、PRODUCT添加到“选定表”中，点击“下一步”按钮，如图10-21所示。

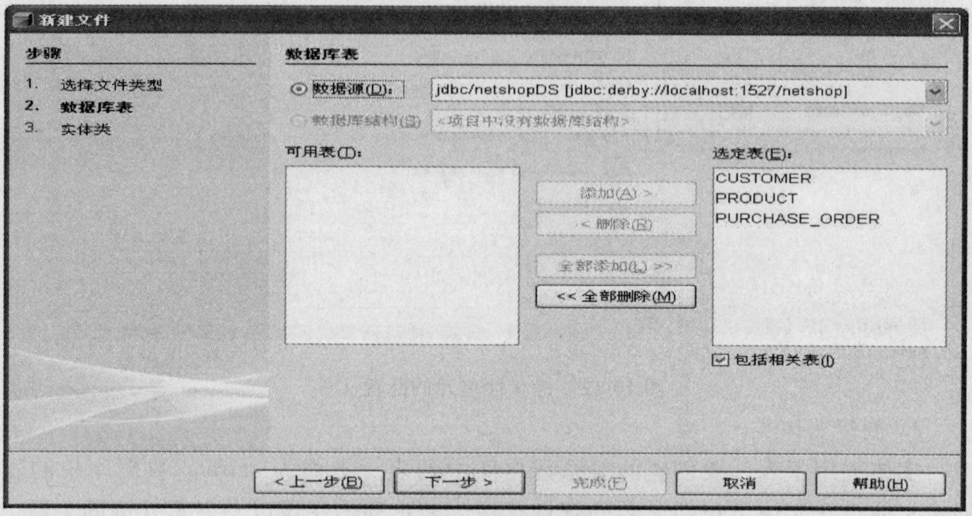

图10-21 选择表生成实体类

下一个窗口中，输入包名“netshop. entities”，点击完成。

生成的Product实体类的部分代码如下：

```
@ Entity
@ Table(name = "CUSTOMER")
public class Customer implements Serializable {

  @ Id
  @ GeneratedValue(strategy = GenerationType. AUTO)      //此行代码手动加入
  @ Column(name = "CUSTOMER _ ID",nullable = false)
  private Integer customerId;

  @ Column(name = "LOGIN _ NAME")
  private String loginName;

  @ Column(name = "PASSWORD")
  private String password;

  @ Column(name = "CUSTOMER _ NAME")
  private String customerName;
```

```java
@ Column(name = "EMAIL")
private String email;

public Customer() {
}

public Customer(Integer customerId) {
    this. customerId = customerId;
}
public Integer getCustomerId() {
    return this. customerId;
}
public void setCustomerId(Integer customerId) {
    this. customerId = customerId;
}
public String getLoginName() {
    return this. loginName;
}
public void setLoginName(String loginName) {
    this. loginName = loginName;
}
public String getPassword() {
    return this. password;
}
public void setPassword(String password) {
    this. password = password;
}
public String getCustomerName() {
    return this. customerName;
}
public void setCustomerName(String customerName) {
    this. customerName = customerName;
}
public String getEmail() {
    return this. email;
}
```

```
    public void setEmail(String email) {
        this.email = email;
    }
    @Override
    public int hashCode() {
        int hash = 0;
        hash += (this.customerId != null? this.customerId.hashCode()
: 0);
        return hash;
    }
    @Override
    public boolean equals(Object object) {
        if (!(object instanceof Customer)) {
          return false;
        }
        Customer other = (Customer)object;
        if (this.customerId != other.customerId &&
           (this.customerId == null || ! this.customerId.equals(other.
customerId)))
            return false;
        return true;
    }
    @Override
    public String toString() {
        return "netshop.entities.Customer[customerId = " + custom-
erId + "]";
    }
}
```


实体类是一个简单的 Java 类。@Entity 标注以将该类定义为实体类，其他标注的解释和说明可以查看相关文档。

三、EJB 层

使用新的 EJB 3.0 API，可以减少并简化开发者需要完成的工作量，从而可以更轻松地进行软件开发。换句话说，就是使用了更少的类和代码。这是因为现在容器承担了更多的工作，从而实现了这一目的。下面是新 EJB 3.0 API 的一些功能和优点：

只需很少的类和接口：不再需要 EJB 组件的 Home 接口和对象接口，因为现在容器负责公开必要的方法；只需提供业务接口；可以使用标注来声明 EJB 组件，并且通过容器来管理事务。

不再需要部署描述符：可以在类中直接使用标注，为容器提供以前在部署描述符中定义的依赖关系和配置信息。如果没有任何特殊说明，容器将使用默认规则来处理最常见的情况。

查找简单：可以通过 EJBContext 直接在类中查找 JNDI 名称空间中的对象。

简化了对象关系映射：新的 Java 持久性 API 允许使用 POJO 中的标注将 Java 对象映射到关系数据库，从而使对象关系映射变得更简单透明。

在 NetBeans 中，可以对 Enterprise Beans 进行编码，就像对其他 Java 类进行编码一样，方法是：使用代码完成和编辑器提示实现正确的方法并使类与其接口保持同步。不必使用特殊命令和对话框生成诸如业务方法或 Web 服务操作之类的内容，虽然这些命令仍可以帮助熟悉 Java EE 5 代码的语法。

四、Web 层

Web 层实现方式很多，这里使用 Visual Web Pack 实现。JSF（Java Server Faces）是 Web 应用程序的一种框架，而 NetBeans Visual Web Pack 是开发工具，实现了 JSF 的可视化编程。

1. 创建 Visual Web 项目

Step 1：在 IDE 中选择“文件” > “新建项目”来创建一个项目。在“类别”窗格中选择“Web”，然后在“项目”窗格中选择“Visual Web 应用程序”，单击“下一步”，如图 10-22 所示。

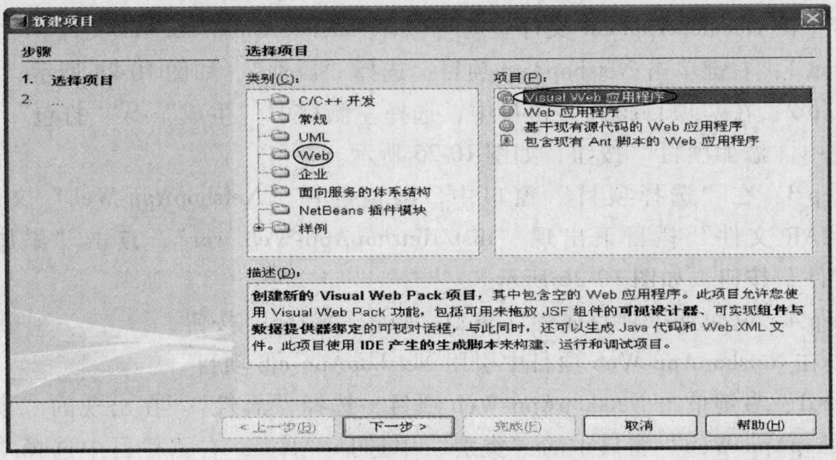

图 10-22 新建 Visual Web 应用程序

Step 2：在“新建 Visual Web 应用程序”窗口中输入如下内容：项目名称：NetshopApp-Web；项目位置：建议在 NetshopApp 目录下；服务器：Sun Java System Application Server 9；Java EE 版本：Java EE 5；不选“设置为主项目”。如图 10-23 所示。

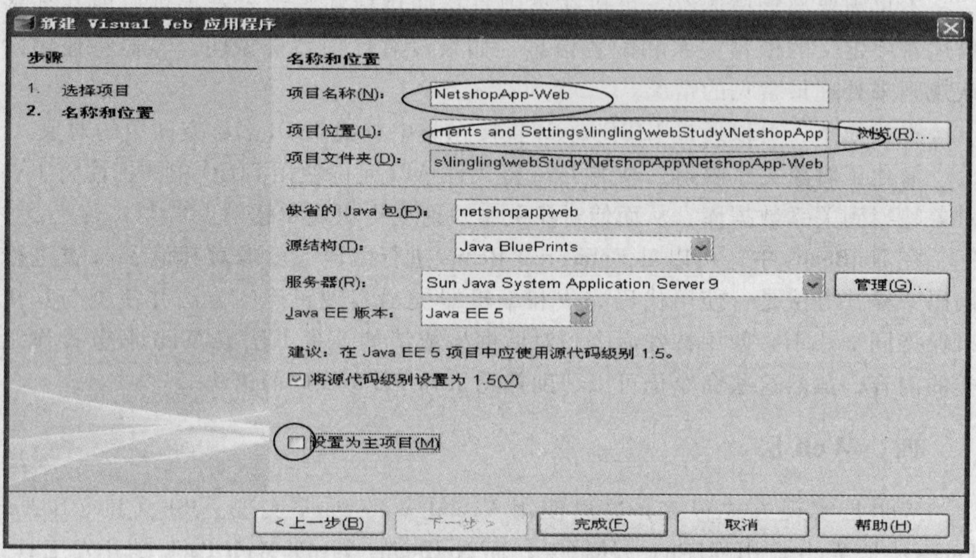

图 10-23 输入 NetshopApp-Web 项目的相关信息

单击“完成”，生成 NetshopApp-Web 项目文件夹及相关文件。

2. 把 NetshopApp-Web 项目加入到 NetshopApp 企业应用程序项目中

把新创建的 NetshopApp-Web 加到现有的 NetshopApp 企业项目中去。加入 NetshopApp 项目后，NetshopApp-Web 就变成 NetshopApp 的一部分，以后生成部署时产生的 NetshopApp. ear 文件里就会包含 NetshopApp-Web. war 文件。

Step 1：右键单击 NetshopApp 项目，选择“属性”，如图 10-24 所示。

Step 2：在“项目属性”窗口中，选择左侧栏中“生成” > “打包”，点击右侧栏中“添加项目”按钮，如图 10-25 所示。

Step 3：在“选择项目”窗口中，浏览选择“NetshopApp-Web”文件夹，“项目 JAR 文件”栏目下出现“dist/NetshopApp-Web. war”，点击“添加项目 JAR 文件”按钮，如图 10-26 所示。

Step 4：返回到“项目属性”窗口，点击“确定”按钮。

3. 在 NetshopApp-Web 项目中引用 NetshopApp-ejb 项目

Step1：右键单击 NetshopApp-Web 项目，选择“属性”。在出现的“项目属性 NetshopApp-Web”窗口中的“类别”中选择“库”，右侧栏目中选择“添加项目”。如图 10-27 所示。

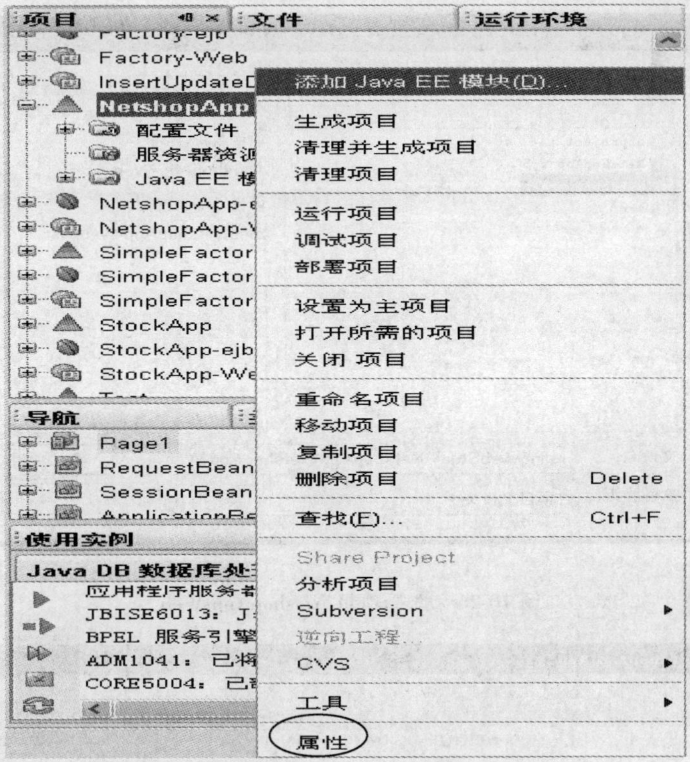

图 10-24　选择 NetshopApp 项目的属性

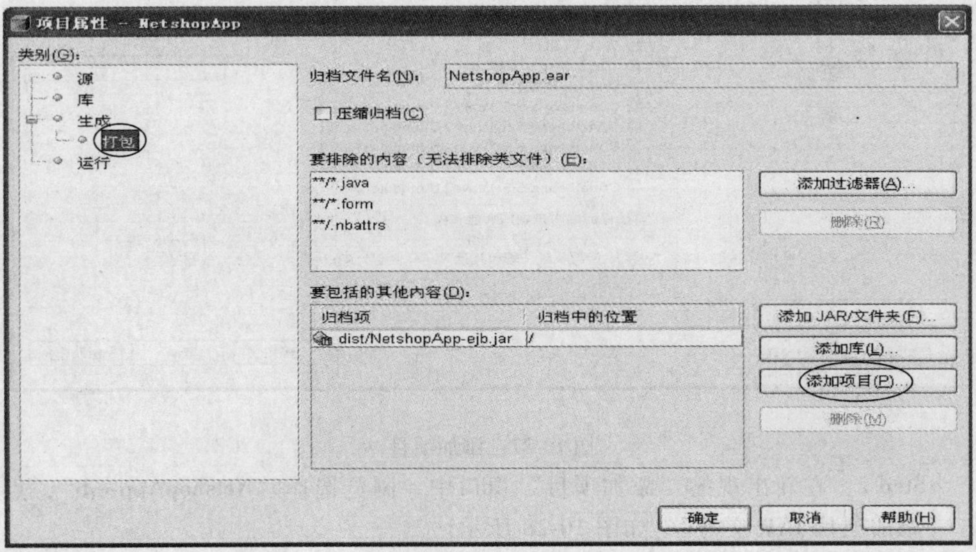

图 10-25　添加项目

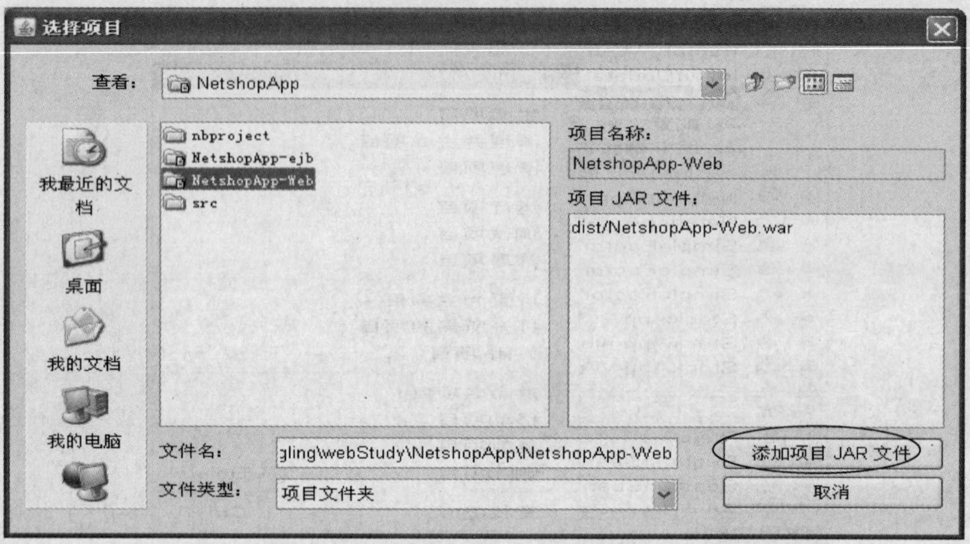

图 10-26　选择项目 NetshopApp-Web

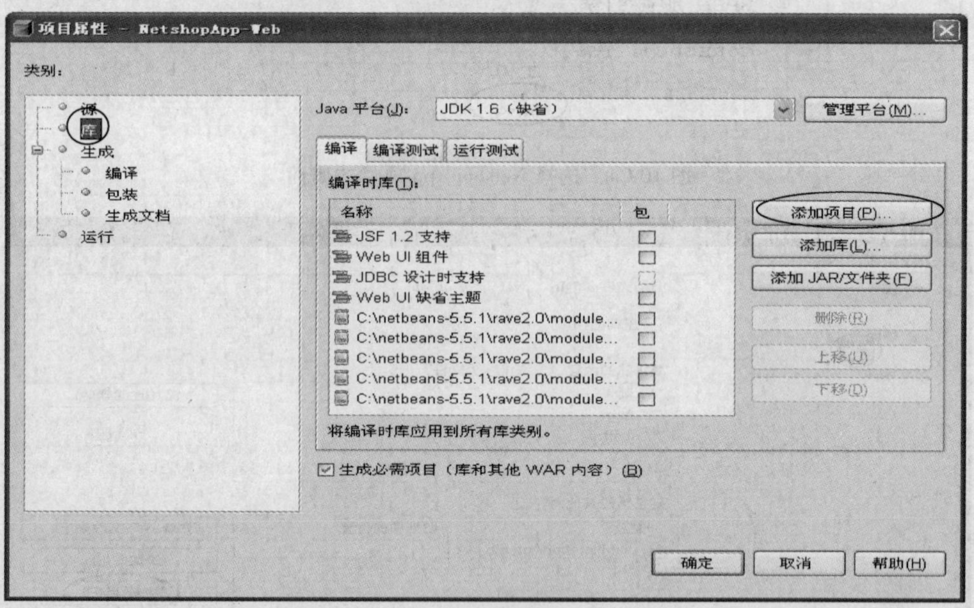

图 10-27　添加项目

Step 2：在新出现的“添加项目”窗口中，浏览选择“NetshopApp-ejb”，点击“添加项目 JAR 文件”，如图 10-28 所示。

Step 3：返回到“项目属性-NetshopApp-Web”窗口，点击“确定”按钮。

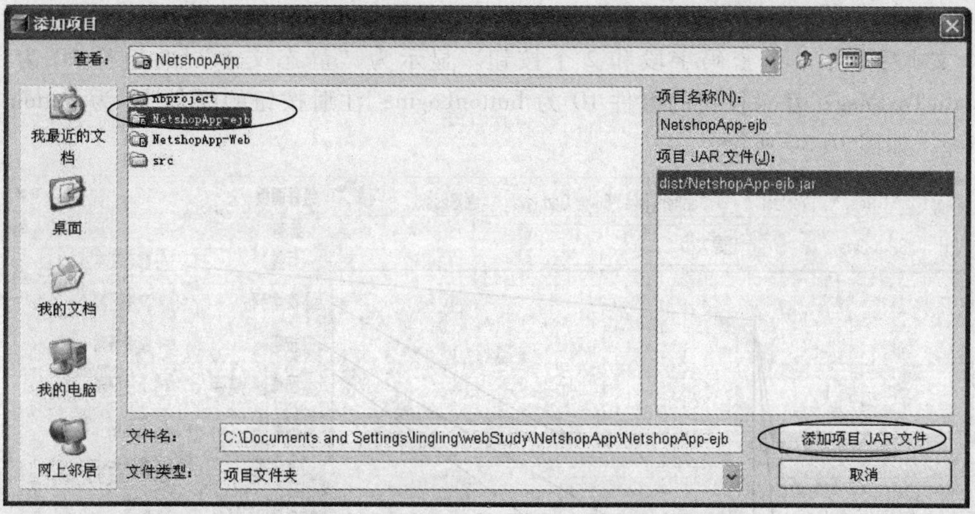

图 10-28　选择项目 NetshopApp-ejb

第六节　登录注册模块的设计与实现

NetShop 的首页是一个登录页面，文件名为：Page1. jsp。用户注册是 Netshop 的基本功能之一。用户必须登录后，才能在 NetShop 浏览、购买商品。

当注册成功之后，会进入到 NetShop 的首页。此时可以登录 NetShop。

用户如果登录成功，则进入商品浏览页面。如果登录失败则在登录页面上显示失败的原因，如用户名不存在或密码错误。

一、Page1. jsp 设计操作

在项目窗口中双击打开 Page1. jsp，如图 10-29 所示。

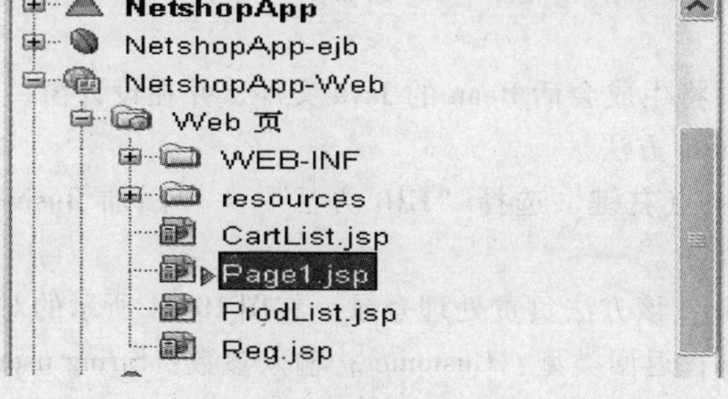

图 10-29　打开 Page1. jsp

在设计视图中以拖拽的方式，在 Page1 中按图 10-29 放入 3 个静态文本、1 个文本字段、1 个密码字段和 2 个按钮。显示为“静态文本”的组件 ID 为：staticTextMsg；登录按钮的组件 ID 为 buttonLogin；注册按钮的组件 ID 为 buttonReg，如图 10-30 所示。

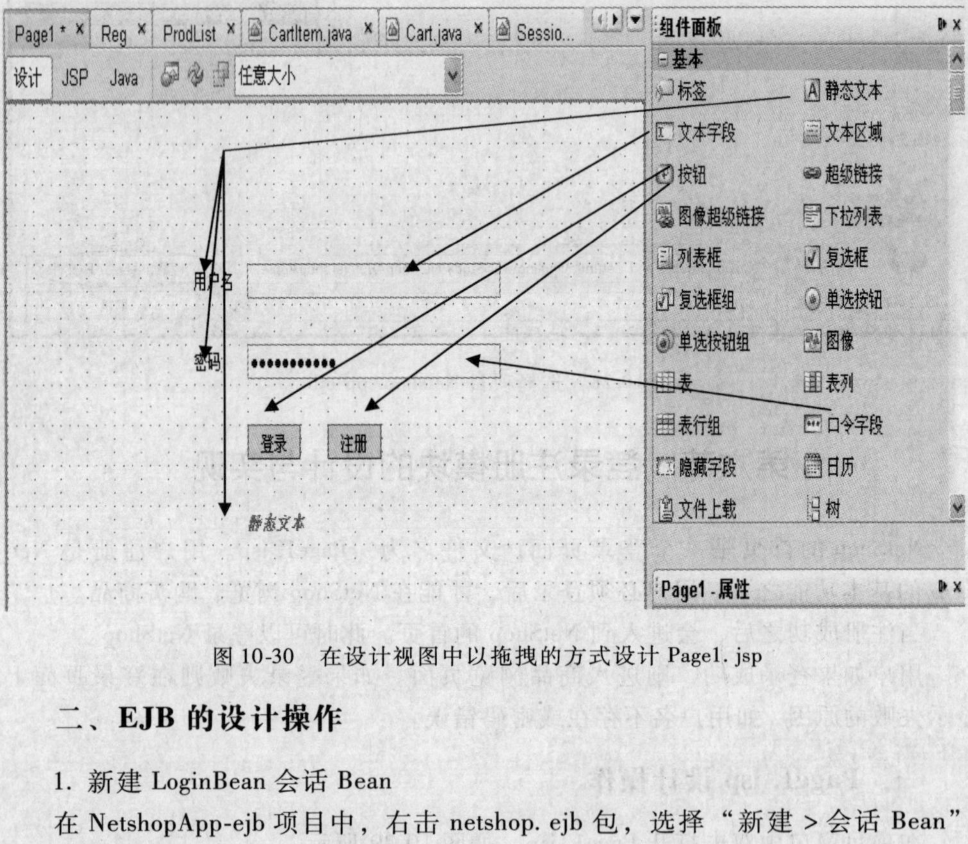

图 10-30　在设计视图中以拖拽的方式设计 Page1. jsp

二、EJB 的设计操作

1. 新建 LoginBean 会话 Bean

在 NetshopApp-ejb 项目中，右击 netshop. ejb 包，选择“新建 > 会话 Bean”，如图 10-31 所示。

在对话框中输入如下信息：EJB 名称：LoginBean；包：netshop. ejb。如图 10-32 所示。

点击确定后，将生成会话 Bean 的 Java 文件，并在设计窗口中打开。

2. 添加 Business 方法

在设计窗口中点右键，选择“EJB 方法” > “添加 Business 方法”。如图 10-33、图 10-34 所示。

添加方法 login，该方法负责处理登录。在图 10-34 所示的对话框中输入如下信息：名称：login；返回类型：Customer；输入参数：String userName。

添加方法 reg，该方法负责处理注册。在图 10-34 所示的对话框中输入如下信息：名称：reg；返回类型：int；输入参数：Customer customer。

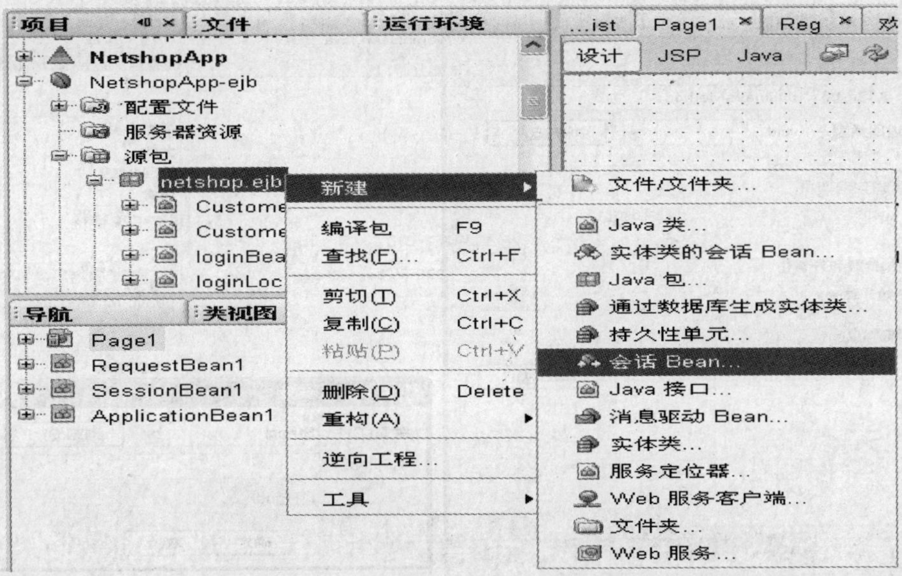

图 10-31　新建会话 Bean

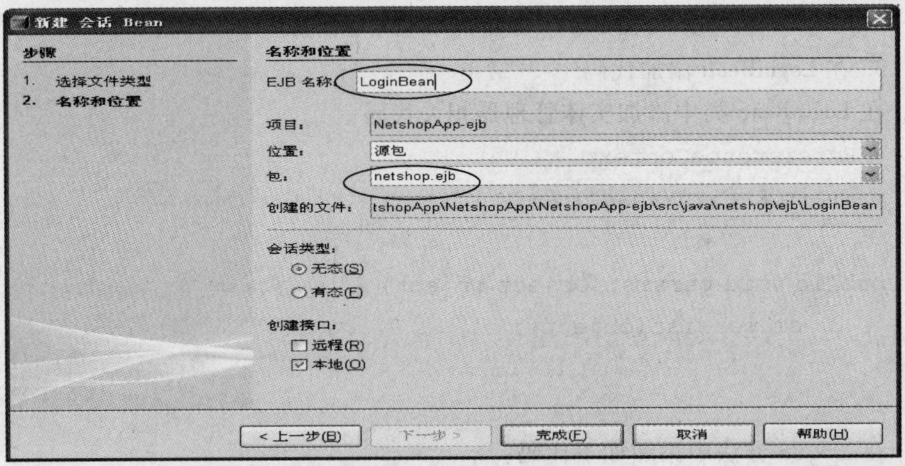

图 10-32　输入会话 Bean 的有关信息

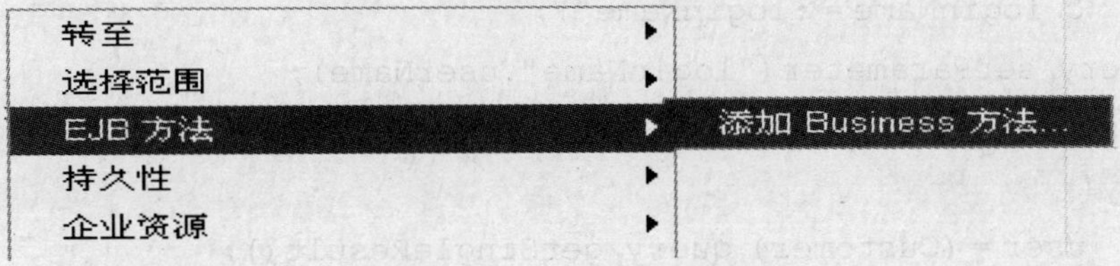

图 10-33　添加 Business 方法

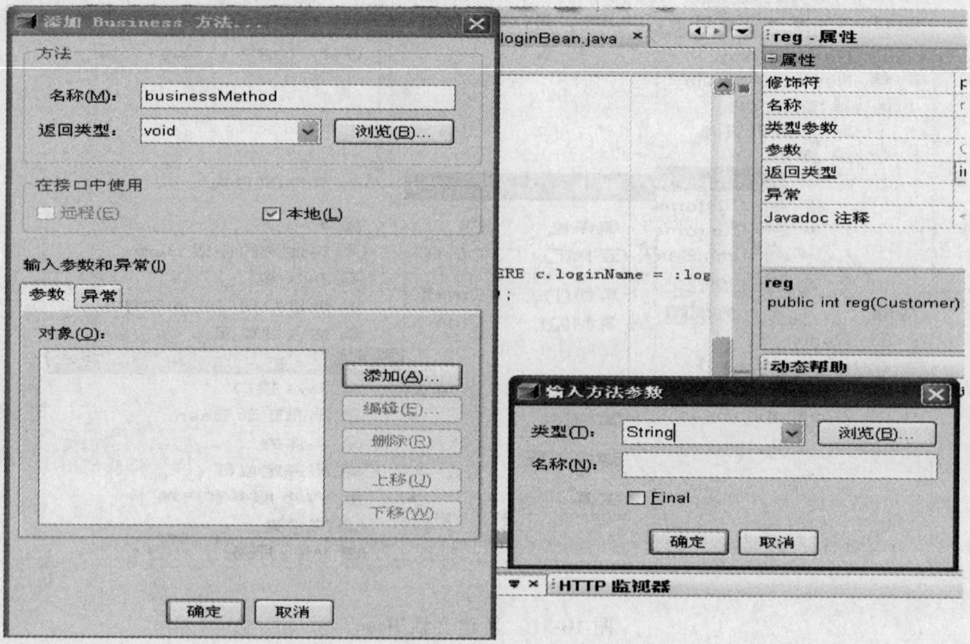

图 10-34　添加 Business 方法对话框

3. 在 LoginBean 添加代码

在 LoginBean 类中添加实体管理器相关代码：

```
@ PersistenceContext
private EntityManager em;

public void persist(Object object) {
    em.persist(object);
}
```

在 login 方法中添加如下代码：

```
Query query = em.createQuery("SELECT c FROM Customer c WHERE
    c.loginName = :loginName");
query.setParameter("loginName",userName);
Customer user = null;
try{
    user = (Customer) query.getSingleResult();
} catch(NoResultException e){
    user = null;
```

```
}
return user;
```

在 reg 方法中添加如下代码：

```
Query query = em.createQuery("SELECT c FROM Customer c WHERE
    c.loginName = :loginName");
query.setParameter("loginName",customer.getLoginName());
Customer user = null;
try{
    user = (Customer) query.getSingleResult();
} catch(NoResultException e){
    user = null;
}catch(NonUniqueResultException e){
        return 2;
}
if (user !=null)
    return 1;
Customer customerMg = em.merge(customer);
if(customerMg !=null)
    customer = customerMg;
persist(customer);
return 0;
```


三、在 Page1.jsp 中使用 LoginBean

打开 Page1.jsp 的 Java 视图，在 public String buttonLogin_action( )方法之前加入代码(在方法外部)：

```
@ EJB LoginLocal loginController;
```

将下列代码加入 buttonLogin_action( )方法：

```
Customer user;
try{
    user = loginController.login((String) textField1.getValue());
}catch(Exception e){
    user = null;
}
if(user = = null){
```

```
        getStaticTextMsg().setText("该用户不存在");
            return null;
        }

if (!(user.getPassword().equals((String)passwordField1.getValue
()))){
            getStaticTextMsg().setText("密码错误");
            return null;
        }
        getSessionBean1().setUserID(user.getCustomerId());
        getSessionBean1().setCartDP(new Cart());
        getSessionBean1().getCartDP().clearObjectList();
```

四、注册功能的设计操作

按图 10-35 和图 10-36 所示的步骤，创建 Reg 页面。

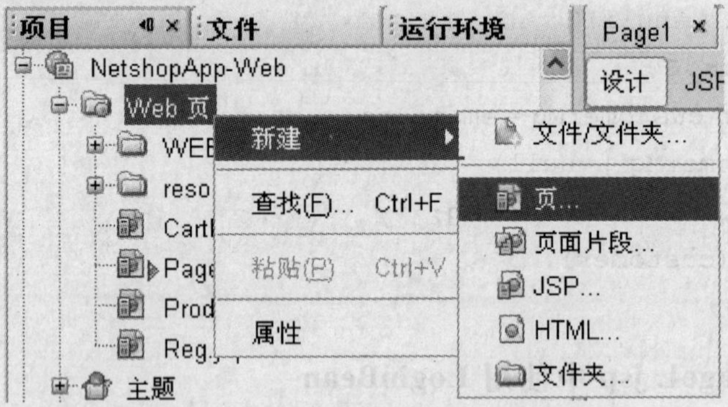

图 10-35　新建 Reg 页面

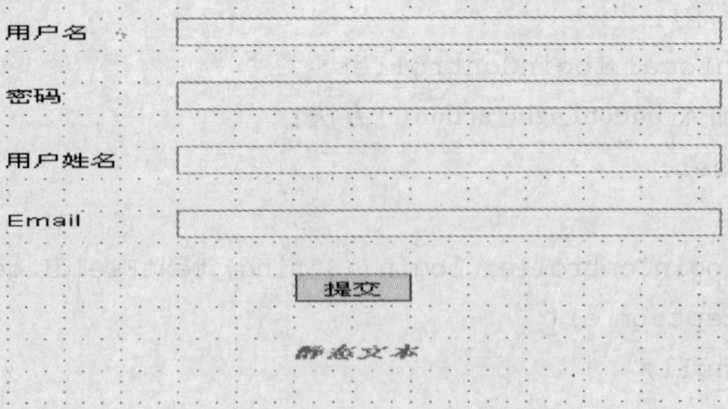

图 10-36　Reg 页面设计

显示为“静态文本”的组件 ID 为：staticTextMsg。

双击图 10-36 中的提交按钮，打开 Reg. java 文件，将 public String button1_action（）方法的代码修改为如下所示的代码。

```
@ EJB loginLocal loginController;
public String button1 _ action() {
  Customer user = new Customer();
  user. setLoginName((String) textField1. getValue());
  user. setPassword((String) textField2. getValue());
  user. setCustomerName((String) textField3. getValue());
  user. setEmail((String) textField4. getValue());

  int flag = loginController. reg(user);
  //System. out. println(flag);
  if(flag = =0){
    return null;
  }else{
    getStaticTextMsg(). setText("该用户已存在!!!");
    return null;
  }

}
```

完成上述操作后，登录注册模块就设计完成了。这部分采用的是 EJB 和 JPA 完成数据库的操作及业务逻辑。

第七节　商品浏览模块的设计与实现

用户成功登录后就可以浏览 Netshop 中的商品了。用户浏览商品，如果看中了某个商品，就可以把这个商品放到自己购物车中。每一个商品都有一个按钮，单击放入购物车。

新建 ProdList 页面，将一个表组件拖入页面，如图 10-37 所示。

将 netshop 数据库中的表 PRODUCT 拖放到 ProdList 页面上的表组件的表头上，如图 10-38 所示。

拖放完成后，表组件应该如图 10-39 所示。

点击右键，选择“表布局”，可以设置表的属性。表布局对话框如图 10-40 所示。点击选定中的每一列，可以对每列的属性进行设置。这里按顺序将前 3

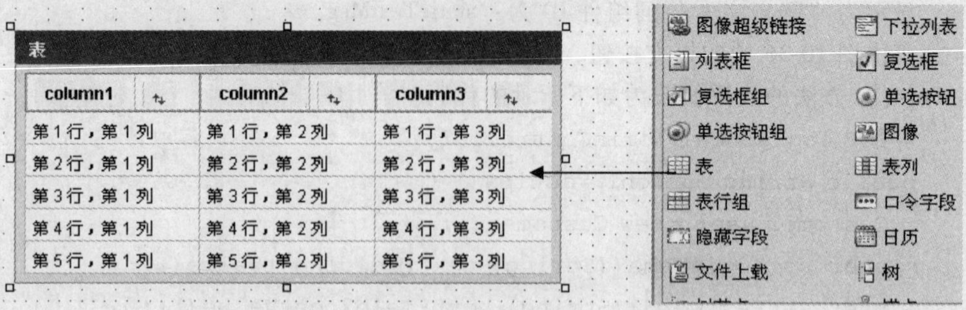

图 10-37　ProdList 页面设计

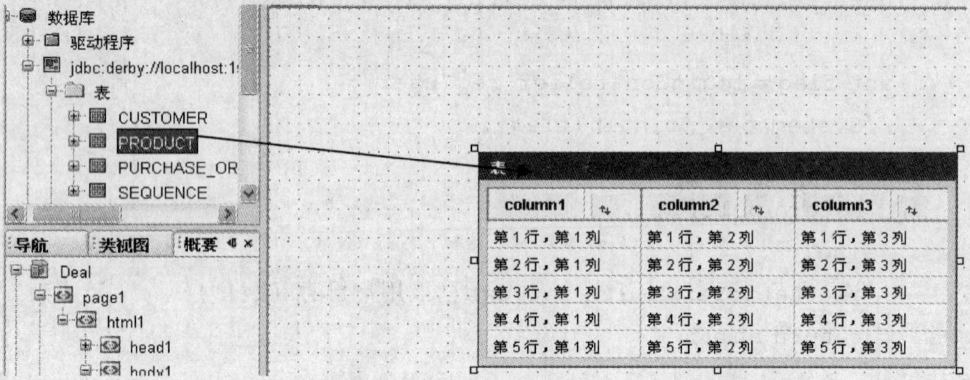

图 10-38　将数据库中的表拖放到页面上的表组件上

图 10-39　拖放完成后的表组件

列的表头文本分别改为：图书编号、书名、价格。

点击“新建”，增加一个新列 tableColumn4，属性设置如下：组件类型：按钮，值表达式：放入购物车。如图 10-41 所示。

点击对话框中的“选项”，可以设置表的属性。这里将标题设置为“图书列表”，选择启用分页。点击“确定”关闭对话框。如图 10-42 所示。

在页面上加入一个按钮，显示的文本改为购物车，加入一个静态文本。完成后的页面如图 10-43 所示。

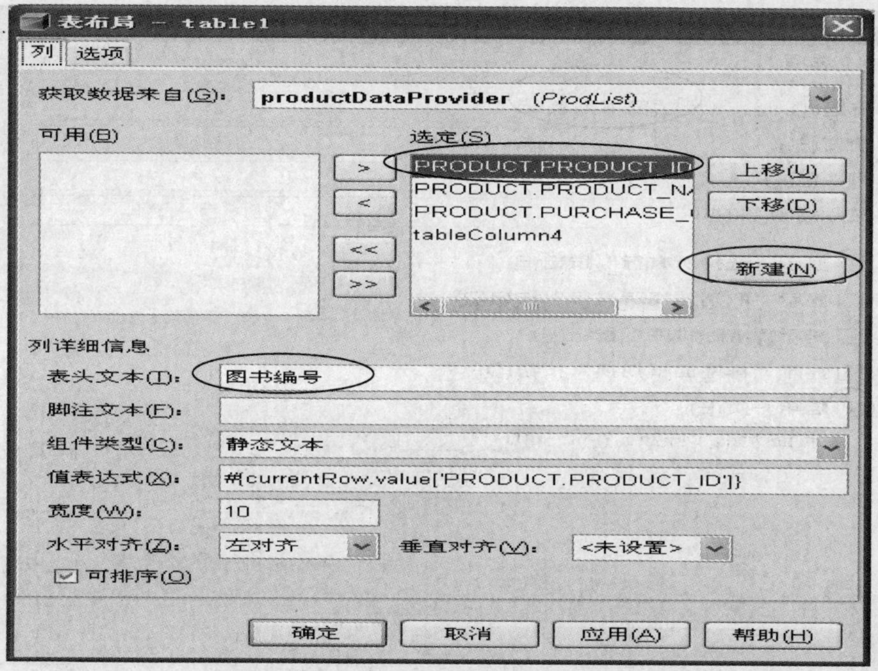

图 10-40　表布局对话框

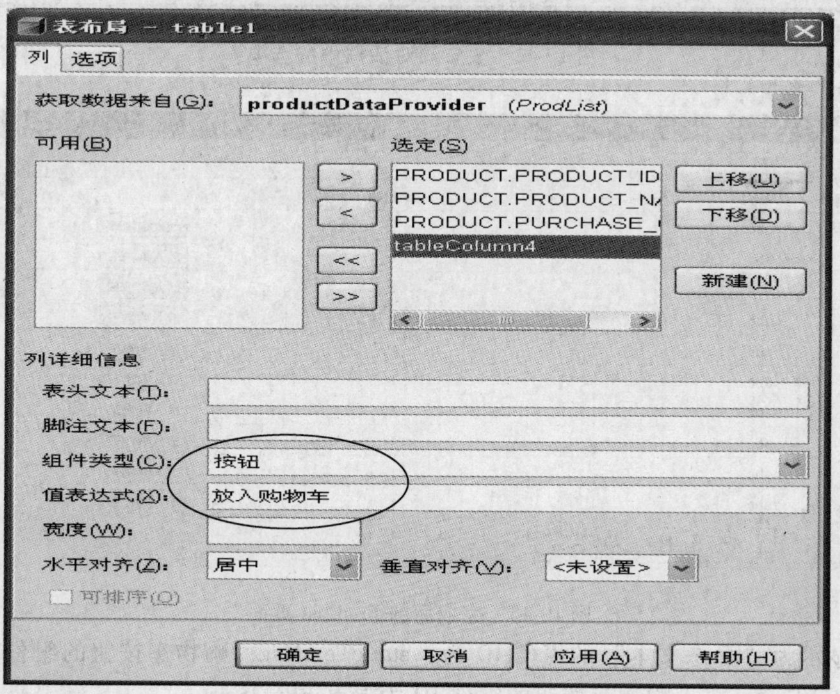

图 10-41　tableColumn4 的属性设置

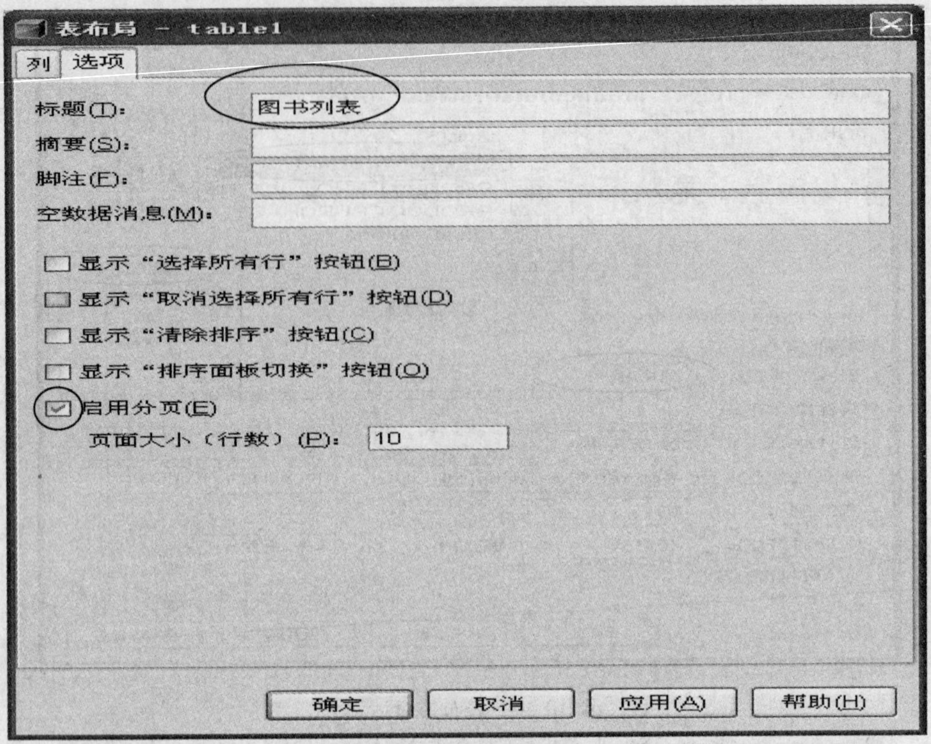

图 10-42　表布局对话框中的选项

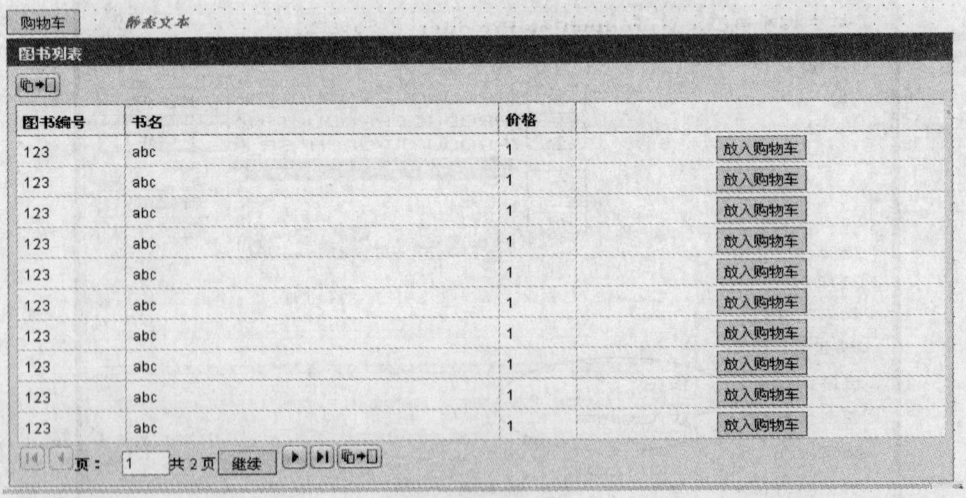

图 10-43　完成后的 ProdList 页面

显示为“静态文本”的组件 ID 为：staticTextMsg；购物车按钮的组件 ID 为 buttonGetCart；放入购物车按钮的组件 ID 为 buttonPut2Cart。

这样，商品浏览的工作大体完成了，放入购物车的功能要等购物车模块完成后才能实现。这部分对数据库的操作采用的是 NetBeans Visual Web Pack 的数据提供器 DataProvider，所有的工作全部是用可视化的方式完成的。

第八节　购物车模块的实现

在购物车页面中有很多供选择的操作，如删除商品、更改商品数量。

NetBeans Visual Web Pack 提供了一个拖拽的方式，可用来非常方便地开发网络应用程序。可以直接把数据库里的数据表格和用户界面的 JSF 组件联系起来，但很多时候把数据提取逻辑放在表现层里是违反设计规范的，特别是如果项目本身已具有持久化层的时候，把 JSF 组件直接和数据表格绑定在一起就更应该避免。在这种情况下，可以通过自定义 DataProvider（数据提供器）来利用现有的数据提取逻辑实现和 JSF 组件相连。这里提到的数据逻辑的实现方式可以是 EJB、Web Service 或者是一般的 Java 类。本节将采用基于一般 Java 类的自定义 DataProvider 来完成购物车模块。

一、实体类 CartItem

根据下面的代码在 NetshopApp-ejb 项目的 netshop. entities 包中创建 CartItem. java 文件。由于购物车保存在 Session 中，所以这个实体类没有与数据库的映射代码。

```
package netshop. entities;


import java. io. Serializable;
import java. math. BigDecimal;
import javax. persistence. Column;
import javax. persistence. Entity;
import javax. persistence. Id;
import javax. persistence. NamedQueries;
import javax. persistence. NamedQuery;
import javax. persistence. Table;

@ Entity
public class CartItem implements Serializable {

    @ Id
```

```
    private Integer productId;
    private String productName;
    private BigDecimal purchaseCost;
    private Integer num;

    public CartItem() {
    }
    public CartItem(Integer productId) {
        this.productId = productId;
    }
    public Integer getProductId() {
        return this.productId;
    }
    public void setProductId(Integer productId) {
        this.productId = productId;
    }
    public String getProductName() {
        return this.productName;
    }
    public void setProductName(String productName) {
        this.productName = productName;
    }
    public BigDecimal getPurchaseCost() {
        return this.purchaseCost;
    }
    public void setPurchaseCost(BigDecimal purchaseCost) {
        this.purchaseCost = purchaseCost;
    }
    @Override
    public int hashCode() {
        int hash = 0;
        hash += (this.productId ! = null ? this.productId.hashCode() : 0);
        return hash;
    }
    @Override
```

```
    public boolean equals(Object object) {
        if (!(object instanceof CartItem)) {
            return false;
        }
        CartItem other = (CartItem)object;
        if(this.productId != other.productId && (this.productId =
=null || !this.productId.equals(other.productId))) return false;
        return true;
    }
    @Override
    public String toString() {
        return "netshop.entities.CartItem[productId=" + productId + "]";
    }
    public Integer getNum() {
        return num;
    }
    public void setNum(Integer num) {
        this.num = num;
    }
}
```


二、自定义 DataProvider

在这一部分，创建自定义的 DataProvider——Cart。Cart 用来给页面的表组件提供数据。

首先在 NetshopApp-Web 项目的 netshopappweb 包中创建 Cart.java。代码如下：

```
package netshopappweb;

import com.sun.data.provider.impl.ObjectListDataProvider;
import java.util.ArrayList;
import java.util.Iterator;
import java.util.List;
import netshop.entities.CartItem;

public class Cart extends ObjectListDataProvider{
```

```
    List<CartItem> cart=new ArrayList<CartItem>();

    public Cart() {
        cart.add(new CartItem());
        setList(cart);
    }

    public boolean containsItem(CartItem item){
        boolean b=false;
        for(Iterator<CartItem>it=cart.iterator();it.hasNext();){
            CartItem ci=it.next();
            if(ci.equals(item)){
              b=true;
              break;
            }
        }
        return b;
    }
    public void addItem(CartItem item){
        boolean b=this.containsItem(item);
        if(!b){
            cart.add(item);
        }
    }
    public boolean removeItem(CartItem item){
        boolean b=cart.remove(item);
        return b;
    }
}
```

第二步是双击图 10-44 中的“会话 Bean”，在文件 SessionBean1. java 中加入如下代码：

```
    private Cart cartDP=new Cart();
    public Cart getCartDP() {
        return this.cartDP;
    }
```

```
public void setCartDP(Cart cartDP) {
    this.cartDP = cartDP;
}
```

图 10-44　NetshopApp-Web 项目文件结构

第三步是右击“NetshopApp-Web”项目，选择“生成项目”，IDE 将对所改动的文件进行编译。完成后，右击“NetshopApp-Web”项目，关闭此项目，并重新将这个项目打开。这一步的目的是使 IDE 的设计环境能看到在上一步加到“会话 Bean”中的 DataProvider 变量。这是 NetBeans5.5.1 的一个 bug。

三、购物车页面设计

在项目 NetshopApp-Web 中新建页面 CartList，拖入一个表组件，打开表布局对话框，新建一列 tableColumn5，组件类型为按钮，值表达式为删除。

完成相应的设置后，添加 3 个按钮。继续购物按钮的组件 ID 为 button2shoping，更新购物车按钮的组件 ID 为 buttonRefresh，删除按钮的组件 ID 为 button1。最后的页面如图 10-45 所示。

图 10-45　页面 CartList 设计

双击页面 CartList 中的“删除”按钮，IDE 打开 CartList. java 文件，在方法 public String button1 _ action () 中加入如下代码：

```
Cart cart = getSessionBean1().getCartDP();
try {
```

```
        RowKey rk = tableRowGroup1.getRowKey();
        if(rk != null) {
            cart.removeRow(rk);
            cart.commitChanges();
        }
    } catch (Exception ex) {
        log("ErrorDescription",ex);
        error(ex.getMessage());
    }
```

在方法 public String buttonRefresh_action（）中加入如下代码：

```
    Cart cart = getSessionBean1().getCartDP();
    try {
        cart.commitChanges();
    } catch (Exception ex) {
        log("ErrorDescription",ex);
        error(ex.getMessage());
    }
```


这样就完成了购物车的设计工作。

完成购物车后，打开 ProdList 页面，双击"放入购物车"按钮，打开 ProdList.java 文件，在方法 public String buttonPut2Cart_action（）中加入如下代码：

```
try {
    RowKey rk = tableRowGroup1.getRowKey();
    if (rk != null) {
        CartItem ci = new CartItem();
        productDataProvider.setCursorRow(rk);
ci.setProductId((Integer) productDataProvider.getValue("PROD-
UCT.PRODUCT_ID"));
ci.setProductName((String) productDataProvider.getValue("PROD-
UCT.PRODUCT_NAME"));
ci.setPurchaseCost  ((BigDecimal) productDataProvider.getValue
("PRODUCT.PURCHASE_COST"));
        ci.setNum(1);
        getSessionBean1().getCartDP().addItem(ci);
    }
} catch (Exception ex) {
```

```
    log("ErrorDescription",ex);
    error(ex.getMessage());
}
```

四、页面导航

确定各界面的流程。在“NetshopApp-Web”下双击“页面导航”，用拖拽的方式完成页面之间的跳转逻辑。如图 10-46、图 10-47、图 10-48、图 10-49 所示。

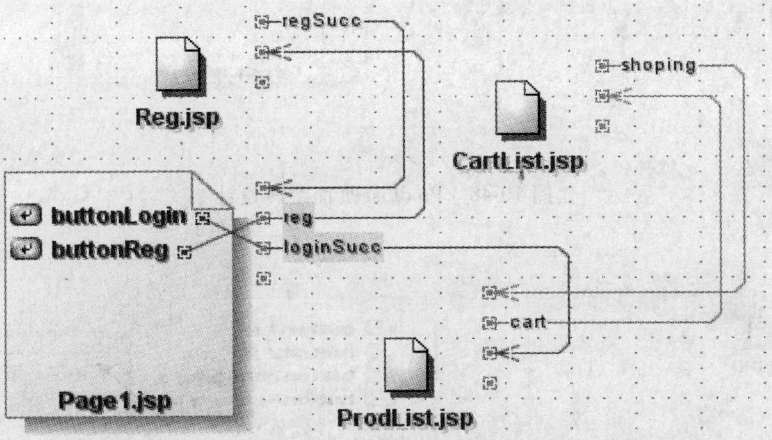

图 10-46　Page1 页面跳转设计

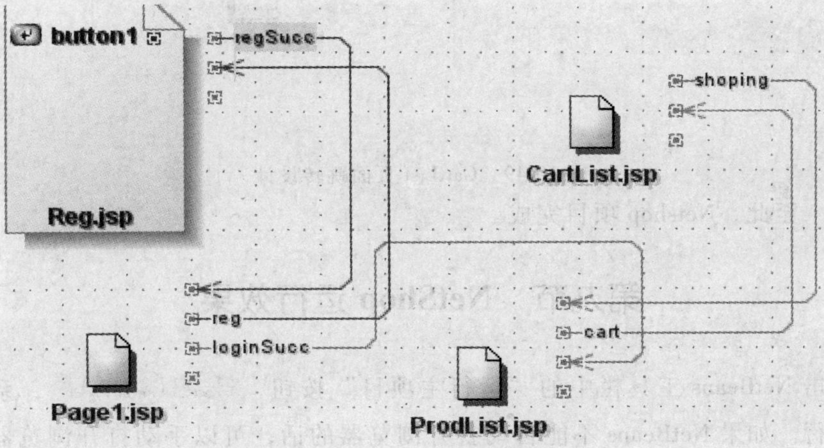

图 10-47　Reg 页面跳转设计

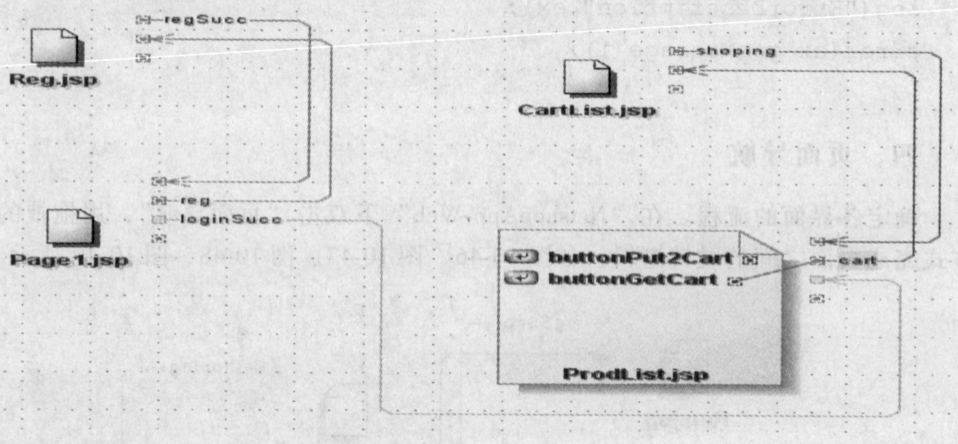

图 10-48　ProdList 页面跳转设计

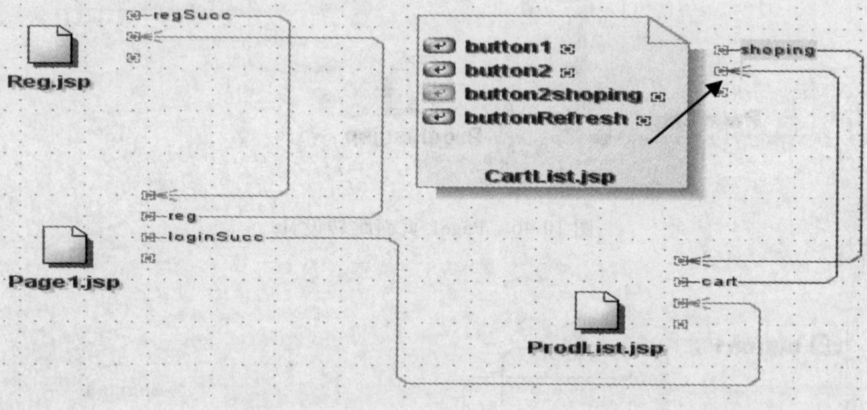

图 10-49　CartList 页面跳转设计

至此，Netshop 项目完成。

第九节　NetShop 运行效果

点击 NetBeans 工具栏中的“运行主项目”按钮，，系统将开始运行。如果 NetBeans 不能自动打开浏览器的话，可以手动打开浏览器，在地址栏输入：http://localhost:8080/NetshopApp-Web/。图 10-50 ~ 图 10-56 是一些主要的界面。

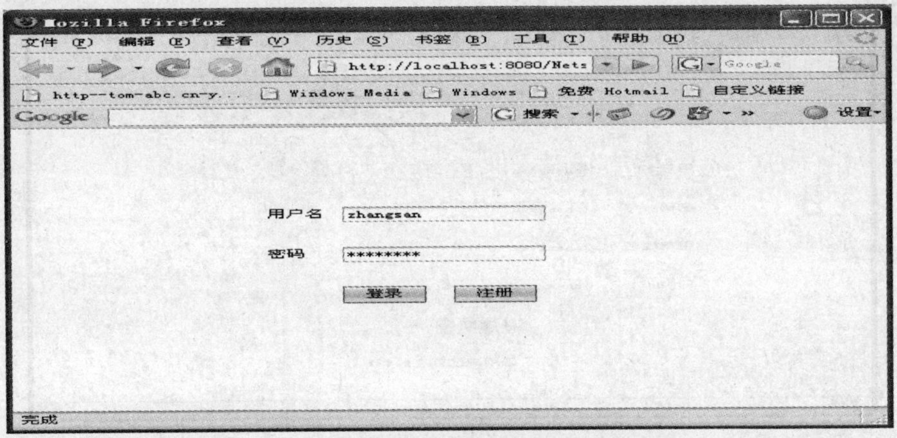

图 10-50 登录页面

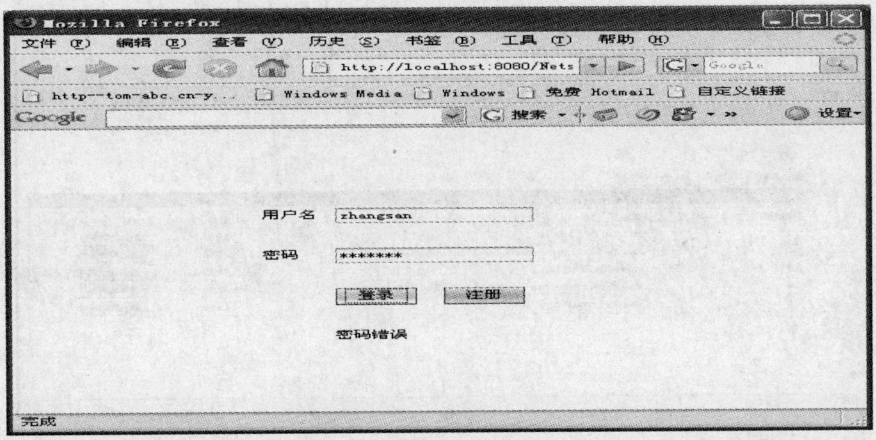

图 10-51 登录时密码错误页面

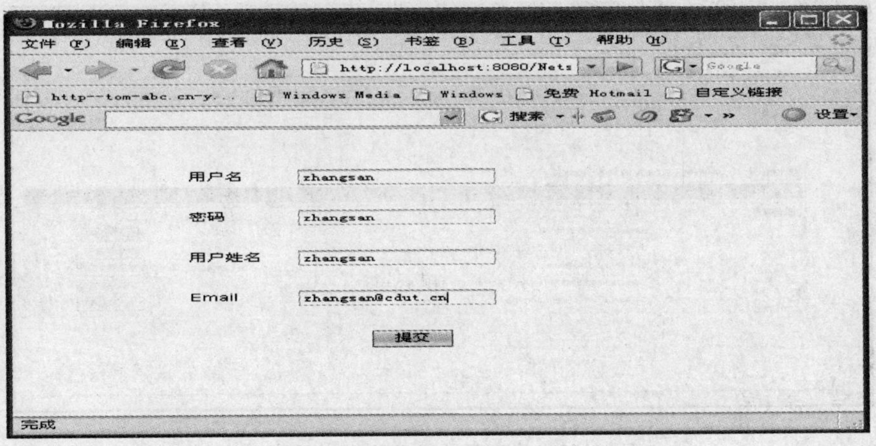

图 10-52 注册页面

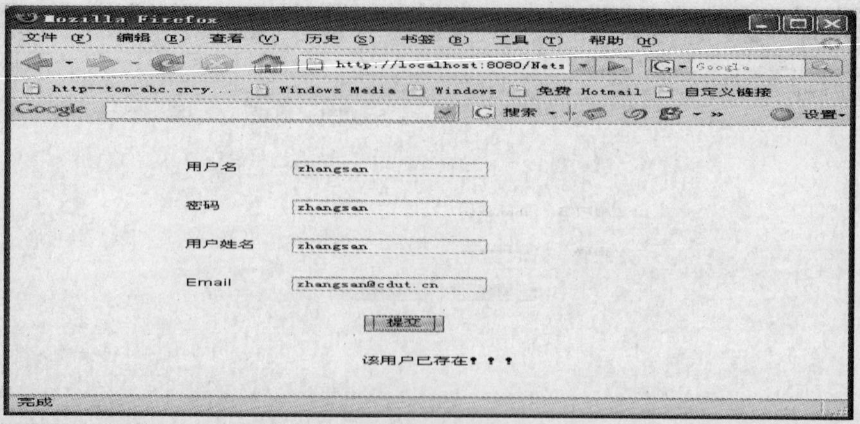

图 10-53　注册错误页面

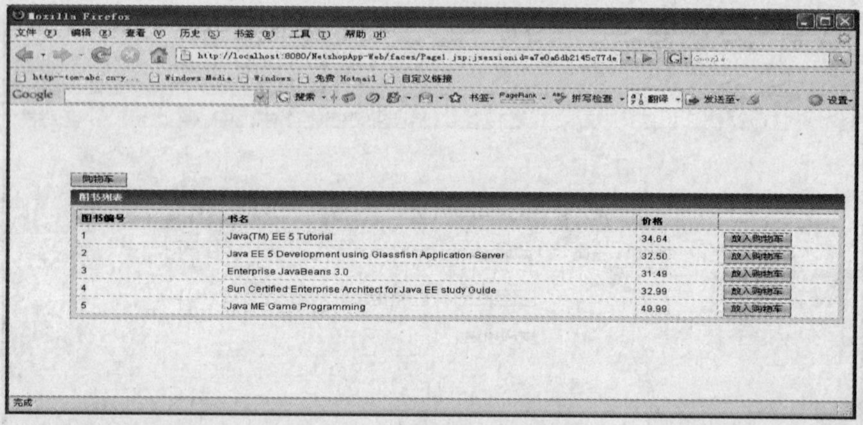

图 10-54　浏览商品页面

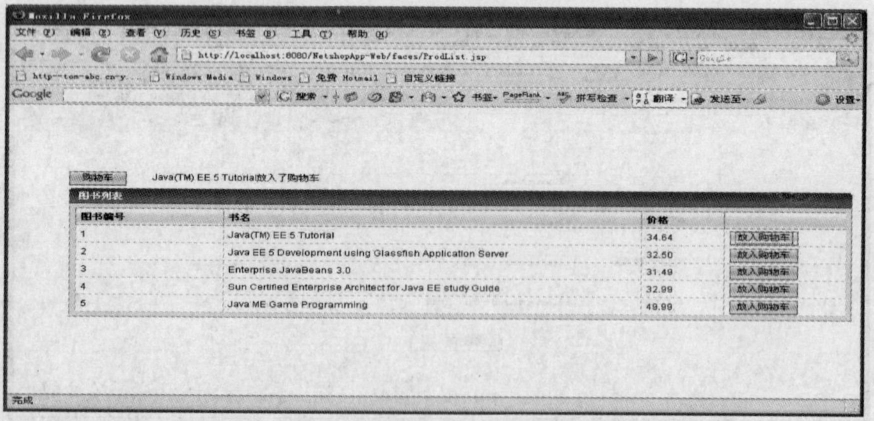

图 10-55　将商品放入购物车后的页面

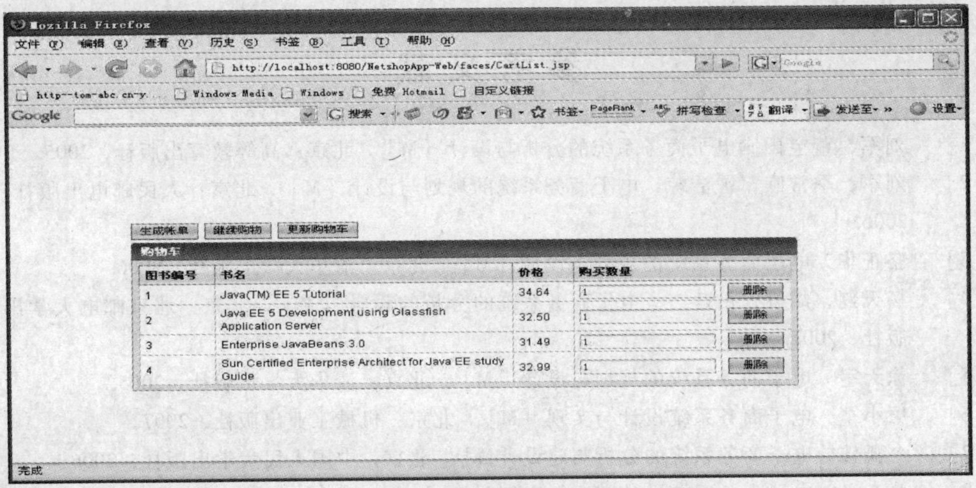

图 10-56　购物车页面

思考题

1. 登录注册模块中是如何采用 EJB 和 JPA 完成数据库的操作及业务逻辑的？
2. 商品浏览模块对数据库的操作采用的是什么方式？
3. 购物车模块是如何采用自定义 DataProvider 来完成数据的操作及业务逻辑的？

练习题

在 Netshop 中加入结账模块，功能要求如下：

(1) 在结账的时候，系统会显示用户购物车中已有的商品，包括书名、数量、单价及总额。

(2) 在最后确定订单时，用户可以修改每一个商品的数量。

(3) 如果用户不想买某一本书，可以把它从购物车中消除，但是一旦单击了结账生成订单，则购物车就不能被改变了。

参考文献

[1] 刘军，董宝田．电子商务系统的分析与设计［M］．北京：高等教育出版社，2005.

[2] 刘军，季常煦，曾洁琼．电子商务系统的规划与设计［M］．北京：人民邮电出版社，2006.

[3] 骆正华．电子商务系统的规划与设计［M］．北京：清华大学出版社，2006.

[4] 杨天剑，胡桃，吕廷杰．电子商务系统的分析与设计［M］．北京：北京邮电大学出版社，2007.

[5] 徐天宇．电子商务系统的规划与设计［M］．北京：清华大学出版社，2005.

[6] 厉小军．电子商务系统设计与实现［M］．北京：机械工业出版社，2007.

[7] 令狐佳．电子商务系统的分析与建设［M］．北京：中国人民大学出版社，2006.

[8] 张李义．电子商务系统设计理论与实例分析［M］．北京：科学出版社，2007.

[9] 孙宝文，王天梅．电子商务系统建设与管理［M］．北京：高等教育出版社，2002.

[10] 王少锋．面向对象技术 UML 教程［M］．北京：清华大学出版社，2004.

[11] 李劲东，等．管理信息系统原理［M］．西安：西安电子科技大学出版社，2003.

[12] 陈晓红．管理信息系统［M］．北京：高等教育出版社，2006.

[13] 蔡淑琴．管理信息系统［M］．北京：科学出版社，2004.

[14] Jeffrey L. Whitten，Lonnie D. Bentley. Systems Analysis and Design Methods［M］．北京：机械工业出版社，2007.

[15] Perdita Stevens Rob Pooley. 使用 UML——关于对象和组件软件工程［M］．包晓露，赵晓玲，译．北京：人民邮电出版社，2003.

[16] 欧阳峰．电子商务解决方案［M］．北京：清华大学出版社，北方交通大学出版社，2006.

[17] 陈德人．电子商务系统结构［M］．北京：高等教育出版社，2002.

[18] 耿骞，等．信息系统分析与设计．［M］．2 版．北京：高等教育出版社，2008.

[19] 朱顺泉．电子商务信息系统分析与设计［M］．北京：清华大学出版社，2006.

[20] 薛华成．管理信息系统［M］．4 版．北京：清华大学出版社，2006.

[21] 刘在云，等．电子商务与信息系统规范化开发［M］．北京：人民邮电出版社，2007.

[22] 彭澎．管理信息系统［M］．北京：机械工业出版社，2003.

[23] 张维明，等．信息系统原理与工程［M］．北京：电子工业出版社，2004.

[24] 梅姝娥，陈伟达．管理信息系统［M］．北京：石油工业出版社，2003.

[25] 滕佳东．管理信息系统［M］．大连：东北财经大学出版社，2002.

[26] 刘鲁．信息系统方法、原理与应用［M］．北京：高等教育出版社，2006.

[27] 甘仞初．管理信息系统［M］．北京：机械工业出版社，2004.

[28] 司林胜．电子商务案例分析［M］．重庆：重庆大学出版社，2004.

[29] 盛定宇，杨建华．信息系统分析与设计题解综合练习［M］．北京：机械工业出版社，2004.

[30] 曹建．电子商务与网上经营［M］．电子科技大学出版社，2000.
[31] 胡升腾．新概念网上商店建设教程［M］．北京：北京科海集团公司，2001.
[32] 林萍．电子商务案例分析［M］．北京：化学工业出版社，2007.
[33] 吴亚峰，等．精通 NetBeans［M］．北京：人民邮电出版社，2007.
[34] Adam Myatt. NetBeans IDE 5.5 专家编程［M］．蔡黄辉，译．北京：机械工业出版社，2008.
[35] 朱福喜，等．Java 项目设计与开发范例［M］．北京：电子工业出版社，2005.
[36] 张云涛，等．商业智能设计、部署与实现［M］．北京：电子工业出版社，2004.
[37] 刘克强．电子商务平台建设［M］．北京：人民邮电出版社，2007.
[38] 王学东．企业电子商务管理［M］．北京：高等教育出版社，2002.
[39] 黄敏学．企业电子商务［M］．武汉大学出版社，2002.
[40] Vivek Sharma，Rajiv Sharma. 电子商务网站开发指南［M］．北京：清华大学出版社，2002.
[41] 祁明．电子商务安全与保密［M］．北京：高等教育出版社，2006.
[42] 管会生．电子商务安全与管理［M］．北京：科学出版社，2006.
[43] 庞大连，等．电子商务概论［M］．北京：北京大学出版社，2008.
[44] 李松，等．管理信息系统实用教程［M］．北京：北京大学出版社，2008.
[45] 李红，梁晋．电子商务技术［M］．北京：人民邮电出版社，2003.
[46] 万守付，纪幼玲，等．电子商务概论［M］．北京：人民邮电出版社，2003.
[47] Carlisle Adams Steve Lloyd. 公开密钥基础设施——概念、标准和实施［M］．冯登国，译．北京：人民邮电出版社，2001.
[48] 瞿裕忠．电子商务应用开发技术［M］．北京：高等教育出版社，2000.
[49] 张良杰，等．电子商务技术［M］．重庆：重庆大学出版社，2004.
[50] 郭晶晶，李腊元．基于 SET 协议的电子商务支付系统的研究［J］．计算机工程，2002（3）．
[51] 罗新星，江景佼，张军．电子支付系统的安全性研究及其设计［J］．武汉理工大学学报，2003（1）．
[52] 张景安，曹素娥．网络安全技术在电子商务中的应用［J］．福建电脑，2003（3）．
[53] 陈卓，洪帆．电子商务中两种安全支付协议 SSL 和 SET 的研究与比较［J］．计算机工程与应用，2003（4）．
[54] 杨斌．SSL 协议和 SET 协议初探［J］．江西师范大学学报（自然科学版），2003（4）．
[55] 王敏毅．构件技术与中间件［J］．技术与应用，2000（3）．
[56] 常嘉岳．基于构件的电子商务系统体系结构研究与应用［D］．北京：北京邮电大学，2002.
[57] 何国宾，马世龙．基于构件的软件开发的方法与实践［J］．计算机工程与应用，2000（10）．
[58] 于建红．网上信任评价模型及其因素研究［J］．软件导刊，2007（9）．
[59] 李志刚．基于 BPR 的企业电子商务系统规划策略与方法［J］．中国管理信息化，2006（11）．

[60] 王大鹏．多层体系结构的电子商务应用服务器技术的研究［J］．现代电子技术，2001（9）．

[61] 潘矜矜，杨小劲．电子商务系统评估的探讨［J］．商场现代化，2007（6）．

[62] 胡波．电子商务应用系统构建技术浅析［J］．电脑知识与技术，2006（20）．

[63] 黄忠义．企业级电子商务系统设计的技术趋势［J］．商场现代化，2006（4）．

[64] 杨鹏，李腊元．EJB 组件技术在电子商务系统中的应用研究［J］．武汉理工大学学报（交通科学与工程版），2005（4）．

[65] 徐鲁强，周茵．电子商务系统新开发技术的研究［J］．商场现代化，2004（10）．

[66] 李志刚．企业流程再造与信息技术的关系［J］．经济体制改革，2002（5）．

[67] 王宇熙，等．电子商务系统的容量规划［J］．计算机系统应用，2005（11）．

[68] 尹孟嘉．基于中间件的电子商务集成系统研究［J］．福建电脑，2005（6）．

[69] 刘欣怡．电子商务解决方案研究［J］．现代制造工程，2005（增刊）．

[70] 李纲，李伟．传统企业电子商务战略规划研究［J］．管理学报，2005（9）．

[71] 吴际，金茂忠．UML 面向对象分析［M］．北京：北京航空航天大学出版社，2002.

[72] 徐锋，等．UML 面向对象建模基础［M］．北京：中国水利水电出版社，2006.